Eine Diogenes Anthologie

Die besten klassischen und modernen Hundegeschichten

von Friedrich Dürrenmatt, Hans Fallada, O. Henry,
Wolfgang Hildesheimer, Rudyard Kipling, Jack London, Thomas Mann,
Mark Twain, Guy de Maupassant, B. Traven, Anton Tschechow,
Iwan Turgenjew, Robert Walser, Stefan Zweig und vielen anderen
Mit Illustrationen von Aubrey Beardsley, Pierre Bonnard,
Bosc, Max Ernst, Paul Flora, Edward Gorey, Grandville, George Grosz,
Alfred Kubin, Paul Klee, Pablo Picasso, Sempé, Maurice Sendak,
Roland Topor und vielen anderen

Diogenes

Umschlagzeichnung von Maurice Sendak
Titelvignette von Pierre Bonnard

Nachweis der einzelnen Erzählungen
und Zeichnungen am Schluß des Bandes
60/78/11/3
ISBN 3 257 01502 X

Hier ruht
Was Körper war eines Wesens,
Das Schönheit besaß ohne Eitelkeit,
Kraft ohne Überheblichkeit,
Mut ohne Grausamkeit,
und alle Tugenden des Mannes,
keines seiner Laster.
Solches Lob, nichtssagende Schmeichelei
als Inschrift über Menschenasche,
ist nur gerechte Dankesschuld
an Boatswain, *einen Hund,*
geboren in Neufundland, Mai 1803
Gestorben in Newstead Abbey,
18. Nov. 1808

Lord Byrons Grabschrift
auf seinen Hund

Wundern darf es mich nicht, daß manche die Hunde verleumden,
Denn es beschämt zu oft leider den Menschen der Hund.

Arthur Schopenhauer

Nicht ganz und gar vollkommen ist
Der tugendhafte Hund – er frißt!

Heinrich Heine

Inhalt

Geschichten

Illustrationen

Wolfgang Hildesheimer
Aus der Laufbahn meines Pudels Cassius

Ich weiß, daß Tiergeschichten kein Mensch liest – ich selbst schaue sie nicht an – aber hier handelt es sich um einen Bericht absonderlicher Art, denn mein Pudel Cassius war kein gewöhnlicher Hund. Er war ein Pudel mit einem Kern.

Ich hatte ihn von Verwandten, die seltsamerweise nichts mit ihm anzufangen wußten, als Geburtstagsgeschenk erhalten, und wir lebten eine Zeitlang in vollendeter Harmonie miteinander: wenn ich abends in meinem Ohrensessel saß und meine Pfeife rauchte, lag er mir zu Füßen, leckte ab und zu meine Hand und sah mich aus seinen klugen Hundeaugen – aus denen bekanntlich die Tierseele zu einem spricht – treuherzig an. Ich fühlte mich verstanden und erkannte, was es mit dem Wort auf sich hat, daß der Hund des Menschen bester Freund ist. (Cassius' bester Freund dagegen war ein Dackel namens Waldi.)

Aber unser glückliches Zusammenleben war von kurzer Dauer. Eines Tages kam ich von einem Spaziergang nach Hause und sah Cassius auf meinem Schreibtisch sitzen. Er las in einigen Gedichten, die ich in der letzten Zeit geschrieben hatte. Als ich an ihn herantrat, sah er mich scharf an.

»Mist!« sagte er.

Ich war, wie man sich vorstellen kann, überrascht, und zwar nicht nur über die Tatsache, daß mein Pudel offensichtlich lesen und sprechen konnte, sondern auch über das – wie mir schien – zu harte Urteil. »Warum?« fragte ich kleinlaut.

»Erstens«, sagte er und klopfte mit der Pfote ein paarmal auf den Stoß von Manuskripten, »ist das Versgefüge zu locker. Kein Wunder, denn du gebrauchst zu viele Adjektiva. Zweitens: vom rein menschlichen Standpunkt aus ...«

»Entschuldige«, sagte ich, wie ich zugeben muß, etwas beleidigt, «aber dafür bist du mir nicht maßgebend.«

»Wie du willst«, sagte er, sprang vom Stuhl und ging zu seiner Schale, wo er ein Stück Spratts Hundekuchen fraß.

Durch diesen Auftritt war natürlicherweise eine Spannung in unserem Verhältnis eingetreten. Zuerst machte ich mir Vorwürfe, daß ich seine Meinung nicht zumindest angehört hatte, aber ich sah bald ein, daß mein Mißvergnügen dem Umstand zuzuschreiben war, daß ich bei meinem Hund an Prestige eingebüßt hatte.

Als ich Cassius am Abend spazieren führte, fragte ich ein wenig unsicher, ob er sich etwa zutraue, bessere Gedichte schreiben zu können. Er sah von dem Laternenpfahl auf, an dem er geschnuppert hatte, und fragte kalt: »Hast du jemals von einem Hund gehört, der Gedichte schreibt?« Ich mußte zugeben, daß ich von einem solchen Hund noch nie gehört hatte.

Mit der Absicht, ihm entgegenzukommen, sagte ich zaghaft: »Vielleicht solltest du eine Zeitschrift herausgeben.«

»Kein Schriftsteller«, murmelte mein Pudel verächtlich, »schreibt für eine Zeitschrift, die von einem Hunde herausgegeben wird.« In diesen Worten lag beinahe etwas von der Illusionslosigkeit unterdrückter Minoritäten.

»Aber das ist es ja gerade«, rief ich. »Eine Zeitschrift gegen althergebrachte Vorurteile. Für die Toleranz!« Aber er nahm von meiner Begeisterung für eine gute Sache keine Notiz, sondern sah einer schlanken Terrierhündin nach, die auf der anderen Seite der Straße lief.

Später am Abend besuchten mich Arnold Günzburger und Florian Krantz. Ich demonstrierte ihnen die neuentdeckten Eigenschaften meines Hundes, indem ich ihn in ein Gespräch über Lyrik verwickelte.

»Ein Wunder«, riefen sie staunend.

»Er ist in seinem Urteil nicht unfehlbar«, sagte ich trocken, um ihre Aufregung ein wenig zu dämpfen, aber sie beachteten es nicht und drangen nun ihrerseits in den Hund, er möge mit ihnen die Redaktion einer Zeitschrift übernehmen. Nachdem er zuerst seine Bedenken geäußert hatte, nahm er schließlich an.

Von nun ab verbrachte Cassius den Tag in der Redaktion. Nach einigen Wochen brachte er in seiner Schnauze die noch drucknasse erste Nummer der Zeitschrift mit und legte sie mir vor die Füße.

Sie hieß schlicht: »Beiträge«. Ich öffnete sie und las das Inhaltsverzeichnis.

Cassius: »Der menschliche und der tierische Ernst in den Werken Arnold Günzburgers.« Arnold Günzburger: »Florian Krantz und der europäische Mensch.« Florian Krantz: »Cassius' Kritik an der Menschlichkeit.«

Gesehen und notiert. Notiert und glossiert.

»Interessant«, sagte ich zu Cassius, der in der Ecke an einem Knochen nagte. »Aber ich prophezeie dieser Sache keine große Zukunft.« Cassius nagte schweigend weiter: er kam immer sehr hungrig von der Redaktion nach Hause.

Ich hatte recht gehabt: die erste Nummer der »Beiträge« war auch die letzte. Zuerst tat es mir leid für Cassius, aber er fand sich mit dem Sachverhalt sofort ab. »Der Leserkreis ist eben zu gering«, sagte er, »dazu kommt, daß Günzburger und Krantz zweitklassige Talente sind, mit denen man übrigens unsereinen nicht vom Ofen locken würde.« Dann bat er mich, ihm die Türe zu öffnen, da er Waldi zu besuchen gedenke, um mit ihm eventuell Hühner jagen zu gehen.

Obgleich er hiernach niemals wieder ein Wort geredet hat, erlangte unser Verhältnis seine frühere Herzlichkeit nicht wieder. Ich habe immer das Gefühl, daß er hinter meinem Rücken in meinen Werken liest und ein Urteil über sie bildet, welches auszusprechen nicht der Mühe wert ist. Seltsamerweise ist es schwer, sich mit der Kritikfähigkeit eines Hundes abzufinden.

Friedrich Dürrenmatt
Der Hund

Schon in den ersten Tagen, nachdem ich in die Stadt gekommen war, fand ich auf dem kleinen Platz vor dem Rathaus einige Menschen, die sich um einen zerlumpten Mann scharten, der mit lauter Stimme aus der Bibel las. Den Hund, den er bei sich hatte und der zu seinen Füßen lag, bemerkte ich erst später, erstaunt darüber, daß ein so riesiges und entsetzliches Tier meine Aufmerksamkeit nicht auf der Stelle erregt hatte, denn es war von tiefschwarzer Farbe und glattem, schweißbedecktem Fell. Seine Augen waren schwefelgelb, und wie es das riesige Maul öffnete, bemerkte ich mit Grauen Zähne von ebenderselben Farbe, und seine Gestalt war so, daß ich sie mit keinem der lebenden Wesen vergleichen konnte. Ich ertrug den Anblick des gewaltigen Tieres nicht länger und wandte meine Augen wieder dem Prediger zu, der von gedrungener Gestalt war, und dessen Kleider in Fetzen an seinem Leibe hingen: doch war seine Haut, die durch die Risse schimmerte, sauber, wie denn auch das zerrissene Gewand äußerst reinlich war. Kostbar jedoch sah die Bibel aus, auf deren Einband Gold und Diamanten funkelten. Die Stimme des Mannes war ruhig und fest. Seine Worte zeichneten sich durch eine außergewöhnliche Klarheit aus, so daß seine Rede einfach und sicher wirkte, auch fiel es mir auf, daß er nie Gleichnisse brauchte. Es war eine ruhige und unfanatische Auslegung der Bibel, die er gab, und wenn seine Worte doch nicht überzeugten, so rührte dies nur von der Erscheinung des Hundes her, der unbeweglich zu seinen Füßen lag und die Zuhörer mit seinen gelben Augen betrachtete. So war es denn vorerst die seltsame Verbindung des Predigers mit seinem Tier, die mich gefangennahm, und die mich verführte, den Mann immer wieder aufzuspüren. Er predigte jeden Tag auf den Plätzen der Stadt und in den Gassen, doch war es nicht leicht, ihn aufzufinden, obwohl er seine

Tätigkeit bis spät in die Nacht ausübte, denn die Stadt war verwirrend, obgleich sie klar und einfach angelegt war. Auch mußte er seine Wohnung zu verschiedenen Zeiten verlassen und seiner Tätigkeit nie einen Plan zugrunde legen, denn nie ließ sich in seinem Auftreten eine Regel feststellen. Manchmal redete er ununterbrochen den ganzen Tag auf dem selben Platz, manchmal aber wechselte er den Ort jede Viertelstunde. Er war immer von seinem Hund begleitet, der neben ihm schritt, wenn er durch die Straßen ging, schwarz und riesig, und der sich schwer auf den Boden legte, wenn der Mann zu predigen anfing. Er hatte nie viele Zuhörer, und meistens stand er allein, doch konnte ich beobachten, daß ihn dies nicht verwirrte, auch verließ er den Platz nicht, sondern redete weiter. Oft sah ich, daß er mitten in einer kleinen Gasse stillestand und mit lauter Stimme betete, während nicht weit von ihm die Leute achtlos durch eine breitere Gasse gingen. Da es mir jedoch nicht gelang, eine sichere Methode zu finden, ihn aufzuspüren, und dies immer dem Zufall überlassen mußte, versuchte ich nun, seine Wohnung zu finden, doch vermochte mir niemand Auskunft zu geben. Ich verfolgte ihn daher einmal den ganzen Tag, doch mußte ich dies mehrere Tage tun, denn er kam mir immer wieder am Abend aus den Augen, weil ich bestrebt war, mich vor ihm verborgen zu halten, damit er meine Absicht nicht entdecke. Bald jedoch sah ich ihn endlich, spät in der Nacht, in ein Haus einer Gasse treten, die nur von den Reichsten der Stadt bewohnt wurde, wie ich wußte, was mich denn auch in Erstaunen versetzte. Von nun an änderte ich ihm gegenüber mein Verhalten, indem ich meine Verborgenheit aufgab, um mich nur in seiner nächsten Nähe aufzuhalten, so daß er mich sehen mußte, doch störte ich ihn nicht, nur der Hund knurrte jedesmal, wenn ich zu ihnen trat. So vergingen mehrere Wochen, und es war in einem Spätsommer, als er, nachdem er seine Auslegung des Johannisevangeliums beendet hatte, zu mir trat und mich bat, ihn nach Hause zu begleiten; doch sagte er kein Wort mehr, wie wir durch die Gassen schritten, und als wir das Haus betraten, war es schon so dunkel, daß im großen Zimmer, in welches ich geführt wurde, die Lampe brannte. Der Raum war tiefer als die Straße gelegen, so daß wir von der Türe einige Stufen hinuntergehen mußten, auch sah ich die Wände nicht, so sehr wurden sie von Büchern überdeckt. Unter der Lampe war ein großer, einfacher Tisch aus Tannenholz, an welchem ein Mädchen stand und las. Es trug ein dunkelblaues Kleid. Es kehrte sich nicht um, als wir eintraten. Unter einem der beiden Kellerfenster, die verhängt waren, befand sich eine Matratze und an der gegenüberliegenden Wand ein Bett, und zwei Stühle standen am Tisch. Bei der Türe war ein Ofen. Wie wir jedoch dem Mädchen entgegenschritten, wandte es sich, so daß ich sein Gesicht sah. Es gab mir die Hand und deutete auf einen Stuhl, worauf ich bemerkte, daß der Mann schon auf der Matratze lag; der Hund aber legte sich zu seinen Füßen nieder.

»Das ist mein Vater«, sagte das Mädchen, »der nun schon schläft und nicht hört, wenn wir zusammen sprechen, und der große schwarze Hund hat keinen Namen, der ist einfach eines Abends zu uns gekommen, als mein Vater zu predigen anfing. Wir hatten die Türe nicht verschlossen, und so konnte er mit seinen Tatzen die Falle niederdrücken und hereinspringen.« Ich stand wie betäubt vor dem Mädchen und fragte leise, was denn ihr Vater gewesen sei. »Er war ein reicher Mann mit vielen Fabriken«, sagte es und schlug die Augen nieder. »Er verließ meine Mutter und meine Brüder, um den Menschen die Wahrheit zu verkünden.«

»Glaubst du denn, daß es die Wahrheit ist, die dein Vater verkündet?« fragte ich. »Es ist die Wahrheit«, sagte das Mädchen. »Ich habe es immer gewußt, daß es die Wahrheit ist, und so bin ich denn mit ihm gegangen in diesen Keller und wohne hier mit ihm. Aber ich habe nicht gewußt, daß dann auch der Hund kommen würde, wenn man die Wahrheit verkündet.« Das Mädchen schwieg und sah mich an, als wolle es um etwas bitten, das es nicht auszusprechen wagte. »Dann schick ihn fort, den Hund«, antwortete ich, aber das Mädchen schüttelte den Kopf. »Er hat keinen Namen, und so würde er auch nicht gehen«, sagte es leise. Es sah, daß ich unentschlossen war, und setzte sich auf einen der beiden Stühle am Tisch. So setzte ich mich

Edward Gorey
Großer Hund vor Schweizer Uhren

denn auch. »Fürchtest du dich denn vor diesem Tier?« fragte ich. »Ich habe mich immer vor ihm gefürchtet«, antwortete es, »und als vor einem Jahr die Mutter kam, mit einem Rechtsanwalt, und die Brüder, um meinen Vater zurückzuholen und mich, haben sie sich auch gefürchtet vor unserem Hund ohne Namen, und dabei hat er sich vor den Vater gestellt und geknurrt. Auch wenn ich im Bett liege, fürchte ich mich vor ihm, ja dann besonders, aber jetzt ist alles anders. Jetzt bist du gekommen, und nun kann ich über das Tier lachen. Ich habe immer gewußt, daß du kommen würdest. Natürlich wußte ich nicht, wie du aussiehst, aber einmal, das wußte ich, würdest du mit meinem Vater kommen, an einem Abend, wenn schon die Lampe brennt, und es stiller wird auf der Straße, um mit mir die Hochzeitsnacht zu feiern in diesem Zimmer halb unter der Erde, in meinem Bett neben den vielen Büchern. So werden wir beieinander liegen, ein Mann und ein Weib, und drüben auf der Matratze wird der Vater sein, in der Dunkelheit wie ein Kind, und der große Hund wird unsere arme Liebe bewachen.«

Wie könnte ich unsere Liebe vergessen! Die Fenster zeichneten sich als schmale Rechtecke ab, die waagrecht über unserer Nacktheit irgendwo im Raume schwebten. Wir lagen Leib an Leib, immer wieder ineinander versinkend, uns immer gieriger umklammernd, und die Geräusche der Straße vermischten sich mit dem verlorenen Schrei unserer Lust, manchmal das Torkeln Betrunkener, dann das leise Trippeln der Dirnen, einmal das lange, eintönige Stampfen einer vorbeiziehenden Kolonne Soldaten, abgelöst vom hellen Klang der Pferdehufe, vom dumpfen Rollen der Räder. – Wir lagen beisammen unter der Erde, eingehüllt in ihre warme Dunkelheit, uns nicht mehr fürchtend, und von der Ecke her, wo der Mann auf seiner Matratze schlief, lautlos wie ein Toter, starrten uns die gelben Augen des Hundes an, runde Scheiben zweier schwefliger Monde, die unsere Liebe belauerten.

So stieg ein glühender Herbst herauf, gelb und rot, dem spät erst in diesem Jahr der Winter folgte, mild, ohne die abenteuerliche Kälte der Vorjahre. Doch gelang es mir nie, das Mädchen aus seinem Kellerraum zu locken, um es mit meinen Freunden zusammenzubringen, mit ihm das Theater zu besuchen (wo sich entscheidende Dinge vorbereiteten) oder zusammen durch die dämmerhaften Wälder zu gehen, die sich über die Hügel breiten, die wellenförmig die Stadt umgeben: immer saß es da, am Tisch aus Tannenholz, bis der Vater kam mit dem großen Hund, bis es mich in sein Bett zog beim gelben Licht der Fenster über uns. Wie es jedoch gegen den Frühling ging, wie noch Schnee in der Stadt lag, schmutzig und naß, meterhoch an schattigen Stellen, kam das Mädchen in mein Zimmer. Die Sonne schien schräg durchs Fenster. Es war spät im Nachmittag, und in den Ofen hatte ich Scheiter gelegt, und nun erschien es, bleich und zitternd, wohl auch frierend, denn es kam ohne Mantel, so wie es immer war, in seinem dunkelblauen Kleid. Nur die Schuhe hatte ich noch nie an ihm gesehen, sie waren rot und mit Pelz gefüttert. »Du mußt den Hund töten«, sagte das Mädchen, noch auf der Schwelle meiner Türe, außer Atem und mit gelöstem Haar, mit weit offenen Augen, und so gespenstisch war sein Erscheinen, daß ich nicht wagte, es zu berühren. Ich ging zum Schrank und suchte meinen Revolver hervor. »Ich wußte, daß du mich einmal darum bitten würdest«, sagte ich, »und so habe ich eine Waffe gekauft. Wann soll es geschehen?« – »Jetzt«, antwortete das Mädchen leise. »Auch der Vater fürchtet sich vor dem Tier, immer hat er sich gefürchtet, ich weiß es nun.« Ich untersuchte die Waffe und zog den Mantel an. »Sie sind im Keller«, sagte das Mädchen, indem es den Blick senkte. »Der Vater liegt auf der Matratze, den ganzen Tag, ohne sich zu bewegen, so sehr fürchtet er sich, nicht einmal beten kann er, und der Hund hat sich vor die Türe gelegt.«

Wir gingen gegen den Fluß hinunter und dann über die steinerne Brücke. Der Himmel war von einem tiefen bedrohlichen Rot, wie bei einer Feuersbrunst. Die Sonne eben gesunken. Die Stadt war belebter als sonst, voll mit Menschen und Wagen, die sich wie unter einem Meer von Blut bewegten, da die Häuser das Licht des Abends mit ihren Fenstern und Mauern widerspiegelten. Wir gingen durch die Menge. Wir eilten durch einen immer dichteren Verkehr, durch Kolonnen bremsender Automobile und schwankender Omnibusse, die wie Ungetüme waren, mit bösen, mattleuchtenden Augen, an aufgeregt fuchtelnden Polizisten mit grauen Helmen vorbei. Ich drängte so entschlossen vorwärts, daß ich das Mädchen zurückließ; die Gasse endlich rannte ich hinauf, keuchend und mit offenem Mantel, einer immer violetteren, immer mächtigeren Dämmerung entgegen: doch kam ich zu spät. Wie ich nämlich zum Kellerraum hinabgesprungen war, und, die Waffe in der Hand, die Türe mit einem Fußtritt geöffnet hatte, sah ich den riesigen Schatten des furchtbaren Tieres eben durch das Fenster entweichen, dessen Scheibe zersplitterte, während am Boden, eine weißliche Masse in einem schwarzen Tümpel, der Mann lag, vom Hunde zerfetzt, so sehr, daß er nicht mehr zu erkennen war.

Wie ich zitternd an der Wand lehnte, in die Bücher hineingesunken, heulten draußen die Wagen heran. Man kam mit einer Tragbahre. Ich sah schattenhaft einen Arzt vor dem Toten und schwerbewaffnete Polizisten mit bleichen Gesichtern. Überall standen Menschen. Ich schrie nach dem Mädchen. Ich eilte die Stadt hinunter und über die Brücke auf mein Zimmer, doch fand ich es nicht. Ich suchte verzweifelt, ruhelos und ohne Nahrung zu mir zu nehmen. Die Polizei wurde aufgeboten, auch, da man sich vor dem riesigen Tier fürchtete, die Soldaten der Kaserne, welche die Wälder in langgestreckten Ketten durchstreiften. Boote stießen in den schmutzigen gelben Fluß, und man forschte mit langen Stangen. Wie nun der Frühling hereinbrach mit warmen Regengüssen, die unermeßlich heranschwemmten, drang man in die Höhlen der Steinbrüche, rufend und mit hocherhobenen Fackeln. Man stieg in die Kanalisationsgänge hinab und durchsuchte den Estrich der Kathedrale. Doch wurde das Mädchen nicht mehr gefunden, und der Hund kam nicht mehr zum Vorschein.

Nach drei Tagen kam ich spät in der Nacht auf mein Zimmer. Erschöpft und ohne Hoffnung wie ich war, warf ich mich in den Kleidern auf mein Bett, als ich drunten auf der Straße Schritte hörte. Ich rannte ans Fenster, öffnete es und lehnte mich hinaus in die Nacht. Ein schwarzes Band lag die Straße unter mir, noch naß vom Regen, der bis Mitternacht gefallen war, so daß sich die Straßenlampen auf ihr widerspiegelten als verwaschene goldene Fackeln, und drüben, den Bäumen entlang, schritt das Mädchen in seinem dunklen Kleid, mit den roten Schuhen, vom Haar, das im Lichte der Nacht blau schimmerte, in langen Strängen umflossen, und ihm zur Seite, ein dunkler Schatten, sanft und lautlos wie ein Lamm, ging der Hund mit gelben, runden, funkelnden Augen.

Johann Peter Hebel

Wie eine greuliche Geschichte durch einen gemeinen Metzgerhund ist an das Tageslicht gebracht worden

Zwei Metzger gehen miteinander aufs Gäu, kommen in ein Dorf, teilen sich, einer links an der Schwanen vorbei, einer rechts, sagen: »In der Schwanen kommen wir wieder zusammen.« Sind nimmer zusammenkommen. Denn einer von ihnen geht mit einem Bauer in den Stall; die Frau, so zwar eine Wasche in der Küche hatte, geht auch mit; so lauft das Kind für sich selber auch nach. Stoßt der Teufel die Frau an den Ellenbogen: »Sieh, was dem Metzger eine Gurt voll Geld unter dem Brusttuch hervorschaut!« Die Frau winkt dem Mann, der Mann winkt der Frau, schlagen im Stall den armen Metzger tot und bedecken den Leichnam in der Geschwindigkeit mit Stroh. Stoßt der Teufel die Frau noch einmal an den Ellenbogen: »Sieh, wer zuschaut!« Wie sie umblickt, sieht sie das Kind. So gehn sie miteinander im Schrecken und Wahnsinn ins Haus zurück und schließen die Türe zu, als wenn sie im Feld wären. Da sagt die Frau, die kein Rabenherz, nein, ein höllisches Drachenherz im Busen hatte: »Kind«, sagte sie, »wie siehst du wieder aus? Komm in die Küche, ich will dich waschen.« In der Küche steckt sie dem Kind den Kopf in die heiße Lauge und brüht es zu Tod. Jetzt, meint sie, sei alles geschweigt, und denkt nicht an den Hund des ermordeten Metzgers. Der Hund des ermordeten Metzgers, der noch eine Zeitlang mit dem Kameraden gelaufen war, witterte, während das Kind gebrüht und geschwind in den Backofen gesteckt wurde, die Spur seines Herrn wieder auf, schnauft an der Stalltüre, scharrt an der Haustür und merkt, hier sei etwas Ungerades vorgefallen. Plötzlich springt er ins Dorf zurück und sucht den Kameraden. Kurz, der Hund winselt und heult, zerrt den andern Metzger am Rock, und der Metzger merkt auch etwas. Also begleitete er den Hund an das Haus, und zweifelte nicht, daß hier etwas Erschreckliches vorgefallen sei. Also winkt er zwei Männern, die von ferne vorbeigingen. Als aber die Mordleute inwendig das Winseln des Hundes und das Rufen des Metzgers hörten, kams vor ihre Augen wie lauter Hochgericht und in ihre Herzen wie lauter Hölle. Der Mann wollte zum hintern Fenster hinaus entspringen, die Frau hielt ihn am Rock und sagte: »Bleib da!« Der Mann sagte: »Komm mit!« Die Frau antwortete: »Ich kann nicht, ich habe Blei an den Füßen. Siehst du nicht die erschreckliche Gestalt vor dem Fenster, mit blitzenden Augen und glühendem Odem?« Unterdessen wurde die Türe eingebrochen. Man fand bald die Leichname der Ermordeten. Die Missetäter wurden handfest gemacht und dem Richter übergeben. Sechs Wochen drauf wurden sie gerädert und ihre verruchten Leichname auf das Rad geflochten, und die Raben sagen jetzt: »Das Fleisch schmeckt gut.«

P. G. Wodehouse
Die Promenadenmischung

1. Er lernt einen schüchternen Herrn kennen

Wenn ich so zurückblicke, finde ich immer wieder, daß meine richtige Karriere als Hund eigentlich in dem Augenblick begann, in dem ich von dem Schüchternen für den Betrag von einer halben Krone gekauft wurde. Dieses Ereignis kennzeichnete das Ende meiner Flegeljahre. Das Bewußtsein, für jemanden Bargeld wert zu sein, erfüllte mich mit einem Gefühl neuer Verantwortung. Es ernüchterte mich. Und davon abgesehen kam ich erst in die große Welt hinaus, nachdem die halbe Krone ihren Besitzer gewechselt hatte; wie interessant das Leben auch in einer Kneipe von East End sein mag – erst wenn man in die Welt hinauskommt, erweitert man tatsächlich seinen Horizont und beginnt, die Dinge klar zu erkennen.

Innerhalb seiner Grenzen war mein Leben bisher einmalig erfüllt und abwechslungsreich gewesen. Geboren wurde ich, wie gesagt, in einer Kneipe des Londoner Stadtteils East End, und mag es in einer Kneipe auch an Bildung und wahrer Kultur mangeln – fest steht, daß das Leben dort sehr aufregend ist. Ich war noch keine sechs Wochen alt, als ich bereits drei Polizisten, die durch die Seitentür gekommen waren, dadurch zu Fall gebracht hatte, daß ich ihnen zwischen die Beine geraten war; dabei hatten die drei nur geglaubt, verdächtige Geräusche zu hören. Und ich erinnere mich noch heute des interessanten Gefühls, als ich nach einem genau geplanten und restlos erfolgreichen Überfall auf die Vorratskammer mit einem Besen siebzehnmal um den Hof gejagt wurde. Diese und andere Ereignisse ähnlicher Art wirkten zwar im Moment lindernd, konnten jedoch niemals die Unruhe beseitigen, die immer ein so wesentlicher Zug meines Charakters gewesen ist. Ich bin immer ruhelos gewesen, unfähig, länger an einem

Ort zu verweilen, und immer darauf bedacht, das Nächste zu tun. Schuld mag daran sein, daß ein Zweig meines Stammbaumes von Zigeunern gebildet wird – einer meiner Onkel reiste mit einem Zirkus –, oder aber es kommt von dem künstlerischen Temperament, das ich von einem Großvater ererbt habe. Bevor dieser Großvater in der Requisitenkammer des Bristol Coliseum, das er auf einer beruflichen Reise aufgesucht hatte, dadurch verschied, daß er ein Übermaß an Kleister zu sich genommen hatte, genoß er großes Ansehen als einer von Professor Ponds dressierten Pudeln.

Die Fülle und Vielfalt meines Lebens verdanke ich jedoch dieser meiner Ruhelosigkeit, denn zu wiederholten Malen habe ich ein komfortables Heim verlassen, um einem mir völlig Fremden zu folgen, der den Eindruck machte, als befände er sich auf dem Weg zu irgendwelchen interessanten Dingen. Manchmal glaube ich fast, daß Katzenblut in meinen Adern fließt.

Der Schüchterne kam eines Nachmittags im April auf unseren Hof, als ich gerade mit meiner Mutter auf einem alten Pullover in der Sonne schlief; den Pullover hatten wir uns von Fred, einem der Kellner, ausgeliehen. Ich hörte Mutter knurren, nahm jedoch keine Notiz davon. Mutter ist das, was man einen guten Wachhund nennt, und mit Ausnahme unseres Herrn knurrt sie bei allem und jedem. In der ersten Zeit sprang ich, wenn sie zu knurren begann, hoch und bellte mir die Kehle heiser, später jedoch nicht mehr. Das Leben ist zu kurz, um jeden anzubellen, der auf unseren Hof kommt. Er liegt hinter dem Lokal und dient zur Aufbewahrung leerer Flaschen und anderer Sachen, so daß ständig Leute kommen und gehen.

Abgesehen davon war ich müde. Ich hatte einen sehr geschäftigen Vormittag hinter mir, da ich geholfen hatte, einen ganzen Stapel Bierkisten abzuladen, anschließend in das Lokal gelaufen war, um mich mit Fred zu unterhalten, und ganz allgemein nach dem Rechten geguckt hatte. Deshalb döste ich gerade wieder ein, als ich eine Stimme sagen hörte: »Naja, häßlich genug ist er!« Da wußte ich, daß man sich über mich unterhielt.

Ich habe mir nie verhehlt – und keiner hat es mir jemals verschwiegen –, daß ich kein hübscher Hund bin. Selbst Mutter hielt mich nie für schön. Obgleich selbst alles andere als eine Schönheit, zögerte sie doch keinen Augenblick, mein Äußeres zu kritisieren. Genaugenommen suche ich noch heute denjenigen, der kein Wort darüber verliert. Und das erste, was Fremde über mich sagen, ist immer: »Ist der aber häßlich!«

Ich weiß nicht, was ich bin. Mein Gesicht ähnelt zwar dem einer Bulldogge, aber im übrigen bin ich ein Terrier. Ich besitze einen langen Schwanz, der steil in die Luft ragt. Mein Haar ist drahtig. Meine Augen sind braun. Ich bin pechschwarz mit weißer Brust. Einmal hörte ich, wie Fred sagte, ich sei ein Gorgonzolakäsehund, und im allgemeinen habe ich gemerkt, daß Freds Feststellungen zuverlässig sind.

Als ich hörte, daß ich zur Diskussion stand, öffnete ich meine Augen. Mein Herr stand da und sah auf mich hinunter, und neben ihm stand der Mann, der gerade gesagt hatte, ich wäre häßlich. Er war dünn, ungefähr so alt wie ein Kellner und kleiner als ein Polizist. Er trug geflickte braune Schuhe und eine schwarze Hose.

»Er hat aber ein sehr freundliches Wesen«, sagte mein Herr.

Das stimmte glücklicherweise. Mutter sagte immer: »Ein Hund ohne Einfluß oder Privatvermögen muß, wenn er seinen Weg machen will, entweder über ein gutes Aussehen oder über Liebenswürdigkeit verfügen.« Wenn man ihr glauben konnte, übertrieb ich jedoch. »Ein Hund«, so pflegte sie zu sagen, »kann auch ein gutes Herz haben, ohne gleich mit jedem Tom, Dick oder Harry, den er kennenlernt, intim zu werden. Dein Verhalten ist manchmal völlig unhündisch.« Mutter brüstete sich immer, ein Ein-Mann-Hund zu sein. Sie hielt sich immer sehr zurück, und mit Ausnahme unseres Herrn küßte sie niemanden – nicht einmal Fred.

Ich bin nicht nur eine Promenadenmischung, sondern auch sehr gesellig. Ändern kann ich es nicht. Es liegt in meinem Wesen. Ich mag Menschen. Ich mag den Geschmack ihrer Schuhe, den Geruch ihrer Beine und den Klang ihrer Stimmen. Vielleicht ist es eine Schwäche von mir, aber ein Mensch braucht bloß mit mir zu sprechen, und schon läuft mir ein Schauer über den Rücken und fängt mein Schwanz heftig an zu wedeln.

Auch jetzt wedelte ich. Der Mann sah mich ziemlich zurückhaltend an. Er streichelte mich nicht. Wahrscheinlich war er – was ich später bestätigt fand – schüchtern, so daß ich aufsprang und an ihm hoch, um ihm entgegenzukommen. Mutter knurrte wieder. Ich spürte, daß sie es nicht billigte.

»Na sehen Sie – er mag Sie schon richtig gern.«

Der Mann sagte kein einziges Wort. Er schien über irgend etwas nachzudenken. Er gehörte zu den Stillen. Und er erinnerte mich an Joe, den alten Hund aus dem Lebensmittelladen in derselben Straße, der den ganzen Tag vor der Tür liegt, vor sich hin blinzelt und auch mit keinem redet.

Mein Herr begann von mir zu erzählen. Und es überraschte mich, wie sehr er mich lobte. Keine Ahnung hatte ich gehabt, daß er mich so bewunderte. Nach allem, was er sagte, hätte man direkt annehmen können, ich hätte im Kristallpalast schon eine Menge Preise und Auszeichnungen gewonnen. Aber den Mann schien es nicht zu beeindrucken. Er schwieg weiter.

Als mein Herr ihm erzählt hatte, was für ein wunderbarer Hund ich wäre, so daß ich richtig rot wurde, redete der Mann.

»Immer langsam«, sagte er. »Ich biete eine halbe Krone, und wenn er ein Engel vom Himmel hoch wäre, würden Sie keinen halben Penny mehr herausholen. Also?«

Ein Schauer lief mir über den Rücken und den ganzen Schwanz entlang, denn ich merkte natürlich, was sich hier abspielte. Der Mann wollte mich kaufen und mitnehmen. Hoffnungsvoll sah ich meinen Herrn an.

»Für mich ist er mehr ein Sohn als ein Hund«, sagte mein Herr ein bißchen nachdenklich.

»Daß Sie das finden, kommt von seinem Gesicht«, sagte der Mann empfindungslos. »Wenn Sie einen Sohn hätten, würde der wahrscheinlich genauso aussehen. Eine halbe Krone biete ich – und mir eilt es nicht.«

»Einverstanden«, sagte mein Herr mit einem Seufzer. »Obgleich das geschenkt ist – bei einem so kostbaren Hund. Wo ist die halbe Krone?«

Der Mann nahm einen Strick und band ihn mir um den Hals.

Ich hörte noch, wie Mutter mir Ratschläge zubellte und meinte, ich solle der Familie keine Schande machen, war jedoch zu aufgeregt, um noch genau hinzuhören.

»Wiedersehen, Mutter«, sagte ich. »Wiedersehen, Herr. Wiedersehen, Fred. Wiedersehen allesamt. Ich gehe jetzt ins Leben hinaus. Der Schüchterne hat mich für eine halbe Krone gekauft. Wau!«

Ich rannte immer im Kreise herum und schrie, bis der Mann mir einen Tritt gab und sagte, ich sollte stille sein.

Also war ich es.

Ich weiß nicht, wohin wir gingen, aber jedenfalls war es ein langer Weg. Bisher war ich in meinem Leben noch nicht aus unserer Straße fort gewesen, und daher wußte ich nicht, daß die Welt so riesig war. Wir liefen und liefen, und der Mann riß an meinem Strick, sobald ich stehenbleiben und mir irgend etwas anschauen wollte. Er erlaubte nicht einmal, daß ich vorüberkommenden Hunden guten Tag sagte.

Als wir rund hundert Meilen gelaufen waren und gerade in einen dunklen Eingang einbiegen wollten, hielt ein Polizist den Mann plötzlich an. Übrigens merkte ich, daß der Mann an meinem Strick zog und versuchte, schnell weiterzukommen, weil er mit dem Polizisten nicht reden wollte. Je genauer ich mir den Mann anschaute, desto deutlicher sah ich, wie schüchtern er war.

»He!« sagte der Polizist, und wir mußten stehenbleiben.

»Ich soll Ihnen etwas ausrichten«, sagte der Polizist. »Vom Gesundheitsministerium. Die haben mir gesagt, ich solle Ihnen sagen, daß Sie dringend Luftveränderung brauchten. Kapiert?«

»Ja«, sagte der Mann.

»Und zwar möglichst bald. Weil Sie sonst merken werden, daß man sie Ihnen verschafft. Kapiert?«

Ich blickte den Mann mit sehr viel Respekt an. Offensichtlich war er eine sehr bedeutende Persönlichkeit, wenn man sich über seine Gesundheit derartige Gedanken machte.

»Ich fahre heute abend aufs Land«, sagte der Mann.

Der Polizist schien zufrieden zu sein.

»Da wird sich das Land aber freuen«, sagte er. »Aber kommen Sie lieber nicht noch auf andere Gedanken.«

Und wir gingen weiter und verschwanden in dem dunklen Eingang und stiegen rund eine Million Stufen hoch und kamen in ein Zimmer, in dem es nach Ratten roch. Der Mann setzte sich und fluchte, und ich setzte mich und sah ihn an.

Aber dann konnte ich doch nicht mehr an mich halten.

»Wohnen wir hier?« sagte ich. »Stimmt es, daß wir aufs Land fahren? War der Polizist einer von der guten Sorte? Magst du keine Polizisten? In der Kneipe habe ich eine Menge Polizisten gekannt. Gibt es hier keine anderen Hunde? Was gibt es zum Abendbrot? Was ist in dem Schrank? Wann gehst du wieder mit mir spazieren? Darf ich hinausgehen und sehen, ob ich eine Katze finde?«

»Hör auf zu kläffen«, sagte er.

»Wo wohnen wir denn, wenn wir aufs Land fahren? Wirst du vielleicht Hausmeister in einem großen Haus? Freds Vater ist in Kent Hausmeister in einem großen Haus. Ich habe gehört, wie Fred es erzählt hat. Du hast Fred nicht kennengelernt, als du in der Kneipe warst, nicht? Fred würde dir gefallen. Ich mag Fred sehr. Mutter mag Fred auch. Alle mögen Fred.«

Ich wollte ihm noch eine ganze Menge über Fred erzählen, der immer zu meinen wärmsten Freunden gehört hatte, als er plötzlich einen Stock packte und mich durchprügelte.

»Wenn ich sage, du sollst still sein, dann bist du still«, erklärte er.

Er war tatsächlich der schüchternste Mensch, dem ich jemals begegnet bin. Es schien ihn zu verletzen, wenn man mit ihm sprach. Aber schließlich war er der Boss, und ich mußte ihm gehorchen, und deswegen sagte ich nichts mehr.

Noch am selben Abend fuhren wir aufs Land, wie der Mann dem Polizisten erklärt hatte. Ich war völlig durcheinander, denn Fred hatte mir schon so viel davon erzählt, daß ich mir immer gewünscht hatte, auch einmal aufs Land zu kommen. Manchmal war Fred mit seinem Motorrad losgefahren, um den Abend bei seinem Vater in Kent zu verbringen, und einmal hatte er ein Eichhörnchen mitgebracht, von dem ich glaubte, es sei für mich zum Essen bestimmt, aber Mutter hatte nein gesagt. »Das erste, was ein Hund lernen muß«, pflegte sie oft zu sagen, »ist, daß die Welt nicht geschaffen wurde, damit er sie essen kann.«

Es war ganz dunkel, als wir aufs Land kamen, aber der Mann schien genau zu wissen, wo der Weg war. Er zog an meinem Strick, und wir gingen eine Straße entlang, auf der überhaupt keine Menschen waren. Wir liefen und liefen, aber für mich war alles so neu, daß ich ganz vergaß, wie müde ich war. Mit jedem meiner Schritte merkte ich, wie mein Gesichtskreis sich erweiterte.

Hin und wieder kamen wir an einem sehr großen Haus vorbei, und alle sahen aus, als wären sie leer; ich wußte jedoch, daß immer ein Hausmeister drinnen saß, und zwar von Freds Vater. Diese großen Häuser gehören sehr reichen Leuten, die aber erst im Sommer dort wohnen wollen, weswegen sie einen Hausmeister hineinsetzen, und die Hausmeister haben Hunde, um Einbrecher fernzuhalten. Die ganze Zeit überlegte ich, ob das auch der Grund war, daß ich hierhergebracht wurde.

»Wirst du irgendwo Hausmeister?« fragte ich den Mann.

»Bist du wohl still«, sagte er.

Also war ich still.

Nachdem wir lange gelaufen waren, kamen wir zu einer kleinen Hütte. Ein Mann trat heraus. Mein Mann schien ihn zu kennen, denn er nannte ihn Bill. Ich war völlig überrascht, als ich sah, daß der Mann Bill gegenüber überhaupt nicht schüchtern war. Die beiden schienen eng befreundet zu sein.

»Ist er das?« sagte Bill und sah mich dabei an.

»Habe ihn heute nachmittag gekauft«, sagte der Mann.

»Naja«, sagte Bill, »häßlich genug ist er. Richtig böse sieht er aus. Wenn du wirklich einen Hund brauchst, ist der hier genau der richtige. Aber wozu brauchst du ihn? Ich finde fast, daß das eine Menge Ärger gibt, wo es eigentlich gar nicht nötig ist. Warum machen wir nicht einfach, was ich schon immer wollte? Was ist denn daran verkehrt, wenn wir uns den Hund schnappen, wie wir es bisher immer getan haben, und dann einsteigen und uns bedienen?«

»Das will ich dir erzählen«, sagte der Mann. »Erstens kann man sich den Hund nur schnappen, wenn es hell ist, weil sie ihn dann erst 'rauslassen. Nachts ist er im Haus eingesperrt. Und angenommen, man schnappt sich den Hund am Tage – was dann? Entweder besorgt der Kerl sich einen neuen, bevor es Abend ist, oder er sitzt die ganze Nacht auf und hat ein Gewehr bei sich. Diese Kerle sind keine gewöhnlichen Kerle. Die sind nämlich hier, um auf die Häuser aufzupassen. Das ist ihr Job, und einlassen tun die sich auf nichts.«

Es war die längste Rede, die ich bei dem Mann jemals gehört hatte, und sie schien Bill zu beeindrucken. Er war ganz bescheiden.

»Daran habe ich allerdings nicht gedacht«, sagte er. »Am besten, wir fangen morgen gleich an, diesen Köter zu dressieren.«

Mutter pflegte oft zu sagen, wenn ich davon sprach, in die Welt hinaus und das Leben kennenlernen zu wollen: »Das wird dir bald genug leid tun. Die Welt besteht nicht nur aus Knochen und Leber.« Und ich war noch gar nicht lange mit dem Mann und Bill in der Hütte zusammen, als ich merkte, wie recht sie hatte.

Der Ärger kam allein von der Schüchternheit des Mannes. Es schien, als haßte er es, daß man von ihm Notiz nahm.

Anfangen tat es schon an meinem allerersten Abend in der Hütte. Ich war in der Küche eingeschlafen, müde von den Aufregungen des Tages und den langen Spaziergängen, die ich hinter mir hatte, als irgend etwas mich auffahren ließ. Irgend jemand kratzte am Fenster und versuchte, hereinzukommen.

Ich frage Sie, ich frage jeden Hund: Was hätten Sie an meiner Stelle getan? Seit ich alt genug war, um zuhören zu können, hatte Mutter mir immer wieder eingeschärft, was ich in einem derartigen Fall zu tun hätte. Das gehört bei der Erziehung eines Hundes einfach zum Abc. »Wenn du in einem Zimmer bist und hörst, daß jemand herein will«, pflegte Mutter zu sagen, »dann belle. Es kann jemand sein, der dort etwas zu tun hat, aber es muß nicht so sein. Belle zuerst, und dann erkundige dich. Hunde sind dazu geschaffen, gehört und nicht gesehen zu werden.«

Ich hob also meinen Kopf und kläffte. Ich habe eine schöne tiefe Stimme, dank einiger Jagdhunde unter meinen Vorfahren, und in der Kneipe habe ich es oft, wenn Vollmond war, geschafft, daß die Leute sich aus den Fenstern lehnten und unschöne Dinge herunterriefen. Ich holte also tief Luft und fing an.

»Mann!« schrie ich. »Bill! Mann! Kommt schnell! Hier ist ein Einbrecher, der hereinzukommen versucht!«

Dann machte irgend jemand Licht, und es war der Mann selbst. Er war durch das Fenster gekommen.

Er griff nach einem Stock und prügelte mich. Das konnte ich nicht begreifen. Ich verstand einfach nicht, was ich falsch gemacht hätte. Aber er war der Boss, und so blieb es dabei.

Ob Sie mir nun glauben oder nicht: Dasselbe passierte Nacht für Nacht – eine Nacht nach der anderen, ohne Ausnahme! Und manchmal zwei- oder dreimal, bevor es hell wurde. Und jedesmal bellte ich, so laut ich überhaupt konnte, und jedesmal machte der Mann Licht und verprügelte mich. Es war unbegreiflich. Das, was Mutter mich gelehrt hatte, konnte doch unmöglich falsch sein!

Dazu hatte sie es zu oft wiederholt. Belle! Belle! Belle! Es war das Kernstück ihres ganzen Erziehungssystems gewesen. Und trotzdem saß ich jetzt hier und wurde jede Nacht verprügelt, weil ich tat, was sie gesagt hatte.

Ich zerbrach mir den Kopf, bis er schmerzte, und schließlich kam ich dahinter. Ich begann zu erkennen, daß Mutters Auffassung zu beschränkt war. Wenn man in einem Wirtshaus mit einem Mann wie meinem Herrn zusammenlebte, in dessen ganzer Veranlagung jede Spur von Schüchternheit fehlte, war es zweifellos richtig, zu bellen. Andere Verhältnisse erfordern jedoch ein entsprechendes Verhalten. Ich gehörte einem Mann, der ein Nervenbündel war, der entsetzt zusammenfuhr, wenn man ihn ansprach. Folglich war es meine Aufgabe, alles zu vergessen, was meine Mutter mich gelehrt hatte, auch wenn es im allgemeinen sicherlich sehr vernünftig war, und mich den Erfordernissen dieses sonderbaren Menschen anzupassen, der mich zufälligerweise gekauft hatte. Ich hatte versucht, mich nach Mutters Anweisungen zu richten, und was es mir eingebracht hatte, waren Prügel, so daß ich ab jetzt nur noch an mich selbst denken wollte.

Als ich in der folgenden Nacht das Fenster aufgehen hörte, blieb ich folglich wortlos liegen, obgleich es mir ausgesprochen gegen den Strich ging. Ich knurrte nicht einmal. Irgend jemand kam herein und schlich durch die Dunkelheit, mit einer Lampe, aber obgleich ich roch, daß es wieder der Mann war, stellte ich ihm nicht eine einzige Frage. Und wenig später machte der Mann Licht und kam zu mir und streichelte mich, was er bisher noch nie getan hatte.

»Guter Hund!« sagte er. »Dafür kriegst du das hier.«

Und er ließ mich den Kochtopf auslecken, in dem das Abendbrot gekocht worden war.

Danach kamen wir gut miteinander aus. Sobald ich etwas am Fenster hörte, blieb ich einfach zusammengerollt liegen und nahm davon keine Notiz, und jedesmal bekam ich einen Knochen oder sonst etwas Gutes. Es war ganz einfach, sobald man die Geschichte begriffen hatte.

Es war ungefähr eine Woche später, als der Mann mich eines Vormittags mitnahm, und wir liefen eine ganze Weile, bis wir bei einigen großen Zauntoren abbogen und eine ganz glatte Straße entlanggingen; schließlich standen wir vor einem großen Haus, das ganz allein inmitten einer Menge Land lag. Vor dem Haus war ein großer Rasen, und rundherum waren Felder und Bäume, und hinter dem Haus war ein großer Wald.

Der Mann läutete, und die Tür öffnete sich, und heraus kam ein alter Mann.

»Was ist?« fragte er nicht gerade herzlich.

»Ich dachte, daß Sie vielleicht einen guten Wachhund kaufen wollen«, sagte der Mann.

»Das ist aber merkwürdig«, sagte der Hausmeister. »Ein seltsamer

Zufall ist das. Das will ich nämlich gerade. Ich wollte schon los und versuchen, einen zu kaufen. Mein alter Hund hat heute morgen irgendwas gefressen, was ihm nicht bekam, und ist gestorben – der alte Bursche.«

»Armer Kerl«, sagte der Mann. »Wahrscheinlich ein alter Knochen mit viel Phosphor.«

»Was wollen Sie für den da haben?«

»Fünf Shilling.«

»Ist er ein guter Wachhund?«

»Er ist ein großartiger Wachhund.«

»Wild genug sieht er aus.«

»Das kann man wohl behaupten.«

Also gab der Hausmeister dem Mann die fünf Shilling, und der Mann ging weg und ließ mich zurück.

Zuerst verhinderten die Neuheit meiner Umgebung und die ungewohnten Gerüche und das Kennenlernen des Hausmeisters, daß ich den Mann zu sehr vermißte; aber als der Tag verging und ich erkannte, daß der Mann gegangen war und nie mehr zurückkehren würde, wurde ich sehr deprimiert. Jammernd streifte ich durch das Haus. Es war ein sehr interessantes Haus, größer, als ich es bei einem Haus für möglich gehalten hatte, aber aufheitern konnte es mich nicht. Vielleicht finden Sie es merkwürdig, daß ich mich so nach dem Mann sehnte – nach den vielen Prügeln, die ich von ihm bekommen hatte –, und wenn man darüber nachdenkt, ist es auch seltsam. Aber Hunde sind nun einmal Hunde, und sie sind eben so gebaut. Als es dann Abend wurde, war mir sehr elend. Ich fand in einem der Zimmer einen Schuh und eine alte Kleiderbürste, konnte jedoch nichts essen. Ich saß nur da und war ziemlich verzweifelt.

Es ist schon seltsam, aber allem Anschein nach kommt es immer wieder vor, daß irgend etwas Nettes passiert, wenn einem am elendsten ist. Als ich so dasaß, kam von draußen das Geräusch eines Motorrades, und irgend jemand rief.

Es war der liebe alte Fred, mein alter Freund! Fred, der Beste von allen, die jemals meinen Weg gekreuzt hatten. Seine Stimme erkannte ich sofort, und ich kratzte bereits an der Tür, bevor der alte Mann überhaupt Zeit hatte, von seinem Stuhl aufzustehen.

Ach Gott, ach Gott, war das eine freudige Überraschung! Fünfmal rannte ich, ohne anzuhalten, um den ganzen Rasen, und dann kam ich zurück und sprang an ihm hoch.

»Was machst du denn hier, Fred?« sagte ich. »Ist dieser Hausmeister dein Vater? Hast du die Kaninchen im Wald gesehen? Wie lange willst du hierbleiben? Wie geht es Mutter? Mir gefällt es auf dem Lande. Kommst du direkt aus der Kneipe? Ich wohne jetzt hier. Dein Vater hat fünf Shilling für mich bezahlt. Das ist doppelt soviel, wie ich kostete, als ich dich zum letztenmal sah.«

»Aber das ist doch der kleine Nigger!« So hatten sie mich in der Gastwirtschaft immer genannt. »Was tust du denn hier? Wo hast du den Hund her, Vater?«

»Ein Mann hat ihn mir heute vormittag verkauft. Der arme alte Bob ist vergiftet worden. Dieser hier soll ein genauso guter Wachhund sein. Laut genug bellt er.«

»Das ist er bestimmt. Seine Mutter ist der beste Wachhund in ganz London. Dieser Stinkköter gehörte früher dem Chef. Komisch, daß er plötzlich hier gelandet ist.«

Wir verschwanden im Haus und aßen zu Abend. Und nach dem Abendbrot saßen wir noch zusammen und redeten. Fred war nur für diese eine Nacht gekommen, sagte er, weil der Chef ihn am nächsten Tag wieder brauchte.

»Und mein Posten ist mir erheblich lieber als deiner, Vater«, sagte er. »Wo es hier so einsam ist! Hast du gar keine Angst vor Einbrechern?«

»Ich habe meine Schrotflinte, und dann ist da noch der Hund. Ohne ihn hätte ich wahrscheinlich Angst, aber mit ihm zusammen macht es mir nichts aus. Beim alten Bob war es genauso. Auf dem Lande ist ein Hund immer eine große Beruhigung.«

»Gibt es hier eigentlich viele Landstreicher?«

»In den letzten beiden Monaten habe ich nur einen gesehen, und das war der Kerl, der mir diesen Hund verkauft hat.«

Bob van den Born
Die Promenadenmischung

Da sie über den Mann sprachen, fragte ich Fred, ob er ihn kenne. Immerhin war es möglich, daß sie sich in der Kneipe kennengelernt hatten, als der Mann mich dem Chef abkaufte.

»Er würde dir gefallen«, sagte ich. »Ich wünschte, du hättest ihn kennengelernt.«

Beide sahen mich an.

»Warum knurrt er denn bloß?« fragte Fred. »Glaubst du, er hat etwas gehört?«

Der alte Mann lachte.

»Der hat nicht geknurrt. Der redet bloß im Schlaf. Du bist nervös, Fred. Das kommt davon, wenn man in der Stadt wohnt.«

»Möglich. Tagsüber finde ich es hier ganz nett, aber nachts ist es mir nicht ganz geheuer. Es ist so still. Wie du das die ganze Zeit aushältst, begreife ich nicht. Zwei Nächte, und ich würde Gespenster sehen.«

Sein Vater lachte.

»Wenn dir so ist, Fred, nimm lieber die Flinte mit ins Bett. Ich brauche sie nicht unbedingt.«

»Das tue ich«, sagte Fred. »Und wenn du sechs hättest, würde ich alle sechs mitnehmen.«

Und danach gingen sie nach oben. Ich hatte in der Diele einen Korb, der Bob gehört hatte – dem Hund, der vergiftet worden war. Es war ein bequemer Korb; ich war jedoch so aufgeregt, Fred wieder begegnet zu sein, daß ich nicht schlafen konnte. Abgesehen davon roch es irgendwo nach Mäusen, und ich stand immer wieder auf, um endlich genau festzustellen, woher dieser Geruch kam.

Ich schnüffelte gerade an einer Stelle der Wand, als ich ein kratzendes Geräusch hörte. Zuerst dachte ich, es wäre die Maus, die irgendwo anders arbeitete; als ich jedoch genau hinhörte, stellte ich fest, daß das Geräusch vom Fenster kam. Irgend jemand machte sich von draußen irgendwie an ihm zu schaffen.

Wäre ich Mutter gewesen, hätte ich losgetobt, daß das ganze Haus eingestürzt wäre; und hätte der Mann es mich nicht anders gelehrt, hätte ich es wohl auch getan. Ich hielt es zwar für unmöglich, daß es der Mann sein könnte, der zurückkam, denn er war einfach weggegangen und hatte nichts davon gesagt, daß er wiederkommen würde. Aber ich bellte nicht. Ich blieb stehen, wo ich war, und lauschte. Und gleich darauf ging das Fenster auf, und irgend jemand kletterte herein.

Ich schnüffelte gründlich, und da wußte ich, daß es der Mann war.

Ich war so entzückt, daß ich mich einen Moment fast vergaß und vor Freude aufschrie; dann aber fiel mir noch rechtzeitig ein, wie schüchtern er war, und ich nahm mich zusammen. Aber ich rannte zu ihm und sprang ganz leise an ihm hoch, und er sagte, ich sollte mich hinlegen. Ich war etwas enttäuscht, daß er sich nur so wenig freute, mich wiederzusehen. Ich legte mich hin.

Es war sehr dunkel, aber er hatte eine Lampe mitgebracht, und ich konnte erkennen, wie er sich durch das Zimmer bewegte, verschiedene Sachen nahm und alles in einen Sack steckte, den er mitgebracht hatte. Ab und zu blieb er stehen und lauschte, und dann machte er weiter. Er war dabei sehr schnell und sehr leise. Es war klar, daß er nicht den Wunsch hatte, Fred oder Freds Vater kämen herunter und entdeckten ihn.

Ich machte mir über diese Besonderheit Gedanken, während ich ihn beobachtete. Da ich selbst liebenswürdig bin, fällt es mir wahrscheinlich schwer zu begreifen, daß nicht jeder auf dieser Welt ebenso liebenswürdig ist. Natürlich hatten meine Erfahrungen in der Kneipe mich gelehrt, daß Menschen untereinander genauso unterschiedlich sind wie Hunde. Wenn ich zum Beispiel auf dem Schuh des Herrn kaute, versetzte er mir einen Tritt; wenn ich jedoch auf Freds Schuh kaute, kraulte Fred mich hinter dem Ohr. Und in ähnlicher Weise sind manche Menschen schüchtern und manche Menschen gesellig. Das erkenne ich uneingeschränkt an; aber trotzdem wurde ich das Gefühl nicht los, daß die Schüchternheit dieses Mannes einen Punkt erreicht hatte, an dem sie schon krankhaft war. Und er weigerte sich, irgend etwas dagegen zu tun. Das war der springende Punkt. Wenn man sich vorstellt, daß ein Mann es haßt, anderen Leuten zu begegnen, so daß er deren Häuser nur mitten in der Nacht aufsucht, wenn sie im Bett sind und schlafen! Albern war das. Schüchternheit war schon immer etwas, das meinem ganzen Wesen fernlag, so daß ich wahrscheinlich nie richtig in der Lage bin, dafür Verständnis zu zeigen. Ich habe immer die Ansicht vertreten, daß man sie überwinden kann, wenn man sich nur bemüht. Bei dem Mann lag die Schwierigkeit darin, daß er sich diese Mühe gar nicht machen wollte. Er schlug Nebenwege ein, um niemandem zu begegnen.

Ich mochte den Mann gern. Er gehörte zu denjenigen, die man nie genau kennenlernt; aber wir waren eine ganze Zeit zusammen gewesen, und ich wäre kein Hund, wenn ich mich ihm nicht verbunden gefühlt hätte.

Als ich so dasaß und beobachtete, wie er durch das Zimmer schlich, kam mir plötzlich der Gedanke, daß dies vielleicht eine Gelegenheit wäre, ihm auch gegen seinen Willen etwas Gutes anzutun. Fred war oben, und wie ich aus Erfahrung wußte, gehörte Fred zu den Menschen, mit denen man sich ausgezeichnet verträgt. Fred gegenüber konnte man nicht schüchtern bleiben. Ich hatte das Gefühl, daß die beiden, wenn man sie zusammenbrächte, großartig miteinander auskommen würden, und das wiederum würde dem Mann beweisen, wie albern es war, daß er den Menschen auswich. Es würde ihm zu jener Zuversicht verhelfen, die er brauchte. Ich hatte ihn mit Bill zusammen erlebt und wußte, daß er völlig natürlich und umgänglich sein konnte, wenn er nur wollte.

Möglich, daß der Mann sich zuerst wehren würde, aber nach einiger Zeit würde er bestimmt erkennen, daß ich es allein zu seinem eigenen Nutzen getan hatte, und mir dafür dankbar sein.

Die Schwierigkeit war nur, wie ich Fred herunterholen konnte, ohne den Mann zu verängstigen. Ich wußte, daß er keinen Augenblick länger warten würde, wenn ich Fred riefe, sondern durch das Fenster verschwände und weg wäre, bevor Fred hier sein könnte. Folglich blieb mir nur übrig, zu Fred hinaufzugehen, ihm die ganze Situation leise zu erklären und ihn zu bitten, nach unten zu kommen und nett zu sein.

Der Mann war viel zu beschäftigt, um auf mich zu achten. Er kniete gerade in einer Ecke, hatte mir den Rücken zugewandt und steckte irgend etwas in seinen Sack. Ich ergriff die Gelegenheit und stahl mich leise aus dem Zimmer.

Freds Tür war geschlossen, und ich hörte, wie er schnarchte. Leise kratzte ich, dann lauter, bis ich hörte, wie das Schnarchen verstummte. Er stieg aus dem Bett und öffnete die Tür.

»Mach keinen Lärm!« flüsterte ich. »Komm schnell nach unten. Ich möchte gern, daß du einen Freund von mir kennenlernst.«

Zuerst war er ziemlich mürrisch.

»Was soll denn das«, sagte er, »einfach herzukommen und den Schönheitsschlaf eines Mannes zu stören? 'raus mit dir!«

Er wollte tatsächlich wieder in seinem Zimmer verschwinden.

»Ehrenwort, Fred«, sagte ich. »Ich will dich nicht anführen. Unten ist wirklich ein Mann. Er ist durch das Fenster gekommen. Und ich möchte, daß du ihn kennenlernst. Er ist sehr schüchtern, und vielleicht tut es ihm gut, wenn du dich mit ihm unterhältst.«

»Was soll denn das Gefiepe?« sagte Fred, und dann war er plötzlich stumm und lauschte. Wir beide hörten genau die Schritte des Mannes, der unten umherging.

Mit einem Satz war Fred in seinem Zimmer. Als er wieder herauskam, hatte er irgend etwas bei sich. Er sagte nichts mehr, sondern ging sofort nach unten, ganz leise, und ich hinter ihm her.

Und da stand der Mann und steckte immer noch irgendwelche Sachen in den Sack. Gerade wollte ich ihm Fred vorstellen, als Fred, dieser Esel, einen gellenden Schrei ausstieß.

Beißen hätte ich ihn können.

»Was soll denn das, du Idiot?« sagte ich. »Ich habe dir doch erzählt, daß er schüchtern ist. Jetzt hast du ihn verscheucht.«

Und das hatte er tatsächlich. Der Mann war schneller aus dem Fenster, als man es für möglich gehalten hätte. Er flog richtig hinaus. Ich rief ihm noch nach, daß es doch nur Fred und ich wären, aber in diesem Moment ging die Flinte mit einem gewaltigen Krach los, so daß er mich nicht mehr verstehen konnte.

Ich war darüber ziemlich ärgerlich. Die ganze Geschichte war danebengegangen. Fred schien völlig den Kopf verloren zu haben. Benehmen tat er sich wie ein richtiger Esel. Natürlich hatte der Mann es mit der Angst bekommen, wenn man auf diese Weise mit ihm umging. Ich sprang aus dem Fenster, um zu sehen, ob ich den Mann finden und ihm alles erklären könnte, aber er war verschwunden. Fred sprang hinter mir her und hätte mich fast zerquetscht.

Draußen war es stockdunkel. Ich konnte nichts erkennen. Aber ich wußte, daß der Mann nicht weit gekommen sein konnte, weil ich ihn sonst gehört hätte. Ich fing an, überall herumzuschnüffeln, um dadurch vielleicht seine Spur zu finden. Und es dauerte auch nicht lange, bis ich sie entdeckt hatte.

Freds Vater kam jetzt ebenfalls nach unten, und die beiden rannten hin und her. Der alte Mann hatte eine Lampe. Ich folgte der Spur, die an einer großen Zeder aufhörte – gar nicht weit vom Haus entfernt. Ich blieb unter dem Baum stehen und blickte nach oben, konnte jedoch natürlich nichts sehen.

»Bist du da oben?« rief ich. »Du brauchst keine Angst zu haben. Es war doch bloß Fred. Er ist ein alter Freund von mir. Er arbeitet da, wo du mich gekauft hast. Seine Flinte ging bloß zufällig los. Er tut dir nichts.«

Zu hören war nichts. Ich dachte schon, ich hätte mich geirrt.

»Er ist weg«, hörte ich Fred zu seinem Vater sagen, und im selben Moment hörte ich ein ganz leises Geräusch, als hätte sich jemand in den Ästen über mir bewegt.

»Nein – er ist nicht weg!« schrie ich. »Er sitzt hier auf diesem Baum!«

»Ich glaube, der Hund hat ihn gefunden, Vater!«

»Ja, hier oben ist er. Komm her, damit du ihn kennenlernst.«

Fred trat an den Stamm des Baumes.

»Sie da oben«, sagte er, »kommen Sie 'runter.«

Kein Laut im Baum.

»Es stimmt schon«, erklärte ich. »Er ist da oben. Aber er ist so schüchtern. Sag es noch mal.«

»Wie Sie wollen«, sagte Fred. »Bleiben Sie oben, wenn es Ihnen

Spaß macht. Aber dann werde ich – auch nur aus Spaß – mit dieser Flinte einen Schuß in die Baumkrone abgeben.«

Und dann fing der Mann an herunterzukommen. Sobald er den Boden berührt hatte, sprang ich an ihm hoch.

»Das ist schön!« sagte ich. »Das da ist mein Freund Fred. Er wird dir ganz bestimmt gefallen.«

Aber es hatte keinen Sinn. Sie verstanden sich überhaupt nicht. Sie redeten kaum miteinander. Der Mann ging zum Haus zurück, und Fred ging hinter ihm her, die Flinte im Arm. Und als sie im Hause waren, wurde es auch nicht besser. Der Mann saß auf einem Stuhl, und Fred saß auf einem anderen, und nach langer Zeit erschienen einige Männer in einem Auto, und der Mann ging mit ihnen weg. Nicht einmal verabschieden tat er sich von mir.

Als er gegangen war, machten Fred und sein Vater meinetwegen viel Getue. Begreifen konnte ich es nicht. Die Menschen sind manchmal schon sehr merkwürdig. Der Mann hatte sich gar nicht gefreut, daß ich ihn mit Fred zusammengebracht hatte, während Fred so tat, als könnte er mir gar nicht dankbar genug dafür sein, daß ich ihn mit dem Mann bekannt gemacht hatte. Jedenfalls brachte Freds Vater dann kalten Schinken, mein Lieblingsessen, und gab mir davon eine ganze Portion, so daß ich aufhörte, mir weiterhin Gedanken über die Geschichte zu machen. Wie Mutter zu sagen pflegte: »Kümmere dich nicht um Dinge, die dich nichts angehen. Das einzige, was einen Hund interessiert, ist die Belohnung. Iß deinen Keks und kümmere dich nicht um die Angelegenheiten anderer Leute.« In gewisser Weise waren Mutters Ansichten zwar beschränkt; sie besaß jedoch einen großen Vorrat an echtem gesundem Menschenverstand.

2. Er bewegt sich in der Gesellschaft

Es war einer jener Fälle, an denen genaugenommen niemand schuld hat. Weder war es die Schuld des Chauffeurs noch war es meine. Ich hatte auf dem Bürgersteig einen freundschaftlichen Streit mit einem meiner Freunde; er rannte über die Straße, ich hinter ihm her, und der Wagen bog um die Ecke und erwischte mich. Er mußte ziemlich langsam gefahren sein, denn sonst wäre ich tot gewesen. Sie wissen sicher, wie einem zumute ist, wenn der Metzger einen erwischt, obgleich man mit dem Stückchen Fleisch schon fast zur Tür hinaus ist. Genauso war es.

Eine Weile interessierte mich meine Umgebung nicht allzusehr; als sie es dann jedoch wieder tat, merkte ich, daß ich den Mittelpunkt einer dreiköpfigen Menschengruppe bildete. Es waren der Chauffeur, ein kleiner Junge und das Kindermädchen des kleinen Jungen.

Der kleine Junge war sehr hübsch angezogen und sah zart aus. Er weinte.

»Armes Hündchen«, sagte er, »armes Hündchen.«

»Meine Schuld war es nicht, Master Peter«, sagte der Chauffeur respektvoll. »Er rannte auf die Fahrbahn, ehe ich ihn sehen konnte.«

»Das stimmt«, schaltete ich mich ein, damit der Mann keine Schwierigkeiten bekäme.

»Oh, er ist gar nicht tot«, sagte der kleine Junge. »Er bellt.«

»Er knurrt«, sagte das Kindermädchen. »Komm, Master Peter. Sonst beißt er noch.«

Frauen fallen einem manchmal auf die Nerven; es ist fast, als wollten sie einen mit Absicht mißverstehen.

»Ich komme nicht. Ich nehme ihn mit nach Hause und lasse den Doktor kommen und ihn untersuchen. Das ist jetzt mein Hund.«

Das klang nicht schlecht. Der Himmel weiß, daß ich kein Snob bin und, wenn es nötig ist, auch ungehobelt sein kann; aber ich habe es nun einmal gern behaglich, wenn es sich machen läßt, und ich hatte den Eindruck, daß ich hier wieder einmal an der richtigen Stelle war. Außerdem mochte ich den Jungen. Er war von der richtigen Sorte.

Das Kindermädchen, eine sehr unerfreuliche Person, hatte Einwände zu erheben.

»Aber Master Peter! Du kannst ihn unmöglich mit nach Hause nehmen – diesen großen unerzogenen, wilden, vulgären Hund! Was würde wohl deine Mutter dazu sagen!«

»Ich nehme ihn mit nach Hause«, wiederholte das Kind mit einer Entschlossenheit, die ich von Herzen bewunderte, »und er ist jetzt mein Hund. Ich werde ihn Fido nennen.«

Alle guten Dinge haben immer einen Haken. Fido ist ein Name, den ich besonders verabscheue. Das tun alle Hunde. Ich kannte einmal einen Hund dieses Namens, der immer schrecklich wütend wurde, wenn wir diesen Namen auf der Straße hinter ihm her riefen. Zweifellos hat es auch respektable Hunde gegeben, die Fido genannt wurden, aber meiner Ansicht nach ist es ein Name wie etwa Aubrey oder Clarence. Manchmal gelingt es einem zwar, ihn in Vergessenheit geraten zu lassen, aber gerade zu Anfang bildet er doch ein Hemmnis. Aber manchmal kann man das eine nicht ohne das andere haben, und so war ich bereit, in diesem Punkt nachzugeben.

»Wenn du dich geduldest, Master Peter, wird dein Vater dir bestimmt einen wunderhübschen süßen Hund kaufen ...«

»Ich will keinen wunderhübschen süßen Hund. Ich will diesen Hund haben.«

Der Vergleich verletzte mich nicht. Hinsichtlich meines Aussehens habe ich keine Illusionen. Ich habe, wenn auch kein wunderhübsches, so doch ein ehrliches Gesicht.

»Es hat keinen Sinn, jetzt darüber zu reden«, sagte der Chauffeur grinsend. »Er will ihn mitnehmen. Legen wir ihn also in den Wagen, damit wir nach Hause kommen und keiner auf den Gedanken verfällt, der Grünschnabel sei entführt worden.«

Also wurde ich zum Wagen getragen. Ich hätte auch gehen können, aber irgendwie fand ich es besser, es nicht zu tun. Als verkrüppelter Hund hatte ich meinen ersten Erfolg gehabt, und verkrüppelt wollte ich nun bleiben, bis die Dinge sich etwas mehr beruhigt hatten.

Der Chauffeur ließ den Motor anspringen und fuhr los. Auf Grund des Schocks, den ich erlitten hatte, und des Luxus, in einem Kraftfahrzeug zu fahren, war ich ein bißchen zerstreut, und so kann ich nicht sagen, wie weit wir fuhren. Aber es müssen unzählige Meilen gewesen sein, denn ich hatte den Eindruck, daß wir erst nach sehr, sehr langer Zeit wieder anhielten, und zwar vor dem größten Haus, das ich jemals gesehen habe. Ich erkannte glatte Rasenflächen und Blumenbeete, und Männer in Overalls und Springbrunnen und Bäume, und dazu hinten rechts Hundezwinger, in denen eine Million Hunde saßen, und alle preßten ihre Nasen durch das Gitter und lärmten. Alle wollten wissen, wer ich wäre und welche Preise ich gewonnen hätte, und da erst merkte ich, daß ich mich in der High Society befand.

Ich ließ mich von dem kleinen Jungen aufheben und in das Haus tragen, obgleich es ihm nicht leichtfiel, dem Armen, da ich ziemlich schwer bin. Er stolperte die Treppe hinauf und durch die große Halle, und dann ließ er mich auf den Teppich des schönsten Zimmers fallen, das man sich vorstellen kann. Der Teppich war einen Meter dick.

In einem Sessel saß eine Frau, und kaum hatte sie mich erblickt, als sie auch schon einen Schrei ausstieß.

»Ich habe Master Peter bereits gesagt, daß Sie nicht erfreut sein würden, M'lady«, sagte das Kindermädchen, das eine deutliche Abneigung mir gegenüber zu haben schien. »Aber er wollte das gefährliche Tier unbedingt mitnehmen.«

»Es ist kein gefährliches Tier, Mutter. Es ist mein Hund, und heißen tut er Fido. John hat ihn mit dem Wagen überfahren, und ich habe ihn mitgebracht, damit er bei uns wohnen kann. Ich habe ihn lieb.«

Dies schien einen gewissen Eindruck zu hinterlassen. Peters Mutter sah aus, als wachte sie langsam auf.

»Aber Peter, Liebling, ich weiß gar nicht, was dein Vater dazu sagen wird. Mit Hunden ist er so heikel. Alle seine Hunde haben Preise gewonnen und einen langen Stammbaum. Der da ist so ein Bastard.«

»Ein schmutziger, unerzogener, ordinärer Hund, M'lady«, sagte das Kindermädchen und machte sich auf absolut unerwünschte Weise bemerkbar.

In diesem Augenblick kam ein Mann herein.

»Ach, du lieber Himmel!« sagte er, als er mich erblickte.

»Das ist ein Hund, den Peter nach Hause mitgebracht hat. Er meint, er wolle ihn behalten.«

»Und ich behalte ihn auch!« berichtigte Peter fest entschlossen.

Ich mag Kinder, die wissen, was sie wollen. Von Minute zu Minute wuchs meine Zuneigung zu Peter. Ich hob den Kopf und leckte seine Hand.

»Hast du gesehen? Er weiß schon, daß er mir gehört – nicht, Fido? Er hat mich geleckt.«

»Aber Peter, er sieht doch so böse aus.« Unglücklicherweise stimmt es. Ich sehe tatsächlich böse aus. Für einen vollkommen friedfertigen Hund ist das ein großes Mißgeschick. »Und ich weiß wirklich nicht, ob es nicht gefährlich ist, wenn du ihn behältst.«

»Der Hund gehört mir, und heißen tut er Fido. Ich werde dem Koch Bescheid sagen, daß er ihm einen Knochen gibt.«

Seine Mutter sah seinen Vater an, der ziemlich gehässig auflachte.

»Meine liebe Helen«, sagte er, »seit Peter geboren wurde, also seit zehn Jahren, hat er sich, soweit ich mich erinnern kann, nichts gewünscht, was er nicht auch bekommen hätte. Bleiben wir also konsequent. Ich billige diese Karikatur eines Hundes zwar auch nicht, aber wenn Peter ihn behalten will, müssen wir es wohl erlauben.«

»Meinetwegen. Aber sobald er irgendein Anzeichen von Bösartigkeit zeigt, wird er erschossen. Er macht mich ganz nervös.«

Dabei blieb es, und ich ging mit Peter hinaus, um meinen Knochen abzuholen.

Nach dem Mittagessen nahm er mich mit zu den Zwingern, um mich den anderen Hunden vorzustellen. Ich mußte mitgehen, obgleich ich schon vorher wußte, daß es nicht erfreulich sein würde; und so kam es auch. Jeder Hund kann Ihnen erzählen, was mit diesen preisgekrönten Hunden los ist. Es ist ihnen so zu Kopf gestiegen, daß sie ihre Hundehütten nur rückwärts betreten können.

Es war ganz genau so, wie ich es erwartet hatte. Da waren Bullenbeißer, Terrier, Pudel, Spaniels, Bulldoggen, Schäferhunde und jede Art von Hunden, die man sich nur vorstellen kann – alle in Hunderten von Hundeschauen preisgekrönt, und jeder dieser Hunde, einer wie der andere, warf den Kopf zurück und lachte sich krank. In meinem ganzen Leben bin ich mir noch nicht so klein vorgekommen, und deshalb war ich froh, als es vorüber war und Peter mit mir zu den Ställen weiterging.

Ich hatte gerade das Gefühl, nie mehr einen anderen Hund sehen zu wollen, als ein Terrier laut bellend herausgerannt kam. Sobald er mich entdeckt hatte, kam er fragend näher, wobei er ganz steifbeinig ging, wie ein Terrier es nun einmal tut, wenn er einen Fremden sieht.

»Na, und du?« sagte ich. »Zu welcher sonderbaren preisgekrönten Rasse gehörst du? Erzähl doch mal von den vielen Bändchen und Schleifchen, die sie dir im Kristallpalast angehängt haben, damit wir darüber nicht mehr zu reden brauchen.«

Er lachte in einer Art und Weise, die mir richtig guttat.

»Dreimal darfst du raten!« sagte er. »Hast du mich etwa für einen dieser Verrückten in den Zwingern gehalten? Ich heiße Jack und gehöre einem der Reitknechte.«

»Was!« schrie ich. »Du bist kein königlicher Krummbeinchampion? Ich freue mich, dich kennenzulernen.«

Wir rieben unsere Nasen so freundschaftlich aneinander, wie es überhaupt möglich ist. Ein Hochgenuß war es, endlich einem Gleichgesinnten zu begegnen. Von diesen aufgeblasenen Hunden hatte ich genug, die einen ansehen, als wäre man etwas, das die Mülleute übersehen haben.

»Bei den Angebern bist du also schon gewesen, was?« sagte Jack.

»Er hat mich mitgenommen«, sagte ich und deutete auf Peter.

»Ach, dann bist du wohl sein neuester, was? Dann wird es dir auch gut gehen – wenigstens solange es dauert.«

»Was soll das heißen: solange es dauert?«

»Naja, dann will ich dir mal erzählen, was mit mir passiert ist. Der kleine Peter war ganz verrückt nach mir. Konnte eine Weile gar nicht genug für mich tun. Dann langweilte ich ihn auf einmal, und weg war ich. Die Schwierigkeit ist nämlich die, daß er wirklich ein gutes Kind ist und daß er immer alles bekommen hat, was er sich wünscht, und daß er alles ziemlich schnell langweilig findet. Was mich fertiggemacht hat, war eine Spielzeugeisenbahn. Kaum hatte er sie gekriegt, da hätte ich gar nicht mehr auf dieser Erde zu sein brauchen. Ich hatte bloß das Glück, daß Dick, mein gegenwärtiger Alter, zufällig einen Hund suchte, um die Ratten kurzzuhalten; der Himmel weiß, was sonst mit mir passiert wäre. Auf Hunde ist man hier nur scharf, wenn sie so viele Preise eingeheimst haben, daß ein Dampfer davon untergeht. Und Mischlinge wie du und ich – bitte, keine Beleidigung – sind hier nicht von Dauer. Wahrscheinlich hast du selbst gemerkt, daß die Erwachsenen nicht sehr begeistert waren, als du auftauchtest?«

»Liebenswürdig waren sie nicht gerade.«

»Dann laß dir von mir sagen, daß deine einzige Chance darin besteht, sie freundlich zu stimmen. Wenn du irgend etwas tust, was sie freut, lassen sie dich vielleicht noch bleiben, auch wenn du Peter lästig geworden bist.«

»Aber was denn?«

»Das mußt du dir selbst ausdenken. Ich habe nichts gefunden. Aber wie wäre es, wenn du Peter vor dem Ertrinken rettetest? Dazu braucht man keinen Stammbaum. Andererseits kannst du das Kind auch nicht einfach zum See schleppen und hineinstoßen. Das ist dabei die Schwierigkeit. Als Hund hat man so wenig Möglichkeiten. Aber das laß dir gesagt sein: Wenn dir binnen zwei Wochen nichts einfällt, was dir bei den Erwachsenen weiterhilft, kannst du dein Testament machen. In zwei Wochen bist du bei Peter in Vergessenheit geraten. Er kann nichts dafür. Es liegt an seiner Erziehung. Sein Vater hat enorm viel Geld, und Peter ist das einzige Kind. Ich sage bloß: Paß auf dich auf. Jedenfalls habe ich mich gefreut, dich kennenzulernen. Komm mal wieder vorbei, wenn du kannst. Ich könnte dir ein paar fette Ratten besorgen, und ein paar Knochen habe ich auch auf die Seite gelegt. Also bis später.«

Es bekümmerte mich schrecklich, was Jack gesagt hatte. Ich mußte dauernd daran denken. Und wäre das nicht gewesen, hätte ich es großartig gehabt, denn Peter machte tatsächlich viel Getue um mich. Er behandelte mich, als wäre ich der einzige Freund, den er hatte.

Und in gewisser Weise war ich es auch. Wenn man der einzige Sohn eines Mannes ist, der unheimlich viel Geld hat, darf man anscheinend kein normales Kind sein. Dauernd wird man eingesperrt, als wäre man etwas ganz Kostbares, das durch den Kontakt mit anderen Kindern verdorben wird. In der ganzen Zeit, die ich dort war, hat Peter kein anderes Kind kennengelernt. Peter hatte alles, was man sich nur vorstellen kann, nur kein Kind in seinem Alter, mit dem er herumtoben konnte; und das machte ihn ganz anders als die anderen Kinder, die ich kannte.

Er redete gern mit mir. Ich war der einzige in der Familie, der ihn wirklich verstand. Stundenlang redete er mit mir, und ich hörte ihm mit heraushängender Zunge zu und nickte dann und wann.

Es lohnte sich auch, dem zuzuhören, was er erzählte. Manchmal waren es höchst überraschende Dinge. So hatte ich zum Beispiel noch nicht gewußt, daß in England richtige Indianer lebten; Peter aber erzählte, ihr Häuptling hieße Große Wolke und wohnte in den Rhododendronbüschen unten am See. Gefunden habe ich ihn allerdings nicht, als ich sie eines Tages sorgfältig durchstöberte. Er sagte auch, daß auf der Insel im See Piraten lebten. Gesehen habe ich sie jedoch auch nicht.

Wovon er mir am liebsten erzählte, war allerdings die Stadt aus Gold und Edelsteinen, zu der man kam, wenn man hinter den Ställen entlang durch den Wald lief. Eigentlich wollte er irgendwann dorthin, und nach allem, wie er sie geschildert hatte, fand ich es auch ganz richtig. Für Hunde wäre es dort auch schön, sagte er; für sie gäbe es dort Knochen und Leber und Kekse und alles, was ein Hund sich nur wünschen könnte. Wenn ich ihm zuhörte, lief mir immer das Wasser im Munde zusammen.

Wir waren nie getrennt. Den ganzen Tag war ich mit ihm zusammen, und nachts schlief ich in seinem Zimmer auf der Matte. Aber ständig mußte ich an das denken, was Jack gesagt hatte. Ein einziges Mal hätte ich es zwar beinahe vergessen, weil ich glaubte, ich wäre für Peter so unentbehrlich geworden, daß nichts uns mehr trennen könnte; aber gerade als ich mich so sicher fühlte, bekam er von seinem Vater ein Flugzeug zum Spielen geschenkt, das richtig flog, wenn man es aufzog. An dem Tag, an dem er es bekam, hätte ich von ihm aus vom Erdboden verschwinden können. Ich ließ den Schwanz hängen, aber nicht ein einziges Wort sagte er zu mir.

Naja, und am zweiten Tag ging am Flugzeug irgend etwas kaputt, und es wollte nicht mehr fliegen, und da war ich wieder an der Reihe. Aber ich hatte inzwischen angestrengt nachgedacht und wußte, wie ungewiß mein Schicksal war. Ich war sein neuestes Spielzeug, mehr nicht, und irgendwann konnte ein noch neueres auftauchen, und das war das Ende für mich. Das einzige, was zu tun mir übrigblieb, war, die Erwachsenen irgendwie zu beeindrucken – genau das also, was Jack mir geraten hatte.

Der Himmel weiß, daß ich es versuchte. Alles geriet daneben. Ein Verhängnis schien darüber zu schweben. Eines Morgens zum Beispiel trottete ich schon früh um das Haus und begegnete einem, bei dem ich jeden Eid geleistet hätte, daß es ein Einbrecher wäre. Zur Familie gehörte er nicht, zum Personal auch nicht, und auf höchst verdächtige Weise lungerte er in der Nähe des Hauses herum. Ich jagte ihn auf einen Baum, und erst, als die Familie zum Frühstück herunterkam – zwei Stunden später –, stellte ich fest, daß es ein Gast war, der nachts eingetroffen und zeitig aufgestanden war, um die frische Morgenluft und den Anblick der Sonne zu genießen, die auf den See schien. So ein Mensch war das. Aber helfen tat es mir nicht viel.

Als nächstes geriet ich mit dem Boss, Peters Vater, aneinander. Warum, weiß ich eigentlich nicht. Ich traf ihn draußen im Park, zusammen mit einem anderen Mann, und beide trugen ein ganzes Bündel Stöcke und machten sehr ernste und gefaßte Gesichter. Ich hatte den Boss erreicht, als er einen Stock schwenkte und einen kleinen weißen Ball damit traf. Bisher hatte er nie den Eindruck gemacht, als wollte er mit mir spielen, und deswegen nahm ich dies als großes Kompliment. Ich raste also hinter dem Ball her, den er ziemlich weit geschlagen hatte, packte ihn mit den Zähnen und brachte ihn zurück. Ich legte ihn vor seine Füße und lächelte zu ihm hoch.

»Noch mal«, sagte ich.

Aber er war gar nicht erfreut. Er sagte alles mögliche und versuchte, mir einen Tritt zu geben, und am selben Abend, als er glaubte, ich hörte nicht hin, sagte er zu seiner Frau, daß ich eine wahre Pest wäre und weggeschafft werden müßte. Das stimmte mich nachdenklich.

Und dann brachte ich das Faß zum Überlaufen. Mit den besten Absichten der Welt geriet ich in eine derartige Klemme, daß ich schon glaubte, mein Ende wäre gekommen.

Passieren tat es eines Nachmittags im Wohnzimmer. Besuch war gekommen – Frauen! Und Frauen scheinen für mich verhängnisvoll zu sein. Ich hielt mich im Hintergrund und versuchte unsichtbar zu bleiben, denn obgleich Peter mich mitgebracht hatte, sah die Familie es nie gern, wenn ich das Wohnzimmer betrat. Ich hoffte auf ein Stückchen Kuchen und achtete nicht so sehr auf die Unterhaltung, bei der es um jemanden namens Toto ging, den ich noch nicht kannte. Peters Mutter sagte, Toto wäre ein lieber kleiner Schatz – wirklich. Und eine der Besucherinnen sagte, Toto wäre den ganzen Tag so verändert gewesen, und sie machte sich wirklich Gedanken. Und dann noch eine ganze Menge mehr, daß Toto zum Beispiel mittags immer nur ein bißchen weißes Hühnerfleisch äße, ganz klein gehackt. Es war nicht sehr interessant, und ich ließ meine Gedanken schweifen.

Und was erblickte ich ausgerechnet in dem Augenblick, als ich hinter meinem Sessel hervorlugte, ob es nicht vielleicht ein Stückchen Kuchen gäbe? Eine dicke scheußliche Ratte! Sie stand genau neben der Besucherin – und stellen Sie sich vor: Sie soff Milch aus einer Untertasse!

Ich habe meine Fehler, aber Zaudern angesichts einer Ratte gehört wirklich nicht dazu. Nicht eine Sekunde zögerte ich. Das endlich war meine Chance! Wenn es überhaupt etwas gibt, was Frauen hassen, dann sind es Ratten. Mutter pflegte immer zu sagen: »Wenn du im Leben Erfolg haben willst, gefalle den Frauen. Sie sind die eigentlichen Bosse. Männer zählen nicht.« Durch Beseitigung dieses Nagetiers würde ich den Dank und die Achtung von Peters Mutter erringen, und hatte ich das erreicht, war es egal, was Peters Vater von mir hielt.

Ich machte einen Satz.

Die Ratte hatte gar keine Möglichkeit des Entkommens. Ich erwischte sie sofort. Ich packte sie im Genick, schüttelte sie einige Male und schleuderte sie durch das ganze Zimmer. Dann rannte ich hinterher, um ihr den Garaus zu machen.

Und gerade als ich sie eingeholt hatte, setzte sie sich hin und bellte mich an. In meinem ganzen Leben war ich noch nie so erschrocken. Ich bremste und starrte sie an.

»Da muß ich allerdings sehr um Verzeihung bitten, Sir«, sagte ich abbittend. »Ich dachte, Sie seien eine Ratte.«

Und dann brach der Sturm los. Irgend jemand packte mich am Halsband, irgend jemand drosch mit einem Sonnenschirm auf meinen Kopf, und irgend jemand versetzte mir einen Tritt zwischen die Rippen. Alle redeten und schrien gleichzeitig.

»Mein armer Toto, mein Liebling!« kreischte die Besucherin und griff nach dem winzigen Tier. »Hat diese große wilde Bestie wirklich versucht, dich zu ermorden!«

»Und vollkommen ohne Grund!«

»Einfach auf dieses arme Ding loszustürzen!«

Es hatte keinen Sinn, irgend etwas erklären zu wollen. Jeder Hund an meiner Stelle hätte denselben Fehler begangen. Das Wesen war ein Spielzeughund aus einer dieser ungewöhnlichen Züchtungen – preisgekrönt und Champion, natürlich, und sein Gewicht in reinem Gold wert. Ich wäre besser davongekommen, hätte ich nicht Toto, sondern die Besitzerin gebissen. Soviel hörte ich aus der allgemeinen Unterhaltung doch heraus, und da ich feststellte, daß die Tür geschlossen war, verschwand ich unter dem Sofa. Ich war völlig durcheinander.

»Jetzt ist Schluß!« sagte Peters Mutter. »Der Hund ist bösartig. Er muß sofort erschossen werden.«

Peter stieß zwar einen Schrei aus, aber diesmal konnte er den Entschluß um keinen Zentimeter ändern.

»Sei still, Peter«, sagte seine Mutter. »Es ist gefährlich für dich, diesen Hund zu besitzen. Vielleicht ist er tollwütig!«

Frauen sind sehr unvernünftig.

Toto sagte natürlich keinen Ton, um zu erklären, wie der Irrtum entstanden war. Er saß vielmehr auf dem Schoß der Besucherin und schrie mir zu, was er alles mit mir angestellt haben würde, wenn man uns nicht getrennt hätte.

Irgend jemand griff vorsichtig unter das Sofa. Ich erkannte die Stiefel von Weeks, dem Butler. Wahrscheinlich hatten sie geklingelt, um ihn herbeizuholen, damit er mich hinausbrächte, und ich merkte genau, daß er es nicht gern tat. Weeks tat mir leid, denn er war mein Freund, und deshalb leckte ich ihm die Hand, was ihn sehr zu freuen schien.

»Ich habe ihn, Madame«, hörte ich ihn sagen.

»Bringen Sie ihn gleich in den Stall und binden Sie ihn fest, Weeks, und sagen Sie einem der Männer, er solle sein Gewehr holen und ihn erschießen. Er ist bösartig.«

Wenige Minuten später war ich in einem leeren Stall an die Futterkrippe angebunden.

Es war vorbei. Solange es dauerte, war es schön gewesen, aber jetzt hatte ich das Ende meines Lebensweges erreicht. Angst hatte ich, glaube ich, nicht; dafür übermannte mich das Gefühl. Ich hatte es so gut gemeint. Anscheinend führten gute Absichten auf dieser Welt zu nichts. Ich hatte alles versucht, um jedem eine Freude zu machen, und das also war das Ergebnis: in einem dunklen Stall angebunden und in Erwartung des Endes.

Draußen wurden die Schatten immer länger, und immer noch kam niemand. Ich begann zu überlegen, ob man mich vielleicht vergessen hätte, und trotz meiner Verfassung keimte in mir die leise Hoffnung, daß es vielleicht bedeutete, ich würde nun doch nicht erschossen. Vielleicht hatte Toto in allerletzter Stunde alles erklärt.

Und dann ertönten draußen Schritte, und die Hoffnung erstarb. Ich schloß die Augen.

Irgend jemand legte seine Arme um meinen Hals, und meine Nase berührte eine warme Wange. Ich schlug die Augen wieder auf. Es war nicht der Mann mit dem Gewehr, der mich erschießen wollte. Es war Peter. Er keuchte schwer, und geweint hatte er auch.

»Ganz ruhig!« flüsterte er.

Er fing an, den Strick aufzuknoten.

»Du mußt ganz ruhig sein, oder man hört uns, und dann hält man uns an. Ich nehme dich jetzt mit in den Wald, und dann gehen wir immer weiter, bis wir zu der Stadt kommen, von der ich dir erzählt habe und die ganz aus Gold und Diamanten ist, und da bleiben wir für den Rest unseres Lebens, und keiner wird uns etwas tun können. Aber du mußt ganz ruhig sein.«

Er ging zur Stalltür und schaute hinaus, und dann stieß er einen leisen Pfiff aus, damit ich ihm folgte. Und wir gingen los, um die Stadt zu suchen.

Der Wald war ziemlich weit weg: einen Abhang hinunter, auf dem hohes Gras stand, und dann über einen Fluß. Wir paßten sehr auf, blieben immer im Schatten und rannten über die freien Flächen. Und gelegentlich blieben wir stehen und blickten zurück, aber zu sehen war niemand. Die Sonne ging langsam unter, und es wurde kühl und still.

Wir kamen zum Fluß und überquerten ihn auf einer kleinen Holzbrücke, und dann waren wir im Wald, wo niemand uns sehen konnte.

Ich war noch nie im Wald gewesen, und alles war für mich sehr neu und aufregend. Wir stießen auf Eichhörnchen und Kaninchen und Vögel, und es waren so viele, wie ich noch nie in meinem Leben gesehen hatte, und lauter kleine Dinger, die summten und schwirrten und mich an den Ohren kitzelten. Ich wollte losrennen und mir alles genau ansehen, aber Peter rief mich, und ich ging bei Fuß. Er wußte, wie wir gehen mußten, ich aber nicht, und deswegen ließ ich ihm den Vortritt.

Wir kamen nur sehr langsam weiter. Der Wald wurde immer dichter, je weiter wir gingen. Es gab Büsche, durch die man nur schwer hindurchkam, und lange Zweige, die mit Dornen bedeckt waren, so daß man an ihnen hängenblieb und sie einen ritzten, wenn man sich loszureißen versuchte. Und bald wurde es ganz dunkel – so dunkel, daß ich nichts mehr sehen konnte, nicht einmal Peter, obgleich er ganz nahe war. Wir gingen immer langsamer, und die Dunkelheit war voll von seltsamen Lauten. Von Zeit zu Zeit blieb Peter stehen, und ich lief dann zu ihm und legte meine Schnauze in seine Hand. Zuerst streichelte er mich noch, aber dann tat er es nicht mehr, sondern ließ sich nur die Hand von mir lecken, als wäre es für ihn zu anstrengend, sie hochzuheben. Ich nehme an, daß er sehr müde wurde, denn er war noch ein sehr kleiner Junge und gar nicht kräftig, und wir waren schon sehr weit gelaufen.

Es schien immer dunkler zu werden. Ich konnte Peters Schritte hören, und sie schienen zu schlurren, während er sich durch die Büsche zwängte. Und dann, ganz plötzlich, setzte er sich völlig unvermittelt hin, und als ich herankam, hörte ich ihn weinen.

Wahrscheinlich gibt es eine ganze Menge Hunde, die gewußt hätten, was dabei zu tun war; aber mir fiel einfach nichts ein, nur daß ich meine Schnauze an seine Wange legte und winselte. Er legte seinen Arm um meinen Hals, und so blieben wir eine ganze Weile, ohne zu sprechen. Es schien ihn zu beruhigen, denn nach einiger Zeit hörte er auf zu weinen.

Ich behelligte ihn nicht mit irgendwelchen Fragen über die wunderbare Stadt oder wohin wir eigentlich gingen, denn er war so müde. Aber ich überlegte trotzdem, wie weit sie noch entfernt war. Von einer Stadt war weit und breit nichts zu sehen – kein noch so kleines Zeichen; um uns waren nichts als Dunkelheit und seltsame Geräusche und der Wind, der in den Bäumen sang. Neugierige kleine Tiere, wie ich sie noch nie gerochen hatte, kamen aus den Büschen gekrochen, um uns anzusehen. Ich hätte sie gern gejagt, aber Peters Arm lag um meinen Hals, und ich konnte ihn nicht allein lassen. Als aber etwas, das wie ein Kaninchen roch, so nahe kam, daß ich es mit der Pfote hätte berühren können, drehte ich den Kopf herum und schnappte danach. Und da verschwanden alle eilends wieder in den Büschen, und die Geräusche hörten auch auf.

Eine ganze Weile herrschte Stille. Dann schluckte Peter plötzlich schwer.

»Ich habe keine Angst«, sagte er. »Ich nicht!«

Ich schob meinen Kopf noch dichter an sein Gesicht. Wieder war es lange still.

»Ich tue einfach so, als wären wir von Räubern gefangen worden«, sagte Peter schließlich. »Hörst du auch zu? Drei waren es, große Männer mit Bärten, und sie schlichen hinter mir her und nahmen mich gefangen und haben mich hierher in ihr Lager geschleppt. Das hier ist ihr Lager. Der eine wurde Dick genannt, die anderen hießen Ted und Alfred. Sie hielten mich fest und schleppten mich durch den ganzen Wald bis hierher, und dann gingen sie weg und wollten bald wieder zurückkommen. Und während sie weg waren, hast du mich vermißt und bist auf meiner Spur durch den ganzen Wald gelaufen, bis du mich hier gefunden hast. Und dann sind die Räuber zurückgekommen, und sie haben nicht gewußt, daß du hier warst, und du bist ganz ruhig geblieben, bis Dick ganz dicht heran war, und dann bist du auf ihn losgegangen und hast ihn gebissen, und da ist er weggerannt. Und dann hast du Ted gebissen und hast auch Alfred gebissen, und sie sind auch weggerannt. Und so sind wir allein hiergeblieben, und mir konnte gar nichts passieren, weil du hier warst und auf mich aufgepaßt hast. Und dann – und dann ...«

Seine Stimme wurde immer leiser, und der Arm, den er um meinen Hals gelegt hatte, wurde schlaff, und an seinem Atem merkte ich, daß er eingeschlafen war. Sein Kopf lag auf meinem Rücken, aber ich rührte mich nicht. Ich bewegte mich nur ein bißchen und rückte etwas enger an ihn heran, damit er es möglichst bequem hatte, und dann schlief ich selbst auch ein.

Allzu gut schlief ich nicht. Die ganze Zeit hatte ich komische Träume, und dauernd glaubte ich, diese kleinen Tiere kämen aus den Büschen ganz dicht herangekrochen, so daß ich nach ihnen schnappen konnte, ohne Peter zu wecken.

Wenn ich einmal aufwache, bin ich sofort wach, aber nie war etwas los. Der Wind sang in den Bäumen, und die Büsche raschelten, und ganz weit weg quakten Frösche.

Und dann wachte ich wieder einmal auf und hatte das Gefühl, daß diesmal wirklich irgend etwas durch die Büsche schliche. Ich hob den Kopf, soweit es ging, und lauschte. Eine Weile passierte gar nichts, aber dann sah ich, genau vor mir, Lichter. Und ich hörte ein Geräusch, als trampelte jemand durch das Unterholz.

Ich hatte keine Zeit, lange zu überlegen, ob ich Peter dadurch wekken würde. Das hier war etwas Bestimmtes, um das man sich kümmern mußte. Mit einem Satz war ich auf den Beinen und bellte laut. Peter rollte von meinem Rücken und wachte auf, und er blieb lauschend sitzen, während ich, die Vorderpfoten auf ihn gestellt, stehenblieb und die Männer anbellte. Sämtliche Rückenhaare waren bei mir gesträubt. Ich wußte nicht, wer da kam oder was sie wollten, aber so, wie ich die Sache ansah, war in diesem Wald zu dieser Nachtzeit einfach alles möglich, und sollte jemand herankommen und irgend etwas vorhaben, mußte er mit mir rechnen.

Irgend jemand rief: »Peter! Bist du da, Peter?«

In den Büschen krachte es, die Lichter kamen immer näher, und dann sagte jemand: »Hier ist er!« Und darauf folgte großes Geschrei. Ich blieb stehen, wo ich war – bereit, jeden Moment loszuspringen, falls es nötig sein sollte, denn auf einen Zufall wollte ich es nicht ankommen lassen.

»Wer seid ihr?« rief ich. »Was wollt ihr?« Ein Lichtstrahl blendete meine Augen.

»Da ist auch der Hund!«

Irgend jemand trat in das Licht, und ich sah, daß es der Boss war. Er sah ziemlich ängstlich und besorgt aus, und er hob Peter vom Boden hoch und drückte ihn fest an sich.

Peter war nur halbwach. Schläfrig sah er den Boss an und begann, von Räubern und Dick und Ted und Alfred zu erzählen, und zwar dasselbe wie mir. Nicht ein Ton war zu hören, bis er damit fertig war. Dann sprach der Boss.

»Kidnapper! Das hatte ich mir gedacht! Und der Hund hat sie verjagt!«

Zum erstenmal während unserer Bekanntschaft streichelte er mich.

»Mein guter Alter!« sagte er.

»Er gehört mir«, sagte Peter verschlafen, »und wird nicht erschossen.«

»Aber bestimmt nicht, mein Junge«, sagte der Boss. »Von nun an ist er unser Ehrengast. Er bekommt ein goldenes Halsband und kann sich zum Essen bestellen, was er will. Und jetzt wollen wir wieder nach Hause zurück. Es ist Zeit, daß du ins Bett kommst.«

Mutter pflegte immer zu sagen: »Wenn du ein guter Hund bist, wirst du glücklich sein; wenn nicht, wirst du es nicht sein.« Ich dagegen habe den Eindruck, daß auf dieser Welt alles eine Angelegenheit des Glücks ist. Als ich tat, was ich konnte, um den Leuten eine Freude zu bereiten, wollten sie mich erschießen; als ich aber nichts tat und statt dessen sogar wegrannte, holten sie mich zurück und behandelten mich besser als den wertvollsten Preisträger in den Zwingern. Zuerst war es irritierend, aber eines Tages hörte ich, wie der Boss mit einem Freund sprach, der aus der Stadt gekommen war.

Der Freund sah mich an und sagte: »Was für ein häßlicher Bastard! Wozu, um Himmels willen, hast du den denn hier? Ich dachte, mit Hunden seist du besonders heikel?«

Und der Boss erwiderte: »Soll er ruhig ein Bastard sein, aber er kann in diesem Hause haben, was er will. Hast du denn nicht gehört, wie er Peter vor Kidnappern gerettet hat?«

Und dann folgte die ganze Geschichte mit den Räubern.

»Das Kind nennt sie immer Räuber«, sagte der Boss. »Ich nehme an, daß man in diesem Alter eben diesen Eindruck hat. Aber Peter sprach immer wieder von einem Dick, und das brachte die Polizei auf eine bestimmte Spur. Anscheinend gibt es hier einen Kidnapper, der der Polizei im ganzen Land als Dick the Snatcher bekannt ist. Beinahe mit Sicherheit ist es dieser Schuft mit seiner Bande gewesen. Wie sie das Kind weglocken konnten, weiß der Himmel, aber irgendwie ist es ihnen gelungen, und der Hund nahm ihre Spur auf und verscheuchte sie. Wir fanden ihn und Peter zusammen mitten im Wald. Es ist noch einmal gerade gut gegangen, und dafür müssen wir diesem Hund dankbar sein.«

Was konnte ich dazu sagen? Es war genauso nutzlos, ihnen in diesem Fall die Wahrheit sagen zu wollen, wie damals, als ich mich in Toto geirrt und ihn für eine Ratte gehalten hatte. Peter war an jenem Abend eingeschlafen und hatte bis dahin noch dauernd von Räubern erzählt; und als er wieder aufwachte, glaubte er fest daran. Er gehörte nun einmal zu dieser Art von Kindern. Daran konnte ich wirklich nichts ändern.

Irgendwo hörte ich den Boss reden. Ich sah, wie der Hundezwingermann mit einem Teller in der Hand näher kam. Es roch wunderbar, und er kam geradenwegs auf mich zu.

Den Teller stellte er vor mich hin. Es war Leber, die ich besonders liebe.

»Ja«, fuhr der Boss fort, »wenn er nicht gewesen wäre, wäre Peter gekidnappt worden, hätte sich halb zu Tode geängstigt, und ich wäre wohl um einiges ärmer geworden – je nachdem, was diese Schurken von mir gefordert hätten.«

Ich bin ein ehrlicher Hund und verabscheue es, unter Vorspiegelung falscher Tatsachen zu Ansehen zu gelangen – aber Leber ist Leber. Und so beließ ich es dabei.

Deutsch von Günter Eichel

Guy de Maupassant
Pierrot

Madame Lefèvre war eine Frau vom Lande, eine Witwe ›mit Band und Falbelhut‹. Sie gehörte zu jener Sorte von Halbbäuerinnen, die überaus falsch sprechen, die nach außenhin großtun und dabei unter ihrem komischen und herausstaffierten Äußeren ein hartes Herz in der Brust haben. Es ist wie mit ihren dicken roten Händen: man sieht sie nicht, weil sie rohseidene Handschuhe darüberziehen.

Ihr Dienstmädchen war ein braves und beschränktes Landkind und hieß Rosa.

Die beiden Frauen bewohnten ein kleines Haus mit grünen Fensterläden. Es lag an einer Landstraße der Normandie, mitten in einer fruchtbaren Ebene, der Caux. Da sie vor ihrer Wohnung einen schmalen Garten besaßen, betrieben sie etwas Gemüsebau.

Eines Nachts wurden ihnen ein Dutzend Zwiebelpflanzen gestohlen.

Kaum hatte Rosa den Diebstahl entdeckt, so rief sie die Frau, die im wehenden Wollrock dahereilte. Das war eine Betrübnis und ein Schrecken! Gestohlen hatte man! Ausgerechnet bei Madame Lefèvre hatte man gestohlen! Gewiß, stehlen, das kam ja in der Welt vor, aber – der Dieb konnte wiederkommen!

Die beiden bestürzten Frauen beugten sich über jede Fußspur, sie schwatzten und gingen der Sache auf den Grund. »Achtung, da sind sie hergekommen. Dort haben sie die Füße auf die Mauer gesetzt. Und hier sind sie ins Beet hinuntergesprungen.«

Und weh! sie erschraken vor der Zukunft. Wie sollte man von jetzt an ruhig schlafen können!

Das Gerücht von dem Diebstahl verbreitete sich. Die Nachbarn kamen und überzeugten sich von dem Tatbestand; vor allem erörterten sie den Fall, daß die Reihe einmal an sie käme; und die beiden Frauen trugen jedem neuen Besucher ihre Beobachtungen bereitwillig vor.

Ein Pächter aus der Nachbarschaft gab ihnen diesen Rat: »Sie müssen sich einen Hund zulegen.«

Das war unbedingt richtig; sie würden einen Hund haben müssen, einen, der aufpaßte. Keinen großen Hund, um Gottes willen! Was sollten sie auch mit einem großen Hunde anfangen! Er würde sie ruinieren, der Vielfraß! Nein, einen kleinen Hund (in der Normandie spricht man ›Chund‹), einen kleinen Kläffer von ›Chund.›

Von nun an wurde jedermann um Rat angegangen. Madame Lefèvre nahm den Hundeplan sehr genau. Sie erwog dies und das, und sie überlegte hin und her. Vor allem bedrückte sie der Gedanke, daß der Hund ja fressen würde! Diese Erkenntnis versetzte sie geradezu in Schrecken, denn sie war geizig wie alle jene Landfrauen, die immer etwas Kupfergeld bei sich tragen, um einem Armen auf der Straße ein Almosen zu geben oder am Sonntag etwas in die Kollekte zu werfen – vorausgesetzt, daß es bemerkt wird.

Rosa, die tierliebend war, brachte allerlei Einwände gegen den Hundeplan vor und verfocht sie nicht ohne List. Dennoch fiel die Entscheidung gegen sie aus. Ein Hund sollte her, und zwar ein ganz kleiner Hund.

Man zog Erkundigungen ein, aber es gab hier offenbar nur diese großen, für die man extra kochen muß. Der Krämer von Rolleville hatte wohl einen ganz kleinen; aber er verlangte zwei Franken für das Tier, angeblich, um seine Zuchtkosten zu decken. Madame Lefèvre erklärte, daß sie wohl bereit wäre, einen ›Chund‹ zu ernähren; aber noch Geld dafür zahlen, das ginge zu weit.

Dann brachte ihr eines Morgens der Bäcker, der von der Sache gehört hatte, auf seinem Wagen einen sonderbar aussehenden kleinen Hund mit. Er hatte ein gelbes Fell, Pfoten besaß er keine, dafür aber die Körperform eines Krokodils, den Kopf eines Fuchses und hinten einen aufrecht stehenden Schwanz, einen wahren Federbusch, der im Verhältnis zu groß wirkte wie das ganze Hinterteil dieses Geschöpfes. Irgendein Kunde des Bäckers wollte ihn los sein. Madame Lefèvre fand diesen unreinen Bastard, der gar nichts kostete, wunderhübsch. Rosa nahm ihn an sich. Sie fragte nach seinem Namen. Der Bäcker antwortete: »Pierrot.«

Er wurde in einer alten Seifenkiste untergebracht, und man stellte ihm Wasser hin. Er trank. Man legte ihm alsdann ein Stück Brot vor. Er fraß. Madame Lefèvre, die sein Hunger bereits beunruhigte, kam auf einen Gedanken: »Wenn er sich an das Haus gewöhnt haben wird, kann man ihn frei laufen lassen. Er wird durchs Land streifen und sich sein Fressen selber suchen.«

Man ließ ihn also frei laufen. Dies hinderte ihn aber nicht, immer hungrig heimzukommen. Er kläffte übrigens nur, wenn er zu fressen haben wollte, und er kläffte dann mit wahrer Wut.

Jedermann konnte den Garten betreten. Pierrot schlug nicht an. Er begrüßte alle Ankömmlinge mit wedelndem Schweif.

Nun, Madame Lefèvre hatte sich inzwischen an das Tier gewöhnt. Sie fing sogar an, ihn gernzuhaben. Manchmal nahm sie einen Bissen Brot, tauchte ihn in Fleischbrühe und fütterte den Hund.

Aber, o weh, sie hatte nicht an die Steuer gedacht, und als man ihr acht Franken – acht Franken, Madame! – für diesen Bastard von ›Chund‹, der nicht einmal bellte, abnahm, fiel sie vor Schreck in Ohnmacht.

Es wurde auf der Stelle entschieden, daß man sich Pierrot vom Halse schaffen müßte. Aber – niemand wollte ihn haben. Alle Leute in zehn Meilen Umkreis bedankten sich für ihn. Darauf, und weil es kein andres Mittel gab, wurde beschlossen, ihn »Mergel fressen zu lassen«.

Man läßt dort alle Hunde »Mergel fressen«, die man los sein will.

Fern auf der kahlen Ebene steht eine Art Hütte oder besser ein kleines Strohdach, wie man es als Sonnenschutz aufzustellen pflegt. Dort ist der Eingang zur Mergelgrube. Ein genau senkrechter Schacht führt bis zu zwanzig Meter Tiefe hinunter und stößt da unten an einige ausgedehnte Minengänge.

Einmal im Jahr, wenn die Äcker gedüngt werden, steigt man in diesen Steinbruch hinunter. Die übrige Zeit dient er als Friedhof für die zum Tode verurteilten Hunde; wer an der Öffnung vorüberkommt, kann häufig ein verzweifeltes Gebell heraufschallen hören.

Gavarni
Der Gelegenheitskauf

Die Hunde der Jäger und der Hirten rennen in wildem Schrecken vor dieser ächzenden Grube davon; beugt man sich vor, so dringt ein ekliger Verwesungsgeruch herauf.

Entsetzliche Dramen, die sich in der Finsternis abspielen.

Wenn ein Hund da unten in dem Loch seit zehn oder zwölf Tagen am Verenden ist und an den verwesenden Überresten seiner Vorgänger nagt, wird vielleicht ein neues und noch kräftiges Tier zu ihm hineingeworfen. Sie sitzen also da, zu zweien, entkräftet, mit glimmenden Augen. Sie belauern und folgen einander, noch zaudern sie. Aber der Hunger ist da und peinigt; sie gehen aufeinander los, sie kämpfen lange und erbittert; und der stärkere frißt den schwächeren und zerfleischt ihn bei lebendigem Leibe.

Als die Entscheidung dahin gefallen war, daß Pierrot »Mergel fressen« sollte, sah man sich nach einem Vollstrecker um. Der Chausseewärter, der drüben an der Straße arbeitete, forderte zehn Sous für den Weg. Das war Madame Lefèvre zu teuer. Der Lehrling des Nachbarn wollte sich mit fünf Sous begnügen; auch das fand sie noch zuviel; und als Rosa die Ansicht äußerte, daß es weit besser wäre, wenn sie ihn selbst hinbrächten, schon weil er unterwegs nicht gequält würde und also arglos bliebe, wurde beschlossen, daß sie beide sich vor der Nacht mit ihm aufmachen wollten.

Man setzte ihm an diesem Abend eine schöne Suppe vor, mit einer Messerspitze Butter darin. Er schlang sie bis auf den letzten Tropfen hinunter und wedelte vor Zufriedenheit mit dem Schweif. Darauf tat Rosa ihn in die Schürze.

Sie eilten mit hastigen Schritten, wie Spitzbuben, die unterwegs sind, über die Ebene dahin. Die Mergelgrube kam in Sicht, und sie langten an. Madame Lefèvre beugte sich vor, um zu lauschen, ob sie ein Ächzen vernähme. – Nein – alles blieb still; Pierrot würde allein sein. Darauf nahm die weinende Rosa den Hund auf den Arm und warf ihn in die Grube.

Die beiden neigten sich vor und horchten angestrengt. Zuerst hörten sie ein dumpfes Geräusch; darauf das gellende Wehgeheul des verletzten Tieres; alsdann eine Folge von abgerissenen Klagelauten und schließlich ein langhinhallendes verzweifeltes Bellen. Wie ein inständiges Flehen klang es, das der kleine Hund mit erhobenem Kopfe zur Öffnung hinaufschickte.

Er bellte! Oh, wie er bellte!

Die Frauen wurden von Reue gepackt, von Grausen, von einer wahnwitzigen Angst. Sie retteten sich durch die Flucht. Und da Rosa schneller lief, schrie Madame Lefèvre: »Warte auf mich, Rosa! Warte doch auf mich!«

In dieser Nacht kamen ihr grausige Träume.

Madame Lefèvre träumte, sie säße am Tisch, um ihre Suppe zu essen. Als sie aber den Deckel abnahm, lag Pierrot in der Schüssel. Er sprang heraus und biß sie in die Nase.

Sie wurde wach und glaubte ihn noch bellen zu hören. Sie lag und lauschte; aber es war eine Täuschung gewesen.

Sie schlief wieder ein und befand sich auf einer langen Straße, einer endlosen Straße, auf der sie dahinging. Plötzlich bemerkte sie mitten auf dem Fahrweg einen Korb, einen großen Bauernkorb. Er stand ganz verlassen da. Dieser Korb ängstigte sie.

Sie nahm allen Mut zusammen und öffnete ihn. Pierrot, der blutbedeckt darin lag, packte ihre Hand und ließ sie nicht wieder los; entsetzt suchte sie sich zu retten und rannte fort. Aber am Ende ihres Armes hing immer noch der Hund und fletschte die Zähne nach ihr.

Als der Morgen graute, erhob sie sich, halb von Sinnen, und lief zur Mergelgrube.

Er bellte; er bellte noch, er hatte die ganze Nacht gebellt.

Sie begann zu schluchzen und rief ihm lauter Kosenamen hinunter. Er gab ihr mit den zartesten Tönen seiner Hundestimme Antwort.

Oh, sie wollte ihn wiederhaben und nahm sich vor, ihn bis zu ihrem Tode zu verwöhnen.

Sie eilte zum Brunnengräber, der mit der Förderung des Mergels beauftragt war, und trug ihm ihren Fall vor. Der Mann hörte ihr ruhig zu. Als sie zu Ende kam, erklärte er: »Sie wollen Ihren ›Chund‹ wieder? Das kostet vier Franken!«

Sie fuhr auf; ihr ganzer Schmerz verflog mit einem Schlag.

»Vier Franken! Sie werden sich bei dem bißchen doch nicht umbringen! Vier Franken!«

Er antwortete: »Sie meinen wohl, ich schlepp da meine Stricke und meine Kurbel hin und steig da 'runter mit meinem Jungen und laß mich noch beißen von Ihrem verfluchten Hund, bloß daß Sie das Vergnügen haben hernach, 'n wiederzusehn? Hätten ihn ja nicht reinschmeißen brauchen.«

Sie ging entrüstet davon. Vier Franken!

Als sie nach Hause kam, rief sie Rosa und nannte ihr den Preis, den der Brunnengräber gefordert hatte. Rosa schüttelte den Kopf und meinte immer wieder: »Vier Franken! Das ist viel Geld, Madame.«

Dann fügte sie hinzu: »Wenn man ihm was zu fressen 'reinwerfen tät, dem armen Chund, auf daß er nicht totgeht da unten?«

Madame Lefèvre stimmte sehr erfreut zu; sie machten sich sogleich mit einem großen Stück Butterbrot zur Mergelgrube auf.

Sie brachen es in einzelne Bissen und warfen einen nach dem andern hinunter. Bei jedem Wurf sprachen sie mit Pierrot. Und sobald der Hund ein Stück aufgefressen hatte, kläffte er los, um das nächste zu fordern.

Sie kamen abends wieder, dann am nächsten Morgen, und so jeden Tag.

Eines Morgens aber klang ein wildes Geheul zu ihnen herauf. Sie vernahmen es in dem Augenblick, als sie das Brot in Stücke teilten. Es heulten zwei! Man hatte einen anderen Hund hinuntergeworfen, einen großen!

Rosa schrie: »Pierrot!« und Pierrot bellte und bellte. Also fing man an, das Fressen hinunterzuwerfen. Jedesmal aber war deutlich zuerst ein wüstes Durcheinanderstürzen und gleich darauf das Wehgeheul Pierrots zu vernehmen, der von seinem Genossen gebissen wurde. Dieser, da er der stärkere war, fraß die Brotstücke allein.

Sie hatten gut reden, wenn sie ihm zuriefen: »Dies ist für dich, Pierrot!« Pierrot bekam offenbar nichts. Die beiden Frauen sahen sich bestürzt an, und Madame Lefèvre verkündete in ärgerlichem Ton:

»Ich kann nicht all die Hunde durchfüttern, die man da hinunterwirft. Man muß es aufgeben.«

Gewürgt von der Vorstellung, daß all diese Hunde auf ihre Kosten leben würden, eilte sie von dannen. Einen Rest von dem Butterbrot hielt sie noch in der Hand und begann im Gehen davon abzubeißen.

Rosa folgte ihr und trocknete sich die Augen mit dem Zipfel ihrer blauen Schürze.

Deutsch von Georg von der Vring

B. W. Chandler

Der Hund, der zuviel wußte

Nachdem ich heute morgen auf dem Polizeigericht gesehen habe, wie Wilkins den Großteil eines Wochenlohnes aushändigte, werde ich nichts mehr gegen meinen Hund, der ein kleiner Dummkopf ist, sagen. Mit viel Ausdauer habe ich in meiner Freizeit versucht, ihm ein paar Kunststücke beizubringen, aber er hat sich einzig dazu bewegen lassen, sich auf seine Hinterbeine zu stellen, wenn er einen Sessel im Rücken hat. Dabei bleibt es jetzt. Keine weiteren Erziehungsversuche. Er soll einfältig und unwissend bleiben; das ist sicherer. An dem heutigen Unglück der Wilkinses ist nämlich die übertriebene Erziehung ihres Hundes Podger durch Mrs. Wilkins schuld.

Die beiden bekamen Podger, als er sechs Wochen alt war, und da sie weder Kind noch Kegel hatten, begann sich Mrs. Wilkins mit ihm wie mit einem Baby zu unterhalten. Ein Buch könnte man mit all dem füllen, was sie dem Hund beigebracht und was dieser selbst aufgenommen hat, während er sie beobachtete. Er sitzt in der Küche, während sie das Schlafzimmer aufräumt, und sie braucht nicht fortwährend treppauf und treppab laufen, um in den Ofen zu schauen, denn Podger ruft ihr laut, wenn ihm Brandgeruch in die Nase steigt. Meiner Frau hat sie erzählt, daß sie nur das Wort an Podger richten muß, wenn sie mit dem Essen zufällig etwas spät dran ist und beim Heulen der Fabrikssirene gerade erst die Kartoffeln aufgestellt hat. Er läuft Wilkins entgegen, wenn dieser auf seinem Fahrrad um die Ecke kommt, und erzählt ihm eine Geschichte über eine Ratte, die er beim Hühnerstall gefunden hat, und hält Wilkins draußen im Garten bei Laune und fesselt sein Interesse, bis Mrs. Wilkins hinausruft, daß alles kalt wird.

Als das Maulkorbgesetz in unserer Gegend in Kraft trat, verlor Mrs. Wilkins beinahe den Verstand. Sie kaufte für Podger den komfortabelsten Maulkorb, den sie bekommen konnte, und jedesmal, wenn sie ihm diesen umband, erklärte sie ihm, daß es Gesetz sei und daß sie es nicht ändern könne und er auf keinen Fall ohne ihn fortgehen dürfe. Er verstand recht gut, was sie sagte, aber er haßte den Maulkorb und begann, ohne ihn zu entwischen. Eines Tages fing ihn Wilkins keine hundert Meter von der Polizeiwache entfernt ein, trug ihn unter seinem Regenmantel nach Hause zurück und sagte ihm dann gehörig seine Meinung.

»Ein Maulkorb, so groß wie ein Vogelkäfig, damit du deine Nase nicht überall 'reinstecken kannst, und du setzst alles daran, daß ich vor den Richtern abgekanzelt und zu zehn Schilling verurteilt werde, du Untier!« rief er laut und fuchtelte Podger mit dem Maulkorb vor den Augen herum, während dieser den Kopf hängen ließ, zitterte und unglücklich dreinsah.

Mrs. Wilkins zog schnell einen Zehn-Schilling-Schein aus ihrer Geldbörse.

»Steck das ein für den Fall, Albert«, sagte sie zu Wilkins. »Ich habe es gespart, um eine Bluse zu kaufen, aber ich will lieber in Fetzen herumlaufen als anhören, wie der Hund tyrannisiert wird.«

Wilkins schämte sich ein wenig und rührte die Banknote nicht einmal an. Aber Mrs. Wilkins steckte sie auch nicht wieder ein. »Nein«, sagte sie, »hier ist das Geld griffbereit«, und sie legte es auf das Regal hinter Wilkins' Tabaksdose. Jedesmal, wenn Wilkins Podger nach Hause schleppte und mit dem Maulkorb herumzufuchteln und barsch zu reden begann, griff sie hastig nach dem Geldschein, bot ihm diesen an, und Wilkins konnte nichts mehr sagen.

Eines Nachmittags passierte es. Ein Polizist brachte Podger, der ohne seinen Maulkorb aufgegriffen worden war, nach Hause. Mrs. Wilkins forderte den Beamten freundlich auf, ins Wohnzimmer zu kommen, bat ihn, Platz zu nehmen, und war, wie man sich denken kann, sehr höflich zu ihm. Sie holte den Maulkorb und fragte, ob er dieses Modell gutheiße; erklärte, wie selten Podger ohne diesen auch nur einen Schritt vor die Haustür mache; ersuchte ihn, Podger für das, was er heute morgen getan, und dafür, daß er ihm die Mühe gemacht hatte, ihn nach Hause zu bringen, auszuschelten, und bat ihn, einem armen, dummen Tier doch dieses eine Mal zu vergeben.

Mrs. Wilkins hat nicht ihresgleichen, wenn es darum geht, jemanden zu besänftigen. Der Polizist tat bereitwillig, worum sie ihn bat, und fiel mit lauterer Stimme über Podger her, als dies Wilkins je getan hatte. Sie hörte ihm schweigend zu.

Er wollte gerade gehen und ihr »Guten Tag« sagen – und die Wilkinses hätten, glaube ich, niemals mehr ein Wort davon gehört –, als dieser übertrieben dienstfertige Hund quer durch das Zimmer zum Regal kroch, seine Schnauze hinter die Tabaksdose steckte und sich mit der Zehn-Schilling-Note im Maul an den Polizisten heranschlich.

Das genügte. Heute morgen wurde der Beweis erbracht. Der Polizist schilderte, wie er Podgers Bestechung voll Verachtung zurückgewiesen hätte. Die Richter gaben ihrem Abscheu über den listigen Versuch der Wilkinses Ausdruck, einen Justizbeamten bei einer Amtshandlung kaufen zu wollen, und verurteilten die beiden zu zwei Pfund zehn.

Ich will einen Dummkopf als Hund.

Deutsch von Susanne Feigl

Iwan Turgenjew
Mumu

In einer der entlegeneren Gassen Moskaus, in einem grauen Hause mit weißen Säulen, einem Zwischengeschoß und einem baufälligen Balkon, lebte vor Zeiten eine verwitwete Edelfrau, umgeben von zahlreicher Dienerschaft. Ihre Söhne dienten in Petersburg, ihre Töchter waren verheiratet. Sie machte selten Besuche und verlebte zurückgezogen die letzten Jahre ihres geizigen, lästigen Alters. Der freudenlose und trübe Morgen ihres Lebens war längst vergangen; aber auch der Abend desselben war düsterer als die Nacht.

Unter ihrem Hofgesinde zeichnete sich vor allem der Hausknecht Garassim aus, ein Mensch von riesiger Statur und taubstumm von Geburt an. Die Edelfrau hatte ihn von ihrem Gute mitgebracht, wo er, getrennt von seinen Brüdern, für sich allein ein kleines Bauernhaus bewohnte und fast für den pflichttreuesten Fronbauern galt. Mit ungewöhnlicher Kraft begabt, arbeitete er für viere – es ging ihm alles leicht von der Hand, und eine Lust war es, ihm zuzuschauen, wenn er zum Beispiel pflügte und, die breiten Hände gegen den Pflug gestemmt, gleichsam allein, ohne Hilfe des Zugpferdes, den Schoß der harten Erde aufriß oder wenn er um Petri Pauli so verheerend mit der Sense hantierte, daß er leicht ein junges Birkenwäldchen von der Wurzel weggeschoren hätte, oder auch wenn er rüstig und ohne auszusetzen mit einem drei Arschin langen Dreschflegel drosch, daß die gestreckten drallen Muskeln seiner Achseln sich gleich Hebeln hoben und senkten. Die ewige Sprachlosigkeit verlieh seinem rastlosen Schaffen etwas feierlich Ernstes. Er war ein stattlicher Kerl, und hätte er den Naturfehler nicht gehabt, es würde ihn gern jedes Mädchen zum Manne genommen haben ... Eines Tages aber ward Garassim auf Befehl seiner Herrin nach Moskau geschafft, dort kaufte man ihm Stiefel, nähte ihm einen Kaftan für die Sommerzeit, einen Schafspelz für den Winter, steckte ihm Besen und Schaufel in die Hand und ernannte ihn zum Hausknecht.

Das neue Leben sagte ihm anfangs durchaus nicht zu. Er war von Kindheit auf an Feldarbeit, an das Landleben gewöhnt. Durch das Unglück, welches ihn betroffen hatte, der Gemeinschaft der Menschen entfremdet, war er stumm und kraftvoll aufgewachsen, einem Baume auf fruchtbarem Boden gleich ... Als er in die Stadt verpflanzt ward, faßte er nicht, was mit ihm vorgehe – er war traurig und verblüfft wie ein junger, kraftvoller Stier, der eben erst von der Weide, wo üppiges Gras ihm bis an die Knie ging, genommen, geradewegs in einen Viehbehälter der Eisenbahn geschafft und durch Rauch und Dampf und Funkenregen, mit Geklapper und Pfeifen entführt wird, immer weiter – wohin – das weiß der Himmel! Garassims Beschäftigungen in seiner neuen Bestallung deuchten ihn ein bloßes Spiel nach den harten Feldarbeiten; in einer halben Stunde hatte er alles fertiggemacht, und er blieb dann entweder mitten im Hofe stehen und blickte mit offenem Munde die Vorübergehenden an, als erwartete er von ihnen eine Erklärung seiner rätselhaften Lage, oder er zog sich plötzlich in irgendeinen Winkel zurück, schleuderte Besen und Schaufel weit von sich, warf sich mit dem Gesichte auf die Erde und blieb so stundenlang regungslos auf der Brust liegen, einem eingefangenen wilden Tiere gleich. Doch der Mensch gewöhnt sich an alles, auch Garassim gewöhnte sich zuletzt an das Leben in der Stadt. Er hatte nicht viel zu tun; seine ganze Arbeit war: den Hof rein zu erhalten, zweimal des Tages in einer Tonne Wasser zu holen, Holz für Küche und Haus herbeizuschaffen und zu spalten, keine Landstreicher ins Haus zu lassen und nachts Wache zu halten. Und man muß gestehen, er erfüllte seine Pflicht mit Eifer: er litt auf dem Hofe keinen Strohhalm, keinen Schmutz; wenn während der schlechten Jahreszeit irgendwo der seiner Obhut anvertraute elende Wassergaul mit der Tonne im Straßenkote steckenblieb, so stemmte er bloß die Schulter an – und schob nicht allein den Karren, sondern auch den Gaul zugleich weiter; war er mit Holzspalten beschäftigt, dann tönte das Beil hell wie Glas, und nach allen Seiten hin stoben Späne und Holzstücke.

Was aber sein Wächteramt betraf, so hatte er sich in dem Viertel sehr in Respekt gesetzt, nachdem er einst bei Nacht zwei Diebe erfaßt und sie mit den Köpfen so stark gegeneinandergeschlagen hatte, daß es keines ferneren Einschreitens seitens der Polizeibehörde bedurfte. Und nicht allein die Landstreicher – selbst bei Tage vorübergehende Unbekannte pflegten beim Anblick des riesenhaften Hausknechts zu erschrecken und ihn anzuschrein, als könne er ihr Schreien hören. Mit dem ganzen Hofgesinde stand Garassim, wenn auch nicht in freundschaftlichem Einvernehmen – denn er wurde etwas gefürchtet –, jedoch auf vertraulichem Fuße; er betrachtete diese Leute als seine Familie. Sie suchten sich ihm durch Zeichen verständlich zu machen, und er verstand auch dieselben, führte alle Befehle pünktlich aus, hielt aber auch auf seine Rechte, so daß zum Beispiel bei Tische sich niemand auf seinen Platz setzen durfte. Überhaupt war Garassim strengen und ernsten Charakters und liebte Ordnung in allen Dingen; ja, sogar die Hähne durften in seiner Gegenwart nicht miteinander streiten, sonst setzte es etwas! Wenn er es bemerkte, packte er sie sogleich bei den Füßen, schwang sie ein dutzendmal in der Luft im Kreise herum und warf sie dann rechts und links auf die Seite. Die Edelfrau hielt auch Gänse auf dem Hofe; die Gans ist, wie bekannt, ein ernster, nachdenkender Vogel; Garassim hatte eine gewisse Achtung vor denselben und pflegte und fütterte sie – hatte er doch selbst etwas von einer Steppengans. Man hatte ihm eine kleine Stube über der Küche angewiesen; er richtete sie selbst nach eigenem Geschmacke ein und zimmerte sich ein Bett aus eichenen Brettern auf vier Holzklötzen – eine wahre Riesenbettstelle; hundert Pud hätte man daraufstellen können, und sie würde nicht nachgegeben haben; unter dem Bette stand ein massiver Kasten, in der Ecke ein kleiner Tisch von gleich starker Beschaffenheit und neben diesem ein Stuhl auf drei Füßen, aber so fest und gewichtig, daß zuweilen Garassim selbst, wenn er ihn in die Höhe hob, ihn wieder fallen ließ und dabei zufrieden zu lächeln pflegte. Die Stube war mit einem Vorhängeschloß versehen, das durch seine Gestalt an einen Kalatsch[1] erinnerte, nur war es schwarz; den Schlüs-

[1] Ein russisches Gebäck von eigentümlicher Form.

sel dazu trug Garassim beständig in seinem Gürtel. Er liebte nicht, wenn man in seine Stube kam.

So verging ein Jahr, nach dessen Verlauf sich folgender Vorfall mit Garassim ereignete.

Die alte Dame, bei welcher er Hausknechtsdienste verrichtete, hielt, in allem alten Gebräuchen folgend, wie bereits erwähnt, zahlreiche Dienerschaft: sie hatte in ihrem Hause nicht allein Wäscherinnen, Näherinnen, Tischler, Schneider und Schneiderinnen, es war noch außerdem ein Riemer da, der zugleich als Vieharzt und als Arzt für das Gesinde angestellt war, ferner ein Hausarzt für die Herrschaft und endlich sogar ein Schuhflicker, Kapiton Klimow mit Namen, ein arger Säufer. Klimow betrachtete sich als ein zurückgesetztes und nicht nach seinen Verdiensten geschätztes Wesen, als einen gebildeten, für das Leben in der Hauptstadt geschaffenen Mann, der nicht in irgendeinem Winkel Moskaus unbeachtet hätte sitzen bleiben sollen, und wenn er trinke, so trinke er, wie er sich, mit wichtiger Miene und sich an die Brust schlagend, auszudrücken pflegte, nur aus Verzweiflung. So wurde er einmal der Gegenstand eines Gesprächs der Edelfrau mit ihrem Haushofmeister Gawrilo, einem Menschen, der, nach den kleinen gelben Augen und der Entennase zu urteilen, von dem Schicksale selbst zu diesem Amte bestimmt zu sein schien.

Die Edelfrau äußerte ihr Bedauern über die sittliche Verkommenheit Kapitons, der erst tags zuvor betrunken irgendwo auf der Straße aufgehoben worden war.

»Was meinst du, Gawrilo«, sagte sie plötzlich, »sollten wir ihn nicht verheiraten? Vielleicht würde er dann gesetzter werden.«

»Warum sollte man ihn nicht verheiraten? Das kann man«, erwiderte Gawrilo, »und das würde sehr gut sein.«

»Ja; aber wer wird ihn nehmen?«

»Freilich. Übrigens, darüber haben die gnädige Frau zu bestimmen. Er wird doch immer zu irgend etwas zu brauchen sein; das Dutzend macht er schon voll.«

»Ich glaube, Tatjana gefällt ihm.«

Gawrilo wollte etwas erwidern, kniff aber die Lippen zusammen und schwieg.

»Nun! ... er mag um Tatjana anhalten«, entschied die gnädige Frau, mit Behagen eine Prise nehmend, »hast du gehört?«

»Zu Befehl«, sagte Gawrilo und entfernte sich.

Auf sein Zimmer gekommen (es befand sich in einem Nebenhause und war fast ganz mit eisenbeschlagenen Koffern angefüllt), schickte Gawrilo vorläufig seine Frau fort, setzte sich dann an das Fenster und versank in Nachdenken. Die unerwartete Verfügung der Herrin hatte ihn sichtlich verwirrt gemacht. Endlich erhob er sich und ließ Kapiton rufen. Kapiton trat herein ... Doch bevor wir dem Leser die Unterhaltung beider mitteilen, halten wir es für nötig, in einigen Worten zu erzählen, wer jene Tatjana war, die Kapiton heiraten sollte, und weshalb der betreffende Befehl den Haushofmeister beunruhigte.

Tatjana, eine der Wäscherinnen des Hauses, die, als die geschickteste und rascheste unter ihnen, nur die feine Wäsche zu besorgen hatte, war ungefähr achtundzwanzig Jahre alt, klein von Wuchs, mager und blondhaarig, mit Muttermalen auf der linken Wange. Ein Muttermal auf der linken Wange wird vom russischen Volk als übles Abzeichen – als unheilverkündend fürs Leben angesehen ... Tatjana rechtfertigte diesen Aberglauben, denn sie hatte alle Ursache, mit ihrem Schicksale zu grollen. Von Kindheit an hatte man sie nicht aufkommen lassen; sie arbeitete für zwei, hörte aber von niemandem ein freundliches Wort, wurde schlecht bekleidet, bekam nur geringen Lohn und hatte fast keine Verwandten: ein alter Diener, der als unbrauchbar im Dorfe zurückgelassen worden war, galt als ihr Oheim, und unter den Bauern hatte sie deren auch noch einige – das war aber alles. Sie sollte ehemals schön gewesen sein, doch war diese Schönheit sehr bald verblüht. Von Charakter war sie schüchtern oder, besser gesagt, eingeschüchtert; gegen sich selbst gleichgültig, war sie andern gegenüber furchtsam und nur darauf bedacht, ihre Arbeit zur bestimmten Frist zu beendigen. Sie ließ sich mit niemandem in Gespräche ein und zitterte bei dem bloßen Namen ihrer Herrin, obgleich sie diese fast nicht zu Gesichte bekommen hatte. Als Garassim aus dem

Dorfe in die Stadt geschafft wurde, fiel sie beim Anblicke seiner riesigen Gestalt beinahe in Ohnmacht, vermied es auf jede Weise, ihm zu begegnen, und drückte sogar die Augen zu, wenn sie auf dem Wege vom Herren- zum Waschhause an ihm vorüber mußte. Anfangs beobachtete Garassim sie nicht sehr, später aber lächelte er gutmütig, wenn er irgendwo auf sie stieß; dann fing er an, sie häufiger anzublicken, und zuletzt wandte er kein Auge mehr von ihr. Sie hatte Eindruck auf ihn gemacht: ob durch den sanften Ausdruck ihres Gesichtes oder durch die Schüchternheit ihres Benehmens – das weiß Gott! Einst, als sie, behutsam auf den ausgespreizten Fingern ein gestärktes Unterleibchen der Edelfrau tragend, über den Hof ging, fühlte sie sich plötzlich beim Ellenbogen gefaßt; sie blickte sich um und tat einen Schrei: Garassim stand hinter ihr. Ihr alle Zähne weisend und freundlich grunzend, reichte er ihr einen an Schweif und Flügeln vergoldeten Hahn aus Pfefferkuchen. Sie wollte ihn anfangs nicht annehmen, er drückte ihn aber mit Gewalt in ihre Hand, schüttelte den Kopf, ging fort und grunzte sie, sich umdrehend, noch einmal freundlich an. Von dem Tage an ließ er sie nicht mehr in Ruhe: wohin sie auch gehen mochte, er war immer da, kam ihr entgegen, lächelte, grunzte, fächelte mit den Händen, zog zuweilen ein Band aus seinem Kaftan, das er ihr zusteckte, ging mit dem Besen vor ihr her und reinigte den Weg, welchen sie betreten mußte. Das arme Mädchen wußte nicht mehr, wo sie bleiben, was sie anfangen sollte. Bald wußte das ganze Haus um die Streiche des stummen Hausknechts; es regnete Spottreden, Witzeleien, Sticheleien auf Tatjana. Über Garassim sich lustig zu machen, wagten jedoch nicht viele: er verstand keinen Scherz; auch ließ man Tatjana, wenn er zugegen war, in Ruhe. Mochte es ihr nun recht sein oder nicht, genug, das Mädchen verfiel seiner Protektion. Wie alle Taubstummen merkte er alles sehr bald und wußte recht gut, wann über ihn oder sie gelacht wurde. Einmal, bei Tische, fing die Haushälterin an, Tatjana aufzuziehen, und trieb es damit so weit, daß die Arme sich nicht mehr getraute aufzublicken und vor Ärger fast in Tränen ausbrach. Garassim erhob sich plötzlich von seinem Platz, streckte seine ungeheure Hand aus, ließ sie auf den

Kopf der Haushälterin nieder und blickte ihr dabei so unheimlich wild ins Gesicht, daß jene sich unwillkürlich auf den Tisch niederduckte. Alle verstummten. Garassim nahm seinen Löffel wieder zur Hand und fuhr fort, seine Kohlsuppe zu schlürfen. »Ach, das taube Ungetüm, der Bär!« murmelten alle halblaut, die Haushälterin aber stand auf und begab sich ins Mägdezimmer. Ein anderes Mal, als er bemerkte, daß Kapiton, derselbe Kapiton, von welchem soeben die Rede war, etwas gar zu freundlich Tatjana grüßte, winkte er ihn mit dem Finger zu sich, führte ihn dann in den Wagenschuppen, und eine in der Ecke stehende Deichsel an einem Ende erfassend, bedrohte er ihn damit kurzweg, aber auf unzweideutige Weise. Seit der Zeit richtete niemand mehr das Wort an Tatjana. Und das ging ihm alles hin. Freilich war die Haushälterin, nach dem erzählten Vorfalle, von dem Gesindetisch in das Mägdezimmer zurückkehrend, sogleich in Ohnmacht gefallen und hatte sich überhaupt so geschickt betragen, daß der grobe Ausfall Garassims noch am selben Tage zu Ohren der Edelfrau gelangte; die wunderliche Alte lachte aber bloß und ließ die Haushälterin, zur äußersten Entrüstung derselben, einige Male wiederholen, wie er sie mit seinem ›plumpen Händchen‹ niedergedrückt habe, und den folgenden Tag schenkte sie Garassim einen Silberrubel. Sie liebte ihn als ihren treuen und starken Wächter. Garassim hatte nicht wenig Respekt vor ihr, setzte aber doch seine Hoffnung in ihre Güte und trug sich mit dem Gedanken herum, sie um die Erlaubnis zu bitten, Tatjana heiraten zu dürfen. Er wartete bloß auf den neuen Kaftan, den ihm der Haushofmeister versprochen hatte, um in anständiger Kleidung der gnädigen Frau zu nahen, als derselben plötzlich der Gedanke kam, Tatjana an Kapiton zu verheiraten.

Der Leser wird jetzt den Grund der Verwirrung, die sich des Haushofmeisters Gawrilo nach dem Gespräche mit der Edelfrau bemächtigt hatte, leicht begreifen. Die Herrschaft – dachte er, am Fenster sitzend – hat freilich den Garassim gern (das wußte Gawrilo recht gut und darum sah er ihm auch manches nach), er ist aber doch ein sprachloses Wesen, und ich kann der Herrschaft doch nicht sagen, daß er der Tatjana nachläuft. Und dann auch, was für einen Ehemann gäbe er wohl ab? Von der anderen Seite aber braucht dieser Teufel, verzeihe mir's Gott, bloß zu erfahren, daß man die Tatjana an den Kapiton verheiratet, so wird er alles im Hause zertrümmern; wahrhaftig, das wird er tun. Wie setzt man ihm das auseinander? Einen solchen Teufel, verzeihe mir's Gott, bringt niemand zur Vernunft ... So wahr ich lebe ...

Die Erscheinung Kapitons unterbrach den Faden der Betrachtungen Gawrilos. Der leichtsinnige Schuhflicker trat herein, schlug die Hände zusammen, lehnte sich nachlässig an die vorspringende Ecke der Wand neben der Tür, legte das rechte Bein kreuzweise über das linke und schüttelte den Kopf. Nun, da bin ich ja. Was steht zu Befehl? schien er sagen zu wollen. Gawrilo warf einen Blick auf Kapiton und trommelte mit den Fingern auf dem Fensterstock. Kapiton kniff bloß seine bleifarbigen Äuglein zusammen, senkte den Blick jedoch nicht und lächelte sogar, sein verwühltes Flachshaar mit der Hand streichelnd. Nun, ich bin es ja. Was gaffst du denn? schien er bei sich zu denken.

»Du bist ein schöner Kerl!« sagte Gawrilo und schwieg. »Ein schöner Kerl, das muß ich sagen!«

Kapiton zuckte bloß leicht die Achseln. Na, bist du etwa besser? dachte er bei sich.

»Nun, betrachte dich nur, betrachte dich!« fuhr Gawrilo mit Vorwürfen fort, »nun, wie siehst du denn aus?«

Kapiton warf ruhig einen Blick auf seinen abgetragenen und zerrissenen Rock und seine geflickten Beinkleider, betrachtete mit besonderer Aufmerksamkeit seine durchlöcherten Stiefel, vorzüglich den, auf dessen Spitze sein rechter Fuß sich malerisch stemmte, und sah dann wieder den Haushofmeister an.

»Was ist's denn?«

»Was ist's denn?« wiederholte Gawrilo. »Was ist's denn? Und du fragst noch: Was ist's denn? Wie der Teufel siehst du aus, vergebe mir's Gott, das ist es.«

Kapiton blinzelte rasch mit den Augen.

Schimpfe nur zu, schimpfe nur darauflos, Gawrilo Andrejitsch, dachte er wieder bei sich.

»Da bist du schon wieder betrunken gewesen«, begann Gawrilo, »schon wieder! Was? Nun, antworte!«

»Schwacher Gesundheit halber bin ich in der Tat der Wirkung spirituöser Getränke ausgesetzt gewesen«, erwiderte Kapiton.

»Schwacher Gesundheit halber! ... Du bekommst zuwenig Prügel – das ist es. Und bist noch dazu in Petersburg in der Lehre gewesen ... Hast viel gelernt in der Lehre! Umsonst issest du dein Brot!«

»Was dies belangt, Gawrilo Andrejitsch, wird Einer mein Richter sein. Der Herrgott selbst und weiter niemand nicht. Jenem allein ist's bekannt, was für ein Mensch ich auf dieser Welt sein und ob ich mein Brot wohl umsonst essen tue. Was aber das Saufen belangt, so bin ich in diesem Falle nicht schuld, es lag mehr an meinem Kameraden; hat er mich selbst verlockt und sich dann verzogen, das heißt aus dem Staube gemacht, ich aber ...«

»Du aber, Dummkopf, bist auf der Straße liegen geblieben. Ach, du Galgenstrick! Na, jetzt ist aber nicht davon die Rede«, fuhr der Haushofmeister fort, »gib acht. Die gnädige Frau ...«, er schwieg einen Augenblick, »die gnädige Frau hat es für gut befunden, daß du heiratest. Hast du es gehört? Sie denkt, du wirst gesetzter werden, wenn du heiratest. Verstanden?«

»Versteht sich.«

»Na. Nach meiner Meinung wäre es besser, man zöge dir das Halsband ein wenig zu. Nun, das ist aber ihre Sache. Was sagst du dazu? Willst du?«

Kapiton lächelte schmunzelnd.

»Heiraten, Gawrilo Andrejitsch, ist eine angenehme Sache für den Menschen; und ich meinerseits bin mit größtem Vergnügen bereit.«

»Schon gut«, erwiderte Gawrilo und dachte bei sich: Man muß gestehen, der Kerl spricht sehr gut. »Dabei ist aber folgender Umstand«, fuhr er mit lauter Stimme wieder fort, »man hat dir eine ... nicht ganz passende Braut ausgesucht.«

»Und welche denn, wenn ich mich erkundigen darf? ...«

»Tatjana.«

»Tatjana?«

Und Kapiton riß die Augen auf und trat von der Wand vor.

»Was bist du denn so bestürzt geworden? ... Ist die denn nicht nach deinem Sinn?«

»Das fehlte noch, Gawrilo Andrejitsch! Das Mädchen ist mir ganz recht, eine gute Arbeiterin, ein stilles Mädchen ... Sie wissen ja aber selbst, Gawrilo Andrejitsch, jener Kobold, der Steppenteufel da, ist ja beständig um sie herum ...«

»Ich weiß, mein Lieber, weiß das alles«, unterbrach ihn ärgerlich der Haushofmeister, »aber ...«

»Bedenken Sie doch, Gawrilo Andrejitsch! er schlägt mich gewiß tot; so wahr Gott lebt, er schlägt mich tot, wie eine Fliege schlägt er mich tot; hat der eine Hand! Belieben Sie selbst zu betrachten, was für eine Hand er hat; wahrhaftig, eine Hand wie die von Minin und Posharski[1]. Er ist ja taub, haut und hört es nicht, wie er haut! Ihm muß es vorkommen, als ob er im Traume mit den Fäusten um sich schlägt. Und ihn zur Vernunft zu bringen ist keine Möglichkeit; warum? darum, weil er, Sie wissen selbst, Gawrilo Andrejitsch, stumm ist und dazu dumm wie ein Klotz. Er ist ein wahres Tier, Gawrilo Andrejitsch – ärger als ein Tier: warum soll ich jetzt durch ihn zu Schaden kommen? Freilich, mir ist jetzt alles ziemlich gleich: alles mögliche habe ich ausgehalten, durchgemacht, bin wie ein Topf gescheuert worden – dennoch bin ich ja immer noch ein Mensch geblieben und betrachte mich nicht als einen bloßen Topf, den man scheuert!«

»Schon gut, schon gut, brauchst nicht auszumalen ...«

»Herr, Du mein Gott!« fuhr der Schuster mit Wärme fort, »wann hört es denn auf? wann? Du mein Schöpfer! Ist das ein Elend ohne Ende? Oh, du mein Schicksal, mein Schicksal, wenn ich's bedenke! In meiner Jugendblüte habe ich von meinem deutschen Lehrmeister Stockschläge bekommen; in meinen schönsten Lebensjahren bin ich von meinesgleichen geprügelt worden; endlich, im reiferen Alter, muß ich noch dieses erleben ...«

»Ach, du Butterseele«, sagte Gawrilo. »Wozu diese Weitläufigkeiten?«

[1] Ein kolossales Doppelstandbild in Moskau.

»Wie, wozu, Gawrilo Andrejitsch! Nicht vor Prügeln habe ich Angst, Gawrilo Andrejitsch. Mag mich mein Herr unter vier Augen bestrafen, zeige mir aber vor den Leuten Wohlwollen, so bleibe ich ja immer noch ein Mensch; von wem werde ich es aber jetzt erdulden müssen? ...«

»Nun, packe dich!« unterbrach ihn Gawrilo ungeduldig.

Klimow wandte sich um und ging langsam davon.

»Gesetzt aber, er wäre nicht da«, rief ihm der Haushofmeister nach, »du selbst, willigst du ein?«

»Dann allerdings würde ich meine Einwilligung verabreichen«, erwiderte Kapiton und ging hinaus.

Die Beredsamkeit verließ ihn selbst in verzweifelten Fällen nicht.

Der Haushofmeister schritt einige Male im Zimmer auf und ab, endlich ließ er Tatjana rufen.

Einige Augenblicke darauf trat diese kaum hörbar herein und blieb an der Schwelle stehen.

»Was befehlen Sie, Gawrilo Andrejitsch?« fragte sie mit leiser Stimme.

Der Haushofmeister blickte sie starr an.

»Höre«, sagte er freundlich, »willst du heiraten? Die gnädige Frau hat für dich einen Bräutigam ausgesucht.«

»Zu Befehl, Gawrilo Andrejitsch. Und wen hat mir die Gnädige zum Bräutigam bestimmt?« setzte sie unschlüssig hinzu.

»Klimow, den Schuster.«

»Zu Befehl.«

»Er ist ein leichtsinniger Mensch – das ist wahr. Die gnädige Frau rechnet aber in diesem Falle auf dich.«

»Zu Befehl.«

»Das Schlimme dabei ist ... daß dieser Taube, der Garassim, dir den Hof macht. Durch welchen Zauber hast du's nur diesem Bären angetan? Er schlägt dich am Ende noch tot, dieser Bär.«

»Er schlägt mich tot, Gawrilo Andrejitsch, auf jeden Fall schlägt er mich tot.«

»Schlägt dich tot ... Na, das wollen wir sehen. Wie kannst du so

Alfred Kubin
Der Jagdhund

sprechen: er schlägt mich tot? Hat er denn das Recht, dich totzuschlagen? sage du selbst!«

»Ja, das weiß ich nicht, Gawrilo Andrejitsch, ob er das Recht hat oder nicht.«

»Ach du! Du hast ihm doch nicht etwa versprochen ...«

»Was meinen Sie?«

Der Haushofmeister schwieg und verfiel in Gedanken.

»Du unschuldige Seele!« murmelte er. »Nun gut«, setzte er hinzu, »wir werden noch darüber sprechen, jetzt aber gehe, Tatjana; ich sehe, du bist wirklich ein gehorsames Mädchen.«

Tatjana wandte sich um, stützte sich einen Augenblick an den Türstock und ging hinaus.

Vielleicht wird die gnädige Frau bis morgen diese Heiratsgeschichte vergessen haben – dachte der Haushofmeister –, wozu brauche ich mich so sehr zu beunruhigen? Mit diesem Raufbold wollen wir schon fertig werden; fällt etwas vor – melden wir's der Polizei ... »Ustinja Feodorowna!« rief er mit lauter Stimme seiner Frau zu, »tragen Sie mir doch den Samowar auf, Verehrteste ...«

Tatjana kam fast den ganzen Tag nicht aus dem Waschhause heraus. Anfangs weinte sie etwas, trocknete aber dann ihre Tränen und ging wieder an ihre Arbeit. Kapiton saß bis in die Nacht hinein in der Schenke mit einem Gefährten von finsterem Aussehen und erzählte ihm ausführlich, wie er in Petersburg einem Herrn gedient habe, der in allen Stücken ein unvergleichlicher Mensch gewesen sei, aber sehr auf Ordnung gehalten und außerdem den kleinen Fehler an sich gehabt habe, daß er sich am Wein oft des Guten zuviel getan, und was nun das weibliche Geschlecht beträfe, so habe er alle ›Qualitäten‹ durchgemacht ... Der düstere Gefährte hörte seine Erzählung ziemlich gleichgültig an, doch als Kapiton zuletzt erklärte, er wäre eines Umstandes wegen gezwungen, morgen Hand an sich zu legen, bemerkte jener, es wäre Zeit, schlafen zu gehen, und beide schieden grob und schweigend voneinander.

Die Erwartungen des Haushofmeisters trafen indessen nicht zu. Die Idee von Kapitons Verheiratung beschäftigte dermaßen die Edelfrau, daß sie sogar die Nacht hindurch mit einer Gesellschafterin, die sie einzig und allein zu ihrer Zerstreuung in schlaflosen Nächten im Hause hielt und die, gleich einem Nachtfuhrmanne, nur bei Tage schlief, sich nur davon unterhalten hatte. Als Gawrilo nach dem Frühstück zur Berichterstattung bei ihr erschien, war ihre erste Frage: »Nun, wie geht es mit unserer Heirat?« Natürlich antwortete er ihr, daß es ganz nach Wunsch damit gehe und Kapiton heute noch bei ihr sein Gesuch anbringen werde. Die Edelfrau fühlte sich nicht ganz wohl und beschäftigte sich nicht lange mit ihren Wirtschaftsangelegenheiten. Der Haushofmeister kehrte auf sein Zimmer zurück und versammelte einen Rat. Der Fall erheischte allerdings eine eingehendere Prüfung. Tatjana widersetzte sich freilich nicht; Kapiton aber erklärte kategorisch, er habe nur einen und nicht etwa zwei oder drei Köpfe auf den Schultern ... Garassim warf allen finstere, flüchtige Blicke zu, hielt sich beständig in der Nähe der Treppe zum Mägdezimmer und schien zu merken, daß man nichts Gutes gegen ihn im Schilde führe.

Die Versammlung, welcher auch der alte Tafeldecker, mit dem Spitznamen Onkel Strunk, beiwohnte und dem die übrigen mit großer Achtung begegneten, obgleich niemand von ihm je etwas anderes als »Also so steht's, so: ja, ja, ja«, gehört hatte, begann damit, daß man Kapiton, vorsichtshalber, auf alle Fälle, in eine kleine Kammer, in welcher die Wasserreinigungsmaschine sich befand, einsperrte und sich sodann in Nachdenken vertiefte. Es wäre natürlich leicht gewesen, zu Gewalt seine Zuflucht zu nehmen; aber behüte Gott! da würde Lärm entstehen, die gnädige Frau beunruhigt werden – wehe dann! Was aber tun? Nach langer Beratung kam man endlich zu folgendem Entschlusse: Mehrfach schon hatte man die Bemerkung gemacht, daß Garassim vor Trunkenbolden geradezu Abscheu empfand ... Jedesmal, wenn er, am Tore sitzend, einen Betrunkenen unsicheren Schrittes, die Mütze auf einem Ohr, vorbeitaumeln sah, wendete er mit Entrüstung das Gesicht weg. Es wurde daher beschlossen, Tatjana zu veranlassen, daß sie sich betrunken stelle und taumelnd an Garassim vorbeigehe. Das arme Mädchen widerstrebte lange, man überredete sie aber doch; und dann sah sie auch selbst ein, daß sie auf andere Weise ihren Courmacher nicht loswerden könne. Sie machte sich auf. Kapiton wurde aus seinem Verschluß herausgelassen: die Sache betraf ja auch ihn. Garassim saß auf einem Pfosten am Tore und kratzte mit seiner Schaufel den Boden ... Aus allen Ecken, hinter den Vorhängen an den Fenstern waren Augen auf ihn gerichtet ...

Die List gelang nach Wunsch. Als er Tatjana gewahr wurde, nickte er ihr, nach seiner Gewohnheit, mit freundlichem Grunzen zu, dann heftete er den Blick fest auf sie, ließ die Schaufel aus den Händen fallen, sprang auf, näherte sich ihr und streckte sein Gesicht dem ihrigen entgegen ... Die Angst machte sie noch mehr wanken, sie schloß die Augen ... Er faßte sie bei dem Arm, schleppte sie über den ganzen Hof, trat mit ihr in das Zimmer, wo die Ratsversammlung ihren Sitz hielt, und stieß sie ohne weiteres dem Kapiton zu. Tatjana war mehr tot als lebendig ... Garassim blieb einige Zeit stehen, blickte sie an, machte eine Bewegung mit der Hand, lächelte verächtlich und ging mit schweren Tritten auf seine Kammer. Bis zum anderen Tage kam er nicht zum Vorschein. Der Vorreiter Antipka erzählte später, er habe durch eine Spalte gesehen, wie Garassim, auf seinem Bette sitzend und die Hand an die Wange gedrückt, leise, gemessen und nur dann und wann grunzend, gesungen, das heißt sich hin- und hergewiegt, die Augen zugedrückt und mit dem Kopfe geschüttelt habe, wie Fuhrleute und Bootsleute zu tun pflegen, wenn sie ihre wehmütigen Gesänge anstimmen. Antipka überkam Angst, und er verließ seinen Posten an der Spalte. Als Garassim am folgenden Tage aus seiner Kammer hervorkam, war an ihm keine besondere Veränderung zu bemerken. Er war, dem Anscheine nach, nur etwas finsterer geworden, auf Tatjana und Kapiton hingegen gab er nicht im geringsten acht. Am selben Abende stellten sich beide, mit Gänsen unter dem Arm[1], ihrer Gebieterin vor, und eine Woche darauf fand ihre Hochzeit statt. An diesem Tage blieb Garassims Benehmen in allen Stücken dasselbe, außer etwa, daß er von dem Flusse ohne Wasser zurückkehrte: er

[1] Ein Volksbrauch. Häufiger jedoch werden jungen Eheleuten Gänse und auch Hühner von Gratulanten dargebracht.

hatte irgendwie unterwegs die Tonne zerschlagen; und am Abend, im Stalle beim Reinigen seines Gaules, striegelte er das Tier mit solcher Gewalt, daß es hin- und herwankte wie ein Halm vor dem Winde und unter seinen ehernen Fäusten sich kaum auf den Beinen zu halten vermochte.

Dies geschah im Frühling. Es verging darauf noch ein Jahr; im Laufe desselben hatte sich Kapiton völlig zuschanden getrunken und war als durchweg untaugliches Subjekt, samt seiner Frau, in ein entferntes Dorf geschafft worden. Am Tage seiner Abreise hatte er sich anfangs sehr großmaulig gezeigt und versichert, wohin man ihn auch schicken möge, und wäre es selbst ins Pfefferland, so werde er doch nicht umkommen; nachher jedoch verging ihm der Mut, er fing an zu jammern, daß man ihn zu ungebildeten Menschen führe, und wurde zuletzt so schwach, daß er sich nicht einmal die eigene Mütze aufzusetzen imstande war; eine mitleidige Seele schob sie ihm auf die Stirn, rückte den Schirm zurecht und klopfte sie auf dem Kopfe glatt. Als alles bereit war und die Fuhrbauern schon die Leine in Händen hatten, nur noch auf den Zuruf »Nun mit Gott!« wartend, um fortzufahren, trat Garassim aus seiner Kammer, näherte sich Tatjana und schenkte ihr zum Andenken ein rotes, baumwollenes Tuch, das er für sie schon seit einem Jahre gekauft hatte; Tatjana, die bis zu diesem Augenblicke mit großem Gleichmute alle Widerwärtigkeiten ihres Lebens ertragen hatte, hielt es jetzt jedoch nicht aus, es traten ihr Tränen in die Augen, und als sie im Begriff war, das Fuhrwerk zu besteigen, küßte sie, nach christlicher Sitte, Garassim dreimal. Er hatte sie bis an den Schlagbaum begleiten wollen und war auch anfangs neben dem Fuhrwerk hingegangen, hielt aber plötzlich auf der Krimbrücke still, schwenkte die Hand zum Abschied und ging dem Fluß entlang.

Der Tag neigte sich bereits zu Ende. Garassim schlenderte langsam dahin und blickte auf das Wasser hinab. Plötzlich deuchte es ihn, als wühle etwas im Schlamme hart am Ufer. Er beugte sich nieder und wurde ein weiß und schwarz geflecktes Hündchen gewahr, das, ungeachtet aller Anstrengungen, auf keinerlei Weise aus dem Wasser herauszukriechen imstande war, sich heraufarbeitete, wieder hinabglitt und am ganzen durchnäßten und abgemagerten Leibe zitterte. Garassim sah das unglückliche Geschöpf an, ergriff es mit einer Hand, barg es in seiner Brust und ging raschen Schrittes nach Hause zurück. In seiner Kammer angekommen, legte er das gerettete Hündchen auf sein Bett, bedeckte es mit seinem schweren Überziehrock, lief in den Stall nach Stroh und dann in die Küche nach einem Täßchen Milch. Behutsam schlug er den Rock zurück, breitete das Stroh aus und stellte die Tasse mit Milch auf das Bett. Das arme Hündchen mochte höchstens drei Wochen alt sein, unlängst erst war es sehend geworden; ein Auge schien sogar etwas größer zu sein als das andere; noch verstand es nicht, aus einer Tasse zu trinken, und kniff zitternd die Augen zusammen. Garassim faßte es mit zwei Fingern vorsichtig beim Kopfe, drückte sein Schnäuzchen gegen die Milch, und das Hündchen begann mit Gier zu trinken, schnaubte, schüttelte sich und erstickte fast dabei. Garassim sah ihm lange zu und brach dann plötzlich in Lachen aus ... Die ganze Nacht hindurch machte er sich mit dem Hündchen zu schaffen, legte es zurecht, trocknete es und versank darauf selbst an dessen Seite in friedlichen, ruhigen Schlaf.

Keine Mutter kann mit ihrem Kinde zärtlicher umgehen als Garassim mit seinem Zöglinge. Das Hündchen erwies sich als eine Hündin. In der ersten Zeit war es sehr schwach, mager und häßlich, nach und nach bildeten und glichen seine Formen sich jedoch aus, und in acht Monaten, dank der unermüdlichen Pflege seines Retters, zeigte es sich als ein ganz leidliches Hündchen spanischer Rasse, mit langen Ohren, buschigem, ausgebogenem Schweife und großen, ausdrucksvollen Augen. Es war Garassim außerordentlich zugetan, verließ ihn keinen Augenblick und folgte ihm überall, mit dem Schweife wedelnd. Er hatte ihm auch einen Namen gegeben – die Stummen wissen, daß ihr Brummen bei anderen Aufmerksamkeit erregt –, er hatte es Mumu benannt. Alle Leute im Hause hatten es liebgewonnen und riefen es gleichfalls Mumuchen. Es war sehr verständig, freundlich gegen jedermann, liebte jedoch Garassim allein; dieser selbst hatte es außerordentlich lieb und sah es nicht gern, wenn andere es streichelten: fürchtete er etwas für das Hündchen, oder war es Eifersucht bei ihm – wer kann das wissen! Es weckte ihn morgens durch Zupfen an den Rockschößen, führte ihm den alten Wassergaul, mit welchem es in großer Freundschaft lebte, beim Zügel zu, begleitete ihn mit wichtiger Miene an den Fluß, hielt bei seinem Besen und seiner Schaufel Wache und gestattete niemandem den Eintritt in seine Kammer. Er hatte eigens für dasselbe eine Öffnung in seiner Tür angebracht, und das Hündchen schien zu begreifen, daß es nur in Garassims Kammer sein eigener Herr war, und kaum in diese gekommen, sprang es daher auch sogleich mit zufriedener Miene aufs Bett. Bei Nacht schlief es nicht, bellte aber auch nicht ohne Unterschied, gleich anderen dummen Hofkötern, die, auf ihren Hinterbeinen sitzend, mit emporgestreckter Schnauze und zugedrückten Augen aus Langeweile gegen die Sterne und gewöhnlich dreimal hintereinander bellen – nein! Die feine Stimme Mumus erschallte nie ohne Grund: entweder war es ein Fremder, der am Zaune vorüberging, oder es hatte sich irgendwo ein verdächtiges Geräusch vernehmen lassen ... Mit einem Worte: es war ein vorzüglicher Wächter. Zwar lebte auf dem Hofe außer ihm noch ein alter Köter von gelber Farbe, mit schmutzigbraunen Flecken, mit Namen Woltschok, doch wurde er nie, selbst nicht bei Nacht, von der Kette gelassen, und seiner Altersschwäche sich bewußt, verlangte er auch nicht nach Freiheit – er lag in seinem Stalle zusammengekauert und ließ nur selten ein heiseres, fast lautloses Bellen hören, das aber sogleich wieder verstummte, als sähe er selbst dessen Nutzlosigkeit ein. In das herrschaftliche Haus kam Mumu nicht, und wenn Garassim Holz hineintrug, blieb es stets zurück und wartete ungeduldig auf ihn an der Eingangstreppe, indem es die Ohren spitzte und beim geringsten Geräusch hinter der Tür den Kopf bald rechts, bald links drehte ...

Auf diese Weise verging noch ein Jahr. Garassim lag seinen Hausknechtsdiensten nach wie vor ob und war mit seinem Geschicke ganz zufrieden, als plötzlich ein unerwarteter Vorfall eintrat ... An einem schönen Sommertage nämlich spazierte die Edelfrau mit ihren Gesellschafterinnen im Gastzimmer auf und nieder. Sie war bei guter Laune, lachte und scherzte; die Gesellschafterinnen lachten und scherzten gleichfalls, empfanden indessen innerlich keine besondere Freude: man sah es im Hause nicht sehr gern, wenn gute Laune die Edelfrau überkam, denn nicht nur forderte sie in solchen Fällen von allen unverzüglich und unbedingt eine gleiche Empfindungsweise und ward ärgerlich, wenn nicht jedes Gesicht vor Vergnügen erglänzte, sondern es hielten diese Anfälle bei ihr auch nicht lange an, und finstere Laune war deren gewöhnliche Folge. An jenem Tage war ihr Aufstehen vom Glücke bezeichnet gewesen; es waren ihr beim Kartenlegen alle vier Buben herausgekommen: Erfüllung des Gewünschten (sie pflegte immer am Morgen Karten auszulegen) – auch der Tee hatte ihr besonders wohlschmeckend geschienen, wofür das Kammermädchen eine ausdrückliche Belobung und ein Zehnkopekenstück als Geschenk erhielt. Mit süßlichem Lächeln auf den runzeligen Lippen spazierte also die Edelfrau im Gastzimmer umher und war eben an das Fenster getreten. Davor befand sich ein Gärtchen, und genau in dessen Mitte, auf einem Beete, lag unter einem Rosenstrauche Mumu und nagte behaglich an einem Knochen. Die Edelfrau wurde den Hund gewahr.

»Mein Gott!« rief sie plötzlich aus, »was für ein Hund ist das?«

Die Gesellschafterin, die Arme, an welche die Frage gerichtet war, geriet in äußerste Bestürzung; es überkam sie jene beängstigende Unruhe, die gewöhnlich Untergebene befällt, solange sie noch nicht wissen, wie sie die Worte ihrer Vorgesetzten zu verstehen haben.

»I ... i ... ich weiß nicht«, stotterte sie hervor, »ich glaube, er gehört dem Stummen ...«

»Mein Gott!« unterbrach sie die Edelfrau, »das ist ja aber ein allerliebstes Hündchen! Lassen Sie es hereinbringen. Hat er es schon lange? Warum habe ich es bis jetzt nicht gesehen? ... Lassen Sie's hereinbringen.«

Die Gesellschafterin schoß ins Vorzimmer und gab dem dort postierten Diener die Order: »Bringt rasch Mumu herein! Sie ist in dem Gärtchen.«

»Ah, sein Name ist Mumu«, sagte die Edelfrau, »ein sehr netter Name.«

»Ja, sehr nett!« erwiderte die Gesellschafterin. »Schnell, Stephan!«

Stephan, ein kräftiger Bursche, der das Amt eines Dieners verrichtete, stürzte Hals über Kopf in das Gärtchen und wollte Mumu ergreifen; sie wand sich aber geschickt aus seinen Fingern und lief gestreckten Laufes mit gehobenem Schweife zu Garassim, der in diesem Augenblicke in der Küche ein Faß reinschüttelte und umdrehte, als wäre es eine Kindertrommel. Stephan war hinter dem Hunde her und haschte nach ihm zwischen den Beinen seines Gebieters; das gewandte Hündchen wollte sich aber einem Fremden nicht gefangen geben, sprang umher und entschlüpfte ihm immer. Garassim sah mit Lächeln diesem Treiben zu; endlich richtete sich Stephan auf und bedeutete ihm eiligst durch Zeichen, daß die Edelfrau nach dem Hunde begehre. Garassim war etwas überrascht, rief jedoch Mumu zu sich, hob sie vom Boden auf und übergab sie Stephan. Dieser trug das Hündchen ins Gastzimmer und stellte es auf den getäfelten Fußboden. Die Edelfrau rief mit liebkosender Stimme Mumu zu sich. Mumu, die noch niemals in so stattliche Räume gekommen war, war sehr erschrocken und lief auf die Tür zu; vom dienstfertigen Stephan jedoch zurückgescheucht, drückte sie sich zitternd an die Wand.

»Mumu, Mumu, komm doch zu mir, komm zu deiner Herrschaft«, sagte die Edelfrau; »komm her, dummes Tierchen ... hab doch nicht Furcht ...«

»Komm doch, Mumu, komm zu der gnädigen Frau«, wiederholten die Gesellschafterinnen, »komm, Mumu.«

Mumu aber schaute betrübt um sich und rührte sich nicht von der Stelle.

»Bringt ihr etwas zu essen«, sagte die Edelfrau. »Was für ein dummes Tier! will nicht zur Herrschaft. Warum fürchtet es sich?«

»Sie fühlt sich noch fremd«, sagte schüchtern und mit süßlicher Stimme eine der Gesellschafterinnen.

Stephan brachte in einer Untertasse Milch und stellte dieselbe vor Mumu hin. Diese jedoch roch nicht einmal daran, zitterte am ganzen Leibe und blickte fortwährend ängstlich um sich.

»Ach, was hast du nur?« sagte die Edelfrau, näherte sich dem Hunde, beugte sich nieder und wollte ihn streicheln; Mumu aber wandte krampfhaft den Kopf und zeigte die Zähne. – Die Edelfrau zog rasch die Hand zurück ...

Alle wurden auf einmal still. Mumu winselte schwach, als habe sie klagen und sich entschuldigen wollen ... Die Edelfrau trat auf die Seite und zog die Brauen zusammen. Die plötzliche Bewegung des Hundes hatte sie erschreckt.

»Ach!« schrien alle Gesellschafterinnen zugleich, »er hat Sie doch nicht gebissen? behüte der Himmel!« (Mumu hatte in ihrem Leben noch niemand gebissen.) »Ach, ach!«

»Tragt ihn hinaus«, sagte mit veränderter Stimme die alte Dame. »Das garstige Tier! Wie boshaft es ist!«

Und sich langsam umwendend, entfernte sie sich in ihr Kabinett. Die Gesellschafterinnen blickten einander scheu an und wollten ihr folgen, sie blieb jedoch stehen, blickte sie kalt an und sagte: »Wozu das? Ich habe Euch ja nicht gerufen«, und ging davon.

Die Gesellschafterinnen gaben Stephan in ihrer Verzweiflung ein Zeichen, er raffte Mumu auf und warf sie rasch zur Tür hinaus, gerade vor Garassims Füße. – Eine halbe Stunde darauf herrschte im Hause tiefe Stille, und die alte Edelfrau thronte wieder, düster wie eine Gewitterwolke, auf ihrem Diwan.

Welche geringfügigen Dinge, wenn man's bedenkt, sind zuweilen imstande, den Menschen aus der Fassung zu bringen!

Bis zum Abend war die Edelfrau übler Laune, ließ sich mit niemandem in Gespräche ein, rührte keine Karten an und brachte die Nacht schlecht zu. Ihr deuchte, man habe ihr nicht von demselben Kölnischen Wasser gegeben, das sie gewöhnlich zu bekommen pflegte, das Kissen rieche nach Seife, weshalb sie die Haushälterin zwang, die ganze Wäsche zu beschnüffeln, mit einem Worte: sie war sehr reizbar und aufgeregt. Am anderen Morgen ließ sie Gawrilo eine Stunde früher als gewöhnlich rufen.

»Sage, ich bitte dich«, begann sie, als jener, nicht ohne innere Unruhe, die Schwelle ihres Kabinetts überschritten hatte, »was für ein Hund hat die ganze Nacht auf unserm Hofe gebellt? Ich habe nicht schlafen können!«

»Ein Hund ... was für ein Hund ... vielleicht der Hund des Stummen«, brachte er mit etwas unsicherer Stimme hervor.

»Was weiß ich, ob es des Stummen oder eines anderen Hund gewesen, genug, er hat mich nicht schlafen lassen. Dann wundert es mich auch, wozu die Masse von Hunden nötig ist! Das möchte ich wissen. Wir haben ja einen Hofhund.«

»Gewiß, wir haben einen, den Woltschok.«

»Nun, was brauchen wir mehr, wozu denn noch einen Hund? Nur Unordnung kommt dabei heraus. Es ist kein männlicher Vorgesetzter im Hause – daran liegt es. Und warum hält der Stumme einen Hund? Wer hat ihm erlaubt, auf meinem Hofe Hunde zu halten? Gestern bin ich ans Fenster getreten, und da lag das Tier in dem Gärtchen, hatte etwas Garstiges hingeschleppt und nagte daran – und ich habe dort Rosenstöcke pflanzen lassen ...«

Die Edelfrau hielt inne.

»Heute noch muß der Hund fort von hier ... hörst du?«

»Wie Sie befehlen.«

»Heute noch. Jetzt aber geh! Wegen der Wirtschaftsangelegenheiten werde ich dich später rufen lassen.«

Gawrilo ging hinaus.

Durch das Gastzimmer gehend, stellte der Haushofmeister ordnungshalber die Zimmerschelle von dem Tische, wo sie gestanden hatte, auf einen anderen im Saale, schneuzte sich geräuschlos die Entennase und trat darauf in das Vorzimmer. Dort schlief auf einer Bank Stephan, in der Stellung eines gefallenen Kriegers auf dem Schlachtfelde, und hatte die nackten Füße unter dem Rocke, der ihm als Decke diente, steif hervorgestreckt. Der Haushofmeister rüttelte ihn wach und teilte ihm halblaut einen Befehl mit, den Stephan mit einem halben Gähnen und halbem Lachen entgegennahm. Der Haushofmeister entfernte sich, Stephan sprang auf, zog seinen Kaftan und die Stiefel an, ging hinaus und blieb beim Eingange stehen. Nicht fünf Minuten waren vergangen, da zeigte sich Garassim mit einem großen Bündel Holz auf dem Rücken, in Begleitung seiner unzertrennlichen Mumu. (Die Edelfrau ließ ihr Schlafgemach und Kabinett sogar im Sommer heizen.) Garassim stemmte sich mit der Seite gegen die Tür, stieß dieselbe mit der Schulter auf und drang mit seiner Bürde ins Haus, während Mumu, ihrer Gewohnheit gemäß, draußen auf ihn wartete. Die Gelegenheit benutzend, warf sich Stephan plötzlich auf den Hund, wie ein Habicht auf ein Küchlein, drückte ihn mit der Brust an die Erde, nahm ihn dann unter den Arm, lief, ohne die Mütze aufzusetzen, über den Hof, sprang in die nächste Droschke und fuhr eiligst auf den Trödelmarkt. Dort fand er bald einen Käufer, dem er den Hund für einen halben Rubel überließ, jedoch unter der Bedingung, daß er ihn wenigstens eine Woche angebunden halten sollte. Darauf kehrte er sofort zurück, verließ indessen, noch bevor er das Haus erreicht hatte, die Droschke, ging um den Hof herum und sprang aus einer Hintergasse über den Zaun; durch das vordere Tor fürchtete er zu gehen, er hätte Garassim begegnen können.

Seine Furcht war jedoch unnütz: Garassim hatte sich schon vom Hofe entfernt. Aus dem Hause kommend, vermißte er Mumu sogleich; er erinnerte sich nicht, daß sie jemals vergessen habe, auf seine Rückkehr zu warten; er lief überall umher, suchte sie überall, rief sie in seiner Weise ... stürzte auf seine Kammer, auf den Heuboden, auf die Gasse hinaus – hierhin und dorthin ... Verschwunden! Er wandte sich an das Hofgesinde, fragte mit verzweifelten Gebärden nach dem Hunde, indem er die Hände in einiger Entfernung von dem Erdboden ausstreckte und mit Hilfe derselben den Hund zu beschreiben versuchte ... Einige wußten in der Tat nicht, was aus Mumu geworden war, und schüttelten einfach den Kopf, andere wußten es und lachten ihm zur Antwort ins Gesicht, der Haushofmeister aber nahm eine äußerst wichtige Miene an und schalt auf die Kutscher. Darauf lief Garassim aus dem Hofe davon ...

Es fing bereits an, dunkel zu werden, als er zurückkehrte. Nach seinem ermüdeten Aussehen, seinem unsicheren Gange, seinem von Staub bedeckten Anzuge hätte man glauben können, daß er das halbe Moskau durchlaufen habe. Er blieb vor den Fenstern des herrschaftlichen Hauses stehen, warf einen Blick auf die Ausgangstreppe, auf welcher einige vom Hofgesinde sich versammelt hatten, wandte sich um und grunzte noch einmal: »Mumu!« – Mumu antwortete nicht auf den Ruf. Er ging fort. Alle folgten ihm mit dem Blicke, aber niemand lächelte, niemand sagte ein Wort ... Der neugierige Vorreiter Antipka erzählte am nächsten Morgen in der Küche, der Stumme habe die ganze Nacht hindurch gestöhnt.

Den ganzen folgenden Tag zeigte sich Garassim nicht, so daß statt seiner der Kutscher Potap nach Wasser fahren mußte, womit der Kutscher Potap durchaus nicht zufrieden war. Die Edelfrau fragte Gawrilo, ob ihr Befehl vollstreckt sei. Gawrilo berichtete, er sei vollstreckt. Den nächsten Morgen verließ Garassim seine Kammer und ging an seine Arbeit. Bei Tische erschien er, aß und ging wieder fort, ohne jemand zu grüßen. Sein Gesicht, ohnehin leblos wie bei allen Taubstummen, schien jetzt gleichsam versteinert. Nach Tische ging er wieder aus dem Hofe, doch nicht für lange, kehrte wieder und begab sich sogleich auf den Heuboden. Die Nacht brach herein, eine helle Mondnacht. Schwer seufzend und sich fortwährend umherwälzend, lag Garassim da, als er plötzlich fühlte, wie ihn etwas am Rockschoße zupfte; er zuckte am ganzen Leibe zusammen, erhob den Kopf jedoch nicht, drückte vielmehr die Augen zu; da zupfte es ihn wieder, heftiger als vorher; er richtete sich auf ... Vor ihm sprang, mit einem Stück Schnur um den Hals, Mumu herum. Ein langgedehnter Freudenschrei entfuhr seiner lautlosen Brust; er ergriff Mumu und drückte sie in seine Arme; in einem Augenblicke hatte sie ihm Nase, Augen und Bart beleckt ... Er blieb einige Minuten sinnend stehen, stieg dann behutsam vom Heuboden herunter, sah sich um, und sobald er sich versichert hatte, daß ihn niemand bemerken werde, schlich er auf seine Kammer. Garassim hatte schon vorher Verdacht gehabt, daß der Hund sich nicht verlaufen, sondern daß man ihn auf Befehl der Edelfrau fortgeschafft habe; die Leute hatten es ihm durch Zeichen begreiflich gemacht, wie seine Mumu auf dieselbe böse geworden war – und er beschloß, seine Maßregeln danach zu ergreifen. Vor allem gab er Mumu Brot zu essen, liebkoste sie, legte sie zur Ruhe und begann bis Tagesanbruch darüber nachzusinnen, wie er sie wohl am besten verborgenhalten könne. Endlich verfiel er auf den Gedanken, das

Hündchen den Tag über in seiner Kammer zu lassen, nur von Zeit zu Zeit nach ihm zu sehen und es nachts herauszuführen. Die Öffnung in der Tür verstopfte er sorgfältig mit einem alten Rock, und kaum graute der Morgen, so war er bereits auf dem Hofe, als sei nichts vorgefallen, ja heuchelte sogar – unschuldige List! – die bisherige Niedergeschlagenheit in dem Gesichte. Dem armen Stummen konnte es nicht in den Sinn kommen, daß Mumu sich durch ihr Winseln verraten könnte: in der Tat war es bald allen im Hause bekannt, daß der Hund des Stummen zurückgekehrt und in seiner Kammer eingesperrt war; jedoch, teils aus Mitleid mit ihm und dem Hunde, teils auch aus Furcht, ließ niemand sich's merken, daß sein Geheimnis entdeckt sei. Der Haushofmeister kratzte sich hinter den Ohren und tröstete sich: Nun, mag es dabei bleiben! Hoffentlich erfährt es die Gnädige nicht! Dafür war aber auch an jenem Tage der Stumme so diensteifrig wie noch nie zuvor: er putzte und fegte den Hof rein, rupfte, bis auf das letzte, alle Gräser aus, zog eigenhändig aus dem Gartenzaune alle Stäbe heraus, um sich zu versichern, daß sie stark genug wären, und steckte sie dann selbst wieder ein – mit einem Worte: er rührte sich und war so geschäftig, daß sein Eifer sogar der Edelfrau auffiel. Im Laufe des Tages besuchte Garassim zweimal insgeheim seine Gefangene; sobald die Nacht eingebrochen war, legte er sich zu ihr in der Kammer, nicht auf den Heuboden, und erst gegen zwei Uhr führte er sie hinaus in die frische Luft. Nachdem er ziemlich lange mit dem Hunde auf dem Hofe umhergegangen und bereits im Begriffe war, zurückzukehren, ließ sich plötzlich hinter dem Zaune, von der Seite der Nebengasse her, ein Geräusch hören. Mumu spitzte die Ohren, näherte sich knurrend dem Zaune, schnupperte umher und fing laut und durchdringend zu bellen an. Es hatte einen Betrunkenen die Lust angewandelt, sein Nachtlager dort aufzuschlagen. Gerade in diesem Augenblicke war die Edelfrau nach längerer ›nervöser Aufregung‹ eingeschlummert: diese Aufregungen stellten sich bei ihr regelmäßig nach gar zu reichlichem Abendessen ein. Das unerwartete Bellen hatte sie geweckt; sie bekam Herzklopfen und rief stöhnend nach den Mägden. Die aufgeschreckten Dienstmädchen stürzten zu ihr ins Schlafzimmer. »Ach, ach, ich sterbe!« ächzte sie, unruhig mit den Armen um sich werfend. »Wieder, wieder dieser Hund! ... Ach, laßt den Doktor kommen. Sie wollen mich umbringen ... Der Hund, wieder der Hund! Ach!« Und sie ließ den Kopf zurückfallen, was eine Ohnmacht bedeuten sollte. Man lief zu dem Doktor, das heißt zum Hausarzte Chariton. Dieser Arzt, dessen ganzes Verdienst darin bestand, daß er Stiefel mit dünnen Sohlen trug, auf zarte Weise den Puls zu fühlen verstand, vierzehn Stunden des Tages schlafend verbrachte, die übrige Zeit hindurch beständig Seufzer ausstieß und unaufhörlich die Edelfrau mit Kirschlorbeertropfen traktierte – dieser Arzt eilte sogleich herbei, räucherte mit gebrannten Federn und reichte der Edelfrau, sobald sie die Augen wieder aufschlug, auf silbernem Präsentierteller in einem Weinglase die wunderwirkenden Tropfen. Sie nahm dieselben ein, brach aber sogleich mit weinerlichem Tone in Klagen aus über den Hund, über Gawrilo, über ihr Geschick, daß alle sie, die arme alte Frau, vergäßen, niemand Mitleid mit ihr fühle und alle ihren Tod herbeiwünschten. Unterdes fuhr Mumu zu bellen fort, und Garassim mühte sich fruchtlos ab, den Hund von dem Zaune fortzulocken. »Da fängt es ... wieder ... wieder an«, lallte die Edelfrau und verdrehte die Augen. Der Arzt flüsterte einem Mädchen etwas zu; das Mädchen lief in das Vorzimmer und weckte Stephan, der eiligst fortrannte, um Gawrilo zu wecken, und Gawrilo brachte in der ersten Aufregung das ganze Haus auf die Beine.

Garassim wandte sich um, wurde Lichter und Schatten in den Fenstern gewahr, ahnte nichts Gutes, nahm Mumu unter den Arm, lief auf seine Kammer und verschloß sich in derselben. Einige Zeit darauf versuchten fünf Kerle bei ihm einzubrechen, fühlten jedoch den Widerstand des Riegels und hielten inne. Gawrilo kam außer Atem gelaufen, befahl den Leuten, dortzubleiben und bis zum Morgen Wache zu halten, rannte darauf aber selbst in das Mägdezimmer und trug der ältesten Gesellschafterin, Ljübow Ljübimowna, mit welcher zusammen er Tee, Zucker und andere Produkte zu stehlen und zu verhehlen pflegte, auf, der Edelfrau gehorsamst zu melden, der Hund wäre unglücklicherweise wieder gekommen, doch werde er morgen nicht mehr am Leben sein, die gnädige Frau wolle gnädigst nicht in Zorn geraten und sich nunmehr beruhigen. Die Edelfrau würde sich aber wahrscheinlich nicht so bald beruhigt haben, wenn ihr der Arzt nicht in der Eile statt zwölf Tropfen deren volle vierzig eingegossen hätte: die Kraft des Kirschlorbeers äußerte seine Wirkung – in einer Viertelstunde schlief sie bereits fest und ruhig. Garassim aber lag bleich auf seinem Lager und drückte Mumu fest die Schnauze zu.

Am folgenden Morgen erwachte die gnädige Frau ziemlich spät. Gawrilo harrte ihres Erwachens, um sich formelle Order einzuholen, den Schlupfwinkel Garassims zu stürmen, bereitete sich selbst jedoch auf ein schweres Gewitter vor. Es kam aber kein Gewitter. Im Bette liegend, ließ die Edelfrau die älteste ihrer Gesellschafterinnen zu sich rufen.

»Ljübow Ljübimowna«, begann sie mit leiser und schwacher Stimme – sie spielte zuzeiten gern die in den Staub getretene, verwaiste Märtyrerin, wobei, wie sich von selbst versteht, allen im Hause sehr schlecht zumute wurde –, »Ljübow Ljübimowna, Sie sehen, in welchem Zustande ich mich befinde; gehen Sie, meine Liebe, zu Gawrilo Andrejitsch, sprechen Sie mit ihm: sollte wirklich ein elender Hund für ihn mehr Wert haben als die Ruhe, ja das Leben seiner Gebieterin? Ich mag es nicht glauben«, setzte sie mit dem Ausdrucke tiefen Gefühles hinzu, »gehen Sie, meine Liebe, haben Sie die Güte, gehen Sie zu Gawrilo Andrejitsch.«

Ljübow Ljübimowna begab sich auf Gawrilos Zimmer. Was der Gegenstand ihrer Unterhaltung gewesen, ist unbekannt; kurze Zeit darauf jedoch bewegte sich ein Haufen Leute über den Hof zu Garassims Kammer: voran schritt Gawrilo, die Mütze mit der Hand festhaltend, obgleich es nicht windig war; neben ihm gingen Diener und Köche; aus einem Fenster schaute Onkel Strunk zu und leitete das Ganze, das heißt, er griff bloß mit den Händen in die Luft; den Beschluß des Zuges machten verschiedene Stellungen annehmende, lärmende Jungen, von denen die Hälfte von der Straße zusammengelaufen war. Auf der schmalen Treppe, die nach der Kammer führte, saß ein Aufpasser; an der Tür standen zwei andere mit Stöcken. Die

Treppe wurde erstiegen und ihrer ganzen Länge nach besetzt. Gawrilo trat an die Tür, schlug mit der Faust an dieselbe und rief:

»Aufgemacht!«

Ein gedämpftes Bellen ließ sich hören; es erfolgte aber keine Antwort.

»Aufmachen sollst du!« wiederholte er.

»Aber, Gawrilo Andrejitsch«, bemerkte von unten hinauf Stephan, »er ist ja taub – hört nichts.«

Alle lachten auf.

»Was fangen wir aber an?« erwiderte von oben Gawrilo.

»Er hat dort ein Loch in der Tür«, antwortete Stephan, »rühren Sie doch mit dem Stocke darin.«

Gawrilo beugte sich nieder.

»Er hat es mit einem Rock verstopft, das Loch.«

»Stoßen Sie doch den Rock hinein.«

Wieder ließ sich ein dumpfes Bellen hören.

»Hört Ihr, hört Ihr, er verrät sich selbst«, bemerkte jemand im Haufen, und es wurde wieder gelacht.

Gawrilo kratzte sich hinter den Ohren.

»Nein, Bruder«, fuhr er weiter fort, »den Rock magst du selbst hineinstoßen, wenn du Lust hast.«

»Warum nicht? Ich tue es.«

Und damit kletterte Stephan hinauf, ergriff den Stock, stieß den Rock hindurch und begann mit dem Stocke in der Öffnung umherzufahren, indem er dazu rief: »Komm heraus, komm heraus!« Noch war er damit beschäftigt, als plötzlich die Tür der Kammer rasch aufgerissen wurde – das ganze Gesinde stürzte kopfüber die Treppe hinab, Gawrilo zuerst. Onkel Strunk verschloß das Fenster.

»Na nu, na nu«, rief Gawrilo vom Hofe hinauf. »Nimm dich in acht, ich werde dich!«

Regungslos stand Garassim an der Schwelle. Unten an der Treppe hatte sich eine Volksmenge gesammelt. Garassim blickte auf alle diese Leutchen in ›deutscher‹ Kleidung von oben herab; er hatte die Hände nachlässig in die Seite gestemmt; in seinem roten Bauernhemde erschien er wie ein Riese im Vergleich zu den anderen. Gawrilo trat einen Schritt vorwärts.

»Höre du«, sagte er, »mache mir keine Geschichten!«

Und er begann ihm durch Zeichen begreiflich zu machen, daß die Gnädige durchaus seinen Hund fordere: »Gib ihn sogleich heraus, sonst geht es dir schlimm!«

Garassim blickte ihn an, wies auf den Hund, machte mit der Hand eine Gebärde an seinem Halse, als ob er eine Schlinge zusammenzöge, und sah den Haushofmeister dabei fragend an.

»Jaja«, erwiderte dieser, mit dem Kopfe nickend, »ja, durchaus.«

Garassim senkte den Blick, schüttelte sich dann plötzlich, wies abermals auf Mumu, die während dieser Zeit neben ihm, unschuldig wedelnd und neugierig die Ohren bewegend, dastand, wiederholte die Gebärde des Erdrosselns an seinem Halse und schlug bedeutungsvoll an seine Brust, als wollte er beteuern, daß er die Vernichtung Mumus selbst übernehme.

»Du wirst mich betrügen«, gab Gawrilo durch Zeichen zur Antwort.

Garassim blickte ihn, verachtungsvoll lächelnd, an, schlug sich nochmals vor die Brust und warf die Tür zu.

Alle blickten einander schweigend an.

»Was soll das heißen?« begann Gawrilo. »Er hat sich eingeschlossen?«

»Lassen Sie ihn, Gawrilo Andrejitsch«, sagte Stephan, »er wird halten, was er versprochen hat. So ist er ... Wenn er etwas verspricht, ist es gewiß. Darin ist er nicht wie unsereiner. Was wahr ist, bleibt wahr. Jaja.«

»Jawohl«, wiederholten alle und nickten dazu mit den Köpfen. «Das ist wahr. Jaja.«

Onkel Strunk öffnete sein Fenster wieder und sagte gleichfalls: «Jaja.«

»Nun, meinethalben, wir wollen sehen«, erwiderte Gawrilo, »die Wache soll aber dennoch bleiben ... He, du, Jeroschka!« setzte er hinzu, indem er sich an einen bleichen Kerl in kurzem gelbem Nankinrock, den sogenannten Gärtner, wandte, »du hast ja nichts zu tun! Nimm den Stock und setze dich dorthin; sobald du nur das Geringste bemerkst, läufst du sogleich zu mir!«

Jeroschka nahm den Stock und setzte sich auf die unterste Stufe der Treppe. Die Menge zerstreute sich, einige wenige Neugierige und die Jungen ausgenommen, Gawrilo jedoch kehrte nach Hause zurück und ließ durch Ljübow Ljübimowna der Edelfrau melden, daß alles ausgerichtet sei, schickte aber selbst, auf alle Fälle, den Vorreiter nach einem Polizeidiener. Die Edelfrau band einen Knoten in ihr Taschentuch, goß Kölnisches Wasser darauf, roch daran, rieb sich die Schläfe, trank ein paar Tassen Tee und schlief, immer noch unter der Wirkung der Kirschlorbeertropfen, wieder ein.

Eine Stunde nach diesem Tumult tat sich die Tür von Garassims Kammer auf, und er trat heraus. Er hatte seinen Sonntagskaftan an und führte Mumu an einer Schnur. Jeroschka rückte auf die Seite und ließ ihn vorbei. Garassim ging auf das Tor zu. Die Jungen, welche sich auf dem Hofe befanden, folgten ihm alle schweigend mit den Blicken. Er wandte sich nicht einmal um und setzte die Mütze erst auf der Gasse auf. Gawrilo schickte ihm Jeroschka als Späher nach. Dieser sah aus der Ferne, daß er mit dem Hunde in ein Wirtshaus ging, und wartete, bis er wieder herauskäme.

Im Wirtshause kannte man Garassim und verstand seine Gebärde. Er forderte Kohlsuppe mit Fleisch und setzte sich, die Arme auf den Tisch gestützt. Mumu stand neben seinem Stuhle und blickte ihn mit ihren klugen Augen an. Ihr Fell war sehr glänzend: ein Zeichen, daß sie vor kurzem gekämmt worden war. Man brachte Garassim die Suppe. Er brockte Brot hinein, zerschnitt das Fleisch in kleine Stückchen und setzte den Teller an den Boden. Mumu machte sich an das Essen, mit der ihr eigenen Zierlichkeit, dasselbe kaum mit dem Schnäuzchen berührend. Garassim sah ihr lange zu: zwei schwere Tränen rollten plötzlich aus seinen Augen: die eine auf die Stirn des Hündchens, die andere in die Kohlsuppe. Er hatte sein Gesicht mit der Hand bedeckt. Mumu verzehrte die Hälfte der Speise und trat, sich beleckend, auf die Seite. Garassim stand auf, bezahlte das Essen und ging hinaus, gefolgt von den Blicken des etwas befremdeten Dieners. Als Jeroschka Garassim herauskommen sah, sprang er hinter eine Ecke, ließ ihn vorbei und folgte ihm dann wieder.

Garassim ging, ohne sich zu beeilen, weiter und hielt Mumu immer an der Leine. An die Ecke der Gasse gekommen, blieb er wie unschlüssig stehen und schritt dann raschen Schrittes gerade der Krimbrücke zu. Unterwegs ging er in den Hof eines im Bau begriffenen Hauses und holte sich zwei Ziegelsteine, die er unter den Arm steckte. Von der Krimbrücke lenkte er längs dem Ufer ab, bis zu einer Stelle, wo zwei Boote mit Rudern an Pfähle gebunden standen (er hatte sie schon früher bemerkt), und sprang mit Mumu in das eine derselben. Ein alter, lahmer Kerl kam aus einer Bretterhütte hervor, die an einer Ecke eines Gemüsegartens aufgerichtet war, und schrie ihn an. Garassim nickte ihm aber bloß mit dem Kopfe zu und schlug so kräftig mit den Rudern ins Wasser, daß er in einem Augenblick, obgleich er stromaufwärts fuhr, wohl an hundert Klafter weit dahinglitt. Der Alte stand und schaute ihm nach, rieb sich den Rücken zuerst mit der linken, dann mit der rechten Hand und kehrte hinkend in seine Hütte zurück.

Garassim aber ruderte immer drauflos. Schon war er außerhalb Moskaus, und schon zeigten sich längs der Ufer Wiesen, Gemüsegärten, Felder, Waldungen und Bauernhäuser. Landluft wehte ihn an. Er zog die Ruder ein, neigte den Kopf zu Mumu, die vor ihm auf einem trockenen Quersitze saß – der Boden des Bootes war unter Wasser –, und blieb regungslos, die mächtigen Arme über den Rücken des Hundes gekreuzt, während die Strömung das Boot langsam gegen die Stadt zurücktrug. Endlich richtete sich Garassim auf, band eiligst und mit dem Ausdrucke tiefer Erbitterung im Gesicht die mitgenommenen Steine an die Schnur, machte eine Schlinge, legte sie Mumu um den Hals, hielt den Hund über den Fluß empor und blickte ihm zum letzten Male in die Augen ... Mumu sah ihn zutraulich und furchtlos an und wedelte leicht mit dem Schwänzchen. Er wandte sich ab, drückte die Augen zu und breitete die Hände auseinander ... Garassim hatte nichts gehört, weder das kurz ausgestoßene Geheul der fallenden Mumu noch das schwere Plätschern des Wassers; für ihn war der geräuschvollste Tag stumm und lautlos, wie es für uns die stillste Nacht nicht ist, und als er die Augen wieder aufschlug, zogen auf dem Flusse wie zuvor kleine Wellen, eine der anderen gleichsam nachjagend, dahin, wie zuvor schlugen sie an die Seiten des Bootes, und nur in der Ferne hinter ihm verliefen sich dem Ufer zu eigentümliche weite Wasserringe.

Sobald Jeroschka Garassim aus dem Gesichte verloren hatte, war er nach Hause zurückgekehrt und hatte von allem, was er gesehen, Bericht erstattet.

»Nun ja«, bemerkte Stephan, »er wird ihn ersäuft haben. Darüber kann man ruhig sein, wenn er etwas verspricht ...«

Im Laufe des Tages sah niemand Garassim. Er hatte nicht zu Hause gespeist. Der Abend brach herein; zum Abendessen stellten sich alle ein, er allein fehlte.

»Ein sonderbarer Mensch, der Garassim!« sagte mit kreischender Stimme ein dickes Waschweib, »kann man um eines Hundes willen so viel Umstände machen! Nein, wahrhaftig!«

»Garassim ist ja hier gewesen«, rief plötzlich Stephan, indem er mit dem Löffel seine Grütze zusammenkratzte.

»Wie? wann?«

»Nun, vor zwei Stunden ungefähr. Jawohl. Er ist mir am Tore begegnet; er kam gerade aus dem Hofe heraus. Ich wollte ihn über den Hund befragen, er schien aber nicht bei guter Laune. Nun, und da hat er mich gestoßen; vermutlich wollte er mich bloß ein wenig auf die Seite schieben: das sollte heißen, laß mich in Ruhe – der Puff aber, den er mir gerade in die Wirbelknochen versetzte, war ein ganz gehöriger, au, au!« – Und mit unwillkürlicher Grimasse krümmte sich Stephan und rieb sich den Nacken. »Ja«, setzte er hinzu, »er hat eine gottgesegnete Hand, das muß man sagen.«

Alle lachten über ihn und begaben sich nach dem Abendessen zur Ruhe.

Unterdessen schritt zu eben dieser Stunde, mit einem Bündel auf dem Rücken und einem langen Stock in der Hand, auf der T...schen

Heerstraße ein hochgewachsener Bauer rüstig und unaufhaltsam dahin. Es war Garassim. Er eilte, ohne sich umzuschauen, nach Hause, in sein Dorf, in seine Heimat. Nachdem er Mumu ertränkt hatte, war er für einen Augenblick auf seine Kammer gekommen, hatte rasch einige Habseligkeiten in eine alte Pferdedecke gewickelt, das so entstandene Bündel über die Schulter geworfen und war dann verschwunden. Den Weg hatte er sich schon damals, als er nach Moskau gebracht wurde, genau gemerkt; das Dorf, aus welchem die Edelfrau ihn hatte kommen lassen, lag nicht über fünfundzwanzig Werst von der Heerstraße ab. Er wanderte auf dieser mit einer gewissen unverwüstlichen Kühnheit, mit einer verzweifelten und zugleich freudigen Entschlossenheit fort. Er schritt dahin mit weitgeöffneter Brust; sein Blick war erwartungsvoll und starr in die Ferne gerichtet.

Er eilte, als harre seiner daheim die alte Mutter, als rufe sie ihn, den lange in fremden Ländern, unter fremden Leuten Verschollenen, zu sich ...

Die eben hereinbrechende Nacht war still und warm; auf der einen Seite, dort, wo die Sonne untergegangen, war der Himmelsrand noch licht und bedeckte sich mit leichtem Rot im letzten Scheine des scheidenden Tages, auf der andern stieg bereits ein unbestimmt blaues Halbdunkel auf. Von daher brach die Nacht herein. Hunderte von Wachteln schnarrten ringsumher um die Wette ... Garassim konnte sie nicht hören, auch nicht das leise, nächtliche Flüstern der Bäume, an welchen seine mächtigen Beine ihn vorbeitrugen, doch empfand er den bekannten Duft des reifenden Roggens, der von den dunklen Feldern zu ihm herüberdrang, er fühlte den Wind, der heimatlichschmeichelnd sein Gesicht anfächelte und in seinem Haar und Barte spielte; er sah, wie der Weg – der Weg zur Heimat – schnurgerade wie ein Pfeil, als weißlicher Streif sich vor ihm hinzog, sah die unzählbaren Sterne, die auf seinen Pfad herniederschienen – und schritt kräftig und mutig wie ein Löwe fort, so daß bei den ersten frischen Strahlen der aufgehenden Sonne Moskau bereits fünfunddreißig Werst hinter dem rüstigen Wanderer geblieben war ...

Zwei Tage darauf war er schon zu Hause, in seiner Hütte, zum großen Befremden eines Soldatenweibes, welchem diese zur Wohnung angewiesen worden war. Nachdem er vor den Heiligenbildern sein Gebet verrichtet hatte, begab er sich zu dem Dorfschulzen. Dieser war anfangs etwas erstaunt, die Heuernte hatte aber eben begonnen: man gab Garassim, als einem tüchtigen Arbeiter, sofort eine Sense in die Hand – und nun ging das Mähen an nach alter Art, ein Mähen, daß es die Bauern erschreckte, den Schwung seiner Sense anzusehen.

Inzwischen hatte man in Moskau, am Tage nach Garassims Flucht, diesen vermißt. Man war in seine Kammer gegangen, hatte darin umhergewühlt und Gawrilo Bericht erstattet. Dieser war hingekommen, hatte sich alles angesehen, die Achsel gezuckt und den Ausspruch getan, der Stumme sei entweder davongelaufen oder habe sich zugleich mit seinem dummen Hunde ertränkt. Es wurde der Polizei gemeldet und der Edelfrau hinterbracht. Diese wurde böse, lamentierte, befahl, ihn um jeden Preis wieder herbeizuschaffen, beteuerte, niemals den Befehl zur Tötung des Hundes erteilt zu haben, und gab schließlich Gawrilo einen so strengen Verweis, daß ihm den ganzen Tag der Kopf wackelte und er bloß: »Hm! Hm!« hervorbrachte, bis ihn Onkel Strunk durch ein bedeutungsvolles »Nu-uh« wieder zu Sinnen brachte. Endlich kam die Nachricht von Garassims Eintreffen im Dorfe an, wodurch die Edelfrau einigermaßen beruhigt ward; anfänglich wollte sie den Befehl erteilen, ihn unverzüglich nach Moskau zurückzuschaffen, erklärte jedoch nachher, einen so undankbaren Menschen könne sie nicht mehr brauchen. Übrigens starb sie selbst bald nachher; und den Erben war es nicht nur um Garassim nicht zu tun, sondern sie entließen auch das übrige Hofgesinde ihrer ehrenwerten Mutter auf Zins.

Noch heute lebt Garassim allein in seiner einsamen Hütte; er ist gesund und kräftig wie zuvor, arbeitet wie zuvor für viere und ist wie zuvor ernsthaft und gesetzt. Die Nachbarn aber haben die Bemerkung gemacht, daß er nach seiner Rückkehr aus Moskau allen Umgang mit dem weiblichen Geschlecht aufgegeben habe, ja, er blicke kein Frauenzimmer mehr an und halte keinen Hund. Es sei übrigens ein Glück für ihn, erklären die Bauern, daß er keine Frau nötig habe; und einen

Hund – wozu brauchte der einen Hund! Einen Dieb würde man selbst an den Haaren nicht in seine Wohnung schleppen! So groß ist die Furcht vor der Riesenstärke des Stummen!

Nach der Mitauer Ausgabe 1884

Robert Walser

Herrin und Schoßhündchen

Eine elegante Herrin saß in einer Haltung, die man eine nachlässige nennen kann, auf einem Möbel, dessen Charakterisierung keine Wesentlichkeit bildet, und erinnerte sich des Wunsches, der sie seit etlicher Zeit belästigte, ihrem Schoßhündchen eine gehörige Portion Prügel zu verabfolgen, damit das Nichtsnutzige erfahre, was angemessene Bestrafung sei. Die in der Tat schöne, weil prächtig gebaute Herrin vermochte sich vom Begriff Züchtigung nicht zu trennen, und ich bin vielleicht berechtigt zu glauben, sie habe vor lauter buntschillernder Maßregelungskunst nachts nicht ordentlich schlummern können, obwohl ihr allabendlich trefflich geschulte Musiker ein Ständchen, d.h. ein Konzert darbrachten, dessen Inhalt ihr die Meinung beibringen mochte, sie befinde sich mitten, sagen wir, in einer Oper, worin sie als entzückende Figur vorkomme, was gewiß eine famose Einbildung war. War ihr ihr Schoßhündchen lieb? Kein Zweifel! Erschien ihr dasselbe mitunter vielleicht beinahe unausstehlich? O ja! Sie verachtete, was ihr lieblich erschien, und sie strengte sich förmlich an, untauglich zu finden, was auf ihren Lippen ein Lächeln der Zufriedenheit entstehen ließ. Ein Dutzendmensch würde vielleicht der launenhaften Herrin empfohlen haben, zu einem anerkannt brauchbaren Arzt zu gehen, der ihr vermutlich den Rat erteilt hätte, irgendeinen Kurort zu frequentieren. Bereits hatte sie behufs Abwechslungsvertatsächlichung einen tagebuchartigen Roman, eine Art Bekenntnisbuch zu schreiben begonnen, und das werdende Werk schien mit einem intelligent dreinschauenden Kind Ähnlichkeit zu haben, dessen Bewegungen Staunen hervorriefen. Hervorgehoben muß werden, daß besonders der Umstand die Herrin in eine Menge von Entrüstetheit versetzte, daß das Schoßhündchen wie die Harmlosigkeit selber aussah. Beständig schaute das Ungezogene seine Erzieherin mit

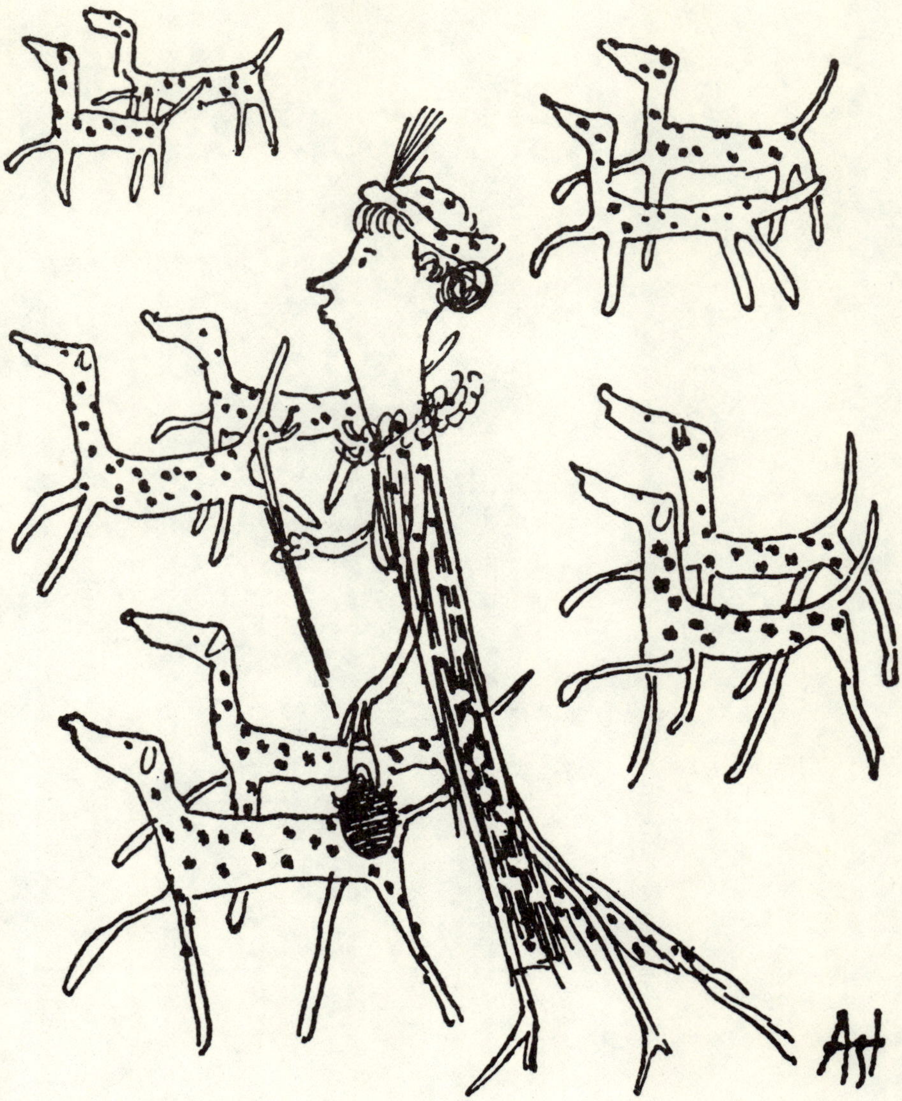

Schaefer-Ast
Die Dame mit den Hunden

sehr viel angenehmer sowohl wie unpassender Dreistigkeit an, derart, daß sie sich zu ihm zu sprechen veranlaßt sah: »Wart, dir will ich«, welche Worte sie mit dem Vorweisen einer Peitsche begleitete, eine Maßnahme, die auf das denkbar kluge und wieder höchst unwissende Schoßhündchen entweder überhaupt keinen oder nur wenig Eindruck machen zu wollen schien. Die Gelenkigkeit des Hündchens konnte als plump bezeichnet werden, und seiner Sauberkeit machte man Unappetitlichkeitsvorwürfe. Was eines Schoßhündchens Ursprünglichkeiten oder Absichtsabwesenheiten betrifft, so wird auch der unbegabteste Beobachter zur Erkenntnis gelangen können, daß etwas empörend Egoistisches darin liegt. »Ich will ihm eine Zurechtweisung zu kosten geben, die es nie wieder vergißt, und daß es für sein ganzes ferneres Leben bloß noch aus einem einzigen, unaufhörlichen, innerlichen Winseln besteht.« Klar geht aus diesem Prosasatz hervor, daß Herrinnen streng zu sein imstande sind. Es kam vor, daß sie das Hündchen folgendermaßen ansprach: »Deine Zierlichkeit ist etwas in jeder Hinsicht Unverschämtes, und das Unverschämteste scheint in der Tat an dir zu sein, daß du dir dessen nicht im entferntesten bewußt bist. So winzig deine Erscheinung ist, so schwer soll dich das riesige Gewicht meiner Übelgelauntheit treffen.« Peinlich wurde der Herrin demnach also hauptsächlich das Kleinliche, das in heller Unbewußtheit am Schoßhündchen beinahe blendend zum Ausdruck kam. Umsonst gab sich die zweifellos auf erheblicher Bildungshöhe Stehende bezüglich Humanität usw. die unglaublichste Mühe. »Deine Komik stört mich; aller Wahrscheinlichkeit nach geht es dir bald immens schlecht, hast du verstanden?« Herzlosigkeit eines zarten und schönen Herzens, in was für genügenden Formen schildere ich dich? Das törichte Geschöpf verstand von der Problematik, worin es schwebte, rein gar nichts, und dieses Vonallemnichtsverstehen verstärkte letztere noch. Ich will einen Herrn in korrektem Hut, der der Schoßhündchenbesitzerin eines Nachmittags artig Gesellschaft leistete, nicht näher in Betracht ziehen. Figuren gibt es, die in gewissen Geschichten gleichsam nur Dekorationswirkungen haben können. Ich hob den totalen Mangel an Gemeinnützigkeitssinn am Schoßhündchen hervor und hoffe hierdurch dessen Gestalt in erwünschtem Umfang verständlich gemacht zu haben. Zu erwähnen könnte übriggeblieben sein, die Herrin habe in ihre Abneigungen gegenüber ihrem Hündchen wie in einen porträtzurückstrahlenden Spiegel geblickt. Die vollendete Unbeeinträchtigtheit, womit die bedeutungslose Vierbeinigkeit die auf Bedeutung Anspruch erhebende Zweibeinigkeit in einem fort anschaute, blieb Tag für Tag dasselbe Phänomen, bis der beschlossene Peitschenhieb zur Ausführung kam.

James Thurber

Der Hund, der die Leute biß

Vielleicht sollte man in seinem Leben nicht so viele Hunde haben, wie ich sie hatte. Aber ich muß sagen, daß die Freude, die sie mir bereiteten, den Verdruß stets überstieg, außer im Falle eines Airedaleterriers namens Muggs. Mit ihm hatte ich mehr Ärger als mit den vier- oder fünfundfünfzig anderen zusammengenommen, obgleich ich mich noch genau an die schreckliche Verlegenheit erinnere, in die mich Jeannie, meine Scotchhündin, einmal brachte. Sie hatte gerade im Kleiderschrank meiner Wohnung im vierten Stock eines New Yorker Mietshauses sechs Junge geworfen und brachte während eines Spazierganges, auf dem sie bestanden hatte, unerwartet das siebente und letzte Junge an der Ecke Fifth Avenue und 11. Straße zur Welt. Und dann war da der preisgekrönte französische Pudel – keine dieser folgsamen weißen Miniaturausgaben, sondern ein großer schwarzer Pudel –, dem auf dem Notsitz des Autos schlecht wurde, als ich mit ihm zur Hundeschau fuhr. Er hatte ein rotes Lätzchen um den Hals, und weil unterwegs, gerade als wir durch die Bronx fuhren, ein Platzregen losbrach, mußte ich einen kleinen grünen Schirm, ein Sonnenschirmchen, über ihn halten. Es goß wie aus Kannen, und unversehens fuhr der Chauffeur in eine große Garage, die voller Autoschlosser war. Damit hatte ich nicht gerechnet, und so vergaß ich, den Schirm zu schließen. Mein Leben lang werde ich mich mit beklemmendem Unbehagen an die Mischung von ungläubigem Staunen und wütendem Haß erinnern, die sich auf dem Gesicht eines überaus verbissenen Autoschlossers malte. Mechaniker und alle anderen intoleranten Leute hassen Pudel wegen ihres komischen Haarschnitts und besonders wegen der Bömmelchen, die man um ihre Flanken hängen lassen muß, wenn sie bei der Hundeschau einen Preis gewinnen sollen.

Aber der Airedale war, wie gesagt, der schlimmste von all meinen

Hunden. Genaugenommen gehörte er gar nicht mir, sondern meinem Bruder Roy, der ihn gekauft hatte, während ich mich auf einer Ferienreise befand. Muggs war ein großer, starker, jähzorniger Hund, und er schien in mir immer einen Fremden zu sehen. Das war ein Nachteil für mich, denn er biß Familienmitglieder nicht so oft wie Fremde. Immerhin biß er in den Jahren, die wir ihn hatten, jeden von uns, mit Ausnahme meiner Mutter. Bei der versuchte er es zwar auch einmal, bekam sie jedoch nicht zu fassen. Das war in dem Monat, als plötzlich Mäuse bei uns auftauchten und Muggs sich rundweg weigerte, gegen sie vorzugehen. Kein Mensch hat jemals so seltsame Mäuse gehabt wie die, von denen wir heimgesucht wurden. Sie benahmen sich wie zahme Mäuse; man konnte denken, sie seien dressiert. Ihre Zutraulichkeit war so groß, daß Mutter eines Abends, als sie ein Essen für den Friraliraclub gab, dem Vater und sie seit zwanzig Jahren angehörten, viele kleine Teller mit Futter in die Speisekammer stellte, damit sich die Mäuse zufriedengäben und nicht ins Eßzimmer kämen. Muggs blieb bei den Mäusen in der Speisekammer. Er lag auf dem Boden und knurrte vor sich hin – nicht etwa wegen der Mäuse, sondern wegen der Leute im Eßzimmer, die er so gern gebissen hätte. Mutter sah zwischendurch rasch einmal in der Kammer nach, wie sich die Sache anließ. Sie ließ sich prächtig an! Mutter war so ärgerlich über Muggs, der dalag und die Mäuse ignorierte – sie kamen ihr entgegengelaufen –, daß sie ihm einen Klaps gab. Da wollte er sie beißen, aber er schnappte daneben. Mutter behauptete, hinterher habe es ihm sofort leid getan. Sie sagte, es tue ihm immer leid, wenn er jemand gebissen habe. Es war uns ein Rätsel, wie sie auf diese Idee kam. Er zeigte nie die leiseste Reue.

Jedes Jahr zu Weihnachten verschickte Mutter Pralinen an alle Leute, die von Muggs gebissen worden waren. Die Liste enthielt schließlich mehr als vierzig Namen. Kein Mensch konnte verstehen, warum wir den Hund nicht abschafften. Ich verstand es eigentlich auch nicht, aber wir schafften ihn eben nicht ab. Wahrscheinlich versuchten unsere Nachbarn des öfteren, Muggs durch Gift zu beseitigen – jedenfalls machte er mitunter einen vergifteten Eindruck –, und einmal feuerte der alte Major Moberly in der Nähe des Hotels ›Seneca‹ in der East Broad Street seinen Dienstrevolver auf ihn ab. Trotzdem wurde Muggs fast elf Jahre alt. Gegen Ende seines Lebens, als er sich kaum mehr aufrecht halten konnte, biß er noch einen Abgeordneten, der meinen Vater in Geschäftsangelegenheiten besuchte. Mutter hatte zwar nie viel für diesen Mann übrig gehabt – sie sagte, die Zeichen seines Horoskops ließen erkennen, daß man ihm nicht trauen könne (er war Saturn mit dem Mond in der Jungfrau) –, aber sie schickte ihm zum folgenden Weihnachtsfest eine Schachtel Pralinen. Der Abgeordnete schickte sie postwendend zurück; wahrscheinlich dachte er, es wäre Ulk-Konfekt. Mutter redete sich ein, es sei nur gut, daß der Hund ihn gebissen hatte, auch wenn Vater auf diese Weise um eine wichtige Geschäftsverbindung ärmer geworden war.

»Auf so einen Mann ist kein Verlaß«, erklärte sie. »Muggs las in ihm wie in einem offenen Buch.«

Wir fütterten Muggs umsichtig, in der Hoffnung, seine Gunst zu gewinnen, aber der Erfolg war mehr als zweifelhaft. Er hatte nie gute Laune, nicht einmal nach dem Essen. Keiner von uns wußte genau, was mit ihm los war, aber irgend etwas machte ihn jähzornig, vor allem morgens. Auch Roy war morgens immer sehr reizbar, besonders vor dem Frühstück. Einmal, als er herunterkam und sah, daß Muggs die Morgenzeitung zerkaut hatte, schlug er ihm eine Grapefruit auf die Nase und rettete sich dann auf den Eßzimmertisch, wobei Geschirr in Scherben ging, Bestecke klirrend zu Boden fielen und die Kaffeekanne umkippte. Muggs setzte zum Sprung an, schoß über den Tisch hinweg und geradewegs in einen Ofenschirm aus Messing hinein, der vor dem Gaskamin stand. Er ließ sich durch diesen Mißerfolg nicht entmutigen. Beim nächsten Versuch erwischte er Roy und biß ihn herzhaft ins Bein. Damit gab er sich zufrieden; er biß nie öfter als einmal zu. Mutter führte das stets als ein Argument zu seinen Gunsten an; sie behauptete, er habe ein hitziges Temperament, sei aber nicht nachtragend. Sie nahm ihn immer in Schutz. Ich glaubte, sie mochte ihn gern, weil er sich nie richtig wohl fühlte. »Er ist nicht sehr kräftig«, pflegte sie mitleidig zu sagen. Aber da täuschte sie sich. Wenn er sich auch vielleicht nicht wohl fühlte, so hatte er doch mordsmäßige Kräfte.

Einmal suchte Mutter im Hotel ›Chittendon‹ eine Seelenheilkundige auf, die in Columbus Vorträge über ›harmonische Schwingungen‹ hielt. Bei dieser Dame erkundigte sie sich, ob es möglich sei, einen Hund in harmonische Schwingungen zu versetzen. »Es ist ein großer, gelblichbrauner Airedaleterrier«, fügte sie erklärend hinzu.

Die Dame sagte, sie habe noch keinen Hund behandelt, aber meine Mutter solle sich auf den Gedanken konzentrieren, daß er nicht beiße und auch niemals beißen werde. Mutter konzentrierte sich gleich am nächsten Morgen, und als Muggs trotzdem den Eismann biß, gab sie nicht dem Hund, sondern dem Mann die Schuld. »Wenn Sie nicht dächten, daß er Sie beißt, würde er's bestimmt nicht tun«, teilte sie ihm mit. Er humpelte unter schrecklich unharmonischen Schwingungen aus dem Haus.

Eines Morgens, als Muggs mich biß – nur ganz leicht, sozusagen im Vorbeigehen –, packte ich ihn an seinem Stummelschwanz und hob ihn hoch. Es war sehr tollkühn von mir. Mutter und ich sprachen kürzlich noch einmal darüber, und sie sagte, sie begreife einfach nicht, was damals in mich gefahren sei. Ich begreife es auch nicht, ich weiß nur, daß ich maßlos wütend war. Solange ich den Hund am Schwanz in die Höhe hielt, konnte er nicht an mich heran, aber mir wurde bald klar, daß dieses wild zappelnde, strampelnde und knurrende Bündel meine Kräfte übermäßig beanspruchte. Ich mußte den Hund irgendwie loswerden, und so trug ich ihn in die Küche, schleuderte ihn in eine Ecke und knallte die Tür genau in dem Augenblick zu, als er dagegenrannte. Leider hatte ich nicht an die Hintertreppe gedacht. Muggs lief die Hintertreppe hinauf, die Vordertreppe hinunter und stellte mich im Wohnzimmer. Ich konnte mich gerade noch auf den Kaminsims schwingen, aber er brach ab, und eine Marmoruhr, mehrere Vasen und ich selbst landeten mit entsetzlichem Getöse auf dem Fußboden. Muggs erschrak so sehr über den Lärm, daß er verschwunden war, bevor ich mich aufgerappelt hatte. Alles Pfeifen

Grandville
Hunde, die bellen, beißen nicht

und Rufen war vergebens. Muggs blieb unsichtbar, bis uns die alte Mrs. Detweiler abends nach dem Essen besuchte. Muggs hatte sie irgendwann einmal ins Bein gebissen, und sie betrat das Wohnzimmer erst, nachdem wir ihr hoch und heilig versichert hatten, daß Muggs fortgelaufen sei. Sie hatte sich gerade hingesetzt, als Muggs, laut knurrend und mit den Pfoten kratzend, unter einem Sofa hervorgekrochen kam, wo er sich die ganze Zeit versteckt gehalten hatte. Natürlich biß er die alte Dame. Mutter untersuchte die Wunde, betupfte sie mit Arnikatinktur und meinte, es sei nur eine Schramme. »Er hat Sie gestoßen, das ist alles«, sagte sie. Mrs. Detweiler verließ uns in überaus schlechter Gemütsverfassung.

Viele Leute zeigten unseren Airedale bei der Polizei an, aber mein Vater bekleidete damals ein öffentliches Amt und stand sich gut mit der Polizei. Trotzdem hatten wir von Zeit zu Zeit Unannehmlichkeiten – einmal zum Beispiel, als Muggs Mrs. Sturtevant biß, und dann, als er sich an dem Vizegouverneur Mallory vergriff. Mutter fertigte die Polizisten mit dem Hinweis ab, daß Muggs nichts dafür könne. Schuld seien allein die Leute, die gebissen worden waren. »Sie schreien, wenn er auf sie losspringt«, erklärte sie, »und das regt ihn auf.« Als die Polizisten ihr nahelegten, den Hund anzubinden, erwiderte Mutter, das würde ihn demütigen, und er fresse auch nicht, wenn er angebunden sei.

Muggs bei seinen Mahlzeiten war ein ungewöhnlicher Anblick. Da er biß, wenn man sich zu ihm hinunterbeugte, stellten wir seinen Napf auf einen alten Küchentisch und rückten eine Bank davor. Muggs sprang dann auf die Bank, stützte die Vorderpfoten auf den Tisch und fraß. Ich erinnere mich, daß Mutters Onkel Horatio, der immer voller Stolz erzählte, er habe als dritter den Missionary Ridge erreicht, sehr ungehalten darüber war, daß wir den Hund auf dem Tisch fütterten, weil wir zu bange waren, seinen Napf auf den Boden zu stellen. Er sagte, er fürchte sich vor keinem Hund der Welt, und er sei jederzeit bereit, den Napf auf den Boden zu stellen. Roy bemerkte daraufhin, Onkel Horatio wäre gewiß der allererste auf dem Missionary Ridge gewesen, wenn er den Hund vor der Schlacht auf dem

Boden gefüttert hätte. Onkel Horatio war außer sich. »Holt ihn herein! Holt ihn sofort herein!« schrie er. »Ich werde das verdammte Biest auf dem Boden füttern!« Roy war der Meinung, wir müßten ihm eine Chance geben, aber Vater erhob Einspruch. Er sagte, Muggs habe sein Futter schon bekommen. »Dann werde ich ihn eben noch mal füttern!« rief Onkel Horatio. Wir hatten unsere liebe Not, ihn zu beruhigen.

Das letzte Jahr seines Lebens verbrachte Muggs hauptsächlich im Freien. Aus irgendeinem Grunde hielt er sich ungern im Haus auf – vielleicht barg es zu viele unerfreuliche Erinnerungen für ihn. Jedenfalls ließ er sich nur schwer überreden, hereinzukommen, und die Folge war, daß der Müllkutscher, der Eismann und der Bote von der Wäscherei einen großen Bogen um unser Haus machten. Wir mußten die Mülltonne bis zur Straßenecke schleppen, die Wäsche allein fortschaffen und abholen und den Eismann in einer Seitenstraße treffen. Nachdem das eine Weile so gegangen war, kam uns ein genialer Einfall, wie wir den Hund wenigstens dann ins Haus kriegen und einsperren konnten, wenn die Gasuhr abgelesen wurde oder dergleichen. Das einzige, wovor Muggs sich fürchtete, waren Gewitter. Donner und Blitz brachten ihn von Sinnen (ich nehme an, daß er auch damals, als der Kaminsims abbrach, an ein Gewitter glaubte). Er rannte dann immer wie gejagt ins Haus und versteckte sich unter einem Bett oder im Kleiderschrank. Wir bastelten daher eine Donnermaschine, indem wir an einer langen, schmalen Eisenplatte einen hölzernen Klöppel befestigten. Dieses Ding schüttelte Mutter aus Leibeskräften, wenn sie Muggs ins Haus locken wollte. Der imitierte Donner war dem echten täuschend ähnlich, aber es war wohl das anstrengendste System, einen Haushalt zu führen, das je ersonnen wurde. Mutter hatte nichts zu lachen.

Einige Monate, bevor Muggs starb, fing er an, Geister zu sehen. Man merkte es daran, daß er sich leise knurrend vom Boden erhob und steifbeinig, aber drohend auf ein Nichts zutappte. Manchmal befand sich das Nichts unmittelbar links oder rechts von einem Besucher. Bei einem Bürstenhändler rief das einen hysterischen Anfall hervor. Muggs kam ins Zimmer geschlichen wie Hamlet, als er dem Geist seines Vaters folgte. Er blickte starr auf eine Stelle links von dem Bürstenmann, und der hielt es so lange aus, bis Muggs nur noch drei Schritte von ihm entfernt war. Dann schrie er. Muggs wanderte langsam, leicht schwankend an ihm vorbei in die Diele, aber der Bürstenhändler schrie unentwegt weiter. Mutter mußte ihm kaltes Wasser über den Kopf gießen, damit er aufhörte. So brachte sie auch uns Jungen immer auseinander, wenn wir uns in den Haaren lagen.

Muggs starb ganz plötzlich eines Nachts. Mutter wollte ihn in der Familiengruft beisetzen, unter einem Marmorstein mit der Inschrift: ›Himmlische Heerscharen singen dich zur Ruh.‹ Sie gab diesen Plan erst auf, als wir ihr versicherten, so etwas sei gesetzlich verboten. Schließlich beerdigten wir ihn an einem einsamen Weg und brachten über seinem Grab eine schlichte Holztafel an, auf die ich mit chinesischer Tusche schrieb: *Cave Canem*. Mutter war sehr angetan von der schlichten, klassischen Würde des alten lateinischen Epitaphs.

Aus dem Amerikanischen übersetzt

Jack London
Braun-Wolf

Das Gras war feucht vom Tau. Sie mußte deshalb Überschuhe anziehen und verspätete sich dadurch etwas. Als sie dann endlich aus dem Hause trat, fand sie ihren wartenden Gatten in Bewunderung vor einer Mandelknospe, die sich soeben öffnete. Sie warf einen suchenden Blick über das hohe Gras und nach den Obstbäumen.

»Wo ist Wolf?« fragte sie.

»Soeben war er noch da!« Walt Irvine riß sich mit einem Ruck aus den philosophischen und poetischen Betrachtungen, zu denen ihn das organische Wunder der Blume veranlaßt hatte, und überblickte prüfend die Landschaft. »Als ich ihn zuletzt sah, jagte er gerade einem Kaninchen nach.«

»Wolf! Wolf! Hierher, Wolf!« rief sie, als sie die Lichtung verließ und den Steg einschlug, der durch das Manzanillagebüsch mit den wächsernen Glockenblumen nach der Landstraße hinunterführte.

Irvine steckte seine beiden kleinen Finger zwischen die Lippen und unterstützte die Bemühungen seiner Frau durch einen schrillen Pfiff.

Sie hielt sich schnell die Hände vor die Ohren und zog eine Grimasse.

»Mein Gott, daß ein Dichter wie du, mit deinen zarten Nuancen und allem, was dazu gehört, so gräßliche Geräusche machen kann! Du zerreißt mir ja das Trommelfell. Dein Pfeifen –«

»Orpheus.«

»Und ich wollte gerade Straßenjunge sagen«, schloß sie streng.

»Das Dichten hindert nicht, daß man auch praktisch sein kann – jedenfalls hindert es mich nicht daran. Ich gehöre nicht zu den unnützen Genies, die nicht imstande sind, ihre Juwelen den Zeitschriften zu verkaufen.«

Er steckte eine Miene scherzhafter Überlegenheit auf und fuhr fort:

»Ich bin kein Barde, der in einer Mansarde haust, aber ebensowenig bin ich ein Salondichter. Und warum? Weil ich praktisch bin. Meine Dichtung ist keine schmutzige kleine Pfütze, die man nicht als anständigen Tauschwert ansieht und in eine blumengeschmückte Villa, eine süße Gebirgsquelle, einen Hain von Rotholzbäumen, einen Obstgarten mit siebenunddreißig Bäumen, eine lange Reihe von Brombeersträuchern und zwei kürzere Reihen von Stachelbeerbüschen verwandeln kann – gar nicht zu reden von einer Viertelmeile leise rieselnden Baches. Ich bin ein Verkäufer der Schönheit, und mein Ziel ist das Nützliche, liebe Madge. Ich singe mein Lied, und dank den Redakteuren der Zeitschriften verwandle ich diesen meinen Gesang in das Rauschen des Westwindes, der durch die Tannen seufzt, in das Murmeln des Wassers über bemooste Steine, das mir wiederum ein anderes Lied vorsummt, anders als das meine und doch dasselbe, nur in ... hm ... wunderbarer Verwandlung.«

»Wenn nur alle deine Liederverwandlungen wirklich so erfolgreich wären«, lachte sie.

»Nenne mir eine, die es nicht war.«

»Die beiden schönen Sonette, die du in eine Kuh verwandeltest, die in der ganzen Gegend als die schlechteste Milchkuh berüchtigt war.«

»Sie war aber schön«, begann er.

»Aber Milch gab sie nicht«, unterbrach ihn Madge.

»Aber schön war sie wirklich ... oder etwa nicht?« drängte er.

»Hier ist also ein Fall, bei dem Schönheit und Nutzen nicht übereinstimmen«, lautete ihre Antwort.

»Und da ist unser Wolf.«

Von dem mit Buschwerk bewachsenen Hang hörten sie das Knakken trockener Zweige, und dann erschienen – vierzig Fuß über ihnen – am Rande der steilen Felswand der Kopf und die Schultern eines Hundes. Seine Vorderpfoten stemmten sich hart gegen einen Stein, daß er sich löste. Mit gespitzten Ohren und spähenden Blicken folgte er dem Sturz des Steines, bis er vor die Füße der beiden Menschen fiel. Dann blickte er hinab und lachte sie mit offenem Maul an.

»Du Wolf! Was machst du denn?« und »Du süßer Wolf!« riefen der Mann und die Frau zu ihm hinauf.

Die Ohren bewegten sich beim Klang der Stimmen hin und her, und es sah aus, als ob der Kopf sich unter den Liebkosungen einer unsichtbaren Hand duckte.

Sie sahen ihn rücklings in das Dickicht kriechen und gingen dann weiter. Einige Minuten später schloß sich der Hund, der einer Biegung des Weges, wo der Abhang weniger schroff war, gefolgt war, ihnen in einer Miniaturlawine von kleinen Steinen und losem Kies an. Er war nicht aufdringlich in seiner Zärtlichkeit. Ein leichtes Klopfen und ein Streicheln über die Ohren vom Mann und eine etwas länger anhaltende Liebkosung von der Frau – und schon war er wieder den Weg ein Stückchen weitergelaufen. Nach echter Wolfsart glitt er mühelos über den Boden dahin.

Nach Körperbau, Pelz und Rute schien er ein richtiger Wolf zu sein, nur Farbe und Zeichnung straften das wölfische Aussehen Lügen. Darin verriet sich der Hund unverkennbar. Nie hatte ein Wolf eine Farbe gehabt wie er. Er war braun, tiefbraun, rotbraun, eine Orgie von Braun. Rücken und Schultern waren von einem warmen Braun, das an den Seiten blasser und am Bauch zu einem Gelb wurde, das etwas schmutzig erschien, weil es mit Braun vermischt war. Das Weiß an der Kehle und Pfoten und die hellen Flecke über den Augen wirkten ebenfalls etwas trübe, weil sich auch dort das Braun hartnäckig und unverwüstlich geltend machte. Selbst die Augen waren wie Zwillingstopase aus Gold und Braun.

Der Mann und die Frau liebten den Hund sehr, vielleicht nur deshalb, weil es so schwer gewesen war, seine Liebe zu erringen. Es war gar nicht so einfach gewesen, als er plötzlich in geheimnisvoller Weise aus dem Nichts in ihrer Bergvilla auftauchte. Seine Füße waren wund gewesen, und er selbst war ausgehungert. Vor ihren Fenstern hatte er ein Kaninchen getötet, war dann fortgekrochen und hatte sich bei der Quelle am Rande des Brombeergebüsches schlafen gelegt. Als Walt Irvine hinunterkam, um sich den Eindringling anzusehen, wurde er für seine Mühe angeknurrt, und ebenso erging es Madge, als sie ihm ein Friedensopfer in Gestalt einer großen Schüssel mit Brot und Milch gebracht hatte.

Er erwies sich als ein äußerst ungesellig veranlagter Hund, wollte sich nicht anrühren lassen und bedrohte sie, als sie es versuchten, mit gefletschten Zähnen und gesträubtem Haar. Nichtsdestoweniger blieb er, schlief an der Quelle, ruhte sich aus und fraß das Futter, das sie ihm gaben, nachdem sie es in sicherer Entfernung hingestellt und sich wieder zurückgezogen hatten. Seine schwer angegriffene Körperverfassung erklärte sein Bleiben zur Genüge. Und wenige Tage später, als er sich erholt hatte, verschwand er wieder.

Und damit wäre seine Geschichte wohl beendet gewesen, jedenfalls insofern Walt Irvine und seine Frau in Betracht kamen, wäre Irvine nicht ausgerechnet in jenen Tagen nach dem nördlichen Teile des Staates gerufen worden. Vom Zuge aus warf er zufällig – irgendwo zwischen Kalifornien und Oregon – einen Blick zum Fenster hinaus und sah seinen ungeselligen Gast, der neben dem Gleise herlief, braun und wolfsartig, müde, aber doch unermüdlich, vom Staub und Schmutz einer Wanderung von zweihundert Meilen bedeckt.

Nun war Irvine sehr impulsiv – war er doch ein Dichter. Er stieg an der nächsten Station aus, kaufte beim Schlächter ein Stück Fleisch und erwischte den Vagabunden am Rande der Stadt. Die Rückfahrt unternahmen beide in einem Güterwagen, und auf diese Weise kam Wolf zum zweiten Male nach der Bergvilla. Hier wurde er eine ganze Woche gemästet, und sowohl Mann wie Frau warben um seine Liebe. Aber es war ein sehr vorsichtiges Liebeswerben. Zurückgezogen und fremd wie ein Wanderer von einem anderen Stern knurrte er nur als Antwort auf ihre sanften Liebesworte. Er bellte nie. Seit er bei ihnen war, hatten sie ihn nie bellen hören.

Wie sie ihn gewinnen sollten, wurde ein wahres Problem für sie. Irvine liebte alle Probleme. Er ließ ein Messingschild verfertigen, auf dem graviert stand: An Walt Irvine, Glen Ellen, Sonoma, Kalifornien, zurücksenden. Dieses Schild wurde am Halsband befestigt und hing somit um den Hals des Hundes. Dann wurde er wieder losgelassen und verschwand natürlich auch prompt. Tags darauf kam ein Telegramm aus Mendocino. In zwanzig Stunden hatte der Hund eine Strecke von hundert Meilen nach Norden zurückgelegt und war auch noch unterwegs, als er erwischt wurde.

Er kehrte mit dem Wells Fargo Express zurück, wurde drei Tage gepäppelt, am vierten wieder losgelassen und lief abermals weg. Diesmal erreichte er das südliche Oregon, ehe er wieder gefangen und zurückgeschickt wurde. Kaum hatte er seine Freiheit wiedererlangt, so entfloh er auch schon, und immer lief er auf seinen Fluchtversuchen nordwärts. Er war von einem Wahn besessen, der ihn immer wieder nach dem Norden trieb. Es war offenbar der Heim-Instinkt, wie Irvine es nannte, nachdem er das ganze Honorar für ein Sonett ausgegeben hatte, um das Tier aus dem nördlichen Oregon zurückzubekommen.

Ein andermal gelang es dem braunen Vagabunden, halb Kalifornien, ganz Oregon und den größten Teil von Washington zu durchstreifen, ehe er erwischt und mit der Bemerkung »Gefunden« zurückgeschickt wurde. Besonders bemerkenswert war die Schnelligkeit, mit der er seine Wanderungen unternahm. Wenn er gemästet und ausgeruht war, verwendete er, sobald er wieder frei wurde, seine ganze Energie auf das Laufen. Es wurde festgestellt, daß er am ersten Tage nicht weniger als hundertfünfzig Meilen zurücklegte und danach, bis er gefangen wurde, durchschnittlich hundert Meilen täglich machte. Er kam immer mager, hungrig und verwildert zurück, lief aber, sobald er kräftig und ausgeruht war, wieder fort und bahnte sich einen Weg nach dem Norden, alles irgendeiner kategorischen Forderung seines Blutes zufolge, die keiner verstand.

Nachdem er jedoch ein ganzes Jahr vergebens zu entfliehen versucht hatte, fand er sich in das Unvermeidliche und entschloß sich, in der Villa zu bleiben, wo er das erstemal ein Kaninchen getötet und an der Quelle geschlafen hatte. Doch selbst nach diesem Entschluß verging noch längere Zeit, bis der Mann und die Frau ihre Bemühung, ihn zu streicheln, wirklich von Erfolg gekrönt sahen. Es war ein großer Sieg, denn sie allein durften ihn anrühren. Er war sehr wählerisch, und es gelang keinem Gast der Villa, ihn je zu berühren.

Ein langes Knurren begrüßte jeden Versuch dieser Art. Wenn jemand wirklich den Mut bewies, sich dennoch zu nähern, fletschte der Hund die Zähne, und das Murren wurde zu einem wilden Knurren, das so furchtbar und bösartig war, daß es selbst dem Tapfersten Respekt einflößte, wie es auch den Hunden der Bauern Schrecken einjagte, die zwar das übliche Hundeknurren kannten, aber noch nie das Fauchen eines Wolfes erlebt hatten.

Er hatte keine Vorgeschichte. Sein Leben begann sozusagen mit Walt und Madge. Er war aus dem Süden gekommen, aber sie hatten nie das geringste von dem Besitzer gehört, dem er doch offenbar entlaufen war. Frau Johnson, ihre nächste Nachbarin, die sie mit Milch versorgte, erklärte, daß er augenscheinlich ein Klondike-Hund sei. Ihr Bruder hatte in jenem fernen Lande nach aufgegebenen Goldadern gesucht, und sie hielt sich deshalb für eine besondere Autorität auf diesem Gebiete.

Aber sie stritten sich gar nicht mit ihr in dieser Frage. Denn an beiden Ohren Wolfs waren die Spitzen augenscheinlich einmal so ernsthaft erfroren gewesen, daß sie nie wieder vollkommen heilen wollten. Außerdem sah er ganz wie die Photographien von Alaskahunden aus, die sie in den Magazinen und Zeitungen fanden. Sie dachten oft über seine Vergangenheit nach und versuchten sich aus allem, was sie gehört und gelesen hatten, sein Leben dort im Nordlande zu rekonstruieren. Daß dieses Land im hohen Norden ihn immer wieder anzog, wußten sie ja schon. Noch jetzt konnte es geschehen, daß sie ihn nachts leise heulen hörten. Und wenn der Wind aus Norden wehte und schneidender Frost in der Luft war, konnte eine große Unruhe über ihn kommen, so daß er ein langes Klagen erhob, von dem sie wußten, daß es Wolfsgeheul war. Aber bellen tat er nie. Keine Herausforderung konnte ihm diesen Hundelaut entlocken.

In der Zeit, da sie ihn zu gewinnen trachteten, hatten sie lange Aussprachen, wem von ihnen beiden der Hund eigentlich gehörte. Sie erhoben beide Anspruch auf ihn, und jedesmal, wenn er ihnen Zärtlichkeiten erwies, erklärte jedes von ihnen, daß sie ihm gegolten hätten. Anfangs war der Mann am besten daran, wenn auch hauptsächlich eben deshalb, weil er ein Mann war. Es war ganz einleuchtend, daß Wolf keine Erfahrungen mit Frauen gemacht hatte. Er verstand die Frauen einfach nicht. Madges Röcke waren etwas, das ihm nie ganz recht war. Ihr Rascheln genügte, daß sich ihm die Haare sträubten, und an windigen Tagen konnte sie ihm überhaupt nicht nahe kommen.

Andererseits aber war es Madge, die ihm sein Futter gab. Sie war es auch, die in der Küche herrschte und mit deren Genehmigung – und nur dann – er das heilige Gebiet der Küche betreten durfte. Dank diesen besonderen Verhältnissen gelang es ihr, das Hindernis, das ihre Kleider schufen, zu überwinden. Da aber gab Walt sich ganz besondere Mühe, indem er es zur Gewohnheit machte, daß Wolf zu seinen Füßen lag, wenn er schrieb. Freilich verlor er dadurch sehr viel Zeit, weil er ihn immer wieder streicheln oder anreden mußte. Schließlich errang Walt auf diese Weise den Sieg, der aber wahrscheinlich nur dadurch bedingt wurde, daß er eben ein Mann war. Madge versicherte freilich, daß sie eine Viertelmeile von einem weiteren rieselnden Bach und mindestens noch zwei durch ihren Tannenwald seufzende Westwinde gehabt haben würden, wenn Walt seine Energie hauptsächlich auf die Verwandlung von Liedern verwendet und es Wolf überlassen hätte, unbeeinflußt seinem angeborenen Geschmack und seiner Urteilskraft zu folgen.

»Es ist übrigens Zeit, daß du mich an das Sonett erinnerst«, sagte Walt nach fünf Minuten langem Schweigen, während sie den Weg ruhig weitergegangen waren. »Es wird ein Scheck auf dem Postamt liegen, denke ich, und wir werden ihn gleich in schönes Buchweizenmehl, ein Glas Honig und ein Paar neue Schuhe für dich verwandeln.«

»Und in schöne Milch von der schönen Kuh der Frau Johnson«, fügte Madge hinzu. »Morgen ist nämlich der Erste, daß du es weißt.«

Walt blickte, ohne es zu wissen, ein wenig finster drein, dann aber erhellte sich sein Gesicht wieder, und er schlug mit der Hand auf die Brusttasche.

»Nun laß nur. Ich habe hier eine sehr schöne neue Kuh, die beste Milchkuh in ganz Kalifornien.«

George Grosz
Zugtier

»Wann hast du sie geschrieben?« fragte sie eifrig und fügte tadelnd hinzu: »Und mir hast du sie nicht gezeigt?«

»Ich habe sie aufbewahrt, um sie dir an einer besonderen Stelle vorzulesen, wie hier zum Beispiel«, antwortete er und wies mit der Hand auf einen trockenen Baumstamm, auf den sie sich setzen konnten.

Ein schmaler Bach kam aus dichtem Farngestrüpp, rann über bemooste Steine unmittelbar zu ihren Füßen über den Weg. Aus dem Tal hörten sie den süßen Gesang der Feldlerchen, während große, gelbe Schmetterlinge über ihren Köpfen vom Schatten in den Sonnenschein und wieder zurück flatterten.

Von unten stieg noch ein anderes Geräusch zu ihnen empor und störte Walt, als er gerade beginnen wollte, leise aus seinem Manuskript vorzulesen. Es war das Stapfen schwerer Füße, hin und wieder unterstrichen vom Rascheln eines Steines, der unter den Füßen hinwegglitt. Als Walt zu Ende gelesen hatte und seine Frau anblickte, um ihr Urteil zu hören, tauchte an der Wegbiegung ein Mann auf. Er war barhaupt und verschwitzt. In der einen Hand hielt er ein Taschentuch, mit dem er sich das Gesicht abwischte, während er in der anderen einen neuen Hut und einen zerknitterten Kragen trug, den er abgelegt hatte. Es war ein kräftig gebauter Mann, und die Muskeln quollen ihm aus seinem peinlich neuen, fertiggekauften Anzug heraus.

»Heiß heute«, begrüßte ihn Walt. Walt hegte großes Vertrauen zu ländlicher Demokratie und ließ nie eine Gelegenheit vorbeigehen, ohne sie in die Praxis umzusetzen.

Der Mann blieb stehen und nickte.

»Das will ich glauben. Ich bin nicht so an die Wärme gewöhnt«, meinte er, sich halb entschuldigend. »Ich bin mehr für die Temperatur um Null herum.«

»Die werden Sie hierzulande kaum finden«, lachte Walt.

»Scheint mir auch nicht«, gab der Mann zur Antwort. »Aber ich bin auch nicht hierhergekommen, um mich danach umzusehen. Ich suche meine Schwester. Vielleicht wissen Sie, ob sie noch am Leben ist. Sie heißt Johnson. Frau William Johnson.«

»Dann sind Sie der Bruder aus Klondike«, rief Madge, und ihre Augen blitzten vor Neugierde. »Von Ihnen haben wir schon viel gehört.«

»Ja, meine Dame, der Bruder bin ich«, antwortete er bescheiden. »Ich heiße Miller. Skiff Miller. Ich dachte mir schon, daß die Leute staunen würden.«

»Da sind Sie auf dem rechten Wege. Nur, daß Sie den Fußsteg gegangen sind.« Madge stand auf, um ihm den Weg zu zeigen. Sie wies nach der Schlucht, die sich eine Viertelmeile weiter oben befand. »Sehen Sie den verbrannten Wald dort oben? Gehen Sie den schmalen Weg, der nach rechts liegt. Das ist der kürzeste Weg nach ihrem Hause. Sie können gar nicht fehl gehen.«

»Jawohl. Ich danke schön, meine Dame, herzlichen Dank«, sagte er.

Er machte verschiedene Versuche, sich zu entfernen, schien aber auf etwas ungeschickte Weise angewachsen zu sein. Er starrte Madge mit einer unverhüllten Bewunderung an, die ihm selbst gar nicht bewußt war, und die – mit ihm selbst – in der steigenden Flut der Verlegenheit ertrank, die sich seiner bemächtigte.

»Wir möchten gern etwas aus Klondike von Ihnen hören«, sagte Madge. »Können wir nicht einmal hinkommen, während Sie bei Ihrer Schwester sind? Oder noch besser – kommen Sie herüber und essen bei uns Mittag!«

»Ja, sehr gern, vielen Dank«, murmelte er ganz mechanisch. Dann raffte er sich auf und fügte hinzu: »Ich bleibe ja nicht lange hier. Ich gehe wieder nach dem Norden. Ich fahre schon heute abend wieder ab. Sehen Sie, ich habe einen Postvertrag mit der Regierung.«

Als Madge ihr Bedauern hierüber ausgedrückt hatte, machte er einen neuen vergeblichen Versuch, zu gehen. Aber er konnte seinen Blick nicht von ihrem Antlitz losreißen. In seiner Bewunderung vergaß er sogar seine Verlegenheit, und jetzt war die Reihe an ihr, zu erröten und verlegen zu werden.

Walt hatte sich soeben entschieden, daß der Augenblick für ihn gekommen war, etwas zu sagen, um die peinliche Situation zu erleichtern, als gerade im rechten Augenblick Wolf, der im Gebüsch herumgeschnüffelt hatte, in seiner Wolfsart angetrottet kam.

Die Verlegenheit Skiff Millers schwand sofort. Die schöne Frau vor ihm entglitt seinem Gesichtskreis. Er hatte nur noch Augen für den Hund. Und ein großes Staunen malte sich auf seinem Gesicht.

»Donnerwetter! Nee, so was!« sagte er langsam und feierlich.

Nachdenklich setzte er sich auf den Stamm, ohne zu bemerken, daß Madge stehen mußte. Beim Klang seiner Stimme hatte Wolf die Ohren zurückgelegt, dann öffnete sich sein Maul zu einem großen Lachen. Er lief langsam zu dem Fremden hin und beroch erst dessen Hände. Dann begann er sie mit seiner Zunge zu lecken.

Skiff Miller klopfte dem Hunde den Kopf und wiederholte dabei langsam und feierlich: »Donnerwetter! Nee, so was!«

»Entschuldigen Sie, meine Dame«, sagte er dann. »Ich wurde eben nur ein bißchen überrascht. Weiter nichts.«

»Wir sind auch überrascht«, antwortete sie leichthin. »Wir haben noch nie erlebt, daß Wolf zu einem Fremden ging.«

»Sie nennen ihn also Wolf?« fragte der Mann.

Madge nickte. »Aber ich kann seine Freundlichkeit gegen Sie gar nicht verstehen, wenn es nicht sein sollte, weil Sie aus Klondike kommen. Er ist ein Klondikehund, wissen Sie.«

»Ja, ja«, sagte Miller geistesabwesend. Er hob eine der Vorderpfoten Wolfs, untersuchte die Fußballen, drückte und betastete sie mit dem Daumen. »Ein bißchen weich geworden«, meinte er dann. »Es ist lange her, daß er unterwegs war.«

»Ich muß gestehen«, unterbrach Walt ihn, »es ist höchst merkwürdig, daß er sich das alles von Ihnen gefallen läßt.«

Skiff Miller stand auf. Jetzt machte die Bewunderung für Madge ihn nicht mehr verlegen. Mit scharfer, geschäftsmäßiger Stimme fragte er:

»Seit wann haben Sie ihn denn?«

Aber eben in diesem Augenblick öffnete der Hund, der seinen Kopf an den Beinen des Fremden rieb und sich an ihn schmiegte, sein Maul und bellte. Es war nur ein einzelner, abgebrochener Laut, kurz und fröhlich, aber es war ein Bellen.

»Das ist ja etwas ganz Neues«, meinte Skiff Miller.

Walt und Madge starrten sich an. Das Wunder war geschehen. Wolf hatte gebellt.

»Das ist das erstemal, daß ich ihn je bellen gehört habe«, sagte Madge.

»Auch das erstemal, daß ich ihn bellen höre«, erklärte Miller.

Madge lächelte ihn an. Der Mann hatte offenbar Humor.

»Das kann ich mir denken«, sagte sie. »Denn es ist ja erst fünf Minuten her, daß Sie ihn kennengelernt haben.«

Skiff Miller warf ihr einen scharfen Blick zu, während er in ihrem Gesicht die Tücke zu finden suchte, die er hinter ihren Worten argwöhnte.

»Ich dachte, Sie hätten mich verstanden«, sagte er langsam. »Ich dachte, Sie wären darüber gestolpert, als Sie sahen, wie er zu mir ist. Er ist mein Hund. Und er heißt nicht Wolf. Er heißt Braun.«

»Oh, Walt!« rief Madge unwillkürlich ihrem Manne zu.

Walt hielt sich in der Defensive.

»Wie können Sie wissen, daß es Ihr Hund ist?« fragte er.

»Weil er es ist«, lautete die Antwort.

»Das ist eine billige Behauptung«, sagte Walt scharf.

Skiff Miller sah ihn in seiner langsamen, nachdenklichen Weise an, dann fragte er, während er mit dem Kopf auf Madge wies:

»Woher können Sie denn wissen, daß sie Ihre Frau ist? Sie sagen auch nur: Weil sie es ist, und ich sage, das ist nichts als eine Behauptung. Der Hund gehört mir. Ich habe ihn ernährt und erzogen, und ich glaube, daß ich es wissen muß. Passen Sie auf. Ich werde es Ihnen beweisen.«

Skiff Miller wandte sich zu dem Hunde. »Braun!« Seine Stimme klang scharf und bestimmt, und bei diesem Klang legten sich die Ohren des Hundes wie unter einer Liebkosung zurück. »Rechts!« Der Hund machte eine Schwenkung nach rechts. »Jetzt geradeaus.« Und der Hund hielt plötzlich in seiner Schwenkung inne und lief in Übereinstimmung mit dem Befehl geradeaus.

»Ich kann es auch mit Pfeifen machen«, sagte Miller stolz. »Er war mein Leithund.«

»Aber Sie werden ihn doch nicht mitnehmen?« fragte Madge zitternd.

Der Mann nickte.

»Wieder nach dem schrecklichen Klondike, wo man soviel durchmachen muß?«

Er nickte und fügte hinzu: »Oh, das ist gar nicht so schlimm. Sehen Sie mich an. Ich bin doch ein ziemlich gesundes Exemplar, nicht wahr?«

»Aber die Hunde! Das furchtbar harte Leben, die herzzerbrechende Arbeit, der Hunger, die Kälte! Oh, ich habe soviel davon gelesen, ich weiß Bescheid.«

»Ich war mal nahe daran, ihn zu essen, am Kleinen Fischfluß«, berichtete Miller barsch. »Wenn ich nicht zufällig am selben Tage einen Elch geschossen hätte – das war das einzige, was ihn rettete ...«

»Ich wäre lieber gestorben«, rief Madge.

»Hier liegen die Dinge anders«, erklärte Miller. »Sie brauchen keine Hunde zu essen. Wenn Sie aber mitten drin sitzen, dann denken Sie eben ganz anders über die Sache. Sie waren eben niemals mitten drin und wissen daher auch nichts davon.«

»Das ist es ja eben«, wandte sie eifrig ein. »Hier in Kalifornien ißt man keine Hunde. Warum wollen Sie ihn da nicht hier lassen? Er ist glücklich hier. Er wird nie Futter entbehren müssen, das wissen Sie. Er wird nie unter Härte oder Kälte zu leiden haben. Hier ist weder der Mensch noch die Natur wild und grausam. Hier ist alles sanft und freundlich. Er lernt nie wieder eine Peitsche kennen. Und was das Wetter betrifft? Nun, hier schneit es überhaupt nie.«

»Dafür ist auch eine ganz verfluchte Hitze im Sommer. Sie müssen schon entschuldigen«, lachte Skiff Miller.

»Aber Sie haben mir noch nichts geantwortet«, fuhr Madge leidenschaftlich fort. »Was für ein Leben können Sie ihm dort im Norden bieten?«

»Lebensmittel, wenn ich welche habe, und die hab ich ja meistens«, lautete die Antwort.

»Und sonst?«

»Keine Lebensmittel.«

»Und die Arbeit?«

»Selbstverständlich – eine ganze Menge Arbeit«, fuhr es ungeduldig aus Miller heraus. »Arbeit ohne Ende, Hunger und Kälte und alles mögliche andere Elend, alles kriegt er, wenn er mit mir geht. Aber das liebt er eben. Das ist er gewöhnt. Das ist das Leben, wie er es kennt. Dazu ist er geboren und erzogen. Aber Sie wissen nichts davon. Sie haben keine Ahnung, wovon Sie sprechen. Aber der Hund gehört eben dorthin. Und dort ist er auch am glücklichsten.«

»Aber der Hund wird nicht gehen«, erklärte Walt entschlossen. »Wir brauchen die Sache also gar nicht weiter zu erörtern.«

»Was soll das heißen?« fragte Skiff Miller. Er zog die Augenbrauen hoch, und eine Blutwelle rötete seine trotzige Stirn.

»Ich sage, daß der Hund gar nicht gehen wird, und damit ist die Sache erledigt. Ich glaube auch gar nicht, daß es Ihr Hund ist. Vielleicht haben Sie ihn irgendwo gesehen. Vielleicht haben Sie ihn schon einmal seinem Besitzer weggenommen. Aber der Umstand, daß er auf die üblichen Kommandos der Alaskafahrer hört, beweist noch lange nicht, daß der Hund Ihnen gehört. Jeder Hund aus Alaska würde Ihnen ebenso gehorchen wie er. Außerdem ist er offenbar ein wertvolles Tier, wie es die Hunde in Alaska sein sollen, und das erklärt zur Genüge, daß Sie ihn gern haben möchten. Jedenfalls müssen Sie zuerst beweisen, daß er Ihnen gehört.«

Skiff Miller blieb kalt und ruhig, aber die trotzige Röte seiner Stirn wurde noch ein wenig dunkler, und die starken Muskeln unter dem dunklen Anzug strafften sich. Er sah sich den Dichter von oben bis unten an, um die Stärke seiner schlanken Gestalt zu prüfen.

Das Gesicht des Klondikers nahm einen verächtlichen Ausdruck an, als er schließlich sagte: »Ich sehe nichts, was mich hindern könnte, den Hund an Ort und Stelle und in diesem Augenblick mitzunehmen.«

Das Gesicht Walts wurde flammend rot, und die Muskeln an seinen Armen und Schultern schienen sich zu straffen. Seine Frau sprang ängstlich in die Bresche.

»Vielleicht hat Herr Miller recht«, sagte sie. »Ich meinerseits fürchte, daß er es hat. Wolf scheint ihn zu kennen und hört offenbar auf den Namen Braun. Er war auch sehr zutraulich zu ihm, und du weißt ja, daß er das noch nie gewesen ist. Denk auch daran, *wie* er gebellt hat. Das war einfach ein Freudenausbruch. Und Freude worüber? Ohne Zweifel, weil er Herrn Miller gefunden hat.«

Walts Muskeln entspannten sich, und er ließ hoffnungslos die Schultern wieder sinken.

»Ich fürchte, du hast recht, Madge«, sagte er. »Wolf ist nicht Wolf, sondern Braun und gehört sicher Herrn Miller.«

»Aber vielleicht verkauft Herr Miller ihn«, schlug sie vor. »Wir könnten ihn ja kaufen.«

Skiff Miller schüttelte den Kopf. Er war nicht mehr kriegerisch, sondern freundlich gesinnt und wollte sich gern ebenso großzügig zeigen, wie man es ihm gegenüber war.

»Ich hatte fünf Hunde«, sagte er, während er nachdachte, wie er seiner Ablehnung die sanfteste Form geben könnte. »Er war der Leithund. Es war das beste Gespann von ganz Alaska. Es hatte nicht seinesgleichen. Ich lehnte 1898 ein Angebot von fünftausend Dollar dafür ab. Damals standen Hunde überhaupt hoch im Preise, aber das war es nicht, was den Preis so phantastisch machte. Es war das Gespann an sich. Braun war der beste von ihnen. In dem Winter schlug ich zwölfhundert Dollar für ihn ab. Ich verkaufte ihn damals nicht, und ich will ihn auch jetzt nicht verkaufen. Außerdem habe ich verdammt viel übrig für den Hund. Seit drei Jahren sehne ich mich nach ihm. Ich wurde beinahe krank, als ich entdeckte, daß er gestohlen war ... nicht seines Wertes wegen, sondern weil ... na, weil ich ihn verflucht lieb habe, das ist es eben, ich bitte um Entschuldigung, meine Dame. Ich wollte meinen Augen nicht trauen, als ich ihn jetzt sah. Ich glaubte einfach zu träumen. Es war zu schön, um wahr zu sein. Sehen Sie, ich habe ihn ja großgezogen. Ich habe ihn zu Bett gebracht, richtig warm, jede Nacht. Seine Mutter war gestorben, und ich päppelte ihn mit kondensierter Milch zu zwei Dollar die Dose, zu einer Zeit, als ich mir so was für meinen eigenen Kaffee nicht leisten konnte. Er hat nie eine andere Mutter gekannt als mich. Er lutschte immer an meinem Finger, das süße kleine Biest, an diesem Finger hier.«

Und Skiff Miller, der zu bewegt war, um weiterreden zu können, hielt einen Zeigefinger in die Höhe, damit sie ihn sehen könnten.

»Ausgerechnet dieser Finger ...« versuchte er hervorzubringen, als ob er dadurch den Beweis erbrächte, daß der Hund sein Eigentum war, und wie innig sie zusammengehörten.

Er starrte noch immer seinen gehobenen Finger an, als Madge zu sprechen begann.

»Aber der Hund«, sagte sie. »Sie haben ja gar keine Rücksicht auf den Hund selbst genommen.«

Skiff Miller blickte ganz verwirrt auf.

»Haben Sie auch an *ihn* gedacht?« fragte sie.

»Ich verstehe nicht, wo Sie hinaus wollen«, lautete seine Antwort.

»Vielleicht hat der Hund auch selbst eine Meinung in dieser Beziehung zu äußern«, fuhr Madge fort. »Vielleicht hat er auch seine Wünsche und seine Sympathien. Sie lassen ihm ja gar keine Wahl. Sie haben nie an die Möglichkeit gedacht, daß er Kalifornien vielleicht Ihrem Alaska vorzieht. Sie denken nur daran, was Ihnen angenehm und lieb ist. Sie behandeln ihn genau, wie Sie einen Sack Kartoffeln behandeln würden. Oder ein Bündel Heu.«

Das war ein ganz neuer Gesichtspunkt und machte sichtlich großen Eindruck auf Herrn Miller, der jetzt dasaß und über die Sache nachdachte. Madge machte sich seine Unentschlossenheit zunutze.

»Wenn Sie ihn wirklich lieben, dann würde das, was ihn glücklich macht, auch Sie glücklich machen«, argumentierte sie.

Skiff Miller überlegte immer noch. Madge warf ihrem Mann einen triumphierenden Blick zu, den er mit warmer Zuneigung beantwortete.

»Wie meinen Sie das eigentlich?« fragte der Klondiker plötzlich.

Jetzt war die Reihe an ihr, verwirrt zu werden. »Ja, was meinen Sie?« fragte sie.

»Glauben Sie, daß er lieber in Kalifornien bleiben will?«

Sie nickte energisch. »Ich bin davon überzeugt.«

Skiff begann wieder, sich die Sache zu überlegen, aber diesmal laut. Und gleichzeitig ließ er seinen Blick kritisch über das umstrittene Tier schweifen.

»Er war immer ein guter Arbeiter. Er hat ein tüchtiges Stück Arbeit für mich geleistet. Er hat nie gefaulenzt und war der reine Teufel, wenn es galt, einem neuen Gespann Mores zu lehren. Einen Kopf hat der Hund! Er kann alles, was er will – nur nicht reden. Er versteht alles, was Sie ihm sagen. Gucken Sie ihn sich nur an. Er weiß ganz genau, daß wir von ihm sprechen.«

Der Hund lag zu Skiff Millers Füßen. Der Kopf ruhte auf den Pfoten, die Ohren waren lauschend gespitzt, die Augen folgten lebhaft und eifrig dem Klang der Worte, wie sie von den Lippen erst des einen, dann des anderen kamen.

»Und es geht jetzt eine Menge in ihm vor. Es wäre gut, ihn in den kommenden Jahren zu haben. Und ich habe ihn lieb. Ich hab ihn ganz verflucht und höllisch lieb.«

Ein- oder zweimal öffnete Skiff Miller den Mund, schloß ihn aber jedesmal wieder, ohne etwas zu sagen. Schließlich begann er:

»Ich will Ihnen sagen, was ich tue. Was Sie da gesagt haben, meine Dame, ist gar nicht ohne. Der Hund hat schwer gearbeitet, und vielleicht hat er sich einen ruhigen Hafen verdient und das Recht erworben, selbst die Wahl zu treffen. Aber so oder so – wir wollen ihm selbst die Sache überlassen. Was er sagt, wird gemacht. Ihr Herrschaften, bleibt hier sitzen. Und ich nehme Abschied und gehe weg, als ob es ganz zufällig wäre. Wenn er bleiben will, kann er bleiben. Wenn er aber mit mir gehen will, dann lassen Sie ihn gehen. Ich werde ihn nicht rufen, und Sie dürfen es auch nicht.«

Er blickte Madge mit plötzlich erwachendem Mißtrauen an und fügte hinzu: »Aber Sie müssen natürlich mit offenen Karten spielen. Ihn nicht überreden, wenn ich Ihnen den Rücken gewandt habe.«

»Selbstverständlich sind wir korrekt«, begann Madge, aber Skiff Miller unterbrach sie mitten in ihren Beteuerungen.

»Ich kenne die Frauen«, erklärte er. »Ihre Herzen sind weich. Wenn ihre Herzen mit im Spiel sind, gucken sie leicht in die Karten, und dann lügen sie wie der Deibel ... entschuldigen Sie bitte, meine Herrschaften. Ich spreche ja bloß von Frauen im allgemeinen.«

»Ich weiß nicht, wie ich Ihnen danken soll«, sagte Madge mit zitternder Stimme.

»Ich sehe nicht ein, wieso ich Ihnen einen Grund gegeben habe, mir zu danken«, antwortete er. »Braun hat sich noch nicht entschieden. Und was meinen Sie dazu, wenn ich ganz langsam wieder weggehe? Es wäre nur ganz in Ordnung, denn hundert Schritte von hier bin ich schon außer Sicht.«

Madge erklärte sich einverstanden und fügte hinzu: »Und ich verspreche Ihnen nochmals aufrichtig, daß wir nichts tun werden, um ihn zu beeinflussen.«

»Gut ... und ich glaube, dann kann ich ebensogut gleich gehen.« Skiff Miller sagte es mit dem gewöhnlichen Tonfall eines Mannes, der sich verabschieden will.

Bei dieser Änderung seiner Stimme hatte Wolf schnell den Kopf gehoben, und noch schneller sprang er auf, als der Mann und die Frau sich die Hände reichten. Er stellte sich auf die Hinterbeine und legte ihr die Vorderpfoten auf die Schulter, während er gleichzeitig Skiff Miller die Hände leckte. Als dieser dann Walts Hand schüttelte, wiederholte Wolf dies Tun und legte sein ganzes Gewicht auf Walt, während er beiden Männern die Hände leckte.

»Es ist kein Vergnügungsausflug, das kann ich Ihnen sagen«, lauteten die letzten Worte des Klondikers, als er sich umdrehte und langsam den Weg zurückging.

Wolf blieb stehen und sah ihn sich zehn Schritt weit entfernen. Er war selbst voller Eifer und Erwartung, als ob der Mann gleich umkehren und zurückkommen müsse. Dann sprang Wolf ihm mit einem leisen, schnellen Winseln nach, holte ihn ein, nahm seine Hand mit zögernder Zärtlichkeit zwischen die Zähne und bemühte sich, ihn freundlich zum Stehen zu bringen.

Als ihm das mißlang, stürzte er zurück, wo Walt Irvine saß, nahm seinen Rockärmel zwischen die Zähne und versuchte vergeblich, ihn zu dem weggehenden Manne hinzuziehen.

Wolfs Erregung wurde immer größer. Er wünschte überall zu sein. Er wäre am liebsten bei beiden, bei dem alten und bei dem neuen Herrn zugleich gewesen, und die Entfernung zwischen ihnen wurde ja immer größer. Er sprang erregt herum, machte kurze, nervöse Wendungen, bald zu dem einen, bald zu dem andern hin. Wußte nicht, was er selbst wollte. Wollte beides und war außerstande, zu wählen. Stieß scharfe Schreie aus und begann laut zu schnaufen.

Plötzlich setzte er sich nieder, hob die Nase in die Luft, öffnete und schloß das Maul wieder und wieder, mit jedem Male riß er es weiter auf. Diese ruckweisen Bewegungen stimmten mit den wiederholten Zuckungen überein, die seine Kehle überfielen, und von denen jede immer ernster und intensiver wurde als die vorige. Im Takt mit den ruckweisen Bewegungen und den Zuckungen begann der Kehlkopf zu vibrieren, erst ohne Laut, nur von dem Schnaufen begleitet, mit dem er die Luft aus den Lungen ausstieß, dann aber mit einem tiefen, leisen Brummen, dem tiefsten Ton, den das menschliche Ohr vernehmen kann. Das alles war nur die Einleitung zum Heulen.

Aber als das Heulen gerade schon der vollen Kehle entströmen wollte, schloß sich das weitgeöffnete Maul wieder, die krampfhaften Zuckungen hörten auf, und er sah lange und unbeweglich dem weggehenden Manne nach. Plötzlich wandte er den Kopf und sah mit einem festen Blick Walt an. Die Frage wurde aber nicht beantwortet. Der Hund erhielt weder ein Wort noch ein Zeichen – keine Andeutung und keinen Schlüssel zu dem großen Rätsel, wie er sich benehmen sollte.

Ein schneller Blick auf die Wegbiegung, der sein alter Herr und Meister sich immer mehr näherte, erregte ihn wieder. Er sprang mit einem Schrei auf und wandte seine Aufmerksamkeit, von einem neuen Einfall erfaßt, jetzt Madge zu. Bisher hatte er sie ignoriert; als ihn jetzt aber seine beiden Herren im Stich ließen, hatte er nur noch sie. Er lief zu ihr hin und schmiegte seinen Kopf in ihren Schoß, stieß mit seiner Nase ihren Arm an, ein alter Trick, den er immer benutzte, wenn er etwas erbetteln wollte. Er zog sich wieder von ihr zurück und begann wie im Spiele zu springen und sich zu winden, schlängelte sich und tänzelte, hob bald die Vorderpfoten, bald wühlte er den Boden mit ihnen auf. Er kämpfte mit seinem ganzen Körper, von den einschmeichelnden Blicken und wackelnden Lauschern bis zu der wedelnden Rute, um den Gedanken, der ihn beschäftigte, zum Ausdruck zu bringen, weil es ihm nicht gegeben war, sich auf andere Weise verständlich zu machen.

Bald aber hörte auch das auf. Er wurde niedergeschlagen, als er die Kälte dieser Menschen empfand, die noch nie kalt zu ihm gewesen waren. Er konnte keine Antwort aus ihnen herauslocken, keine Hilfe erlangen. Sie nahmen keine Rücksicht auf ihn. Es war, als ob sie tot wären.

Er wandte sich ab und starrte dem alten Meister nach. Skiff Miller wollte gerade um die Ecke biegen. Im nächsten Augenblick würde er den Blicken entschwunden sein. Aber er drehte nicht den Kopf, ging geradeaus, langsam und methodisch, als ob es ihm vollkommen gleichgültig wäre, was dort geschah.

Und auf diese Weise verschwand er aus dem Gesichtskreise. Wolf erwartete, daß er wieder zum Vorschein kommen sollte. Er wartete eine lange Minute, stumm, ruhig, ohne Bewegung, wie in Stein verwandelt – aber in einen Stein, der voller Eifer und Sehnsucht war. Er bellte ein einziges Mal und wartete. Dann drehte er sich um und trottete zu Walt zurück. Er beschnüffelte seine Hand und ließ sich schwerfällig zu seinen Füßen nieder. Dort blieb er liegen und beobachtete die Stelle des Weges, wo dieser, leer, dem Blick entschwand.

Das schmale Bächlein, das über die bemoosten Steine rieselte, schien plötzlich sein Gurgeln zu verdoppeln. Wären nicht die Feldlerchen gewesen, so hätte man keinen anderen Laut gehört. Die großen gelben Schmetterlinge flatterten stumm im Sonnenlicht oder verloren sich in den schläfrigen Schatten. Madge warf ihrem Gatten einen triumphierenden Blick zu.

Aber wenige Minuten darauf sprang Wolf wieder auf. Entschluß und Überlegung prägten seine Bewegungen. Er warf weder dem Mann noch der Frau einen Blick zu. Seine Augen waren nur auf den Weg gerichtet. Er hatte seinen Entschluß gefaßt. Sie erkannten es. Und sie erkannten auch, daß der Kampf, insofern sie in Betracht kamen, erst jetzt begonnen hatte.

Er fiel in einen ruhigen Trott, und Madges Lippen spitzten sich schon zu dem kosenden Laut, den sie ihm nachzurufen gedachte. Aber dieser Laut kam nicht. Unwillkürlich sah sie ihren Mann an und bemerkte die Strenge, mit der er sie betrachtete. Die Spannung der Lippen löste sich wieder, und sie seufzte nur hörbar.

Der Hund begann zu laufen. Immer größer wurden die Sprünge, die er machte. Nicht ein einziges Mal wandte er den Kopf. Seine Wolfsrute stand starr hinter ihm hoch. Er bog scharf um die Ecke und entschwand ihren Blicken.

Deutsch von Erwin Magnus

Joseph Roth

Sentimentale Reportage

Am Morgen stand vor dem Hotel ein Hund. Mit dem flüchtigen Blick eines Schriftstellers, dem Individuen vertrauter sind als Gruppen, Gattungen und Rassen, sah ich den Hund für einen Fox an. Er sprang an mir hoch, leckte meine Hand, erwartete, daß ich ihm etwas zum Spielen hinwerfe. Er hatte ein weißes Fell und unter dem linken Auge einen schwarzen Fleck. Während ich seine Ohren betrachtete, mit denen er wedeln konnte, gewann ich den Eindruck, daß es die Ohren eines Jagdhundes waren; und weil ich die Mischungen höher schätze als die mühsam gezüchteten Abkömmlinge reiner Rassen (die auch durch Mischungen entstanden sind) und weil ich – vielleicht im Gegensatz zur Naturwissenschaft – glaube, daß die Ergebnisse einer zufälligen, unkontrollierten und obdachlosen Leidenschaft intelligenter sind als die einer sorgfältig vermittelten Tierehe, wurde mir der gleichgültige und fremde Hund sympathisch. Er war kein Fox. Aber er war ein Hund.

Kein Zweifel, daß er herrenlos war. Er trug zwar ein Halsband, aber keine Marke. Es war ein gutes, ledernes Halsband, mit kleinen quadratischen Metallplättchen verziert. Solche Halsbänder kaufen nur wohlhabende Hundebesitzer. Diese aber hängen auch Marken an die Halsbänder. Wenn der Hund zwar noch ein Halsband, aber keine Marke mehr besaß, so war anzunehmen, daß ihn sein Herr nicht verloren, sondern verlassen hatte. Ich nahm es jedenfalls an, weil ich nicht glaube, daß der Mensch gut ist. Ich nahm an, daß der Herr den Hund gekauft hatte – in der Meinung, es sei ein Fox. Als der Herr aber sah, daß der Hund die Ohren eines Jagdhundes bekam, beschloß er, das Tier loszuwerden. Er führte es – es war noch jung, und Millionen Gerüche verwirrten es – in eine abgelegene Straße, ließ es stehn, sprang in ein Auto und verschwand. Denn nicht alle Menschen denken so über Mischlinge wie ich.

Außerdem war der Hund krank. Über seiner Stirn war ein dünner, rötlicher Ausschlag verstreut – nicht häßlich, nicht ekelhaft, eher harmlos und vom Aussehen einer harmlosen obligaten Kinderkrankheit – aber immerhin ein Ausschlag. Er roch nach einer Salbe, mit der man ihn noch jüngst behandelt haben mußte. Dieser starke Duft – er war wie Lavendel und Karbol – mochte die unerfahrene Nase des Hundes noch mehr verwirrt haben, so daß er nicht mehr nach Hause fand und einen fremden Menschen für einen bekannten hielt. Den Entschluß des Besitzers, den Hund zu verlassen, hatte diese Krankheit sicherlich gefestigt, wenn nicht hervorgerufen. Denn ich traue der Güte eines Menschenherzens noch immerhin so viel zu, daß es einen Mischling erträgt. Aber einen kranken Mischling gesund zu pflegen, und wäre es auch nur mit einer Salbe, geht über seine Kraft. Schließlich ist man nur ein Mensch.

Am Nachmittag dieses Tages mußte ich den Ort – ein Kurort in Südfrankreich – verlassen. Ich hatte eine lange Reise vor. Achtzehn Stunden in einem Güterwagen, an jeder Station von geschäftigen und vielleicht auch gehässigen Trägern gestoßen oder geworfen: das ist für einen kranken Hund zuviel. Ich hätte mich freilich um ihn kümmern, ihn vielleicht im Kupee verbergen können. Aber auch mein Herz hat nur menschliche Qualitäten.

Ich ging mit dem Hund ins Restaurant. Er bekam einen Knochen, Gemüse und Wasser. Den Knochen nahm er mit, als wir weitergingen. Wir kamen zur Polizei, in die ›Abteilung für gefundene Gegenstände‹. In einem kahlen und feuchten Zimmer saß ein Beamter an einem langen und breiten Tisch. Dieser Tisch, schwarzbraun, von Holzwürmern zernagt, von Millionen Federn zerstochen, bildete zugleich die Barriere zwischen dem Beamten und dem Publikum. Um auf seinen Stuhl zu gelangen, mußte der Mann über den Tisch klettern oder durch eine verborgene, absichtlich geheim angebrachte Tür das Zimmer betreten, ähnlich wie Schauspieler die Bühne. Es schien mir auch, daß der Beamte hinter dem Tisch gar nicht seinen nüchternen Beruf ausübte, sondern daß er eine Rolle spielte – eine Nebenrolle allerdings. Er saß vor einem schmalen Buch, einem Tintenfaß, einem grünen Federhalter – den einzigen Gegenständen auf dem breiten, wüsten Tisch –, und er schrieb nicht einmal. Er wartete. Vielleicht verließ er dieses Zimmer überhaupt niemals. Vielleicht wartete er seit der Begründung der Polizei. Er hatte runde, goldbraune und sehr schnelle Augen. Sie erinnerten an die kleinen gläsernen Spielkugeln der Kinder. Nach allen Richtungen rollten sie hurtig – von allen Körperteilen, die den Beamten ausmachten, schienen sie allein frei und beweglich zu sein. Denn selbst die Hand, die der Beamte mit der Feder zum Tintenfaß und dann zum Buch führte, bewegte sich nicht dermaßen, daß man sagen könnte, es wäre eine freie Hand gewesen. Es war, als könnte sie überhaupt keine andere Bewegung vollführen, als die von der Weste zum Tintenfaß und vom Tintenfaß zum Buch. Es war eine rötliche, dünne Hand mit blauen Adern und stumpfen Nägeln, und von den Fingern waren nur Daumen und Zeigefinger gebrauchsfähig. Die andern drei Finger hingen nutzlos an der Hand wie Berlocken. Der Arm steckte ebenfalls fest an der Schulter, nicht durch eines der üblichen Kugelgelenke mit ihr verbunden, sondern wie ein Riegel in sie geschoben.

Der Hund spielte unter dem Tisch mit dem Knochen. Zwar war er kein Gegenstand, aber er gehörte doch in die Abteilung für gefundene Gegenstände. Während der Beamte aber Brieftaschen zu behalten das Recht und die Pflicht hatte, blieb ihm, einen Hund zu bewahren, überhaupt keine Möglichkeit. Vielmehr bestimmte das Gesetz, daß ich, der Finder, den Hund 24 Stunden zu behüten, zu pflegen und zu ernähren habe. Meldete sich nach Ablauf dieser Frist der Eigentümer nicht, so konnte ich den Hund laufen oder töten lassen.

Ich sagte dem Beamten, daß ich gegen dieses Gesetz zu handeln und heute noch abzureisen entschlossen sei, vielleicht mit dem Hund, wahrscheinlich aber ohne ihn. »Wie Sie wollen!« – sagte der Beamte. Denn es war nicht seine Pflicht, mich von einer Übertretung zurückzuhalten. Ich war bereits erwachsen und konnte tun, was ich wollte. Er legte seine Sehkügelchen einen Augenblick auf mein Gesicht. Er sah mich an, wie einen, der ins Feuer rennt. Andere, nicht an Schreibtische gebundene, auf Automobilen dahinsausende Beamte waren dazu da,

Max Ernst
Der Löwe von Belfort XVIII

mich irgendwo zu ergreifen und den Gerichten zu überliefern. Ihm selbst blieb nichts mehr übrig, als dem Hund unter dem Tisch einen Fußtritt zu versetzen. Er konnte es sich leisten, weil es ja ein herrenloser Hund und ein gefundener Gegenstand war. Er mußte es sogar tun, denn wie sollte man einem Tier anders beibringen, daß es bereits eingetragen sei? Vielleicht benützte der Mann auch die Gelegenheit, mir zu zeigen, daß er noch einen Fuß bewegen könne. Denn er saß, wie gesagt, schon lange auf seinem Platz.

Auf der Straße riet mir ein Mann, ich sollte mit dem Hund zum Tierschutzverein. Ich läutete an dem eisernen Gitter einer Villa. Auf der Stiege kam mir ein Herr entgegen, dessen Gesicht ich nicht sehen konnte. Er verbarg es im Schatten, der den oberen Teil der Stiege verfinsterte. Ich sah nur seine Weste, seine dunkle Hose, seine roten Pantoffeln, ein Stückchen von seinen gelben Strümpfen. Ich hörte nur seine Stimme, eine sanfte tiefe Stimme, aus einem eingefetteten Hals. Die Worte rollten auf geölten Rädern. Die Stimme wies mich ab. Sie wäre zwar – sagte sie – der Präsident des Tierschutzvereins. Aber sie könne nur in der Saison, wenn die Engländer kämen, Tiere annehmen, für die sich unter den Kurgästen ein Käufer finde.

Ich fragte in den Schatten hinauf, ob es einen Tierarzt in der Nähe gäbe. Ja, kam es zurück, aber einen, den man zahlen müßte. Offenbar wurde oben angenommen, daß jemand, der einen falschen Fox gefunden habe, eine Konsultation zu bezahlen nicht imstande sei. »Ich werde bezahlen!« – rief ich empor. Und erfuhr die Adresse.

Es war aber bereits zehn Minuten nach vier, als ich zum Tierarzt kam. Seine Frau öffnete, erkannte sofort die schlechte Rasse des Hundes, zählte auch mich ihr zu und sagte: »Mein Mann arbeitet nur bis vier. Sie können ja lesen!« – Es war eine hübsche, blonde, vollbusige, junge Frau, geschnürt, gepudert, das Haar gewellt, die Lippen geschminkt, so übertrieben tadellos angezogen, als wäre sie bei sich selbst zu Besuch. Ich ahnte, während ich sie betrachtete, die peinliche Sauberkeit ihrer Zimmer, ihren Abscheu gegen Staub, Armut, Motten und Revolution, ihre Sparsamkeit, ihre eheliche Treue, den Mangel an Gelegenheit und den ständigen Verkehr mit Tierärzten, die nichts anderes waren als ihr Mann – denn die Frauen lieben manchmal den Wechsel der Berufe mehr als den der Männer. Ich sah sie zu früher Morgenstunde aufstehn, Nippessachen abstauben, Aschenbecher putzen, die von nackten Nymphen aus Kupfer gehalten waren, silberne Kaffeelöffel abzählen, Mittagessen vorbereiten, ich sah sie nach dem Essen im Schaukelstuhl sitzen und im *Echo de Paris* von den Greueln der Bolschewiken und den neuen Rüstungen der Deutschen lesen. In den zwei Minuten, die sie brauchte, um mich hinauszuwerfen, erkannte ich sie und ihre Tugenden – denn im Gegensatz zum Hund gehörte sie einer ganz bestimmten Gattung an, einer Rasse, möchte ich sagen, deren Angehörige in allen Ländern der Welt die gleichen Eigenschaften auszeichnen.

Wir fanden einen andern Tierarzt, der bis fünf Uhr ordinierte. Es war ein kleiner, flinker, gefälliger Mann, er sah eher einem Schnellphotographen ähnlich. Wenn er den Hund prüfte, so schien es mir, daß er über eine günstige Art, das Tier aufzunehmen, und nicht über seine Krankheit nachdachte. Es sei nicht schlimm! – meinte er. Außerdem gäbe es einen guten Ausweg! Vor zwei Wochen sei ein neuer Tierarzt gekommen, ein städtischer, der die Hunde nicht töten lasse. Er käme jeden Tag zum Wasenmeister, pflege die Hunde, bis zur Versteigerung. Seien sie aber unheilbar, so töte er sie auf eine humane Weise.

Es blieb noch eine Stunde Zeit bis zu meiner Abfahrt. Ich begab mich mit dem Hund zum Wasenmeister. Es war ein großer, starker, heiterer Mann mit einer Amtsmütze. Dieses Lächeln – sagte ich mir – kommt nur von einem guten Gewissen. Dieser Wasenmeister sollte Präsident des Tierschutzvereins sein. Sein gutes Herz liegt ihm auf der Zunge. Die Hunde wissen ihn gar nicht zu schätzen. Er ist zu stark, um feig zu sein. Er ist zu simpel, um schlecht zu sein. Sieh, wie sein Gesicht breit ist, ein Teller voll Güte! –

Der Hund aber – er stand zu tief, um das Angesicht des großen Mannes sehen zu können – roch an dem Wasenmeister nur tausend gefangene Hunde und nichts mehr. Der Hund ließ sich von ihm nicht anfassen. Ich selbst mußte das Tier in den Käfig sperren. Es nahm noch den Knochen mit. Ich gab dem Wasenmeister ein Trinkgeld und drohte, daß ich mich nach einigen Tagen nach dem Schicksal des Hundes erkundigen werde. –

Ich fuhr weiter. Ich lebte, einer Arbeit hingegeben, in einer fernen Stadt im nördlichen Frankreich, eine Woche, zwei Wochen. Eines Tages begann ich an den Augenblick zu denken, in dem ich den Hund in den Käfig gesperrt hatte. Diese Erinnerung hatte gar keinen vernünftigen Anlaß. Sie kam wie ein stiller Wind. Vor meiner strengen Prüfung nahm sie zwar bald das Gesicht einer Sentimentalität an. Aber als ich noch strenger prüfte, fiel es mir schwer, eine ›Sentimentalität‹ zu definieren. Was war das? Vor elf Jahren habe ich drei Sturmangriffe erlebt. Einmal sah ich rings um einen Brunnen, der vom Feind ›eingeschlossen‹ war, ein Dutzend toter Kameraden liegen, deren Durst stärker gewesen war als die Furcht vor dem Tode. Ich erinnerte mich an die sterbenden Pferde an den Rändern der Wege, die wir gezogen waren. Was war eine ›Sentimentalität‹? War die Reue über den Verrat an einem Menschen selbstverständlich und die über den Verrat an einem Hund ›sentimental‹?

Ich kam zu der Überzeugung, daß ich sozusagen sentimental sei. Und ich telegraphierte dem Wasenmeister: Wenn der Fox, am soundsovielten samt Trinkgeld übergeben, gesund und am Leben, so bitte ich um Bescheid, wann er gegen eine angemessene hohe Belohnung abzuholen wäre. Ich bezahlte die Antwort.

Sie lautete – kurz und bündig, wie es der Stil der Wasenmeister erfordert: *Pas de fox*. Das heißt: Kein Fox! Oder noch besser: Keine Spur von einem Fox! ...

Und ich verstand den Sinn dieses Telegramms. In einem Brief hätte mir der Wasenmeister etwa folgendes mitgeteilt: Weil der Hund kein rassereiner Hund war, also kein Fox, also wahrscheinlich nicht zu verkaufen, habe ich ihn, der noch hätte leben können, getötet. Es ist nicht der erste Hund, es ist auch nicht der letzte Hund. Nur keine Sentimentalitäten! –

Jaroslav Hašek

Mein Geschäft mit Hunden

I

Ich hatte seit jeher eine Vorliebe für Tiere jeder Art. Schon im zartesten Alter brachte ich Mäuse mit nach Hause, und einmal hielt ich es aus, die ganze Zeit über, während der ich die Schule schwänzte, mit einer erschlagenen Katze zu spielen.

Ich interessierte mich auch für Schlangen. Einmal fing ich eine Schlange auf einer steinigen Berglehne im Wald und schickte mich an, sie mitzunehmen, um sie Tante Anna, die ich nicht leiden konnte, ins Bett zu stecken. Zum Glück kam der Heger dazu und stellte fest, daß es eine Kreuzotter war; er tötete sie und nahm sie mit sich, um die gesetzliche Belohnung zu erhalten. Von meinem achtzehnten bis vierundzwanzigsten Jahr zeigte ich eine gewisse Vorliebe für sehr große Tiere. Kamele und Elefanten aller Art interessierten mich ungemein.

Zwischen vierundzwanzig und achtundzwanzig nahm dieses Interesse langsam ab und fing an, sich Rindern und Pferden zuzuwenden. Ich wünschte mir ein Gestüt oder eine Zucht siamesischen Hornviehs zu besitzen. Dieser Wunsch blieb ein bloßes Ideal, und mir blieb nichts anderes übrig, als meine Liebe auf Tiere kleinerer Art zu beschränken. Hunden gab ich den Vorzug vor Katzen, und um das dreißigste Jahr herum entstanden zwischen mir und meinen Verwandten verschiedene Differenzen. Man warf mir vor, daß ich keinen ordentlichen Beruf habe und bisher nicht darauf bedacht gewesen sei, auf eigenen Füßen zu stehen. Kurz entschlossen erklärte ich meinen Verwandten, daß ich mir in Anbetracht meiner Vorliebe für Tiere ein Geschäft mit Hunden einrichten würde.

Es verdient vermerkt zu werden, daß sie darüber nicht erfreut waren.

II

Wenn jemand ein Geschäft begründet, so – das steht zweifellos fest – muß er sich vor allem um eine Firma kümmern, die die Art des Geschäftes treffend bezeichnet. Diese Art pflegt Hundehandel genannt zu werden, was mir jedoch mit Rücksicht darauf, daß ein entfernter Verwandter von mir im Ministerium beschäftigt ist und dagegen protestiert hätte, nicht zusagte.

Die bloße Benennung: ›Geschäft mit Hunden‹ wollte mir gleichfalls nicht gefallen, denn in meinen Intentionen lag es, den Handel auf irgendeine höhere Art zu betreiben. Im Lexikon stieß ich auf den Namen ›Kynologie‹, was die ›Lehre von Hunden‹ heißt. Dann ging ich am landwirtschaftlichen Institut vorbei, und das Unglück war besiegelt. Ich nannte mein Geschäft ›Kynologisches Institut‹. Es war ein stolzer, gelehrter Titel, der treffend bezeichnete, was ich in großen Inseraten bekanntgab: ›Verkauf, Austausch und Ankauf von Hunden auf kynologischer Grundlage.‹

Diese großen Inserate, in denen sich der Titel ›Kynologisches Institut‹ so oft wiederholte, versetzten mich selbst in stummes Staunen. Endlich war ich Besitzer eines Institutes. Wer das nicht erlebt hat, weiß nicht, wieviel Stolz und welcher Reiz darin liegen. In den Inseraten versprach ich fachmännische Ratschläge in allen Hunde betreffenden Angelegenheiten. Wer ein Dutzend Hunde kaufe, erhalte einen jungen Hund als Zugabe. Ein Hund sei das passendste Geschenk zu Geburtstagen, Verlobungen, Hochzeiten und Jubiläen. Für Kinder sei er ein Spielzeug, das nicht so leicht zerreiße. Ein treuer Begleiter, der euch im Wald nicht überfällt. Alle Arten von Hunden seien fortwährend auf Lager. Direkte Verbindung mit dem Ausland. Angeschlossen an das Institut ein Erziehungsheim für unmanierliche Hunde. In meinem kynologischen Institut verlerne der wütendste Hund innerhalb vierzehn Tagen das Bellen. Wohin mit dem Hund während der Ferien? Ins kynologische Institut. Wo lernt ein Hund binnen drei Tagen Männchen machen? Im kynologischen Institut.

Als einer meiner Onkel diese Inserate las, schüttelte er bedenklich den Kopf und sagte:

»Nein, Junge, du bist nicht gesund; hast du nicht manchmal Schmerzen rückwärts im Kopf über dem Nacken?«

Ich aber blickte hoffnungsvoll in die Zukunft, und ohne auch nur einen einzigen Hund zu besitzen, wartete ich begierig auf eine Bestellung, während ich einen militärfreien Diener suchte, der nicht einrükken müßte, bis ihm die Hunde ans Herz gewachsen sein wären.

III

Auf das Inserat unter dem Titel: ›Diener für Zucht und Verkauf von Hunden‹ langten eine Unmenge von Anträgen ein, von denen manche sehr aufrichtig geschrieben waren. Ein pensionierter Polizist vom Land versprach, daß er, falls er den Posten erhalten sollte, alle Hunde über den Stock springen und auf dem Kopf gehen lehren werde.

Ein anderer schrieb, daß er mit Hunden umzugehen verstehe, weil er jahrelang beim Budweiser Schinder bedienstet gewesen und wegen freundlicher Behandlung der Erschlagenen entlassen worden war.

Ein anderer Bewerber verwechselte ›kynologisches Institut‹ mit ›gynäkologisches Institut‹ und schrieb, er sei Diener in der Gebäranstalt und auf der Frauenklinik gewesen.

Fünfzehn von den Bewerbern hatten die juridische Fakultät absolviert, zwölf waren Absolventen der Lehrerbildungsanstalt. Außerdem langte auch eine Zuschrift vom ›Verein zum Wohl entlassener Sträflinge‹ ein, ich möge mich hinsichtlich der Stelle eines Dieners an ihn wenden, sie hätten einen sehr tüchtigen entlassenen Kassenräuber für mich. Manche Bewerber waren ungemein traurig und hoffnungslos. Sie schrieben beispielsweise selbst: Obwohl ich schon im voraus mit Sicherheit weiß, daß ich die Stelle nicht erhalten werde – –

Unter dieser Unmenge von Anträgen befand sich auch der eines Bewerbers, der Spanisch, Englisch, Französisch, Türkisch, Polnisch,

Kroatisch, Deutsch, Ungarisch und Dänisch sprach. Ein Brief war lateinisch.

Und dann langte ein einfaches, aber aufrichtiges Gesuch ein: Sehr geehrter Herr! Wann soll ich den Dienst antreten? Hochachtungsvoll Ladislav Strobach, Koschirsch, bei Herrn Bakowski.

Da der Bewerber so direkt fragte, blieb mir nichts anderes übrig, als ihm zu antworten, er möge Mittwoch um acht Uhr früh kommen. Ich fühlte mich ihm zu großem Dank verpflichtet, weil er mir das lange, beschwerliche Wählen erspart hatte. Mittwoch um acht Uhr früh trat mein Diener also den Dienst an. Er war ein blatteriger, ungemein lebhafter Mann von kleinerer Gestalt, der mir, als er mich zum erstenmal sah, die Hand reichte und lustig sagte: »Das Wetter wird sich wohl bis morgen nicht aufheitern, haben Sie gehört, daß um sieben Uhr früh schon wieder zwei Elektrische auf der Pilsner Straße zusammengestoßen sind?«

Dann zog er aus der Tasche eine kurze Pfeife und sagte, daß er sie vom Chauffeur der Firma Stibral bekommen habe und ungarischen Tabak rauche.

Hierauf teilte er mir mit, daß beim ›Kreuzl‹ in Nusle eine Kellnerin namens Pepina bedienstet sei, und fragte mich, ob er nicht mit mir in die Schule gegangen sei. Dann fing er an, von irgendeinem Dachshund zu sprechen, und meinte, daß man ihn, falls ich ihn kaufen sollte, frisch anstreichen und ihm ein wenig die Beine werde krümmen müssen.

»Sie kennen sich also in Hunden aus?« fragte ich erfreut.

»Na und ob, ich hab schon selbst Hunde gekauft und hab draus Scherereien mit'n Gericht gehabt. Einmal hab ich mir einen Foxl nach Haus gebracht, und auf einmal hält mich auf der Gasse ein Herr an, daß das herich sein Hund is, daß er ihm vor zwei Stunden in der Obstgasse verloren gegangen ist. ›Wieso erkennen Sie, daß das Ihr Hund ist?‹ – ›Dran, daß er Mupo heißt. Komm her, Mupo.‹ Sie können sich nicht vorstellen, wie freudig der Hund an ihm hinauf gesprungen ist. ›Bosko‹, ruf ich ihn an, ›Bosko, fuj.‹ Und er geht wieder freudig auf mich los. Er war ein Trottel. Das ärgste war, daß ich bei Gericht vergessen hab, daß ich ihn damals Bosko gerufen hab. Aber er hat auch auf den Namen Buberle gehört und ist grad so freudig um mich herumgesprungen. Soll ich mich nach einem Hund umschaun?«

»Nein, Strobach, mein Geschäft wird reell geführt werden. Wir warten auf einen Käufer und werden vorläufig unter den Inseraten in der Rubrik ›Tiere‹ nachschaun, wer etwas verkauft und was für Hundearten. Schaun Sie, hier will eine Frau wegen Platzmangel einen einjährigen weißen Spitzl verkaufen. Sind Spitzl wirklich so groß, daß sie so viel Platz einnehmen? Gehn Sie also in die Schulgasse und kaufen Sie ihn, hier haben Sie dreißig Kronen.«

Er verabschiedete sich von mir mit der Versicherung, daß er sobald als möglich zurückkommen werde, und kam nach drei Stunden, aber in was für einem Zustand! Den harten Hut bis über die Ohren gestülpt, taumelte er entsetzlich von einer Seite auf die andere, als ginge er während eines Seesturms auf einem Schiffsverdeck herum; in der Hand hielt er krampfhaft einen Strick, den er hinter sich herschleppte. Ich schaute auf das Ende des Stricks. Dort war nichts.

»No – wie – gefällt – er – Ihnen – denn – ein – hübsches Stück, was? – Bin ich – nicht – bald mit ihm hier – (er fing an zu rülpsen, während er gegen die Zimmertür stieß) – schaun Sie sich seine Ohren an – also komm, Schlingel – mach keine Faxen – geschwind! Sie hat ihn gar nicht verkaufen wolln –«

In diesem Augenblick drehte er sich um und schaute auf das Ende des Stricks. Er wälzte die Augen heraus und schluchzte: »Vor einer Stu-stu-stunde war er noch dort – dort – war er –«

Er setzte sich auf einen Stuhl, fiel augenblicklich von ihm herunter, und während er an meinen Beinen in eine stehende Lage emporkletterte, sagte er siegesbewußt, als hätte er etwas Fabelhaftes entdeckt: »Er ist uns also allem Anschein nach weggelaufen.« Dann setzte er sich auf den Stuhl und begann zu schnarchen.

So trat er am ersten Tage seinen Dienst an.

Ich schaute aus dem Fenster auf die Straße. Dort liefen im lärmenden Straßengetriebe verschiedene Hunde herum. Während der Mensch neben mir so gräßlich schnarchte, schien es mir, daß jeder von ihnen verkäuflich sei. Ich versuchte den Mann zu wecken, denn ich hatte die fixe Idee, daß ein Käufer kommen und nicht nur einen, sondern ein Dutzend Hunde kaufen werde.

Aber niemand kam, und es war ohnehin vergeblich, ihn zu wecken. Ich erreichte nur, daß er mir vom Stuhl hinunterrutschte. Nach drei Stunden kam er endlich selbst zur Besinnung, und während er sich den Schweiß abwischte, sagte er mit heiserer Stimme: »Ich denke, ich hab was Schlimmes angestellt.«

Er fing an, sich an einzelne Details zu erinnern, und redete lang und breit über den Spitz, wie hübsch er gewesen sei und wie billig ihn die Frau verkauft habe. Er habe nur sechzehn Kronen für ihn gegeben, weil er gesagt habe, daß der Hund in sehr gute Hände komme. Dann erzählte er, wie der Spitz nicht mit ihm gehen wollte, und wie er ihn verprügelt hatte. Hierauf gab er dem Gespräch eine schnelle Wendung und teilte mir mit, daß er in Smichov einen Gastwirt kenne und deshalb bei ihm eingekehrt sei. Auch einige seiner Bekannten wären dort gewesen. Sie hätten Wein und Liköre getrunken. Der Mensch sei ein recht schwaches Geschöpf.

»Gut«, sagte ich; »wie Sie wissen, haben Sie dreißig Kronen erhalten. Sie werden mir daher zwanzig Kronen zurückgeben.«

Das versetzte ihn durchaus nicht in Verlegenheit: »Eigentlich sollte ich Ihnen wirklich zwanzig Kronen zurückgeben, aber ich hab mir gedacht, daß ich Ihnen eine Freude machen werde. So hab ich mich auch bei ›Schwihans‹ aufgehalten und hab dort bei einem gewissen Kurz auf einen jungen Hund zehn Kronen Angabe gegeben. Sie ham dort so eine komische, interessante Hündin gehabt, und die ist trächtig. Wir wern sehn, was für eine Art von einem Hund sie werfen wird. Hauptsache ist, daß wir sie schon bestellt ham. Dann bin ich an der ›Paliarka‹ vorbeigegangen, dort ham sie eine sehr hübsche Häsin zu verkaufen –«

»Kommen Sie zu sich, Strobach, ich habe doch kein Geschäft mit Kaninchen.«

»Hab ich denn gesagt Häsin?« sagte der Diener, »das ist ein Irrtum. Ich wollt sagen eine Hündin von einem schottischen Schäferhund. Sie ist auch trächtig, aber dort hab ich keine Angabe auf die Jungen gegeben, sondern die zehn Kronen sind nur Angabe auf die Hündin, die Jungen bleiben dem Besitzer und die Hündin lassen wir holen, wenn sie Junge geworfen haben wird. Dann bin ich in die Jungmannstraße gegangen –«

»Da haben Sie doch schon kein Geld mehr gehabt – –«

»Ja, stimmt, da hab ich schon kein Geld bei mir gehabt. Ein gewisser Herr Novak hat dort einen großen haarigen Hund zu verkaufen, wenn ich Geld gehabt hätt, hätt ich ihm auch auf ihn Angabe gegeben, damit er uns zur Disposition steht. Jetzt pack ich mich zusammen und geh in die Schulgasse. Der Spitzl ist schon sicher nach Haus zurückgekommen, wenn er mir weggelaufen ist. In einer Stunde bin ich mit ihm hier.«

Strobach hielt Wort. Er kam noch früher zurück als in einer Stunde und war vollkommen nüchtern und atemlos. Zu meiner großen Überraschung schleppte er einen schwarzen Hund mit sich.

»Unglücklicher«, rief ich, »die Frau hat doch inseriert, daß sie einen weißen Spitz verkauft.«

Ein paar Augenblicke schaute er verdutzt auf den Hund, dann rannte er, ohne ein Wort zu sprechen, mit ihm fort.

Nach zwei Stunden kehrte er mit einem fürchterlich schmutzigen kotigen weißen Spitz zurück, der sich überaus wild gebärdete.

»Mit dem Spitz das war ein Irrtum«, sagte Strobach, »die Frau in der Schulgasse Prag II hat zwei Spitzl gehabt, einen schwarzen und einen weißen. Die hat eine Freude gehabt, wie ich ihr den schwarzen zurückgebracht hab.«

Ich schaute dem Hund auf die Marke. Er hatte eine Zizkover Marke. Mir war plötzlich, als müßte ich weinen, aber ich beherrschte mich. (Strobach nahm dem Hund inzwischen die Marke ab, mit der Bemerkung, daß eine Marke immer gefährlich sei.)

In der Nacht weckte mich ein Kratzen an die Tür. Ich öffnete, und der schwarze Spitz, ein alter Bekannter von nachmittags, stürzte freudig bellend in die Wohnung. Entweder war ihm nach uns bange gewesen, oder er hatte weit nach Hause. Wie dem auch war, ich hatte bereits zwei Hunde und brauchte nur noch Käufer.

IV

Ein Käufer stellte sich am Morgen etwa um zehn Uhr ein. Er blickte in der Wohnung umher und fragte: »Also wo haben Sie Ihre Hunde?«

»Ich habe sie nicht zu Hause«, sagte ich, »außer zwei Spitzeln, einem schwarzen und einem weißen, die ich dressiere und die bereits für den Herrn Erzherzog in Brandeis reserviert sind. Ich habe meine Hunde auf dem Land, damit sie in guter Luft sind und nicht unter Ungeziefer und Blattern leiden, wovor sie in der Stadt nicht einmal der beste Hundehändler schützen kann. Unser kynologisches Institut hat den Grundsatz, unseren Hunden die Möglichkeit freien Umherlaufens zu geben, und deshalb hetzt sie der Diener draußen, wo wir unsere Hundezwinger haben, jeden Morgen nach allen Richtungen, und sie kommen erst am Abend zurück.

Das hat überdies den Vorteil, daß die Hunde sich selbständig benehmen lernen, denn sie suchen sich tagsüber selbst ihre Nahrung. Wir haben große Reviere für sie gepachtet, wo sie sich an allen Arten Wildbret nähren können, und Sie sollten sehen, wie komisch es ist, wenn so ein Zwerg von einem Rattler mit einem Hasen kämpft.«

Dem Herrn schien das sehr gut zu gefallen, denn er nickte mit dem Kopf und sagte: »Da haben Sie also auch böse, zum Hüten dressierte Hunde zu verkaufen?«

»O gewiß. Ich habe auch so fürchterliche Hunde vorrätig, daß ich nicht einmal mit ihrer Photographie dienen kann, weil sie den Photographen beinahe zerfleischt hätten. Ich habe Hunde auf Lager, die schon Diebe zerrissen haben.«

»Grad so einen möcht ich haben«, sagte der Käufer. »Ich habe eine Holzniederlage und jetzt im Winter möchte ich mir gern einen guten Wächterhund zulegen. Können Sie mir einen solchen bis morgen

Nachmittag aus Ihrem Hundezwinger beschaffen, ich möchte mir ihn aussuchen kommen?«

»Oh, bitte, ohne weiteres, ich lasse ihn sofort vom Diener holen. Strobach!«

Strobach erschien mit einem freundlichen Lächeln und meinte sofort, daß er diesen Herrn bereits irgendwo gesehen habe.

»Strobach«, sagte ich ihm, während ich ihm ein Zeichen gab. »Sie werden um unseren wildesten Wächterhund fahren. Wie heißt er?«

»Fabian«, antwortete Strobach mit eisiger Ruhe, »seine Mutter heißt Hexe, es ist ein gräßlicher Hund. Er hat schon zwei Kinder zerrissen und aufgefressen, weil man ihn aus Versehen Kindern zum Spielen gegeben hat und sie auf ihn hinaufkriechen wollten. Was die Angabe anlangt – –«

»Ach, selbstverständlich«, sagte der Käufer, »hier sind vierzig Kronen Angabe, was wird er kosten?«

»Hundert Kronen«, sagte Strobach, »und einen Gulden Schwanzgeld; wir haben auch einen billigeren um achtzig Kronen, aber der hat nur einem Herrn, der ihn streicheln wollte, drei Finger abgebissen.«

»Ich möchte also den wilderen.«

Strobach machte sich mit der Angabe von vierzig Kronen auf, um einen Wächterhund zu suchen, und brachte am Abend einen melancholischen Lümmel mit; der Ärmste konnte sich kaum schleppen.

»Das ist doch ein Krepierl«, rief ich erstaunt.

»Aber er ist billig«, sagte Strobach, »ich bin einem bekannten Fleischer begegnet, der ihn grad zum Schinder geführt hat, weil er herich nicht mehr ziehen will und anfängt zu beißen. So hab ich mir gedacht, daß er ein ausgezeichneter Wächterhund sein wird. Übrigens, wenn ein ordentlicher Dieb kommt, wird er ihn ohnehin vergiften, und der Herr wird sich einen andern bei uns kaufen müssen.«

Eine Weile debattierten wir darüber, dann kämmte Strobach den Hund durch, und wir kochten ihm Reis mit Sehnen. Er fraß zwei Töpfe davon auf und sah trotzdem unverändert passiv und bedauernswert aus. Er leckte uns die Stiefel, ging ohne alles Interesse im Zim-

Paul Flora
Die Stimme seines Herrn

mer umher, und man konnte merken, daß er wütend war, weil sein Herr mit ihm nicht bis zum Schinder gegangen war.

Strobach unternahm noch einen Versuch, ihn furchtbarer zu machen. Da der Hund gelb und weiß, vielmehr grau war, malte er ihm mit Tusche große, schwarze Streifen quer über den Leib, so daß er zuletzt wie eine Hyäne aussah.

Der Herr, der ihn am folgenden Tag abholte, wich entsetzt zurück, als er ihn sah.

»Das ist ein fürchterlicher Hund«, rief er aus.

»Hausleuten macht er nichts, er heißt Fox, probieren Sie's, ihn zu streicheln.«

Der Käufer weigerte sich, deshalb schleppten wir ihn im wahrsten Sinn des Wortes zu dem Ungetüm und zwangen ihn, es zu streicheln. Der Wächterhund leckte ihm die Hand und ging mit ihm fort wie ein Lamm.

Bis früh raubte man den Herrn vollständig aus.

V

Weihnachten rückte heran. Bis dahin hatten wir den schwarzen Spitz mit Hilfe von Wasserstoffsuperoxyd gelb gefärbt und aus dem weißen Spitz durch Bestreichen mit einem silberhaltigen Nitrat einen schwarzen gemacht. Beide Hunde winselten fürchterlich während dieser Manipulationen, was den Eindruck machte, als disponiere das kynologische Institut statt über zwei, mindestens über sechzig Hunde.

Dafür hatten wir junge Hunde in Hülle und Fülle. Strobach litt allem Anschein nach an der krankhaften Vorstellung, daß junge Hunde die Grundlage allen Wohlstandes seien; deshalb brachte er vor Weihnachten in den Taschen seines Winterrockes lauter junge Hunde mit. Ich schickte um eine Dogge, und er brachte einen jungen Dachshund, ich schickte um einen Stallpintsch, und er brachte mir einen jungen Foxterrier. Wir hatten im Ganzen dreißig junge Hunde und ungefähr hundertzwanzig Kronen an Angaben unter den Leuten.

Ich kam auf den Gedanken, vor den Feiertagen in der Ferdinandstraße einen Laden zu mieten, ein Bäumchen hineinzustellen und die mit bunten Schleifen hübsch geschmückten Hunde unter folgendem Losungswort zu verkaufen:

»Die fröhlichsten Weihnachten bereiten Sie Ihren Kindern, wenn Sie ihnen ein gesundes junges Hündchen kaufen.«

Ich mietete den Laden. Dies geschah etwa eine Woche vor den Feiertagen.

»Strobach«, sagte ich, »Sie tragen die jungen Hunde in unseren Laden, kaufen ein großes Bäumchen, plazieren die Hunde hübsch in der Auslage und kaufen Moos. Kurz, ich verlasse mich auf Sie, daß Sie alles recht geschmackvoll arrangieren. Verstehen Sie?«

»Gewiß. Sie werden Freude haben.« Er schaffte die Hunde in Kisten auf einem Handwagen fort, und nachmittags begab ich mich in die Ferdinandstraße, um zu sehen, was für eine Freude er mir bereitet und wie hübsch er die Auslage arrangiert hatte.

Ein Menschenauflauf vor dem Laden sagte mir, daß die jungen Hunde ungeheures Interesse erweckten. Als ich jedoch näher kam, vernahm ich wütende Ausrufe aus der Menge: »Das ist eine unerhörte Roheit; wo ist die Polizei? Merkwürdig, daß man so etwas duldet!«

Als ich mich zu der Auslage durchgezwängt hatte, knickten mir beinahe die Beine ein.

Um alles hübsch zu arrangieren, hatte Strobach zwei Dutzend junger Hunde an die Zweige des großen Weihnachtsbaumes gehängt, als wären sie Zuckerwerk. Die Ärmsten hingen da mit herausgeblöckten Zungen, wie mittelalterliche Räuber an einem Baume! Und darunter befand sich die Inschrift: »Die fröhlichsten Weihnachten bereiten Sie Ihren Kindern, wenn Sie ihnen ein gesundes, reizendes, junges Hündchen kaufen.«

Das war das Ende des kynologischen Institutes.

Aus dem Tschechischen übersetzt

Anton Tschechow
Kaschtanka

Schlechtes Benehmen

Eine junge rotbraune Hündin – Kreuzung von Dackel und Hofhund –, deren Schnauze stark an einen Fuchs erinnerte, lief auf dem Bürgersteig hin und her und blickte sich unruhig nach allen Seiten um. Von Zeit zu Zeit blieb sie stehen, winselte, hob bald die eine, bald die andere verfrorene Pfote und versuchte sich klar darüber zu werden, wie es geschehen konnte, daß sie sich verlaufen hatte.

Sie erinnerte sich sehr gut, wie sie den Tag verbracht hatte und schließlich auf diesen unbekannten Bürgersteig geraten war.

Der Tag begann damit, daß ihr Herr, der Tischler Luka Alexandrytsch, die Mütze aufsetzte, irgendein hölzernes, in ein rotes Tuch verpacktes Ding unter den Arm klemmte und rief: »Kaschtanka, komm!«

Als die Kreuzung von Dackel und Hofhund ihren Namen hörte, kam sie unter der Werkbank hervor, wo sie auf Holzspänen geschlafen hatte, streckte sich wohlig und folgte dem Herrn auf die Straße hinaus. Luka Alexandrytschs Kunden wohnten alle entsetzlich weit, und so mußte der Tischler auf dem Weg zu ihnen wiederholt eine Kneipe aufsuchen und sich stärken. Kaschtanka erinnerte sich, daß sie sich unterwegs höchst ungebührlich betragen hatte. Vor Freude darüber, daß man sie mitgenommen hatte, sprang sie immerfort hoch, stürzte kläffend hinter der Pferdebahn her, bog in Höfe ein und jagte anderen Hunden nach. Der Tischler verlor sie in einem fort aus dem Auge, blieb stehen und schrie sie ärgerlich an. Einmal packte er sie sogar mit einem Ausdruck von Rachgier an ihrem Fuchsohr, zauste sie daran und sagte mit scharfer Betonung: »Ver ... rek ... ken ... sollst du, du Biest!«

Nachdem Luka Alexandrytsch die Kunden besucht hatte, sah er ›für einen Augenblick‹ bei seiner Schwester herein, trank ein Gläschen und nahm einen Imbiß zu sich; von seiner Schwester ging er zu einem bekannten Buchbinder, vom Buchbinder in eine Kneipe, aus der Kneipe zu einem Gevatter und so fort. Mit einem Wort – als Kaschtanka auf den unbekannten Bürgersteig geriet, dunkelte es bereits, und der Tischler war voll wie eine Haubitze.

Er fuchtelte mit den Armen, seufzte aus tiefstem Herzen und lallte: »In Sünde hat mich die Mutter geboren! Ach, die Sünden, die Sünden! Da gehen wir auf den Straßen umher und blicken zu den Laternen, und wenn wir tot sind, brennt uns das höllische Feuer ...«

Oder er verfiel in einen gemütlichen Ton, rief Kaschtanka zu sich heran und sagte zu ihr: »Du, Kaschtanka, bist eine Art Insekt und weiter nichts. Im Vergleich zu einem Menschen bist du dasselbe, was der Zimmermann im Vergleich zum Tischler ist ...«

Während er auf diese Weise zu ihr sprach, erklang plötzlich Musik. Kaschtanka blickte sich um und sah auf dem Fahrdamm ein Regiment Soldaten auf sich zukommen. Da sie Musik nicht vertrug und sie ihr auf die Nerven ging, wurde sie unruhig und heulte. Zu ihrem nicht geringen Erstaunen erschrak der Tischler nicht, winselte und bellte auch nicht, sondern lächelte über das ganze Gesicht, nahm stramme Haltung an und legte die Hand an den Mützenschirm. Als Kaschtanka sah, daß ihr Herr keinen Protest erhob, heulte sie noch lauter los und stürzte außer sich über den Damm, zur anderen Straßenseite.

Als sie zu sich kam, spielte keine Musik mehr, und auch das Regiment war fort. Sie lief über den Damm zu der Stelle zurück, an der sie ihren Herrn verlassen hatte, aber – o weh! – der Tischler war nicht mehr da. Sie stürzte vor, dann wieder zurück und überquerte noch einmal den Damm, doch der Tischler schien von der Erde verschlungen ... Kaschtanka beschnupperte den Bürgersteig in der Hoffnung, den Herrn nach dem Geruch seiner Fußspur herauszufinden, aber da war irgendein nichtswürdiger Mensch in neuen Gummigaloschen vorbeigekommen, und alle feineren Gerüche hatten sich mit dem scharfen Kautschukgestank vermischt – sie ließen sich nicht mehr unterscheiden.

Kaschtanka lief hin und her, konnte aber den Herrn nicht finden; inzwischen wurde es dunkel. Zu beiden Seiten der Straße flammten Laternen auf, und auch in den Fenstern der Häuser zeigte sich Licht. Dicker, flockiger Schnee fiel und färbte den Fahrdamm, die Rücken der Pferde, die Mützen der Droschkenkutscher weiß; je stärker es dunkelte, desto weißer wurden die Dinge. Ununterbrochen strömten, Kaschtankas Blickfeld versperrend und sie mit den Füßen stoßend, unbekannte Kunden vorbei (Kaschtanka teilte die gesamte Menschheit in zwei sehr ungleiche Teile auf – in Meister und Kunden; zwischen diesen und jenen bestand ein wesentlicher Unterschied – die ersten hatten das Recht, sie zu schlagen, die anderen durfte sie ihrerseits in die Waden beißen). Die Kunden hatten es alle sehr eilig und beachteten sie nicht im geringsten.

Als es ganz dunkel wurde, befiel Kaschtanka verzweifelte Angst. Sie drückte sich an irgendeine Haustür und winselte bitterlich. Die Tageswanderung mit Luka Alexandrytsch hatte sie erschöpft, sie fror an Ohren und Pfoten und verspürte obendrein einen entsetzlichen Hunger. Den ganzen Tag hatte sie nur zweimal etwas zu kauen gehabt – beim Buchbinder hatte sie ein wenig Leim gefressen und in einer Kneipe an der Theke eine Wurstpelle gefunden; das war alles. Wenn sie ein Mensch gewesen wäre, hätte sie sicher gedacht: Nein, so kann ich nicht weiterleben! Ich muß mich erschießen!

Der geheimnisvolle Unbekannte

Sie dachte jedoch an nichts und winselte nur. Als der weiche flockige Schnee schon ihren Kopf und den ganzen Rücken bedeckte und sie vor lauter Erschöpfung in schweren Schlummer sank, knackte plötzlich die Tür, quietschte und stieß gegen Kaschtankas Flanke. Sie sprang auf. Aus der Tür trat ein Mann, der zur Kategorie der Kunden gehörte. Da Kaschtanka winselte und vor seine Füße geriet, mußte er sie bemerken.

Er beugte sich zu ihr hinunter und fragte: »Hundeköter, wo kommst du her? Hab ich dir weh getan? Ach, du Ärmster, du Ärmster ... Nun, sei nicht böse, sei nicht böse ... Entschuldige schon!«

Kaschtanka sah den Unbekannten durch die Schneeflocken an, die ihre Wimpern verhängten, und erblickte ein kleines, beleibtes Männlein mit rundem, glattrasiertem Gesicht, in Zylinder und offenem Pelz.

»Was wimmerst du denn?« fuhr er fort und klopfte ihr den Schnee vom Rücken. »Wo ist dein Herrchen? Du hast ihn wohl verloren? Ach, armes Hundchen! Was fangen wir denn nun an?«

Kaschtanka, die einen Ton von Freundlichkeit und Herzlichkeit aus seiner Stimme heraushörte, leckte ihm die Hand und winselte noch kläglicher.

»Du bist ein liebes, komisches Kerlchen!« sagte der Fremde. »Siehst aus wie ein Fuchs! Nun gut, was soll man machen, komm also mit! Vielleicht kann man dich zu etwas brauchen ... Los, fuit!«

Er schmatzte mit den Lippen und machte ein Zeichen mit der Hand, das nur bedeuten konnte: »Komm mit!« Und Kaschtanka ging mit.

Eine halbe Stunde später saß sie schon in einem großen hellen Zimmer auf dem Fußboden und blickte, den Kopf zur Seite geneigt, mit Rührung und Neugier auf den Unbekannten, der am Tisch saß und zu Mittag aß. Er aß und warf ihr dann und wann einen Bissen hin ... Zuerst gab er ihr ein Stück Brot und etwas grüne Käserinde, dann einen Happen Fleisch, ein halbes Pastetchen und Hühnerknochen; sie schlang in ihrem Heißhunger alles so rasch hinunter, daß sie nicht dazu kam, auf den Geschmack zu achten. Und je mehr sie fraß, desto stärkeren Hunger empfand sie.

»Dein Herr hat dich aber schlecht gefüttert!« sagte der Unbekannte, als er sah, mit welcher grimmigen Gier sie die ungekauten Bissen hinunterschluckte. »Und wie mager du bist! Haut und Knochen ...«

Kaschtanka fraß viel, wurde aber nicht satt, sondern war nur benebelt. Nach dem Mittagessen streckte sie sich mitten im Zimmer aus, fühlte eine angenehme Schlaffheit und wedelte mit dem Schwanz. Während sich ihr neuer Herr im Sessel rekelte und eine Zigarre rauchte, wedelte sie mit dem Schwanz und befaßte sich mit der Frage, wo es schöner sei – bei dem Unbekannten oder beim Tischler. Die

Einrichtung bei dem Unbekannten war ärmlich und wenig schön; außer Sesseln, einem Sofa, einer Lampe und Teppichen hatte er nichts, und das Zimmer erschien leer; beim Tischler war die ganze Wohnung brechend voll; er hatte einen Tisch, eine Werkbank, einen Haufen Hobelspäne, Hobel, Stemmeisen, Sägen, einen Käfig mit einem Zeisig, einen Zuber ... Beim Unbekannten roch es nach gar nichts, beim Tischler dagegen hing die Wohnung ständig voll Nebel und roch es wunderbar angenehm nach Leim, Lack und Spänen. Dafür hatte der Unbekannte einen sehr wichtigen Vorzug – es gab bei ihm viel zu fressen, und – das mußte man ihm lassen – während Kaschtanka neben dem Tisch gesessen und ihn gerührt angeblickt hatte, war er nicht ungeduldig geworden, hatte er kein einziges Mal mit den Füßen getrampelt und sie geschlagen oder angeschrien: »Hau ab, du Hundevieh!«

Nachdem der neue Herr seine Zigarre aufgeraucht hatte, ging er hinaus und kam nach kurzer Zeit mit einer kleinen Matratze wieder.

»He, Hundeköter, komm einmal her!« sagte er und tat die Matratze in die Ecke neben das Sofa. »Hier, leg dich hin. Schlaf!«

Dann löschte er das Licht und ging wieder hinaus. Kaschtanka streckte sich auf die kleine Matratze und schloß die Augen; auf der Straße hörte man Bellen, sie wollte schon antworten, wurde jedoch überraschend von Schwermut befallen. Luka Alexandrytsch und sein Sohn Fedjuschka, das behagliche Plätzchen unter der Werkbank fielen ihr ein ... Sie erinnerte sich, wie an den langen Winterabenden, wenn der Tischler hobelte oder laut die Zeitung las, Fedjuschka mit ihr zu spielen pflegte ... Er zerrte sie an den Hinterpfoten unter der Werkbank hervor und vollführte solche Kunststücke mit ihr, daß ihr grün vor Augen wurde und alle ihre Gelenke schmerzten. Er ließ sie auf den Hinterpfoten laufen, Tabak schnupfen oder eine Kirchenglocke darstellen, das heißt, er zog sie kräftig am Schwanz, so daß sie kreischte und bellte ... Besonders qualvoll war folgendes Kunststück: Fedjuschka band ein Stückchen Fleisch an einen Faden, gab es Kaschtanka und zog den Happen, nachdem sie ihn verschluckt hatte, unter lautem Gelächter wieder aus ihrem Magen heraus. Und je lebhafter die

Erinnerungen wurden, desto lauter und jämmerlicher winselte Kaschtanka.

Doch bald gewannen Müdigkeit und Wärme die Oberhand über die Schwermut ... Sie schlief allmählich ein. In ihrer Phantasie huschten Hunde umher, unter anderem auch der zottige alte Pudel mit dem weißen Star am Auge und den Fellbüscheln an der Schnauze, den sie heute auf der Straße gesehen hatte. Fedjuschka rannte, einen Stechbeitel in der Hand, hinter dem Pudel her, bedeckte sich dann aber selber mit einem zottigen Fell, bellte vergnügt und befand sich plötzlich neben Kaschtanka. Kaschtanka und er beschnupperten einer des anderen Schnauze und liefen auf die Straße hinaus ...

Neue, sehr angenehme Bekannte

Als Kaschtanka erwachte, war es schon hell, und von der Straße drang Lärm herein, wie es ihn nur am Tage gibt. Niemand war im Zimmer. Kaschtanka streckte sich, gähnte und machte, düster gelaunt und verdrießlich, einen Spaziergang durchs Zimmer. Sie beschnupperte Ekken und Möbel und sah in den Flur hinein, fand aber nichts Bemerkenswertes. Außer der Tür, die in den Flur führte, gab es noch eine zweite. Kaschtanka dachte nach, kratzte mit beiden Pfoten daran, drückte sie auf und betrat das nächste Zimmer. Hier schlief unter einer Flanelldecke ein Kunde, in dem sie den Unbekannten von gestern erkannte.

»Rrrr ...« knurrte sie, erinnerte sich aber des gestrigen Mittagessens, wedelte mit dem Schwanz und begann herumzuschnuppern.

Sie beschnupperte Kleidung und Schuhe des Unbekannten und fand, daß sie stark nach Pferd rochen. Eine weitere Tür, die ebenfalls geschlossen war, führte aus dem Schlafzimmer in irgendeinen anderen Raum. Kaschtanka kratzte an ihr, stemmte sich mit der Brust dagegen, drückte sie auf und spürte sogleich einen merkwürdigen, äußerst verdächtigen Geruch. Knurrend und sich nach allen Seiten umblickend, betrat Kaschtanka, die eine unangenehme Begegnung ahnte, ein kleines Zimmer mit schmutzigen Tapeten und wich entsetzt zurück. Sie erblickte etwas Überraschendes und Schreckliches. Den Hals zur Erde gebogen, kam mit gespreizten Flügeln zischend ein grauer Ganter auf sie zu. Ein wenig abseits lag auf einer kleinen Matratze ein weißer Kater; als er Kaschtanka erblickte, sprang er auf, krümmte den Rücken, sträubte das Fell und fauchte, den Schwanz in der Luft. Kaschtanka war ernstlich erschrocken, wollte jedoch nicht zeigen, daß sie sich fürchtete, bellte laut und stürzte auf den Kater zu ... Der Kater krümmte den Rücken noch stärker, fauchte und hieb Kaschtanka mit der Pfote auf den Kopf. Kaschtanka prallte zurück, duckte sich und brach, die Schnauze zum Kater ausgestreckt, in lautes, kreischendes Bellen aus; in diesem Augenblick kam der Ganter von hinten auf sie zu und kniff sie mit dem Schnabel in den Rücken. Das tat sehr weh. Kaschtanka sprang auf und stürzte sich auf die Gans ...

»Was geht hier vor?« fragte eine laute, ärgerliche Stimme, und der Unbekannte betrat im Morgenrock, eine Zigarre zwischen den Zähnen, das Zimmer. »Was soll das heißen? Platz!«

Er ging auf den Kater zu, gab ihm einen Klaps auf den gekrümmten Rücken und sagte: »Fjodor Timofejitsch, was soll das heißen? Ihr rauft? Na warte, alte Kanaille! Hinlegen!«

Und er wandte sich an den Ganter und rief: »Iwan Iwanytsch, Platz!«

Der Kater legte sich gehorsam auf seine Matratze und schloß die Augen. Nach seiner Miene und seinem Schnurrbart zu urteilen, war er selber unzufrieden, sich so erhitzt und in eine Rauferei eingelassen zu haben. Kaschtanka brach in gekränktes Winseln aus, während der Ganter den Hals reckte und rasch, leidenschaftlich und deutlich, aber höchst unverständlich zu schnattern begann.

»Schon gut, schon gut!« sagte der Hausherr und gähnte. »Man muß in Frieden und Freundschaft miteinander leben.« Er streichelte Kaschtanka und fuhr fort: »Und du, Rotfuchs, hab keine Angst ... Ist eine anständige Gesellschaft, sie tun dir nichts. Warte, wie wollen wir dich denn nennen? Ohne Namen, Verehrteste, ist das nichts.«

Der Unbekannte dachte nach und sagte: »Ich weiß ... Du wirst einfach Tjotka, die Tante heißen ... Hast du verstanden? Tjotka!«

Er wiederholte mehrmals das Wort ›Tjotka‹ und ging hinaus. Kaschtanka setzte sich nieder und beobachtete. Der Kater saß unbeweglich auf seiner Matratze und stellte sich schlafend. Der Ganter reckte den Hals, trat auf der Stelle und schnatterte rasch und leidenschaftlich fort. Es war offenbar ein sehr kluger Ganter; nach jeder längeren Tirade wich er verwundert zurück und tat, als sei er von seiner Rede restlos entzückt ... Kaschtanka hörte ihm eine Weile zu, antwortete: »Rrrr ...« und machte sich daran, die Ecken zu beschnuppern. In einer Ecke stand ein kleiner Futtertrog, in dem sie eingeweichte Erbsen und Roggenbrotkrüstchen entdeckte. Sie kostete von den Erbsen – sie schmeckten ihr nicht, dann kostete sie das Brot – und fraß. Der Ganter war keineswegs gekränkt, daß sich ein unbekannter Hund über sein Futter hermachte; er schnatterte im Gegenteil noch lauter, trat, um sein Vertrauen zu beweisen, selber an den Futtertrog und verspeiste einige Erbsen.

Lauter Wunder

Einige Zeit später kam der Unbekannte aufs neue herein; er brachte ein seltsames Ding mit, das an ein Tor oder an einen Galgen erinnerte. Vom Querbalken dieses hölzernen, grob gezimmerten Galgens hingen eine Glocke und eine Pistole herab; vom Klöppel der Glocke und vom Hahn der Pistole zogen sich dünne Schnüre hin. Der Unbekannte stellte den Galgen in die Mitte des Zimmers, band lange etwas daran auf oder zu, sah schließlich den Ganter an und sagte: »Iwan Iwanytsch, darf ich bitten?«

Der Ganter kam näher und stand erwartungsvoll still.

»Nun«, sagte der Unbekannte, »fangen wir ganz von vorne an. Vor allem verneige dich und mach deinen Kratzfuß! Munter, munter!«

Iwan Iwanytsch reckte den Hals, nickte nach rechts und nach links und schurrte mit der Pfote über den Fußboden hin.

»Ja, bravo ... Und nun stell dich tot!«

Pablo Picasso
Zirkushund

Der Ganter legte sich auf den Rücken und streckte die Beine in die Luft. Nachdem noch einige ähnliche, ziemlich einfache Kunststücke durchprobiert waren, griff sich der Unbekannte an den Kopf, machte ein entsetztes Gesicht und rief: »Zu Hilfe! Feuer! Es brennt!«

Iwan Iwanytsch eilte zum Galgen, nahm die Schnur in den Schnabel und läutete die Glocke.

Der Unbekannte war sehr zufrieden. Er streichelte dem Ganter den Hals und sagte: »Bravo, Iwan Iwanytsch! Und nun stell dir vor, du bist Juwelier und handelst mit Gold und Brillanten. Stell dir vor, du kommst in deinen Laden und triffst Diebe darin an. Wie würdest du dich in solchem Fall verhalten?«

Der Ganter griff mit dem Schnabel nach der anderen Schnur und zog daran, worauf sogleich ein ohrenbetäubender Schuß knallte. Kaschtanka hatte schon das Glockenläuten sehr gut gefallen, der Schuß aber versetzte sie in solche Begeisterung, daß sie den Galgen mehrmals umkreiste und bellte.

»Tjotka – Platz!« rief ihr der Unbekannte zu. »Kusch dich!«

Iwan Iwanytschs Arbeit war mit dem Schießen keineswegs getan. Der Unbekannte nahm ihn an die Leine und hetzte ihn noch eine volle Stunde im Kreise umher; er knallte dabei mit der Peitsche, und der Ganter mußte über eine Barriere oder durch einen Reifen springen, sich auf die Hinterbeine stellen, das heißt auf seinen Steiß stützen, und mit den Füßen winken. Kaschtanka wandte den Blick nicht von Iwan Iwanytsch, heulte vor lauter Begeisterung auf und stürzte unter lautem Bellen mehrmals hinter ihm her.

Nachdem der Unbekannte den Ganter und sich selbst genug herumgehetzt hatte, wischte er sich die schwitzende Stirn und rief: »Marja, ruf Chawronja Iwanowna herein!«

Nach einer Weile hörte man ein Grunzen ... Kaschtanka knurrte und tat sehr mutig, zog sich jedoch für alle Fälle in die Nähe des Unbekannten zurück. Die Tür ging auf, eine alte Frau sah ins Zimmer, sagte etwas und ließ ein schwarzes, sehr häßliches Schwein herein. Ohne von Kaschtankas Knurren die geringste Notiz zu nehmen, hob das Schwein die platte Schnauze und grunzte fröhlich los. Offenbar war es sehr erfreut, seinen Herrn, den Kater und Iwan Iwanytsch wiederzusehen. Es trat auf den Kater zu, stieß ihn mit seinem Rüssel leicht vor den Bauch und begann eine Unterhaltung mit dem Ganter; in seinen Bewegungen, seiner Stimme, dem Zittern seines Schwänzchens war viel Gutmütigkeit. Kaschtanka verstand sofort, daß solche Subjekte anzuknurren oder anzubellen sinnlos war.

Der Herr räumte den Galgen fort und rief: »Fjodor Timofejitsch, darf ich bitten?«

Der Kater erhob sich, streckte sich träge und trat lustlos, als täte er jemand einen Gefallen, auf das Schwein zu.

»Fangen wir mit der ägyptischen Pyramide an«, sagte der Herr.

Längere Zeit erläuterte er etwas, dann kommandierte er: »Eins ... zwei ... drei!« Bei »drei« schlug Iwan Iwanytsch mit den Flügeln und sprang dem Schwein auf den Rücken. Nachdem er, mit Flügeln und Hals balancierend, auf dem borstigen Rücken Fuß gefaßt hatte, erklomm auch Fjodor Timofejitsch den Rücken des Schweins; er tat es träge und lässig, mit einer Miene, die zeigte, er finde seine Kunst verächtlich und keine Kopeke wert; dann kletterte er lustlos auf den Ganter und stellte sich auf die Hinterpfoten. Auf diese Weise kam zustande, was der Unbekannte »die ägyptische Pyramide« nannte. Kaschtanka jaulte vor Wonne, doch der alte Kater gähnte in diesem Augenblick und fiel vom Ganter herunter. Iwan Iwanytsch wankte und fiel gleichfalls herunter. Der Unbekannte zeterte, fuchtelte mit den Armen und machte sich aufs neue ans Erklären. Nachdem er sich eine volle Stunde mit der Pyramide abgemüht hatte, ging der unermüdliche Herr dazu über, Iwan Iwanytsch auf dem Kater reiten zu lehren, dem Kater das Rauchen beizubringen und so weiter.

Der Unterricht endete damit, daß sich der Unbekannte die schwitzende Stirn wischte und das Zimmer verließ; Fjodor Timofejitsch prustete verächtlich, legte sich auf die Matratze und schloß die Augen, Iwan Iwanytsch ging zu seinem Futtertrog, und das Schwein wurde von der Alten hinausgeführt. Dank der vielen neuen Eindrücke war der Tag für Kaschtanka unmerklich vergangen; und am Abend war sie bereits mit ihrer kleinen Matratze in dem Zimmer mit den schmutzigen Tapeten untergebracht und übernachtete in Gesellschaft Fjodor Timofejitschs und des Ganters.

Ein Talent! Ein Talent!

Ein Monat verging.

Kaschtanka hatte sich schon daran gewöhnt, daß man ihr jeden Abend ein schmackhaftes Mittagessen vorsetzte und sie Tjotka nannte. Auch an den Unbekannten und ihre neuen Lebensgefährten hatte sie sich gewöhnt. Das Leben lief wie am Schnürchen.

Alle Tage fingen auf die gleiche Weise an. Als erster erwachte gewöhnlich Iwan Iwanytsch, watschelte sogleich auf Tjotka oder den Kater zu, bog den Hals und begann leidenschaftlich und überzeugend, aber nach wie vor unverständlich zu reden. Gelegentlich stieß er den Kopf hoch in die Luft und brachte einen langen Monolog hervor. In den ersten Tagen ihrer Bekanntschaft hatte Kaschtanka geglaubt, er spreche soviel, weil er sehr klug sei, aber nach einiger Zeit verlor sie alle Achtung vor ihm; wenn er mit seinen langen Reden auf sie zukam, wedelte sie nicht mehr mit dem Schwanz, sondern behandelte ihn als lästigen Schwätzer, der niemand schlafen läßt, und knurrte ihn ohne viel Federlesens an: »Rrrr ...«

Fjodor Timofejitsch war da ganz anders. Wenn er erwachte, gab er keinen Ton von sich, rührte sich nicht und öffnete auch nicht die Augen. Am liebsten wäre er gar nicht aufgewacht, weil er das Leben, wie man merkte, nicht gerade schätzte. Nichts interessierte ihn, zu allem verhielt er sich schlaff und lässig, verachtete alles und fauchte nörglerisch, selbst wenn er sein wohlschmeckendes Mittagsmahl fraß.

Wenn Kaschtanka erwacht war, streifte sie in der Wohnung umher und beschnupperte die Ecken. Nur sie und der Kater durften sich in der ganzen Wohnung bewegen; der Ganter dagegen war nicht berechtigt, die Schwelle des Zimmers mit den schmutzigen Tapeten zu überschreiten; und Chawronja Iwanowna hauste in einem kleinen Verschlag irgendwo auf dem Hof und erschien nur zum Unterricht.

Der Herr des Hauses wachte spät auf und machte sich, sobald er gefrühstückt hatte, an seine Kunststücke. Jeden Tag wurden der Galgen, die Peitsche, die Reifen ins Zimmer gebracht, und jeden Tag wurde beinahe dasselbe geübt. Das dauerte drei, vier Stunden, so daß Fjodor Timofejitsch gelegentlich vor Erschöpfung wankte wie ein Betrunkener, Iwan Iwanytsch den Schnabel aufsperrte und schwer atmete und der Hausherr einen roten Kopf bekam und sich in einem fort die schwitzende Stirn wischte.

Der Unterricht und das Mittagessen machten die Tage sehr interessant, während die Abende ein wenig langweilig verliefen. Der Herr fuhr abends gewöhnlich aus und nahm den Ganter und den Kater mit. Allein geblieben, streckte sich Tjotka auf ihre Matratze und überließ sich der Schwermut. Die Schwermut stahl sich unbemerkt heran und ergriff nach und nach von ihr Besitz – wie die Dunkelheit vom Zimmer. Es begann gewöhnlich damit, daß Kaschtanka jegliche Lust verlor, zu bellen, zu fressen, in den Zimmern umherzustreunen oder auch nur die Augen aufzumachen; dann tauchten in ihrer Phantasie zwei undeutliche Gestalten auf, vielleicht von Hunden, vielleicht auch von Menschen, mit sympathischen, lieben, doch unverständlichen Gesichtern; Tjotka wedelte bei ihrem Auftauchen mit dem Schwanz, und ihr schien, sie habe sie irgendwann schon gesehen und sehr liebgehabt. Wenn sie dann einschlief, spürte sie jedesmal, daß ein Geruch von Leim, Hobelspänen und Lack von ihnen ausging.

Eines Tages, als sie sich an ihr neues Leben schon völlig gewöhnt und sich aus einem mageren, knochigen Bastardhündchen in einen satten, gepflegten Hund verwandelt hatte, streichelte sie der Herr vor der Unterrichtsstunde und sagte: »Wird Zeit für uns, Tjotka, ans Werk zu gehen. Hast lange genug gefaulenzt. Ich will eine Artistin aus dir machen. Möchtest du eine Artistin werden?«

Und er lehrte sie allerlei Wissenswertes. In der ersten Stunde lernte sie auf den Hinterbeinen stehen und gehen, was ihr außerordentlich gefiel. In der zweiten mußte sie auf den Hinterbeinen hochschnellen und nach dem Zucker schnappen, den der Lehrer hoch über ihrem Kopf hielt. In den folgenden Stunden tanzte sie, lief an der Leine, heulte zu irgendwelcher Musik, läutete die Glocke und schoß; und einen Monat später konnte sie schon mit Erfolg für Fjodor Timofejitsch bei der ägyptischen Pyramide einspringen. Sie lernte sehr gern und war mit ihren Erfolgen zufrieden: mit hängender Zunge an der Leine zu laufen, durch Reifen zu springen und auf dem alten Fjodor Timofejitsch zu reiten bereitete ihr das größte Vergnügen. Bei jedem gelungenen Kunststück brach sie in lautes, begeistertes Bellen aus; der Lehrer staunte, geriet ebenfalls in Begeisterung und rieb sich die Hände.

»Ein Talent! Ein Talent!« sagte er. »Unzweifelhaft ein Talent! Du wirst bestimmt Erfolg haben!«

Und Tjotka gewöhnte sich so an das Wort ›Talent‹, daß sie jedesmal, wenn ihr Herr dieses Wort aussprach, hochfuhr und sich nach allen Seiten umsah, als hätte man sie beim Namen gerufen.

Eine unruhige Nacht

Tjotka hatte einen Hundetraum – sie sah den Hausknecht mit einem Besen hinter ihr herjagen und wachte vor Angst auf.

Im Zimmer war es still, dunkel und äußerst stickig. Die Flöhe bissen. Tjotka hatte sich früher nie vor der Dunkelheit gefürchtet; jetzt wurde ihr aus irgendeinem Grunde unheimlich zumute, und sie wollte bellen. Im Zimmer nebenan ließ der Herr einen lauten Seufzer hören, eine Weile später grunzte in seinem Verschlag das Schwein, und alles war wieder still. Wenn man ans Essen denkt, wird einem wohler ums Herz; und Tjotka dachte daran, wie sie Fjodor Timofejitsch heute eine Hühnerpfote stibitzt und im Empfangszimmer zwischen Wand und Schrank versteckt hatte, wo sehr viel Staub und Spinngewebe waren. Es konnte nicht schaden, hinzugehen und nachzusehen, ob die Pfote noch da war. Es war durchaus möglich, daß der Herr sie gefunden und aufgegessen hatte. Doch vor dem Morgen durfte man nicht aus dem Zimmer – so wollte es die Hausordnung. Tjotka schloß die Augen, um möglichst bald wieder einzuschlafen; sie wußte aus Erfahrung – der Morgen kommt desto eher, je rascher man einschläft. Doch plötzlich erklang ganz in der Nähe ein seltsamer Schrei, der sie zusammenfahren und aufspringen ließ. Es war Iwan Iwanytsch, der geschrien hatte, und sein Schrei hatte nicht geschwätzig und überredend geklungen wie sonst, sondern irgendwie wild, durchdringend und unnatürlich, wie das Kreischen eines aufgehenden Tors. Tjotka, die bei der Dunkelheit nichts sehen konnte und nichts verstand, verspürte noch heftigere Angst und knurrte: »Rrrr ...«

Es verging einige Zeit – so viel, wie man braucht, um einen guten Knochen abzunagen; der Schrei wiederholte sich nicht. Tjotka beruhigte sich allmählich und schlief ein. Sie träumte von zwei großen schwarzen Hunden mit Büscheln vom Vorjahresfell an Schenkeln und Flanken; sie fraßen gierig Abfälle aus einem großen Zuber, über dem weißer Dampf und ein sehr angenehmer Geruch aufstiegen; von Zeit zu Zeit blickten sie sich nach Tjotka um, fletschten die Zähne und knurrten: »Dir geben wir aber nichts ab!« Doch dann kam aus dem Haus plötzlich ein Mann mit einer Peitsche gelaufen und jagte sie davon; Tjotka ging an den Zuber und machte sich ans Fressen, kaum aber war der Mann hinter dem Tor verschwunden, stürzten beide schwarzen Hunde mit Geheul auf sie zu, und der durchdringende Schrei gellte aufs neue.

»K – che! K – che – che!« schrie Iwan Iwanytsch.

Tjotka erwachte, sprang auf und brach, ohne von der Matratze zu weichen, in heulendes Bellen aus. Ihr schien, nicht mehr Iwan Iwanytsch, sondern ein anderer, Fremder, schreie. Und aus irgendeinem Grunde grunzte in seinem Verschlag wieder das Schwein.

Aber dann hörte man das Schlurren von Pantoffeln, und der Herr des Hauses betrat, im Morgenrock, eine Kerze in der Hand, das Zimmer. Flackerndes Licht ergoß sich über die Zimmerdecke und die schmutzigen Tapeten und verscheuchte die Finsternis. Tjotka überzeugte sich, daß kein Fremder im Zimmer war. Iwan Iwanytsch saß auf dem Fußboden und war wach. Er spreizte die Flügel, sperrte den Schnabel auf und sah überhaupt sehr erschöpft und völlig verdurstet aus. Auch der alte Fjodor Timofejitsch schlief nicht. Vermutlich hatte auch ihn der Schrei geweckt.

»Iwan Iwanytsch, was hast du?« fragte der Herr den Ganter. »Weshalb schreist du? Bist du krank?«

Der Ganter schwieg. Der Herr tätschelte ihm den Hals, streichelte seinen Rücken und sagte: »Bist ein komischer Kauz. Schläfst selber nicht und läßt die anderen nicht schlafen.«

Als der Herr ging und das Licht mit hinausnahm, trat wieder Dunkelheit ein. Tjotka fürchtete sich. Der Ganter schrie nicht, ihr kam es jedoch wieder so vor, als stehe irgendein Fremder im Dunkeln. Am unheimlichsten war, daß man diesen Fremden nicht beißen konnte, weil er unsichtbar blieb und keine Gestalt hatte. Aus irgendeinem Grunde ahnte ihr, in dieser Nacht werde bestimmt etwas sehr Schlimmes geschehen. Auch Fjodor Timofejitsch war unruhig. Tjotka hörte, wie er sich auf der Matratze hin und her drehte, gähnte und mit dem Kopf schlenkerte.

Irgendwo auf der Straße klopfte es an ein Tor, und im Verschlag grunzte das Schwein. Tjotka wimmerte, streckte die Vorderpfoten aus und legte den Kopf darauf. Das Pochen ans Tor, das Grunzen des Schweins, das – unerfindlich warum – nicht schlief, die Dunkelheit und die Stille erschienen ihr traurig und unheilverkündend wie Iwan Iwanytschs Schrei. Alles war beunruhigt und erregt. Aber warum? Wer war der unsichtbare Fremde? Plötzlich tauchten zwei matte grüne Flämmchen neben Tjotka auf. Zum erstenmal seit ihrer Bekanntschaft kam Fjodor Timofejitsch zu ihr. Was wollte er? Tjotka leckte seine Pfote, fragte nicht, warum er kam, und brach in ein leises, winselndes Heulen aus.

»K– che!« schrie Iwan Iwanytsch. »K – che – che!«

Wieder öffnete sich die Tür und kam, die Kerze in der Hand, der Herr herein. Der Ganter saß in der gleichen Haltung da wie vorhin, mit aufgesperrtem Schnabel und gespreizten Flügeln. Seine Augen waren geschlossen.

»Iwan Iwanytsch!« rief ihn der Herr.

Der Ganter rührte sich nicht. Der Herr hockte auf dem Fußboden vor ihm nieder, sah ihn eine Weile schweigend an und sagte: »Iwan Iwanytsch! Was soll denn das? Stirbst du vielleicht? Ach, jetzt weiß ich!« rief er aus und griff sich an den Kopf. »Ich weiß, woher das kommt! Dich hat doch heute das Pferd getreten! Mein Gott, mein Gott!«

Tjotka verstand nicht, was der Herr sagte, sah jedoch an seinem Gesicht, daß auch er auf etwas Furchtbares wartete. Sie streckte die Schnauze zum dunklen Fenster hinaus, durch das, wie ihr schien, irgendwer Fremdes hereinsah, und heulte.

»Er stirbt, Tjotka!« sagte der Herr und rang die Hände. »Ja, ja doch, er stirbt! In euer Zimmer ist der Tod gekommen. Was fangen wir nur an?«

Blaß und erregt kehrte der Herr unter Seufzern und vielem Kopfschütteln in sein Schlafzimmer zurück. Tjotka graulte sich, im Dunkeln allein zu bleiben, und folgte ihm. Er setzte sich auf sein Bett und wiederholte einigemale: »Mein Gott, was fang ich denn an?«

Tjotka strich um seine Beine herum, begriff nicht, warum sie so traurig war und warum sich alle so beunruhigten, und verfolgte, bemüht, es zu verstehen, jede seiner Bewegungen. Auch Fjodor Timofejitsch, der nur selten seine Matratze verließ, kam in das Schlafzimmer des Herrn und rieb sich an seinen Füßen. Er schlenkerte mit dem Kopf, als wolle er bedrückende Gedanken abschütteln, und lugte mißtrauisch unter das Bett.

Der Herr nahm eine Untertasse, goß aus dem Waschbecken Wasser darauf und ging wieder zum Ganter.

»Trink, Iwan Iwanytsch!« sagte er liebevoll und stellte die Untertasse vor ihn hin. »Trink, mein Bester!«

Aber Iwan Iwanytsch rührte sich nicht und öffnete auch nicht die Augen. Der Herr drückte ihm den Kopf auf die Untertasse und tauchte den Schnabel ins Wasser, aber der Ganter trank nicht und spreizte die Flügel noch weiter ab; sein Kopf blieb auf der Untertasse liegen.

»Nein, da ist nichts mehr zu machen!« seufzte der Herr. »Aus! Mit Iwan Iwanytsch ist es vorbei!«

An seinen Wangen krochen blitzende Tröpfchen hinunter, wie man sie sonst bei Regenwetter an den Fensterscheiben sieht. Ohne zu begreifen, worum es sich handelte, schmiegten sich Tjotka und Fjodor Timofejitsch an ihren Herrn und blickten voller Schrecken auf den Ganter.

»Armer Iwan Iwanytsch!« sagte mit einem betrübten Seufzer der Herr. »Und ich habe davon geträumt, dich in die Sommerfrische mitzunehmen und auf der grünen Wiese mit dir spazierenzugehen! Dich, liebe Kreatur und guter Gefährte, gibt es nicht mehr. Wie soll ich ohne dich auskommen.«

Tjotka hatte das Gefühl, auch ihr stehe das gleiche bevor – sie werde, unerfindlich warum, die Augen schließen, die Beine ausstrekken und den Mund aufsperren; alle würden sie entsetzt anstarren. Die gleichen Gedanken drehten sich offenbar auch in Fjodor Timofejitschs Kopf. Noch nie war der alte Kater so düster und verdrießlich gewesen.

Es dämmerte bereits, und der unsichtbare Fremde, der Tjotka erschreckt hatte, war nicht mehr da. Als es im Zimmer ganz hell war, kam der Hausknecht, ergriff den Ganter an den Pfoten und trug ihn weg. Und eine kleine Weile später erschien die Alte und schaffte auch den Futtertrog hinaus.

Tjotka ging ins Empfangszimmer und sah hinter den Schrank – der Herr hatte die Hühnerpfote nicht aufgegessen, sie lag noch zwischen den Spinngeweben, im Staub an ihrem Platz. Doch Tjotka war traurig ums Herz, sie hätte am liebsten geweint. Sie schnupperte nicht einmal an der Pfote, zog sich unter das Sofa zurück, setzte sich nieder und wimmerte leise, mit dünner Stimme ...

Das mißglückte Debüt

Eines schönen Abends betrat der Herr das Zimmer mit den schmutzigen Tapeten, rieb sich die Hände und sagte: »Nun ...«

Er wollte noch etwas hinzufügen, unterließ es jedoch und ging wieder hinaus. Tjotka, die sein Gesicht und seinen Tonfall während des Unterrichts genau beobachtet hatte, erriet, daß er erregt, besorgt und wohl auch ärgerlich war.

Einige Zeit später kehrte er zurück und sagte: »Heute nehme ich Tjotka und Fjodor Timofejitsch mit. Du wirst bei der ägyptischen Pyramide den verstorbenen Iwan Iwanytsch ersetzen, Tjotka. Hol alles der Teufel! Nichts ist fertig, nichts richtig gelernt, es waren zuwenig Proben! Wir werden uns blamieren, werden durchfallen!«

Dann ging er wieder hinaus und kehrte kurz darauf in Pelz und Zylinder zurück. Er trat auf den Kater zu, ergriff ihn an den Vorderpfoten, hob ihn hoch und verbarg ihn an seiner Brust unter dem Pelz Fjodor Timofejitsch ließ das völlig gleichgültig, er nahm sich nich· einmal die Mühe, die Augen zu öffnen. Ihm war es offenbar einerleit ob er lag oder an seinen Pfoten hochgehoben wurde, ob er auf der Matratze oder unter dem Pelz an der Brust seines Herrn ruhte ...

»Tjotka, komm«, sagte der Herr.

Tjotka, die nichts verstand, wedelte nur mit dem Schwanz und folgte ihm. Gleich darauf saß sie bereits im Schlitten zu seinen Füßen und hörte, wie er, vor Kälte und Aufregung zitternd, murmelte: »Wir werden uns blamieren! Wir werden durchfallen!«

Der Schlitten hielt vor einem großen sonderbaren Haus, das einer umgekippten Suppenterrine ähnelte. Der breite Eingang mit seinen drei Glastüren war durch ein Dutzend heller Laternen erleuchtet. Die Türen gingen klirrend auf und zu und schluckten – wie Mäuler – die Menschen ein, die vor dem Eingang hin und her liefen. Es waren viele Menschen, auch Pferde kamen häufig zum Eingang gelaufen, doch Hunde waren nicht zu sehen.

Der Herr nahm Tjotka auf die Arme und schob sie unter den Pelz an seine Brust, wo sich schon Fjodor Timofejitsch befand. Hier war es dunkel und stickig, aber warm. Für einen Augenblick glommen zwei matte grüne Fünkchen auf – der Kater war durch die kalten, rauhen Pfoten der Nachbarin erschreckt worden und hatte die Augen geöffnet. Tjotka leckte ihm rasch das Ohr, wollte sich möglichst bequem zurechtsetzen und wandte sich unruhig hin und her; dabei drückte sie den Kater mit ihren kalten Pfoten unter sich und steckte versehentlich den Kopf unter dem Pelz hervor, gab aber sofort ein böses Knurren von sich und zog sich schnell unter den Pelz zurück. Sie glaubte ein riesiges, schlecht beleuchtetes Zimmer gesehen zu haben, das voller Ungeheuer war; hinter Zwischenwänden und Gittern, die sich zu beiden Seiten hinzogen, sahen schreckenerregende Fratzen hervor – von Pferden, von Tieren mit Hörnern oder langen Ohren; auch eine dicke, riesige Fratze mit einem Schwanz anstelle der Nase und mit zwei langen abgenagten Knochen, die aus dem Maul hervorragten, war darunter.

Der Kater begann unter Tjotkas Pfoten heiser zu miauen, aber in diesem Augenblick schlug der Pelz auseinander, der Herr sagte: »Hopp!«, und Fjodor Timofejitsch und Tjotka sprangen auf den Fußboden. Sie befanden sich in einem kleinen Zimmer mit grauen Bretterwänden; es gab hier außer einem kleinen Tisch mit Spiegel, einem Hocker und allerlei Lumpen, die in den Ecken herumhingen, keinerlei andere Ausstattung; statt einer Lampe oder Kerze brannte ein helles fächerartiges Flämmchen, das an ein Röhrchen angemacht war – das Röhrchen kam aus der Wand. Fjodor Timofejitsch beleckte seinen von Tjotka zerdrückten Pelz, begab sich unter den Hocker und legte sich hin. Der Herr, der immer noch aufgeregt war und sich die Hände rieb, begann sich auszuziehen ... Er zog sich so weit aus, wie er zu Hause zu tun pflegte, bevor er sich unter der Flanelldecke ausstreckte; das heißt, er legte alles ab außer der Wäsche, setzte sich auf den Hokker, blickte in den Spiegel und nahm allerlei Erstaunliches an sich vor. Vor allem zog er eine Perücke mit Scheitel und zwei Haarwirbeln, die an Hörner erinnerten, über den Kopf, danach bestrich er das Gesicht dick mit etwas Weißem und malte Augenbrauen, Schnurrbart und rote Bäckchen hinein. Damit war er mit seinen Einfällen indessen nicht am Ende. Nachdem er Gesicht und Hals beschmiert hatte, legte er einen ungewöhnlichen, völlig widersinnigen Anzug an, wie Tjotka ihn weder in Häusern noch auf der Straße je gesehen hatte. Stellen Sie sich unwahrscheinlich weite Hosen aus großgeblümtem Kattun vor, wie er in kleinbürgerlichen Häusern zu Vorhängen oder als Möbelbezug verwendet wird, Hosen, die bis an die Achseln reichen; das eine Hosenbein hat einen braunen, das andere einen hellgelben Grund. Nachdem der Herr in diesen Hosen fast völlig verschwunden war, zog er noch ein Kattunjäckchen mit großem ausgezacktem Kragen und einem goldenen Stern auf dem Rücken, braune Socken und grüne Schuhe an ...

Tjotka flimmerte es vor den Augen und in der Seele. Von der sackartigen Gestalt mit dem weißen Gesicht roch es zwar nach dem Herrn, und auch die Stimme war die seine, doch es gab Augenblicke, da Tjotka, von Zweifeln gequält, am liebsten gebellt und vor der bunten Gestalt Reißaus genommen hätte. Die neue Umgebung, das fächerartige Flämmchen, der Geruch, die Metamorphose, die mit dem Herrn vor sich gegangen war – alles das flößte ihr undeutliche Furcht und das Vorgefühl ein, ihr werde ganz bestimmt etwas Entsetzliches begegnen – in der Art der dicken Fratze mit dem Schwanz anstelle der Nase. Und dazu spielte auch noch irgendwo hinter der Wand die ihr so verhaßte Musik und brach von Zeit zu Zeit in ein unverständliches Brüllen aus. Nur eins beruhigte sie – Fjodor Timofejitschs Unerschütterlichkeit. Er döste seelenruhig unter dem Hocker und öffnete die Augen nicht einmal, wenn der Hocker gerückt wurde.

Ein Mann in Frack und weißer Weste sah in das Zimmer herein und sagte: »Im Augenblick läuft der Auftritt Miss Arabellas. Danach kommen Sie.«

Der Herr gab keine Antwort. Er zog einen kleinen Koffer unter dem Tisch hervor, setzte sich und wartete. An seinen Lippen und Händen merkte man, daß er aufgeregt war, und Tjotka hörte, wie unruhig sein Atem ging.

»Mister George, bitte!« rief jemand hinter der Tür.

Der Herr erhob sich, bekreuzigte sich dreimal, holte den Kater unter dem Hocker hervor und steckte ihn in den Koffer.

»Komm her, Tjotka!« sagte er leise.

Tjotka, die nicht das geringste verstand, näherte sich seinen ausgestreckten Händen; er küßte sie auf den Kopf und legte sie neben Fjodor Timofejitsch in den Koffer. Danach trat Dunkelheit ein ... Tjotka trampelte auf dem Kater herum, kratzte an den Kofferwänden und konnte vor lauter Angst keinen Ton hervorbringen; der Koffer schaukelte wie auf Wellen und bebte.

»Da bin ich!« rief der Herr laut. »Da bin ich!«

Tjotka fühlte, daß der Koffer nach diesem Ruf auf etwas Festes stieß und nicht mehr schaukelte. Ein lautes und dumpfes Brüllen erklang; man hörte, daß jemand geklatscht wurde, und dieser jemand, wahrscheinlich die Fratze mit dem Schwanz anstelle der Nase, brüllte und lachte so laut, daß die Kofferschlösser klirrten. Der Herr beantwortete das Brüllen mit einem durchdringenden, kreischenden Lachen – so lachte er zu Hause nie.

»Ha!« rief er aus, bemüht, das Brüllen zu übertönen. »Verehrtes Publikum! Ich komme soeben vom Bahnhof. Meine Großmama hat ins Gras gebissen und mir eine Erbschaft hinterlassen. Im Koffer ist etwas sehr Schweres – offenbar Gold ... Haa! Plötzlich ist es eine Million! Machen wir gleich mal auf und sehen nach ...«

Das Kofferschloß knackte. Grelles Licht stach Tjotka in die Augen; sie sprang aus dem Koffer, jagte, betäubt von dem Brüllen, so rasch sie die Beine trugen, immer um ihren Herrn herum und brach in lautes Bellen aus.

»Ha!« rief der Herr. »Onkelchen Fjodor Timofejitsch! Teuerstes Tantchen! Hol euch der Teufel, ihr lieben Verwandten!«

Er fiel mit dem Bauch in den Sand, ergriff den Kater und Tjotka und schloß sie in seine Arme. Während er sie drückte, sah sich Tjotka rasch in der Welt um, in die sie das Schicksal verschlagen hatte, und war von ihrer Großartigkeit so verblüfft, daß sie vor Staunen und Begeisterung für einen Augenblick erstarrte, sich dann aber aus der Umarmung des Herrn losriß und, überwältigt von dem Eindruck, sich wie ein Kreisel auf der Stelle drehte. Die neue Welt war groß und voll hellen Lichts; wo man auch hinblickte, überall, vom Fußboden bis zur Decke, sah man Gesichter, Gesichter, Gesichter, und weiter nichts.

»Tjotuschka, bitte nehmen Sie Platz!« rief der Herr.

Tjotka, die nicht vergessen hatte, was das bedeutete, sprang auf einen Stuhl und setzte sich. Sie sah den Herrn an. Seine Augen blickten ernst und freundlich wie immer, doch sein Gesicht, besonders der Mund und die Zähne, entstellte ein breites unbewegliches Lächeln. Er lachte, sprang umher, verzog die Schultern und tat, als sei ihm in Gegenwart dieser Tausende von Gesichtern sehr fröhlich zumute. Tjotka glaubte ihm diese Fröhlichkeit, fühlte plötzlich mit ihrem ganzen Körper, daß diese Tausende von Gesichtern sie ansahen, hob ihre Fuchsschnauze in die Luft und brach in freudiges Heulen aus. »Sitzen Sie ein bißchen still, Tjotuschka«, sagte der Herr zu ihr; »Onkelchen und ich wollen eine Kamarinskaja tanzen.«

Fjodor Timofejitsch, der darauf wartete, daß man ihn nötigen werde, Albernheiten zu machen, stand da und blickte sich gleichgültig nach allen Seiten um. Er tanzte schlaff, nachlässig, finster, und man sah an seinen Bewegungen, dem Schwanz und dem Schnurrbart, daß er die Menge, das grelle Licht, den Herrn und sich selbst aufs tiefste verachtete ... Nachdem er seine Pflicht getan hatte, gähnte er und setzte sich.

»Nun, Tjotuschka«, sagte der Herr, »wir beide wollen zuerst etwas singen und dann tanzen. Ist's recht?«

Er zog ein Pfeifchen aus der Tasche und spielte darauf. Tjotka, die keine Musik vertrug, rutschte unruhig auf ihrem Stuhl hin und her und brach in Heulen aus. Von allen Seiten hörte man Brüllen und Beifallklatschen. Der Herr verneigte sich und spielte, als alles verstummt war, weiter ... Während er gerade zu einem sehr hohen Ton ansetzte, hörte man irgendwo oben, im Publikum ein lautes: »Ach!«

»Vater!« rief eine Kinderstimme. »Aber das ist doch Kaschtanka!«

»Tatsächlich – Kaschtanka!« bestätigte mit zittrigem dünnem Tenor ein Betrunkener. »Fedjuschka, strafe mich Gott, wenn das nicht Kaschtanka ist! Fuit!«

Auf der Galerie pfiff jemand, und zwei Stimmen – die eines Kindes und die eines Mannes – riefen laut: »Kaschtanka! Kaschtanka!«

Tjotka zuckte zusammen und sah dorthin, woher man rief. Zwei Gesichter stachen ihr in die Augen wie vorher das grelle Licht – das behaarte, grinsende eines Betrunkenen und ein rotbackiges, rundes, erschrockenes Kindergesicht ... Sie erinnerte sich, fiel vom Stuhl und zappelte im Sand; dann sprang sie auf und stürzte mit freudigem Gewinsel auf die Gesichter zu. Ein ohrenbetäubendes Brüllen erklang, in das sich zahllose Pfiffe und eine durchdringende Kinderstimme mischten.

Die Stimme rief: »Kaschtanka! Kaschtanka!«

Tjotka sprang über die Barriere, dann über irgendwessen Schulter und befand sich plötzlich in einer Loge; um in den nächsten Rang zu gelangen, mußte sie eine hohe Wand überspringen; Tjotka sprang, aber nicht hoch genug und rutschte an der Wand entlang hinunter. Da gab man sie von Hand zu Hand weiter, sie leckte Finger und Gesichter, gelangte immer höher und höher und erreichte schließlich die Galerie.

Eine halbe Stunde später ging Kaschtanka auf der Straße hinter den Leuten her, die nach Leim und Lack rochen. Luka Alexandrytsch, der etwas wankte, war instinktiv bemüht, dem Graben nicht allzu nahe zu kommen – er hatte da seine Erfahrungen.

»Im Abgrund der Sünde wälze ich mich in meinem Fleische ...« murmelte er. »Und du, Kaschtanka, bist ein Mißverständnis. Im Vergleich zum Menschen bist du dasselbe, was der Zimmermann im Verhältnis zum Tischler ist.«

Neben ihm schritt Fedjuschka einher, eine Mütze vom Vater auf dem Kopf. Kaschtanka blickte auf ihre Rücken, und ihr schien, sie gehe schon lange hinter ihnen her und freue sich darüber, daß dieses Leben keinen Augenblick unterbrochen gewesen war.

Ihr fielen das kleine Zimmer mit den schmutzigen Tapeten, der Ganter, Fjodor Timofejitsch, das schmackhafte Essen, der Unterricht und der Zirkus ein, aber all das erschien ihr jetzt wie ein langer, verworrener, schwerer Traum ...

Deutsch von Georg Schwarz

Richard Katz
Der Verbrecher

Kalawryta (im Gebirge Griechenlands), 1929

Ich hatte nicht gewußt, daß es auch unter Tieren Verbrecher gibt. Doch dann begegnete ich dem gelben Hund.

Wir lagerten am Strumgäs, so hoch uns die Maultiere hatten tragen können, und wollten zeitlich morgens auf den Chelmos hinauf, der alle Berge zwischen Korinth und Patras überragt. Im Schatten seines hufeisenförmigen Grats entspringt eine Quelle, deren eiskaltes spärliches Wasser in ausgehöhlte Baumstämme geleitet ist. Von weit her kommen die Herden zur Tränke herauf, obzwar sie zweitausend Meter hoch liegt, denn der Bergstock des Chelmos ist wasserarm, und die nächste Quelle entspringt drei Reitstunden talab. Hier also hatten wir abgesattelt und die Wolldecken fürs Nachtlager aufs Moos gebreitet. Ringsum klingelten die Glocken einer Ziegenherde, die auf den Hängen der Mulde weidete. Fern auf einer kegelförmigen Kuppe sahen wir grasende Pferde.

Zu einer dieser Herden gehörte der große gelbe Hund.

Er kam heran, als die Sonne noch hoch stand, ein fahler schleichender Fleck im hellgrauen Gestein, stand und bellte uns an.

Ich bin ein Hundefreund, und deshalb lockte ich den Gelben mit Brocken kalten Lammfleischs. Er kam mit eingekniffenem Schwanz bis auf zehn oder fünfzehn Meter heran, ohne im Bellen innezuhalten.

Der Maultiertreiber zielte mit einem Stein auf den Gelben. Aber obzwar der Mann gewohnt war, mit den halbwilden Schäferhunden seiner Heimat umzugehen, nahm ich ihm doch den Stein aus der Hand und warf dem Gelben das Fleisch zu. Er fraß es gierig, ohne die Augen von uns zu wenden, schlich bellend schräge näher und blieb im Schutze zweier Wacholderbüsche stehen.

So heulend und gehässig war sein Bellen, daß ich schließlich selbst ein Steinchen nach ihm warf – nicht um ihn zu treffen, nur um ihn zu verscheuchen. Harmlos und langsam kollerte es in die Büsche. Aber röchelnd vor Wut biß der Gelbe in die Zweige, zwischen die es gefallen war. Nun hinderte ich den Treiber nicht mehr, ernstgemeinte Würfe auf ihn zu zielen. Der Gelbe entfloh vor den Steinen, und wir aßen unser Abendbrot. Dann rollte sich der Treiber in seine Decke, zog die Mütze über die Ohren und schnarchte los.

Am Rande der Mulde waren Felsstücke im Kreis aufgeschichtet, als Korral für Schafherden und zu ihrem Schutz gegen Wölfe. Dort wollte ich meine Abend-Zigarette rauchen und die Sonne hinter den Bergen des Peloponnes sinken sehen.

Während ich in den Abendfrieden der klaren hellenischen Landschaft schlenderte, müßig nach den klingelnden Ziegen blickend, die sich nun der Quelle näherten, und nach Pferden, die fern im Preiselbeerkraut der Kuppe weideten, sah ich den gelben Fleck wieder. Er lief der Ziegenherde entgegen und heulte. In der dünnen Bergluft hörte ich den werbenden Klang dieses Heulens, und – siehe da – dem gelben Fleck verband sich nun ein schwarzer, und beide liefen vereint den Pferden zu. Gebell, Heulen, Gekläff und: was nun wieder näher kam, war nicht nur der falbe Hund und ein größerer schwarzer, sondern noch ein dritter, den ich beim Herankommen als braun und weiß gescheckt erkannte. »Der Gelbe hat Verstärkung geholt«, dachte ich heiter, und wandte mich dem Stein-Korral zu, der die Mulde begrenzte.

Groß und rot berührte die Sonne den scharfen Grat und hob immer neue Felsenkämme silhouettenhaft aus dem Dunst. Ganz fern, zwischen Patras und Ithaka, blinkte das Meer himbeerfarben auf. Aber das dauerte nur wenige Minuten, kaum so lange wie meine Zigarette; dann verschwand die höchste Wölbung der Sonne wie ein verlöschender roter Funken hinter den Bergen von Zante, und das lebenswarme Glühen der Kämme erstarb. Der kalte Wind, der gleichzeitig heranstrich, ließ mich meiner Wolldecke an der Quelle gedenken. Doch als ich mich aufmachte, um die wenigen hundert Meter zu ihr zu gehen, sprang heiseres Gebell auf, und keine zehn Schritte vor mir stand der Gelbe. Ich sah ihn nun ganz deutlich: den knochigen, wolfsähnlichen

Leib, der sich wie ein Keil von der breiten Brust zum dürren Hintern verjüngte, die hohen Vorderläufe, die er gegen den Boden spreizte, und das schmutzig-gelbe Fell, dessen Haare sich im Nacken sträubten. Das sah häßlich aus, doch nicht gefährlich. Aber ich sah nun auch die *Augen* des gelben Hundes, und mich fröstelte. Denn es waren die Augen eines Mörders.

Fast farblos waren sie, mit einem hellen gelblichen Schein; einem gemeinen Schein, wie ihn Glas hat, das Topas vortäuschen will. Und ein grünliches, tückisches Funkeln lief darüber hin, als der große Hund nun die Lefzen rümpfte und mit röchelndem Knurren seine weißen Wolfszähne entblößte.

Ich bückte mich nach einem Stein, denn nun merkte ich, der Gelbe meinte es ernst. Aber indem ich das tat, hörte ich hinter mir bellen, kurz und drohend, hinter mir an der Steinmauer, die ich eben verlassen hatte. Dort stand der schwarze Hund von der Ziegenherde, massig wie ein Neufundländer. Aufrecht stand er da – kein bösartiger Hund, doch verhetzt von dem Gelben – und bellte mich mit tief ergrimmtem Baß an. Seitlich von ihm kauerte der Scheckige von den Pferden; ich konnte ihn nicht genau erkennen, denn er hatte sich in den Schatten einer Klippe geduckt, doch ich sah seine Augen glimmen und hörte ihn knurren.

Die Hunde hatten mich umstellt, wie sie es gewohnt waren, einen Wolf zu umstellen, der ihrer Herde zu nahe kam, und ich hatte nichts bei mir, mich ihrer zu erwehren; keinen Stock, ja nicht einmal einen Stein. Denn indem ich mich gebückt hatte, um den Gelben zu schrekken, hatte ich bemerkt, daß ich auf einem Polster stachligen Struppgrases stand. Der Gelbe mußte das wissen; ja, er hatte wohl so lange geschwiegen, bis ich auf steinlosen Boden geraten war; mein Bücken schreckte ihn nicht, sondern verstärkte nur sein röchelndes Knurren.

Ich wandte mich wieder ihm zu, denn ich fühlte: er war die Gefahr, und die anderen waren bloß Mitläufer. Doch während er anhaltend knurrte und in kurzen Zwischenräumen ein heftiges und hetzerisches Bellen ausstieß, vernahm ich auch erregtes Knurren hinter meinem Rücken. Ich hörte es lauter, und ich hörte es näher. Die drei Hunde erhitzten sich wechselseitig an ihrer Wut, und indem der Gelbe immer am heftigsten röchelte und knurrte, rückten auch die beiden andern gegen mich vor, der in ihrer Mitte stand.

Ich bin – wie jeder andere – einigemal in meinem Leben in Gefahr gewesen; niemals aber habe ich ein Grauen empfunden wie in diesen Minuten, in denen mich drei große wilde Hunde mit weißen Wolfszähnen eingekreist hielten und mir geifernd näher rückten. Wandte ich mich dem einen zu, schlichen die beiden andern ein wenig vor, und es kam der Augenblick, in dem alle drei mit entblößten Fängen und gesträubtem Rückenhaar so nahe um mich standen, daß ich keine Bewegung hätte machen können, ohne einen zu berühren.

Wenn ich das jetzt beschreibe, zittert der Stift in meinen Fingern; denn in jenem Augenblick wurde mir klar, ein wie gräßlicher Tod es ist, von Hunden zerrissen zu werden. Und mit derselben Deutlichkeit erkannte ich, daß dieser Tod vor mir stand ...

So alt ich werde: nie werde ich vergessen, wie mich die Augen des großen Gelben glasgelb und grün anfunkelten.

Ich hatte Todesangst, und ich schrie.

Ich schrie, ohne Hoffnung, daß man mich hörte. Ich schrie aus Grauen in die Dämmerung hinein, und ich hörte das Echo meines Schreies tot und leer von den Felswänden zurückhallen.

Was die Hunde abhielt, sich in diesem Augenblick auf mich zu stürzen – ich weiß es nicht. Vielleicht baute der Rest der Scheu, den auch verwilderte Hunde vor dem Menschen fühlen, eine letzte Mauer um mich. Hätte der Gelbe zugebissen – es wäre aus gewesen. Aber erst stieß er seine Nase gegen meine Beine vor, sprang kurz und heulend zurück, und – Dank Gott! – ein Pfiff schrillte von der Quelle her.

In mächtigen Sätzen, den langen Hirtenstab schwingend, kam ein Mann herangesprungen.

Es war der Hirt der Ziegen, der Herr des Gelben ...

Die Hunde schwiegen. Als er neben mir stand, sah ich sie nicht mehr ...

Ich habe diese Nacht nicht geschlafen, denn ich fürchtete den großen gelben Hund, und fast mehr noch fürchtete ich, von ihm zu träumen. Ich bin auch nicht auf den Gipfel des Chelmos geklettert, obschon er kaum noch dreihundert Meter höher als jene Quelle vor mir stand.

Sondern ich bin schon um vier Uhr morgens nach Kalawryta zurückgeritten, fünf Stunden lang, ohne aus dem Sattel zu steigen.

Charles Ferdinand Ramuz

Mousse

Es gibt gewisse Klüfte, die man ›baumes‹ nennt. Überall in diesem Land mit seinen Hochebenen findet man solche Untiefen; überall an Stellen, wo die Felsen, die den Unterbau des Bodens bilden, sich gegeneinander verschoben haben. Ihre Tiefe, die kennt niemand. Man sagt, bei vielen komme man nie auf den Grund. Wirft man einen Stein hinunter, er sei so groß und schwer wie er wolle, hört man ihn an den Wänden aufschlagen, der Klang kommt immer weiter und weiter her und erlischt am Ende ganz; aber man vernimmt kein Anhalten, keinen harten und dumpfen Anprall, der uns vermelden würde: jetzt ist der Grund erreicht. In einigen dieser Spalten fließt Wasser, man vernimmt, wie Quellen sprudeln; aus andern weht ein solcher Frost, ein solch eisiger Atem herauf, daß man annehmen muß, sie seien immer voll von Schnee, der sich hier im Winter aufschichtet.

Eine Kluft dieser Art ist ganz nahe bei der Alphütte gelegen, zweihundert Schritt rechterhand an der tiefsten Stelle einer weiten Bodenmulde; rings umher dehnen sich Weideplätze wie Wellen eines grünen Meeres, die plötzlich erstarrten; noch weiter vorn steigt als ein recht deutlicher Kreis eine Schranke von Felsen gegen den Himmel auf. Dann war die Hütte da, und neben ihr ein paar andere, aber die waren nicht so groß und nicht so gut gebaut; in der Hütte lebten sie ihrer fünf oder sechs, und darunter Augustin, der Handbub, und der Hund Mousse. Der stammte von einer großen Schäferhündin ab, die auch da war; sie hatte einen Wurf von drei Jungen gehabt, und davon hatte man den drolligsten behalten, weil man Mitleid mit ihm hatte, so niedlich war er und wirklich lustig anzusehen mit einem weißen Fleck um das linke und einem schwarzen um das rechte Auge; ganz kraus war er und spielte den ganzen Tag, biß den Männern an den Schuhen herum, hakte sich an ihren Hosen fest, und war dabei sanft und nie bösartig. So war er herangewachsen, und alle hatten ihn verwöhnt, als er noch klein war. Als er aber groß wurde und ein wirklicher Hund, wußte man nichts mehr mit ihm anzufangen, denn die Alte kam allein mit Hüten aus. Man sah ihn für überflüssig an, und dazu fraß er zuviel, denn hier oben ist das Brot selten; man muß es mit großer Mühe vom Dorf herauftragen, volle zwei Stunden aus dem Talgrund herauf.

»Langweiliges Hundevieh!« sagte der Meister, wenn sich Mousse an ihm rieb, und versetzte ihm einen schweren Fußtritt.

»Pack dich!« sagte der Obersenn.

Und dazu pfiff er so schrill durch die Finger, daß Mousse, den Schwanz zwischen den Beinen, davonstob. Und von neuem sagte er:

»Schön bist du wahrhaftig nicht.«

Und er war auch häßlich geworden, schrecklich mager, mit gesträubtem Fell – und weil alle ihn von sich stießen, sah er immer fluchtbereit und ängstlich und mißtrauisch aus; er näherte sich einem nur, wenn er einen großen Kreis um ihn gezogen hatte, und dann kam er kriechend und sich windend heran, und das machte, daß alle ihn nicht leiden mochten, ohne daß einer zu sagen wußte, warum. Man gab ihm keine Suppe mehr, nicht einmal von jenen Milchresten, die beim Käsemachen übrigbleiben und mit denen man die Schweine aufzieht; er lebte von irgendwelchen Abfällen, wie, war schwer zu sagen; er fraß eben, was er fand. Eines Tages stahl er ein paar Kartoffeln. Da schlug ihn der Meister mit dem Geißelstecken, daß die Haare in Büscheln durch die Luft flogen, und das Tier heulte, bis es vor Erschöpfung nur noch röcheln konnte; aber der Meister hörte nicht auf, bis er selbst müde war. Von da an erblickte man einen Hund mit kahlem Rücken, mit gestriemtem, geschwollenem Rücken, der noch hinterhältiger als je um einen herumstrich und davonrannte, sobald nur einer die Hand hob. Nur zu dem kleinen Handbuben kam er noch heran, da der ihn nie mißhandelt hatte.

Darum wurde auch der Handbub mit der Sache beauftragt. Und darum kam auch ihm der Gedanke dazu, und er sagte:

»In das Loch hinunter muß man ihn werfen.«

Nichts war so einfach wie das. Der Gedanke kam ihm eines Abends, als die Männer von Mousse sprachen und der Meister zum soundsovielten Mal sagte: »Ich werde ihm eins auf den Pelz brennen.« Aber ein Flintenschuß bleibt immer ein Flintenschuß; und darum waren schließlich alle der Meinung des Handbuben. Eben schlich Mousse an der Hütte vorüber. Da sagten sie zu Augustin: »Also los.« Und Augustin machte ein paar Schritte und rief Mousse. »Mousse, Mousse!« rief er und klatschte dabei mit der Hand auf seinen Schenkel. Und Mousse hielt an und betrachtete ihn lange, zögerte noch, dann kam er langsam auf Augustin zu, der gegen das Loch hinstrich; ganz nahe war er dabei, als ihn Mousse endlich einholte. Mousse schlich um ihn herum, wie er es immer tat; dann legte er sich zu seinen Füßen und schlug mit seinem Schweif kräftig auf den harten Boden. Augustin tätschelte ihn mit der Hand, der Schweif trommelte noch rascher die Erde; dann ging Augustin gegen das Loch hin und Mousse dicht auf seinen Fersen. Und die Fünfe saßen immer auf der Bank vor der Hütte und schauten zu.

Augustin kam bei der Spalte an. Er setzte sich auf einen großen Stein; Mousse blieb ein paar Schritte von ihm entfernt; er war doch wohl etwas mißtrauisch. Ein paar Schritte blieb er von Augustin entfernt, und Augustin saß auf seinem Stein, und Augustin und Mousse schauten einander an. Das dauerte eine kleine Weile. Dann sah man, wie Augustin dem Hund winkte, und er sprach wohl auch mit ihm; schließlich kam er heran und rieb sich an ihm und legte den Kopf auf seine Knie. Plötzlich ein Geheul: Augustin hatte Mousse am Halsband gepackt, und man sah, wie er ihn über die Strecke von zwei oder drei Schritt wegzerrte, nun schwang sich der gebückte Handbub stark nach vorn; nun erhob er sich wieder; Mousse war weg.

Da standen die Männer auf und kamen ihrerseits auch zu dem Loch, wo Augustin auf sie wartete; er lachte und sagte: »Den hat's!« Alle beugten sich über das Loch. Man sah nichts, des Dunkels wegen, und auch, weil in einigen Metern Tiefe ein großer Block vorragte, der die Öffnung verdeckte; man hörte auch nichts. Sie sagten: »Der Aufprall muß ihn zerschmettert haben.« Dann kehrten sie in die

Hütte zurück und redeten von anderen Dingen; bald legten sie sich nieder, denn die Nacht brach ein. Eine weite Nacht aus Mond und Sternen; eine weite Nacht aus tiefer Stille, wo ein fallender Wassertropfen ein richtiger, weithallender Laut ist, und wo, um sie zu stören, nur dann und wann eine Kuhglocke tönt oder das Schnauben des Stiers.

Am andern Tag gegen Mittag trat ein Hirt in die Hütte und sagte: »Wißt ihr schon, er heult.«

Man hatte schon vergessen, um wen es ging, man fragte:

»Wer denn?«

»Der Hund natürlich.«

Staunen.

»Aber gestern abend gab er doch keinen Laut.«

»Geht doch selber und hört hin.«

Augustin begab sich hinüber; bald war er zurück.

»Es ist wahr, er heult, und zwar stark.«

Als es Abend war, gingen alle miteinander hinüber, um nachzusehen, wie man erzählt, und auch die von den andern Hütten. Man wußte zuerst nicht recht, woher die Schreie kamen, die man ganz deutlich hörte; sie schienen von sehr weit herzudringen; sie waren schwach, erstickt, durch die Entfernung gedämpft. Es war ein langes, scharfes Gewimmer, wie wenn ein Hund den Mond anbellt; schrill, atemlos, mit Unterbrechungen, mit kurzem Kläffen dazwischen; dann war es eine Weile still, und von neuem setzte das Wimmern ein. Es war erstaunlich, wie es immer noch andauerte, nachdem es den ganzen Tag nicht aufgehört hatte, und daß das Tier noch nicht erschöpft war; erstaunlich war auch, daß es den Fall über die Felsen überlebt hatte; aber vielleicht war es auch unterwegs festgehalten worden. Aber wie konnte man das wissen! Wußte man doch nicht einmal, wie tief die Spalte war. Darüber unterhielten sich jetzt die Männer; sie sagten: »Wasser ist drunten, das ist sicher (man vernahm das Plätschern einer Quelle), aber zu fressen ... Lange kann er's nicht mehr aushalten.« Und sie kehrten ruhig in ihre Hütten zurück.

Es kam die zweite Nacht; sie war so klar wie die erste, ebenso sternenhell, mit der nämlichen großen Stille: da hörte man deutlich von neuem Mousse jammern. Deutlich vernahmen ihn die in der Hütte, sobald sie sich niedergelegt hatten; bald darauf schliefen sie ein, und als sie erwachten, jammerte er noch. Nur waren zur gleichen Zeit die Menschen und Tiere in der Runde aufgewacht, und sein Geheul wurde durch die tausend Geräusche des Lebens zugedeckt.

An diesem Tag gingen nur die kleinen Mädchen des Sennen aus der zweiten Hütte mit ihrem Imbißbrot, um zu sehen, was Mousse mache, und sie zerkrümelten es und warfen die Brosamen in das Loch, weil sie dachten, Mousse könne Hunger haben; dann hörten sie damit auf und vergnügten sich mit andern Spielen. Sie gingen in die Wiesen und pflückten sich Sträuße aus Arnika, jenen grellgelben und ganz runden Blumen; dann kehrten sie heim und trugen die Sträuße mit beiden Händen vor sich hin.

Gegen Abend hörte man dann nichts mehr. Und auch in dieser dritten Nacht hörte man nichts, rein gar nichts. Erst am nächsten Morgen ging Augustin an der Spalte vorbei und verfiel darauf, hinunterzuhorchen, und man vernahm tatsächlich nichts; aber da begann er zu rufen. Und auf einmal kam die Antwort, ein gedehnter Schmerzensschrei, ein heiseres Heulen, und das hörte nun den ganzen Tag nicht mehr auf; der dritte war's.

Und Augustin seinerseits fuhr fort zu rufen, nicht aus Bosheit, nur zu seinem Vergnügen, und vielleicht auch, weil er dieses Tier doch etwas gern hatte; aber man hatte es eben auf die Seite schaffen müssen, was wollt ihr? Man füttert keine überflüssigen Tiere; und nun tat er ihm schön: »Mousse, Mousse, schöner Hund ... Komm her, schöner Mousse ... Komm schnell. Hier, Mousse, hier ...« und jedesmal, wie er rief, wurde das Heulen schriller und das Winseln verzweifelter. Immer konnte man noch nichts sehen, nur die feuchte Wand mit den großen vorspringenden Felsblöcken; und diese Frische stieg hinauf, eine Kälte war's eher und ein eisiger Hauch, den man an diesen heißen Tagen mit ihrer lachenden, brennenden Sonne besonders empfand, in diesem blau und grünen Sommer und dem endlosen Gesumm der Mücken. Er dachte sich: ›Vielleicht schlief er, oder er hatte den Mut verloren, und schließlich muß er ja müde werden.‹ Und da ging er weg zu den andern, die nicht weit davon am Heuen waren, und er sagte zu ihnen: »Immer noch hält er's aus.« – »Nicht möglich«, antworteten sie. Und sie mähten weiter, jeder an seiner Stelle, und ließen im Kreise um sich unter der Sense das rauhe Gras fallen, wie es auf diesen Bergweiden mit ihrem steinigen Boden wächst. Höher oben weidete die Herde schöner roter Kühe; sie schritten alle hintereinander her und wechselten als lebhafte Farbflecken die Plätze wie Brettsteine auf einem Damespiel: bald waren sie dicht beieinander und ausgerichtet, bald nach dem Zufall zerstreut; dann zeichneten vier oder fünf hintereinander auf dem Kamm ihre Umrisse ab. Ganz im Grund rauchte das Kamin der Hütte.

Das war der vierte Tag; es folgte der fünfte und der sechste mit immer größerer Stille; immer weniger Schreie und immer größere Stille. Die Männer sagten zueinander: »Jetzt ist er kaputt.« Es war ihnen zur Gewohnheit geworden; sie gingen gern an dem Loche vorbei, wenn sie zum Essen oder Schlafen heimkehrten, der oder jener, allein oder zwei oder drei zusammen; ein Weilchen blieben sie dann stehen, ein Weilchen horchten sie hin. Aber am sechsten Tag, obwohl sie ihrer vier oder fünf dort gewesen waren, hatte keiner von ihnen etwas gehört. Wieder sagten sie:

»Jetzt ist er kaputt.«

Nur Augustin meinte:

»Sicher ist es noch nicht.«

Und wie er vordem getan hatte, ging er hin und rief ihm wieder. Lange rief er, ohne daß er etwas vernahm, aber ganz zuletzt kam noch ein schwaches Wimmern, kein Heulen mehr diesmal, nur noch ein ungewisses Seufzen, wie man es von ganz kleinen Kindern hört, und auch das verstummte bald, obwohl Augustin weiter rief. Dann kehrte er heim und sagte:

»Tot ist er noch nicht, aber dauern kann's nicht mehr lange.«

Und sie waren über das zähe Leben des Tieres verwundert; allerdings war es ja auch nicht verwöhnt worden und hatte von allem Anfang an gelernt, mit wenig zufrieden zu sein: andererseits hatte es nicht wie andere, besser genährte, Reserven an Fett, Muskeln und Blut im Leibe; man spürte an diesem Abend bei den Männern etwas wie Respekt wegen dieser Zähigkeit.

Auch am siebenten Tag antwortete Mousse noch. Am achten ging Augustin erst gegen vier Uhr hin, und als er zurückkam, sagte er:

»Jetzt ist's aus.«

Das war alles. Nie mehr hörte man aus dem Loch das geringste Geräusch, den mindesten Hauch. Man kann nicht sagen, daß es Erleichterung gab. Es gab vor allem Gleichgültigkeit. Es gab hauptsächlich, daß der Meister und die anderen die Achseln zuckten, und gleichzeitig schritt ein Maultier daher, das vom Dorf heraufkam, mit einem großen Sack auf dem Packsattel. Es war ein Sack Salz zum Lecken. Der Treiber ging voraus und rief dem Meister von weitem. Der Meister wandte sich ihm zu, die Pfeife im Mund. Er nahm sie heraus und fragte:

»Wieviel Kilo bringst?«

Und der Mann antwortete:

»Fünfzig.«

Deutsch von Albert Baur

Mark Twain

Die Geschichte eines Hundes

I

Mein Vater war Bernhardiner, meine Mutter war Collie, aber ich bin Presbyterianer. Das sagt meine Mutter; ich selbst kenne mich in diesen feinen Unterscheidungen nicht aus. Für mich sind das nur schöne lange Wörter, die nichts bedeuten. Meiner Mutter gefielen sie ja; sie sprach sie gern, um dann aufzupassen, wie überrascht und neidisch andere Hunde aussahen, als wunderten sie sich, woher sie soviel Bildung hätte.

Aber tatsächlich war das keine richtige Bildung; es war nur Angeberei. Die Worte bekam sie auf die Weise, daß sie im Speise- und im Gesellschaftszimmer zuhörte, wenn Gäste da waren, und indem sie mit den Kindern zur Sonntagsschule ging und dort zuhörte. Und immer, wenn sie ein langes Wort hörte, sprach sie es sich viele Male vor und behielt es deshalb auch, bis in der Nachbarschaft eine hündische Versammlung stattfand; dann packte sie damit aus und überraschte und plagte alle damit, vom Taschenspitz bis zur schweren Dogge, was sie für alle Mühe belohnte.

Wenn ein Fremder darunter war, stand es so gut wie fest, daß er etwas argwöhnte, und wenn er die Sprache wiederfand, fragte er sie dann, was das bedeute. Und immer gab sie ihm dann Auskunft. Das hatte er meist nicht erwartet, sondern geglaubt, er könnte sie erwischen; wenn sie es ihm dann erklärte, war deshalb er derjenige, der sich schämte, wohingegen er angenommen hatte, sie würde sich am Ende schämen. Die anderen lauerten schon immer darauf, freuten sich darüber und waren stolz auf sie, denn sie wußten schon aus eigener Erfahrung, wie sich das abspielen würde. Wenn sie die Bedeutung eines großen Wortes erklärte, waren sie alle dermaßen von Bewunderung erfüllt, daß es keinem Hund einfiel, zu zweifeln, ob das die richtige Erklärung wäre; und das war nur natürlich, denn einerseits antwortete sie so prompt, daß es aussah, als spreche ein Wörterbuch, und wie sollten sie andererseits herausbekommen, ob es falsch oder richtig war? Sie war nämlich der einzige kultivierte Hund, den es gab.

Später, als ich schon älter war, brachte sie einmal das Wort ›unintellektualistisch‹ mit nach Hause und strapazierte es die ganze Woche hindurch auf verschiedenen Versammlungen, wodurch sie reichlich viel Mißbehagen und Niedergeschlagenheit verursachte; und diesmal fiel mir auf, daß sie in jener Woche auf acht verschiedenen Zusammenkünften nach der Bedeutung gefragt wurde und jedesmal blitzartig eine neue Definition hervorschoß, was mir bewies, daß sie mehr Geistesgegenwart als Kultur besaß, doch sagte ich natürlich nichts.

Sie besaß ein Wort, das sie immer bereit und zur Hand hatte wie einen Lebensretter, eine Art Notwort, an das sie sich klammern konnte, wenn es einmal danach aussah, daß sie plötzlich über Bord gespült würde – es war das Wort ›synonymisch‹. Wenn sie zufällig einmal ein langes Wort hervorholte, dessen Glanzzeit schon einige Wochen vorüber war und dessen vorüberlegte Bedeutungen auf ihrem Abfallhaufen gelandet waren, und wenn dann ein Fremder dabeistand, so schlug es ihn natürlich für ein paar Minuten groggy, aber wenn er wieder zu sich kam, war sie schon mit dem Wind auf anderem Kurs davon und rechnete mit nichts mehr; wenn er sie dann also ansprach und aufforderte, den großen Brocken zu wechseln, dann konnte ich – der einzige Hund, der ihr Spiel kannte – ihre Segel einen Augenblick schlaff hängen sehen, aber nur einen einzigen Augenblick, dann schwollen sie straff und voll an, und sie sagte gewöhnlich so ruhig wie ein Sommertag: »Es ist synonymisch mit Supererogation«, oder irgendein anderes gottlos langes Reptil von Wort dieser Art, und machte sich gelassen daran, ganz behaglich auf den nächsten Kurs zu gleiten, nicht wahr, und ließ den Fremden uneingeweiht und verwirrt stehen, während die Eingeweihten geschlossen mit dem Schwanz auf den Boden klopften und ihre Gesichter sich in frommer Freude verklärten.

Mit ganzen Phrasen war es dasselbe. Sie schleifte oft eine solche

Phrase nach Hause, wenn sie großspurig klang, und spielte sie an sechs Abenden und zu zwei Matineen und erklärte sie jedesmal anders – was sie einfach mußte, denn alles, worauf es bei ihr ankam, war die Phrase; es interessierte sie nicht, was sie bedeutete, und sie wußte, daß die Hunde sowieso nicht genug Grips besaßen, sie zu begreifen. Jawohl, sie war vielleicht ein Kaliber! Allmählich fürchtete sie sich vor nichts mehr, so sehr vertraute sie der Dummheit dieser Geschöpfe. Sogar Anekdoten brachte sie an, über die sie die Familie und die Dinnergäste hatte lachen und schreien hören; und gewöhnlich kam es so, daß sie die Pointe von einem abgedroschenen Witz an einen anderen abgedroschenen Witz hängte, wohin sie natürlich nicht paßte und wo sie keinen Sinn ergab; und wenn sie die Pointe herausbrachte, fiel sie um, wälzte sich auf dem Boden, lachte und bellte auf die irrsinnigste Weise, wobei ich bemerkte, daß sie sich selbst wunderte, weshalb sie nicht so witzig war wie damals, als sie es zum erstenmal hörte. Aber das schadete ja nichts; die anderen wälzten sich und bellten ebenfalls, wobei sie sich heimlich schämten, daß sie die Pointe nicht begriffen, und dabei niemals ahnten, daß der Fehler nicht bei ihnen lag und daß überhaupt keinerlei Pointe zum Begreifen da war.

An allem erkennt man, daß sie einen ziemlich eitlen und frivolen Charakter besaß; immerhin besaß sie auch Tugenden, genug, alles andere aufzuwiegen, glaube ich. Sie hatte ein gutes Herz und eine sanfte Art und trug kein ihr angetanes Unrecht lange nach, sondern tilgte es leicht aus ihrem Gedächtnis und vergaß es. Die Kinder lehrte sie ihr freundliches Verhalten, und von ihr lernten wir auch, in Gefahr tapfer und flink zu handeln, nicht auszureißen, sondern der Gefahr, die einen Freund oder Fremden bedrohte, ins Auge zu sehen und zu helfen, so gut wir konnten, ohne des uns daraus entstehenden Schadens zu gedenken.

Und das lehrte sie uns nicht nur mit Worten, sondern durch ihr Beispiel, und das ist der beste, der sicherste und der nachhaltigste Weg. Ach, die kühnen Taten, die sie vollbrachte, die herrlichen Taten! Sie war genau wie ein Soldat, und so bescheiden dabei – na, man konnte nicht anders, als sie bewundern, und man konnte nicht anders, als ihr

Pierre Bonnard
Hunde im Hof

nacheifern; selbst ein König-Karl-Spaniel konnte in ihrer Gesellschaft nicht ganz verächtlich bleiben. Es war also, wie man sieht, schon mehr an ihr dran als nur ihre Bildung.

2

Als ich endlich ziemlich erwachsen war, wurde ich verkauft und weggenommen, und ich sah sie nie mehr wieder. Ihr nagte es am Herzen, und mir auch, und wir weinten; aber sie tröstete mich, so gut sie konnte, und sagte, wir seien zu einem weisen und guten Zwecke auf dieser Welt und müßten unsere Pflicht tun, ohne zu murren, unser Leben nehmen, wie es ist, es zum Wohle der anderen leben und uns um die Folgen nicht kümmern; sie seien nicht unsere Sache. Sie sagte, Menschen, die sich so verhielten, würden später in einer anderen Welt einen edlen, schönen Lohn dafür finden, und obgleich wir Tiere nicht dorthin gelangten, würde ohne Belohnung gut und recht zu tun unserem kurzen Leben einen Wert und eine Würde verleihen, die allein schon einen Lohn darstellten. Diese Sachen hatte sie von Zeit zu Zeit aufgeschnappt, wenn sie mit den Kindern zur Sonntagsschule ging, und hatte sie in ihrem Gedächtnis sorgfältiger bewahrt als die anderen Wörter und Phrasen; und sie hatte sie tief studiert, zu ihrem und unserem Nutzen. Daran kann man erkennen, daß sie einen klugen, besonnenen Kopf besaß, obwohl soviel Leichtsinn und Eitelkeit darin steckten.

So nahmen wir Abschied voneinander und schauten uns durch die Tränen ein letztes Mal an; und das letzte, was sie sagte – sie hatte es bis zuletzt aufgehoben, glaube ich, damit ich es mir besser merke –, war: »Mir zum Gedächtnis – wenn ein anderer in Gefahr schwebt, denke nicht an dich, denke an deine Mutter und tu, was sie tun würde.«

Glaubt man, das könnte ich vergessen? Nein.

3

So ein reizendes Heim – mein neues! Ein feines, großes Haus mit Bildern und eleganten Dekorationen und kostbaren Möbeln und nirgends Düsternis, sondern ein Gewirr hübscher Farben, die mit dem flutenden Sonnenlicht aufleuchteten; und der geräumige Grund um das Haus und der große Garten – oh, Rasen und stattliche Bäume und Blumen ohne Ende! Und ich galt genau wie ein Mitglied der Familie; sie liebten mich, verwöhnten mich und gaben mir keinen neuen Namen, sondern riefen mich bei meinem alten, den ich gern hatte, denn Mutter hatte ihn mir gegeben – Aileen Mavourneen. Sie hatte ihn aus einem Lied, und die Grays kannten das Lied und sagten, es sei ein schöner Name.

Mrs. Gray war dreißig und so lieb und nett, das kann man sich nicht vorstellen; und Sadie war zehn und genau wie ihre Mutter, genau das süße, kleine, schlanke Ebenbild von ihr, mit braunen Zöpfen auf dem Rücken und kurzem Röckchen. Das Baby war ein Jahr alt, rundlich, mit Grübchen, und hatte mich gern und konnte nicht genug davon kriegen, mich am Schwanz zu ziehen, mich zu umarmen und sein unschuldiges Glück herauszulachen.

Mr. Gray war achtunddreißig, groß und schlank und ansehnlich, ein bißchen kahl vorn, wachsam, flink in seinen Bewegungen, gewandt, munter, entschlossen, unsentimental und genau mit jenem feingezeichneten Gesicht, das vor frostigem Intellektualismus zu glitzern und funkeln scheint! Er war ein berühmter Wissenschaftler. Ich weiß zwar nicht, was dieses Wort bedeutet, aber meine Mutter wüßte, wie man es anwendet, um guten Eindruck zu machen. Sie wüßte, wie man einem Rattenterrier damit das Herz schwer macht und es einem Schoßhündchen leid tun läßt, daß es hinzutrat. Aber das war noch nicht das beste; das beste war das ›Laboratorium‹. Meine Mutter könnte mit dem Wort einen Trust organisieren, der der gesamten Meute die Steuerhalsbänder abziehen würde. Das Laboratorium war kein Buch, auch kein Bild, auch keine Halbinsel, wie der Hund des College-Direktors sagte – nein, das war Labrador. Das Laboratorium ist etwas ganz anderes, es steht voller Krüge und Flaschen und elektrischer Körper und Drähte und sonderbarer Maschinen; und jede Woche kamen andere Wissenschaftler und setzten sich dort hin, benutzten die Maschinen, debattierten und machten, was sie Experimente und Entdeckungen nannten. Ich ging auch oft hin, stand herum, hörte zu und versuchte um meiner Mutter willen und in liebevoller Erinnerung an sie, etwas zu lernen, obgleich es mir weh tat, wenn mir klar wurde, was sie in ihrem Leben versäumte und daß ich überhaupt nichts gewann; denn so große Mühe ich mir auch gab, ich war nicht imstande, auch nur klug daraus zu werden.

Zu anderer Zeit lag ich im Arbeitszimmer meiner Herrin auf dem Fußboden und schlief, wobei sie mich vorsichtig als Fußstütze benutzte, da sie wußte, es gefiel mir, denn es war eine Liebkosung. Manchmal verbrachte ich eine Stunde im Kinderzimmer und wurde dort schön zerzaust und froh gemacht; ein andermal hielt ich neben dem Kinderbett Wache, wenn das Baby schlief und das Kindermädchen ein paar Minuten draußen etwas für das Kleine zu besorgen hatte. Manchmal tollte und raste ich mit Sadie durch Hof und Garten, bis wir erschöpft waren, schlief dann auf dem Rasen im Schatten eines Baumes, während sie las. Ein andermal ging ich zu Nachbarhunden zu Besuch, denn es gab ein paar höchst liebenswürdige nicht weit weg, darunter einen sehr schönen, höflichen, eleganten, lockigen irischen Setter namens Robin Adair, der wie ich Presbyterianer war und dem schottischen Pfarrer gehörte.

Die Bedienten des Hauses waren alle sehr freundlich zu mir und konnten mich gut leiden, und so führte ich, wie man sieht, ein angenehmes Leben. Es konnte keinen glücklicheren Hund als mich und auch keinen dankbareren geben. Nun möchte ich auch für mich selbst sprechen, denn es ist nur die Wahrheit: Ich habe in jeder Weise versucht, gut und recht zu handeln und das Gedächtnis meiner Mutter und ihre Lehren in Ehren zu halten und das Glück, das über mich gekommen war, zu verdienen, so gut ich konnte.

Bald darauf kam mein Kleines an, und nun war mein Becher voll, mein Glück vollkommen. Es war ein allerliebstes kleines, strampelndes Ding, so glatt und weich und samtig, und es besaß so niedliche, kleine, unbeholfene Pfoten und so zärtliche Augen und so ein süßes, unschuldiges Gesicht. Es machte mich ganz stolz, wenn ich sah, wie die Kinder und ihre Mutter es gern hatten und herzten und über jedes kleine wunderbare Ding, was es tat, in Entzücken gerieten. Mir schien, als sei das Leben einfach zu schön, um ...

Dann kam der Winter. Eines Tages hielt ich im Kinderzimmer Wache. Das heißt, ich schlief auf dem Bett. Das Baby schlief im Kinderbett, das neben dem Bett auf der Seite zum Kamin stand. Es war die Art von Kinderbett, die ein hohes Zelt aus einem florartigen Stoff darüber besitzt, durch das man hindurchsehen kann. Das Kindermädchen war weggegangen, und die beiden Schläfer waren allein. Das Holzfeuer schoß einen Funken heraus, der auf die Schrägseite des Zeltes fiel. Ich vermute, es folgte ein Augenblick Stille, dann weckte mich ein Schrei des Babys, und da loderte schon das Zelt bis an die Decke. Noch ehe ich einen Gedanken fassen konnte, sprang ich in meiner Angst vom Bett herunter und war in einer Sekunde schon auf halbem Wege zur Tür. Aber in der nächsten halben Sekunde klangen mir Mutters Abschiedsworte im Ohr, und ich saß wieder auf dem Bett. Ich steckte meinen Kopf durch die Flammen, zog das Baby am Bund heraus, zerrte es weiter, bis wir in einer Rauchwolke beide zu Boden fielen; ich griff wieder zu und zerrte das schreiende kleine Geschöpf weiter, durch die Tür und um die Ecke in der Diele und zog es immer noch, ganz aufgeregt, froh und stolz, als die Stimme des Herrn erschallte: »Hau ab, du verfluchtes Biest!«

Ich sprang los, um mich in Sicherheit zu bringen, aber er war wunderbar schnell und holte mich ein, wobei er wütend mit dem Stock nach mir schlug und ich vor Schreck hierhin und dahin auswich, bis schließlich ein heftiger Schlag meine linke Vorderpfote traf, so daß ich aufheulte und im Augenblick hilflos hinfiel. Der Stock wurde zu einem neuen Streich erhoben, senkte sich aber nicht mehr, denn die Stimme des Kindermädchens gellte wild: »Das Kinderzimmer brennt!« Der Herr raste in der Richtung davon, und meine übrigen Knochen waren gerettet.

Der Schmerz peinigte mich entsetzlich, doch war das gleich, ich durfte keine Zeit verlieren; er konnte jeden Moment zurückkehren. So humpelte ich auf drei Beinen zum anderen Ende der Diele, wo sich eine kleine dunkle Treppe befand, die zu einer Dachkammer führte, in der alte Kartons und ähnliches aufbewahrt wurden, wie ich einmal gehört hatte, und wohin selten einer kam. Es gelang mir, dort hinaufzuklettern, und zwischen den Haufen von alten Sachen hindurch bahnte ich mir in der Dunkelheit einen Weg und versteckte mich am verborgensten Platz, den ich finden konnte. Es war dumm, sich dort zu fürchten, doch hatte ich trotzdem Angst; so viel Angst, daß ich die Luft anhielt und sogar kaum winselte, obgleich es eine Erleichterung gewesen wäre, zu winseln, weil das bekanntlich den Schmerz lindert. Aber ich konnte mir das Bein lecken, und das tat mir sehr gut.

Eine halbe Stunde lang gab es unten einen Aufruhr, Rufe und hastende Schritte, und dann herrschte wieder Stille. Einige Minuten Stille, und das tat meinem Gemüt wohl, denn nun ließ meine Furcht nach; und Furcht ist schlimmer als Schmerzen – oh, viel schlimmer. Dann vernahm ich einen Laut, der mich erstarren ließ. Sie riefen mich – riefen mich beim Namen – sie waren hinter mir her!

Die Entfernung machte den Laut undeutlich, doch das konnte ihm nicht den Schrecken nehmen; es war der furchtbarste Laut, den ich je gehört hatte. Er erklang überall, in allen Richtungen, hier unten, die Diele entlang, durch alle Räume, in beiden Stockwerken und im Erdgeschoß sowie im Keller; dann draußen und weiter und immer weiter entfernt, dann zurück und wieder im ganzen Hause herum, und ich dachte, das würde nie, nie mehr ein Ende nehmen. Aber schließlich nahm es ein Ende, Stunden und aber Stunden, nachdem das unbestimmte Zwielicht der Dachkammer schon lange von der schwarzen Finsternis ausgelöscht worden war.

In dieser gesegneten Stille schwand meine Furcht allmählich, und ich fand meine Ruhe wieder und schlief. Ich hatte einen erholsamen Schlaf, aber ich erwachte, bevor das Zwielicht zurückkehrte. Nun fühlte ich mich ziemlich wohl und konnte mir einen Plan ausdenken.

Ich dachte mir einen sehr guten aus, nämlich, den ganzen Weg über die Hintertreppe hinunterzukriechen und mich hinter der Kellertür zu verstecken, und wenn beim Morgengrauen der Eismann kam, hinauszuschlüpfen und zu entwischen, während er drinnen den Eisschrank füllte. Dann wollte ich mich den ganzen Tag verbergen und, wenn die Nacht hereinbrach, mich auf den Weg machen, meinen Weg nach – nun, irgendwohin, wo man mich nicht kannte und mich nicht meinem Herrn verraten würde. Mir war fast heiter zumute, da fiel mir plötzlich ein: Ach, was wäre das Leben ohne mein Kleines!

Das war eine Verzweiflung! Es gab keinen Plan für mich, das begriff ich; ich mußte bleiben, wo ich war, bleiben und warten und es nehmen, was immer auch käme – es war nicht meine Sache; so sei das Leben, hatte Mutter gesagt. Dann – nun, dann begann das Rufen von neuem! All mein Kummer kehrte wieder. Ich sagte mir, der Herr wird mir nie vergeben. Ich wußte nicht, womit ich ihn so erbittert und unnachgiebig gemacht hatte, doch meinte ich, es wäre etwas, was ein Hund nicht verstand, was einem Menschen aber klar war und schrecklich.

Sie riefen und riefen, Tage und Nächte, schien es mir; so lange, daß mich Hunger und Durst fast zum Wahnsinn trieben, und ich spürte, daß ich sehr schwach wurde. Wenn es einem so geht, schläft man viel, und das machte ich. Einmal wurde ich mit einem entsetzlichen Schreck munter – mir war, als hörte ich das Rufen direkt in der Dachkammer! Und so war es auch: Sadies Stimme, sie weinte; mein Name kam gebrochen über ihre Lippen, das arme Ding, und ich konnte vor Freude meinen Ohren kaum glauben, als ich sie sagen hörte: »Komm doch zurück zu uns – oh, komm zurück und verzeih uns – es ist ja alles so traurig ohne unsere ...«

Ich fiel mit *so* einem kleinen dankbaren Kläffen ein, und im nächsten Augenblick stürzte und stolperte Sadie durch die Dunkelheit und das Gerümpel und rief der Familie zu: »Ich hab sie gefunden, ich hab sie gefunden!«

Die folgenden Tage – nun, die waren wunderbar. Sadie, ihre Mutter und die Bedienten – also, sie schienen mich einfach zu vergöttern. Sie konnten mir anscheinend kein Bett machen, das fein genug war; und was das Essen betraf, so gaben sie sich mit nichts anderem zufrieden, als mir Wildbret und Delikatessen vorzusetzen, die die Jahreszeit normalerweise gar nicht bot. Jeden Tag strömten Freunde und Nachbarn herbei, um über meinen Heroismus zu hören – das war der Name, mit dem sie es bezeichneten, und er bedeutet Agrikultur. Ich weiß noch, wie meine Mutter es einmal einem Hundezwinger gegenüber ausspielte und es dann in der Weise erklärte, aber nicht sagte, was Agrikultur ist, außer, daß es synonymisch sei mit intramuraler Inkarnation. Ein dutzendmal am Tag erzählten Mrs. Gray und Sadie die Geschichte den Neuankömmlingen, und sie sagten, ich hätte mein Leben eingesetzt, um das des Babys zu retten, und wir beide hätten Verbrennungen, die das bewiesen, und dann reichte mich die Gesellschaft immer herum, streichelte mich und ereiferte sich mit Worten über mich, und man konnte den Stolz in Sadies und ihrer Mutter Augen aufleuchten sehen. Und wenn die Leute wissen wollten, weshalb ich hinkte, dann schämten sie sich und wechselten das Thema, und manchmal, wenn die Leute sie mit Fragen darüber in die Enge trieben, sah es mir so aus, als wollten sie anfangen zu weinen.

Aber das war noch nicht der ganze Ruhm, nein. Die Freunde des Herrn kamen, ganze zwanzig der angesehensten Männer, holten mich ins Laboratorium und debattierten über mich, als wäre ich eine Art Entdeckung. Einige von ihnen sagten, das sei doch ganz wunderbar von einem stummen Geschöpf, der feinste Beweis von Instinkt, auf den sie sich besinnen könnten, aber der Herr sagte mit Nachdruck: »Das ist weit mehr als Instinkt; das ist *Verstand*, und manch ein Mensch, der das Vorrecht genießt, erlöst zu werden und vermöge dessen mit Ihnen und mir in eine bessere Welt einzugehen, besitzt weniger Verstand als dieser arme dumme Vierbeiner, dem vorherbestimmt ist unterzugehen.« Dann lachte er und sagte: »Nun, schaut mich an – ich bin der reinste bittere Hohn! Meine Güte, mit all meiner großartigen Klugheit war das einzige, was ich folgerte, daß der Hund verrückt geworden war und mein Kind umbrachte, wohingegen es nur der Klugheit des Tieres – seinem Verstand, sage ich Ihnen! – zu verdanken ist, daß das Kind nicht umkam!«

Sie debattierten und debattierten, und ich allein bildete den Mittelpunkt und das Thema des Ganzen, und ich wünschte, meine Mutter wüßte, daß mir diese große Ehre zuteil wurde; das hätte sie stolz gemacht.

Dann erörterten sie die Optik, wie sie es nannten, und ob eine bestimmte Verletzung des Gehirns zur Blindheit führe oder nicht, aber sie gelangten hierin zu keiner Übereinstimmung und sagten, sie müßten das später durch ein Experiment untersuchen. Als nächstes erörterten sie Pflanzen, und das interessierte mich, denn im Sommer hatten Sadie und ich Samen gesteckt – ich half ihr nämlich die Löcher graben –, und nach vielen Tagen schoß dort eine kleine Staude oder eine Blume empor; es war ein Wunder, wie so etwas geschehen konnte, aber es geschah, und ich wünschte, ich könnte sprechen – ich hätte diesen Leuten davon erzählt, ihnen gezeigt, wieviel ich wußte, und am Gegenstand voll Anteil genommen. Aber für die Optik interessierte ich mich nicht; das war stumpfsinnig, und als sie wieder darauf zurückkamen, langweilte es mich, und ich schlief ein.

Sehr bald hatten wir Frühling, und es war sonnig, behaglich und wunderschön, und die Kinder und ihre liebe Mutter streichelten mich und mein Kleines zum Abschied; sie unternahmen eine Reise, um Verwandte zu besuchen. Der Herr leistete uns keine Gesellschaft, aber wir spielten zusammen und ließen es uns gut gehen, und die Bedienten waren nett und freundlich, so daß wir ganz gut miteinander auskamen, die Tage zählten und auf die Familie warteten.

Eines Tages kamen die Männer wieder und sagten, nun ginge es an den Versuch, und sie nahmen mein Kleines ins Laboratorium, und ich humpelte auf drei Beinen auch mit, stolz, denn jede Beachtung, die man ihm zollte, bereitete mir natürlich Freude. Sie debattierten und experimentierten, und dann schrie das Kleine plötzlich auf. Sie setzten es auf den Boden, und es taumelte herum, den Kopf ganz blutig, und der Herr klatschte in die Hände und rief:

»Da, ich habe gewonnen – geben Sie es zu! Er ist stockblind!«

Und sie alle sagten: »So ist's – Sie haben Ihre Theorie bewiesen, und die leidende Menschheit ist Ihnen hinfort zutiefst verpflichtet.« Und sie drängten sich um ihn, schüttelten ihm herzlich und dankbar die Hand und priesen ihn.

Aber das sah oder hörte ich kaum, denn ich rannte sogleich zu meinem kleinen Liebling, schmiegte mich eng an das Kleine, leckte ihm das Blut ab, und es legte seinen Kopf an meinen, leise wimmernd, und ich wußte im Innern, daß es seinen Schmerz und sein Leid linderte, die Mutter zu spüren, obgleich es mich nicht sehen konnte. Kurz darauf fiel es um, die kleine samtige Nase lag auf dem Fußboden, und es war still und bewegte sich nicht mehr.

Bald hielt der Herr in der Erörterung einen Augenblick inne, läutete nach dem Diener und sagte: »Begraben Sie ihn in der hinteren Ecke des Gartens«, und fuhr dann fort zu debattieren, während ich hinter dem Diener hertrottete, sehr froh und dankbar, denn ich wußte, das Kleine hatte nun keine Schmerzen mehr, denn es schlief. Wir gingen weit hinten in den Garten an das entfernteste Ende, wo die Kinder, das Kindermädchen, das Kleine und ich im Sommer im Schatten einer großen Ulme immer spielten, und dort grub der Diener ein Loch, und ich sah, daß er das Kleine pflanzen wollte, und ich war froh darüber, denn es würde wachsen und als schöner, stattlicher Hund wie Robin Adair hervorkommen, und für die Familie wäre das, wenn sie nach Haus käme, eine wunderbare Überraschung. Deshalb versuchte ich, beim Graben zu helfen, aber mein lahmes Bein taugte nicht dazu, weil es doch steif ist, nicht wahr, und man muß zwei Beine dazu haben, sonst hat es keinen Zweck. Als der Diener fertig war und den kleinen Robin zugedeckt hatte, streichelte er meinen Kopf, und Tränen standen ihm in den Augen, als er sagte: »Armes kleines Hündchen, *sein* Kind hast du gerettet!«

Zwei volle Wochen gab ich acht, aber er sproß nicht hervor! Diese letzte Woche überkam mich ein Schrecken. Ich denke, es ist irgend etwas Entsetzliches passiert. Ich weiß nicht, was es ist, aber die Furcht macht mich krank, und ich kann nicht essen, obgleich mir die Bedienten die beste Kost bringen. Und sie tätscheln mich so und kommen sogar zur Nacht und sagen: »Armes Hündchen – gib es auf und komm heim; brich uns nicht das Herz!« Und all das ängstigt mich noch mehr und überzeugt mich, daß etwas geschehen ist. Ich bin so schwach; seit gestern kann ich nicht mehr auf den Beinen stehen, und die Bedienten, die nach der Sonne blickten, als sie aus den Augen schwand und die Nachtkühle heraufkam, sagten noch diese Stunde Dinge, die ich nicht begreifen konnte, obwohl sie eine Kälte in mein Herz senkten: »Die armen Kinder! Sie ahnen es nicht. Sie werden morgen früh nach Hause kommen und ungeduldig nach dem kleinen Hündchen fragen, das die kühne Tat vollbrachte, und wer von uns wird stark genug sein, ihnen die Wahrheit zu sagen: ›Der bescheidene kleine Freund ist dorthin zurückgekehrt, wohin alle Tiere zurückkehren, die untergehen.‹«

Deutsch von Otto Wilck

Andreas Kissling
Bastard

Unser erster Hund war ein Dackel, mit braunen Pfoten und schwarzem, glattem Fell. Natürlich war er adelig, und dieser Adel kostete immerhin ein halbes Monatsgehalt. Er fraß Schuhe, Bälle und Glaskugeln, gelegentlich auch mal einen Knochen. Er ging zumeist nicht mit uns schlafen, sondern etwas später, wenn er meinte, wir träumten schon. Dann behandelte er unser Bett wie einen Fuchsbau und kroch unter das Laken. Und träumte auch. Hunde träumen überhaupt viel, sie blöffern dann leise vor sich hin und zucken mit den Pfoten. Daß sie so viel träumen, zeigt mir, daß sie uns nahe sind.

Er war nahezu unser Kind, Wastl hinten, Wastl vorne. Er kannte alle Verkehrsmittel, weil er überall bei uns sein mußte, d.h. bei Ilsebill. Eisenbahn, Düsenklipper, Sportwagen hatten ihn schon Tausende von Kilometern befördert, ehe er ein Jahr alt wurde. Länder mit besonderen Einreisebestimmungen für Hunde mieden wir; es war uns nichtswürdig, sie zu beantragen; setzte auch das betreffende Land in ein schlechtes Licht. Trotz dieser Reisen verkümmerten seine krummen Beine nicht, denn er hatte ein ausgedehntes Areal zur Verfügung – Wald, Wiese und Acker –, das er lediglich mit einem Schäferhund teilen mußte. Sie waren weder Freund noch Feind, sie kannten sich und machten sich das Leben gelegentlich etwas lustiger, indem sie sich voreinander aufbauten und auf Distanz berochen.

Wastl wurde überfahren, am Abend eines schönen Sommertages. Unserm Hauswirt war das recht, er hatte schon immer einen Zwinger hinterm Haus für ihn gefordert und unser Leben mit ihm in der Wohnung als etwas Tierisches, Menschenunwürdiges bezeichnet. Aber wir haben um ihn getrauert, immer heftiger; auch immer deutlicher die entsetzliche Leere in unserem Leben gespürt.

Und es kam der November, Ilsebill besuchte ihre Eltern, ich holte sie dort ab. Bei ihr war ein furchtbarer Hund, er klebte richtig an ihr, obwohl sie ihn erst einen halben Tag lang hatte. Es war ein Hund aus einem Asyl, ohne Adel, ein Bastard, schwarzes gekräuseltes Fell, ein weißer Fleck auf der Brust, hohe, staksige Beine, so groß wie ein mittlerer Pudel, die Schnauze zwischen Fox und Schnauzer, dürr wie eine Schindmähre. Er biß mich sofort.

Auf der Heimfahrt kam Nebel, an Weiterfahrt war nicht zu denken, zumal mich dieses Viech nervös machte. Wir tasteten uns zu einem Gasthof durch, baten um ein Zimmer. Nie werde ich den Blick vergessen, den der Gastwirt über den Tresen hinweg auf diesen Köter warf: Mitleid und Verachtung in einem, Ilsebill und mich in diese Gefühle mit einschließend. Er machte keinen Schritt ohne Ilsebill, er war wie ein Schatten. Selbst auf die Toilette trabte er mit, es war ihm nicht zu verwehren, er riß sich einfach los.

Am nächsten Tag fuhren wir nach Hause. Der Hund hatte unruhig neben dem Bett geschlafen. Als ich ihn im Auto unauffällig von der Seite ansah, gefielen mir seine braunen Augen, sonst nichts. Ich war böse auf Ilsebill, wir sprachen nicht miteinander. Am Abend schickte unser Hauswirt durch seinen Sohn die Kündigung: entweder der Hund verschwindet, oder Auszug. Ich sagte: dann eben Auszug. Das kostete zwei Monatsgehälter und fortan die doppelte Miete. Jetzt wohnten wir in einem Haus mit vornehmen Leuten, die unseren Mut zu einem solchen Hund schick fanden. Im Haus gab es viel Adel, Dackel und Pudel in Miniaturformen, auch einen Boxer, und ich wünschte ihm, daß er recht oft eine dieser adeligen Damen bekäme (obgleich, wie man liest, gerade diese recht langweilig sein sollen), aber zu den gewissen Zeiten waren die Besitzer sehr vorsichtig.

Und er entwickelte sich, wurde fast schön. Vor allen Dingen wurde er der schnellste Hund, den ich je gesehen habe. Wenn er lief, trommelte er den Boden. Er war ein Jagdhund, ein Suchhund, ein Wühlhund, ein Naturtalent, wie sie gelegentlich aus einfachsten Kreisen unvermutet auftauchen. Zu mir entwickelte er ein distanziertes, doch kameradschaftliches Verhältnis, Ilsebill liebte er, andere Menschen bekamen keine Sympathie. Seit er da ist, ist nie ein Mensch unerlaubt ungestraft über unsere Schwelle getreten, und mancher schon kam so zu einem neuen Mantel oder zu einer neuen Hose.

Später sind wir wieder aufs Land gezogen, in ein altes Haus, das wir alleine bewohnen. Hier ist er sozusagen Bezirksvorsteher. Adel gibt es hier nicht: hier leben die Rexe, die Tobis und Strolchis und Stromers, dazwischen er, Hotte, der König.

Wenn Ilsebill wegfährt, und ich ihn nach einer Weile schrecklichen Gejaules herauslasse, setzt er sich kerzengerade vor das Haus, wartet Stunde um Stunde, wenn es sein muß, wittert nach rechts und nach links, und ohne ersichtlichen Grund läuft er dann plötzlich zur linken oder rechten Ecke, wo kurz darauf das Auto dann auch tatsächlich einbiegt. In der ganzen Zeit hat er nichts gefressen, jetzt verschlingt er alles auf einmal. Wenn ich wegfahre, bleibt er gelassen, er jault nicht, aber er frißt.

Aber eines kann niemand erklären: Jeden Abend kommt er zu mir, nicht zu Ilsebill, ans Bett, hebt seine Pfote, ich streichle ihn, er verabschiedet sich. Und jeden Morgen kommt er zu mir, nicht zu Ilsebill, ans Bett, hebt seine Pfote, ich streichle ihn, er begrüßt mich. Wenn er ein einziges Mal etwas sagte, was wäre es? Vielleicht: Ich weiß, wie ihr beide seid.

Marie von Ebner-Eschenbach

Krambambuli

Vorliebe empfindet der Mensch für allerlei Gegenstände. *Liebe*, die echte, unvergängliche, die lernt er – wenn überhaupt – nur einmal kennen. So wenigstens meint der Herr Revierjäger Hopp. Wie viele Hunde hat er schon gehabt, und auch gern gehabt, aber lieb, was man sagt lieb und unvergeßlich ist ihm nur einer gewesen – der Krambambuli. Er hatte ihn im Wirtshause zum Löwen in Wischau von einem vazierenden Forstgehilfen gekauft oder eigentlich eingetauscht. Gleich beim ersten Anblick des Hundes war er von der Zuneigung ergriffen worden, die dauern sollte bis zu seinem letzten Atemzuge. Dem Herrn des schönen Tieres, der am Tische vor einem geleerten Branntweingläschen saß und über den Wirt schimpfte, weil dieser kein zweites umsonst hergeben wollte, sah der Lump aus den Augen. Ein kleiner Kerl, noch jung und doch so fahl wie ein abgestorbener Baum, mit gelbem Haar und gelbem, spärlichem Barte. Der Jägerrock, vermutlich ein Überrest aus der vergangenen Herrlichkeit des letzten Dienstes, trug die Spuren einer im nassen Straßengraben zugebrachten Nacht. Obwohl sich Hopp ungern in schlechte Gesellschaft begab, nahm er trotzdem Platz neben dem Burschen und begann sogleich ein Gespräch mit ihm. Da bekam er es denn bald heraus, daß der Nichtsnutz den Stutzen und die Jagdtasche dem Wirt bereits als Pfänder ausgeliefert hatte, und daß er jetzt auch den Hund als solches hergeben möchte; der Wirt jedoch, der schmutzige Leuteschinder, wollte von einem Pfand, das gefüttert werden muß, nichts hören.

Herr Hopp sagte vorerst kein Wort von dem Wohlgefallen, das er an dem Hunde gefunden hatte, ließ aber eine Flasche von dem guten Danziger Kirschbranntwein bringen, den der Löwenwirt damals führte, und schenkte dem Vazierenden fleißig ein. – Nun, in einer Stunde war alles in Ordnung. Der Jäger gab zwölf Flaschen von demselben Getränke, bei dem der Handel geschlossen worden – der Vagabund gab den Hund. Zu seiner Ehre muß man gestehen: nicht leicht. Die Hände zitterten ihm so sehr, als er dem Tiere die Leine um den Hals legte, daß es schien, er werde mit dieser Manipulation nimmermehr zurecht kommen. Hopp wartete geduldig und bewunderte im stillen den trotz der schlechten Kondition, in welcher er sich befand, wundervollen Hund. Höchstens zwei Jahre mochte er alt sein, und in der Farbe glich er dem Lumpen, der ihn hergab, doch war die seine um ein paar Schattierungen dunkler. Auf der Stirn hatte er ein Abzeichen, einen weißen Strich, der rechts und links in kleine Linien auslief, in der Art wie die Nadeln an einem Tannenreis. Die Augen waren groß, schwarz, leuchtend, von tauklaren, lichtgelben Reiflein umsäumt, die Ohren hochangesetzt, lang, makellos. Und makellos war alles an dem ganzen Hunde von der Klaue bis zu der feinen Witternase; die kräftige, geschmeidige Gestalt, das über jedes Lob erhabene Piedestal. Vier lebende Säulen, die auch den Körper eines Hirsches getragen hätten, und nicht viel dicker waren als die Läufe eines Hasen. Beim heiligen Hubertus! dieses Geschöpf mußte einen Stammbaum haben, so alt und rein wie der eines deutschen Ordensritters.

Dem Jäger lachte das Herz im Leibe über den prächtigen Handel, den er gemacht. Er stand nun auf, ergriff die Leine, die zu verknoten dem Vazierenden endlich gelungen war, und fragte: »Wie heißt er denn?« – »Er heißt wie das, wofür Ihr ihn kriegt: Krambambuli«, lautete die Antwort. – »Gut, gut, Krambambuli! So komm! Wirst gehen? Vorwärts!« – Ja, er konnte lange rufen, pfeifen, zerren – der Hund gehorchte ihm nicht, wandte den Kopf demjenigen zu, den er noch für seinen Herrn hielt, heulte, als dieser ihm zuschrie: »Marsch!« und den Befehl mit einem tüchtigen Fußtritt begleitete, suchte sich aber immer wieder an ihn heranzudrängen. Erst nach einem heißen Kampfe gelang es Herrn Hopp, die Besitzergreifung des Hundes zu vollziehen. Gebunden und geknebelt mußte er zuletzt in einem Sacke auf die Schulter geladen und so bis in das mehrere Wegstunden entfernte Jägerhaus getragen werden.

Zwei volle Monate brauchte es, bevor der Krambambuli, halb totgeprügelt, nach jedem Fluchtversuche mit dem Stachelhalsband an die Kette gelegt, endlich begriff, wohin er jetzt gehöre. Dann aber, als seine Unterwerfung vollständig geworden war, was für ein Hund wurde er da! Keine Zunge schildert, kein Wort ermißt die Höhe der Vollendung, die er erreichte nicht nur in der Ausübung seines Berufes, sondern auch im täglichen Leben als eifriger Diener, guter Kamerad und treuer Freund und Hüter. »Dem fehlt nur die Sprache«, heißt es von anderen intelligenten Hunden – dem Krambambuli fehlte sie nicht; sein Herr zum mindesten pflog lange Unterredungen mit ihm. Die Frau des Revierjägers wurde ordentlich eifersüchtig auf den ›Buli‹, wie sie ihn geringschätzig nannte. Manchmal machte sie ihrem Manne Vorwürfe. Sie hatte den ganzen Tag, in jeder Stunde, in der sie nicht aufräumte, wusch oder kochte, schweigend gestrickt. Am Abend nach dem Essen, wenn sie wieder zu stricken begann, hätte sie gern eins dazu geplaudert.

»Weißt denn immer nur dem Buli was zu erzählen, Hopp, und mir nie? Du verlernst vor lauter Sprechen mit dem Vieh das Sprechen mit den Menschen.«

Der Revierjäger gestand sich, daß etwas Wahres an der Sache sei, aber zu helfen wußte er nicht. Wovon hätte er mit seiner Alten reden sollen? Kinder hatten sie nie gehabt, eine Kuh durften sie nicht halten, und das zahme Geflügel interessiert einen Jäger im lebendigen Zustande gar nicht und im gebratenen nicht sehr. Für Kulturen aber und für Jagdgeschichten hatte wieder die Frau keinen Sinn. Hopp fand zuletzt einen Ausweg aus diesem Dilemma; statt mit dem Krambambuli sprach er von dem Krambambuli, von den Triumphen, die er allenthalben mit ihm feierte, von dem Neide, den sein Besitz erregte, von den lächerlich hohen Summen, die ihm für den Hund geboten wurden, und die er verächtlich von der Hand wies.

Zwei Jahre waren so vergangen, da erschien eines Tages die Gräfin, die Frau seines Brotherrn, im Hause des Jägers. Er wußte gleich, was der Besuch zu bedeuten hatte, und als die gute schöne Dame begann: »Morgen, lieber Hopp, ist der Geburtstag des Grafen ...«, setzte er ruhig und schmunzelnd fort: »Und da möchten Hochgräfliche Gna-

Bosc
Geschichte eines folgsamen Hundes

den dem Herrn Grafen ein Geschenk machen und sind überzeugt, mit nichts anderem so viel Ehre einlegen zu können, als mit dem Krambambuli.« – »Ja, ja, lieber Hopp ...« Die Gräfin errötete vor Vergnügen über dieses freundliche Entgegenkommen und sprach gleich von Dankbarkeit, und bat, den Preis nur zu nennen, der für den Hund zu entrichten wäre. Der alte Fuchs von einem Revierjäger kicherte, tat sehr demütig und rückte auf einmal mit der Erklärung heraus: »Hochgräfliche Gnaden! Wenn der Hund im Schlosse bleibt, nicht jede Leine zerbeißt, nicht jede Kette zerreißt, oder wenn er sie nicht zerreißen kann, sich bei den Versuchen, es zu tun, erwürgt, dann behalten ihn Hochgräfliche Gnaden umsonst – dann ist er mir nichts mehr wert.«

Die Probe wurde gemacht, aber zum Erwürgen kam es nicht, denn der Graf verlor früher die Freude an dem eigensinnigen Tiere. Vergeblich hatte man es durch Liebe zu gewinnen, mit Strenge zu bändigen gesucht. Es biß jeden, der sich ihm näherte, versagte das Futter und – viel hat der Hund eines Jägers ohnehin nicht zuzusetzen – kam ganz herunter. Nach einigen Wochen erhielt Hopp die Botschaft, er könne sich seinen Köter abholen. Als er eilends von der Erlaubnis Gebrauch machte und den Hund in seinem Zwinger aufsuchte, da gab's ein Wiedersehen unermeßlichen Jubels voll. Krambambuli erhob ein wahnsinniges Geheul, sprang an seinem Herrn empor, stemmte die Vorderpfoten auf dessen Brust und leckte die Freudentränen ab, die dem Alten über die Wangen liefen.

Am Abend dieses glücklichen Tages wanderten sie zusammen ins Wirtshaus. Der Jäger spielte Tarock mit dem Doktor und mit dem Verwalter. Krambambuli lag in der Ecke hinter seinem Herrn. Manchmal sah dieser sich nach ihm um, und der Hund, so tief er auch zu schlafen schien, begann augenblicklich mit dem Schwanze auf den Boden zu klopfen, als wollt er melden: »Präsent!« Und wenn Hopp, sich vergessend, recht wie einen Triumphgesang das Liedchen anstimmte: »Was macht denn mein Krambambuli?«, richtete der Hund sich würde- und respektvoll auf, und seine hellen Augen antworteten: »Es geht ihm gut.«

Um dieselbe Zeit trieb, nicht nur in den Forsten, sondern in der ganzen Umgebung, eine Bande Wildschützen auf wahrhaft tolldreiste Art ihr Wesen. Der Anführer sollte ein verlottertes Subjekt sein. Den ›Gelben‹ nannten ihn die Holzknechte, die ihn in irgendeiner übel berüchtigten Spelunke beim Branntwein trafen, die Heger, die ihm hie und da schon auf der Spur gewesen, ihm aber nie hatten beikommen können, und endlich die Kundschafter, deren er unter dem schlechten Gesindel in jedem Dorfe mehrere besaß.

Er war wohl der frechste Gesell, der jemals ehrlichen Jägersmännern etwas aufzulösen gab, mußte auch selbst vom Handwerk gewesen sein, sonst hätte er das Wild nicht mit solcher Sicherheit aufspüren und nicht so geschickt jeder Falle, die ihm gestellt wurde, ausweichen können.

Die Wild- und Waldschäden erreichten eine unerhörte Höhe, das Forstpersonal befand sich in grimmigster Aufregung. Da begab es sich nur zu oft, daß die kleinen Leute, die bei irgendeinem unbedeutenden Waldfrevel ertappt wurden, eine härtere Behandlung erlitten, als zu anderer Zeit geschehen wäre und als gerade zu rechtfertigen war. Große Erbitterung herrschte darüber in allen Ortschaften. Dem Oberförster, gegen den der Haß sich zunächst wandte, kamen gutgemeinte Warnungen in Menge zu. Die Raubschützen, hieß es, hätten einen Eid darauf geschworen, bei der ersten Gelegenheit exemplarische Rache an ihm zu nehmen. Er, ein rascher, kühner Mann, schlug das Gerede in den Wind und sorgte mehr denn je dafür, daß weit und breit kund wurde, wie er seinen Untergebenen die rücksichtsloseste Strenge anbefohlen und für etwaige schlimme Folgen die Verantwortung selbst übernommen habe. Am häufigsten rief der Oberförster dem Revierjäger Hopp die scharfe Handhabung seiner Amtspflicht ins Gedächtnis und warf ihm zuweilen Mangel an ›Schneid‹ vor, wozu freilich der Alte nur lächelte. Der Krambambuli aber, den er bei solcher Gelegenheit von oben herunter anblinzelte, gähnte laut und wegwerfend. Übel nahmen er und sein Herr dem Oberförster nichts. Der Oberförster war ja der Sohn des Unvergeßlichen, bei dem Hopp das edle Waidwerk erlernt, und Hopp hatte wieder ihn als kleinen

Jungen in die Rudimente des Berufs eingeweiht. Die Plage, die er einst mit ihm gehabt, hielt er heute noch für eine Freude, war stolz auf den ehemaligen Zögling und liebte ihn trotz der rauhen Behandlung, die er so gut wie jeder andere von ihm erfuhr.

Eines Junimorgens traf er ihn eben wieder bei einer Exekution. Es war im Lindenrondell, am Ende des herrschaftlichen Parks, der an den ›Grafenwald‹ grenzte, und in der Nähe der Kulturen, die der Oberförster am liebsten mit Pulverminen umgeben hätte. Die Linden standen just in schönster Blüte, und über diese hatte ein Dutzend kleiner Jungen sich hergemacht. Wie Eichkätzchen krochen sie auf den Ästen der herrlichen Bäume herum, brachen alle Zweige, die sie erwischen konnten, ab, und warfen sie zur Erde. Zwei Weiber lasen die Zweige hastig auf und stopften sie in Körbe, die bereits mehr als zur Hälfte mit dem duftenden Raube gefüllt waren. Der Oberförster raste in unermeßlicher Wut. Er ließ durch seine Heger die Buben nur so von den Bäumen schütteln, unbekümmert um die Höhe, aus der sie fielen. Während sie wimmernd und schreiend um seine Füße krochen, der eine mit zerschlagenem Gesicht, der andere mit ausgerenktem Arm, ein dritter mit gebrochenem Bein, zerbläute er eigenhändig die beiden Weiber. In dem einen derselben erkannte Hopp die leichtfertige Dirne, die das Gerücht als die Geliebte des ›Gelben‹ bezeichnete. Und als die Körbe und Tücher der Weiber und die Hüte der Buben in Pfand genommen wurden und Hopp den Auftrag bekam, sie aufs Gericht zu bringen, konnte er sich eines schlimmen Vorgefühls nicht erwehren.

Der Befehl, den ihm damals der Oberförster zurief, wild wie ein Teufel in der Hölle und wie ein solcher umringt von jammernden und gepeinigten Sündern, ist der letzte gewesen, den der Revierjäger im Leben von ihm erhalten hat. Eine Woche später traf er ihn wieder im Lindenrondell – tot. Aus dem Zustande, in dem die Leiche sich befand, war zu ersehen, daß sie hierher, und zwar durch Sumpf und Gerölle geschleppt worden war, um an dieser Stelle aufgebahrt zu werden. Der Oberförster lag auf abgehauenen Zweigen, die Stirn mit einem dichten Kranz von Lindenblüten umflochten, einen ebensolchen als Bandelier um die Brust gewunden. Sein Hut stand neben ihm, mit Lindenblüten gefüllt. Auch die Jagdtasche hatte der Mörder ihm gelassen, nur die Patronen herausgenommen und statt ihrer Lindenblüten hineingetan. Der schöne Hinterlader des Oberförsters fehlte und war durch einen elenden Schießprügel ersetzt. Als man später die Kugel, die seinen Tod verursacht hatte, in der Brust des Ermordeten fand, zeigte es sich, daß sie genau in den Lauf des Schießprügels paßte, der dem Förster gleichsam zum Hohne über die Schulter gelegt worden war. Hopp stand beim Anblick der entstellten Leiche regungslos vor Entsetzen. Er hätte keinen Finger heben können, und auch das Gehirn war ihm wie gelähmt; er starrte nur und starrte und dachte anfangs gar nichts, und erst nach einer Weile brachte er es zu einer Beobachtung, einer stummen Frage: – »Was hat denn der Hund?«

Der Krambambuli beschnüffelt den toten Mann, läuft wie nicht gescheit um ihn herum, die Nase immer am Boden. Einmal winselt er, einmal stößt er einen schrillen Freudenschrei aus, macht ein paar Sätze, bellt, und es ist gerade so, als erwache in ihm eine längst erstorbene Erinnerung ...

»Herein«, ruft Hopp, »da herein!« Und Krambambuli gehorcht, sieht aber seinen Herrn in allerhöchster Aufregung an und – wie der Jäger sich auszudrücken pflegte – sagt ihm: »Ich bitte dich um alles in der Welt, siehst du denn nichts? Riechst du denn nichts? ... O lieber Herr, schau doch! riech doch! O Herr, komm! Daher komm! ...« Und tupft mit der Schnauze an des Jägers Knie und schleicht, sich oft umsehend, als frage er: »Folgst du mir?« zu der Leiche zurück und fängt an, das schwere Gewehr zu heben und zu schieben und ins Maul zu fassen, in der offenbaren Absicht, es zu apportieren.

Dem Jäger läuft ein Schauer über den Rücken und allerlei Vermutungen dämmern in ihm auf. Weil das Spintisieren aber nicht seine Sache ist, es ihm auch nicht zukommt, der Obrigkeit Lichter aufzustecken, sondern vielmehr den gräßlichen Fund, den er getan hat, unberührt liegen zu lassen und seiner Wege – das heißt in dem Falle recte zu Gericht – zu gehen, so tut er denn einfach, was ihm zukommt.

Nachdem es geschehen und alle Förmlichkeiten, die das Gesetz bei solchen Katastrophen vorschreibt, erfüllt, der ganze Tag auch und noch ein Stück der Nacht darüber hingegangen sind, nimmt Hopp, eh er schlafen geht, noch seinen Hund vor.

»Mein Hund«, spricht er, »jetzt ist die Gendarmerie auf den Beinen, jetzt gibt's Streifereien ohne Ende. Wollen wir es anderen überlassen, den Schuft, der unseren Oberförster erschossen hat, wegzuputzen aus der Welt? – Mein Hund kennt den niederträchtigen Strolch, kennt ihn, ja, ja. Aber das braucht niemand zu wissen, das habe ich nicht ausgesagt ... Ich, hoho! ... Ich werd meinen Hund hineinbringen in die Geschichte ... Das könnt mir einfallen!« Er beugte sich über Krambambuli, der zwischen seinen ausgespreizten Knien saß, drückte die Wange an den Kopf des Tieres und nahm seine dankbaren Liebkosungen in Empfang. Dabei summte er: »Was macht denn mein Krambambuli?« bis der Schlaf ihn übermannte.

Seelenkundige haben den geheimnisvollen Drang zu erklären gesucht, der manchen Verbrecher stets wieder an den Schauplatz seiner Untat zurückjagt. Hopp wußte von diesen gelehrten Ausführungen nichts, strich aber dennoch ruh- und rastlos mit seinem Hunde in der Nähe des Lindenrondells herum.

Am zehnten Tage nach dem Tode des Oberförsters hatte er zum erstenmal ein paar Stunden lang an etwas anderes gedacht als an seine Rache, und sich im ›Grafenwald‹ mit dem Bezeichnen der Bäume beschäftigt, die beim nächsten Schlag ausgenommen werden sollten.

Wie er nun mit seiner Arbeit fertig ist, hängt er die Flinte wieder um und schlägt den kürzesten Weg ein quer durch den Wald gegen die Kulturen in der Nähe des Lindenrondells. Im Augenblick, in dem er auf den Fußsteig treten will, der längs des Buchenzaunes läuft, ist ihm, als höre er etwas im Laube rascheln. Gleich darauf herrscht jedoch tiefe Stille, tiefe, anhaltende Stille. Fast hätte er gemeint, es sei nichts Bemerkenswertes gewesen, wenn nicht der Hund so merkwürdig dreingeschaut hätte. Der stand mit gesträubtem Haar, den Hals vorgestreckt, den Schwanz aufrecht, und glotzte eine Stelle des Zaunes an. Oho! dachte Hopp, wart Kerl, wenn du's bist; trat hinter einen Baum und spannte den Hahn seiner Flinte. Wie rasend pochte ihm das Herz, und der ohnehin kurze Atem wollte ihm völlig versagen, als jetzt plötzlich – Gottes Wunder, durch den Zaun – ›der Gelbe‹ auf den Fußsteig trat. Zwei junge Hasen hängen an seiner Weidtasche und auf seiner Schulter, am wohlbekannten Juchtenriemen, der Hinterlader des Oberförsters. Nun wär's eine Passion, den Racker niederzubrennen aus sicherem Hinterhalt.

Aber nicht einmal auf den schlechtesten Kerl schießt der Jäger Hopp, ohne ihn angerufen zu haben. Mit einem Satze springt er hinter dem Baum hervor und auf den Fußsteig und schreit: »Gib dich, Vermaledeiter!« Und als der Wildschütz zur Antwort den Hinterlader von der Schulter reißt, gibt der Jäger Feuer ... All ihr Heiligen! – ein sauberes Feuer. Die Flinte knackst, anstatt zu knallen. Sie hat zu lange mit aufgesetzter Kapsel im feuchten Wald am Baum gelehnt – sie versagt.

Gute Nacht, so sieht das Sterben aus, denkt der Alte ... doch nein – er ist heil, sein Hut nur fliegt, von Schroten durchlöchert, ins Gras ...

Der andere hat auch kein Glück; das war der letzte Schuß in seinem Gewehr, und zum nächsten zieht er eben erst die Patrone aus der Tasche ...

»Pack an!« ruft Hopp seinem Hunde heiser zu: »Pack an!« Und:

»Herein zu mir! Herein, Krambambuli!« lockt es drüben mit zärtlicher, liebevoller – ach, mit altbekannter Stimme ...

Der Hund aber – –

Was sich nun begab, begab sich viel rascher, als man es erzählen kann.

Krambambuli hatte seinen ersten Herrn erkannt und rannte auf ihn zu, bis – in die Mitte des Weges. Da pfeift Hopp und der Hund macht kehrt, ›der Gelbe‹ pfeift und der Hund macht wieder kehrt und windet sich in Verzweiflung auf einem Fleck, in gleicher Distanz von dem Jäger, wie von dem Wildschützen, zugleich hingerissen und gebannt ...

Zuletzt hat das arme Tier den trostlos unnötigen Kampf aufgegeben und seinen Zweifeln ein Ende gemacht, aber nicht seiner Qual.

Bellend, heulend, den Bauch am Boden, den Körper gespannt wie eine Sehne, den Kopf emporgehoben, als riefe es den Himmel zum Zeugen seines Seelenschmerzes an, kriecht es – seinem ersten Herrn zu.

Bei dem Anblick wird Hopp von Blutdurst gepackt. Mit zitternden Fingern hat er die neue Kapsel aufgesetzt – mit ruhiger Sicherheit legt er an. Auch ›der Gelbe‹ hat den Lauf wieder auf ihn gerichtet. Diesmal gilt's! Das wissen die beiden, die einander auf dem Korn haben, und was auch in ihnen vorgehen möge, sie zielen so ruhig wie ein paar gemalte Schützen.

Zwei Schüsse fallen. Der Jäger trifft, der Wildschütz fehlt. Warum? weil er – vom Hunde mit stürmischer Liebkosung angesprungen – gezuckt hat im Augenblick des Losdrückens. »Bestie!« zischt er noch, stürzt rücklings hin und rührt sich nicht mehr.

Der ihn gerichtet, kommt langsam herangeschritten. Du hast genug, denkt er, um jedes Schrotkorn wär's schad bei dir. Trotzdem stellt er die Flinte auf den Boden und lädt von neuem. Der Hund sitzt aufrecht vor ihm, läßt die Zunge heraushängen, keucht kurz und laut und sieht ihm zu. Und als der Jäger fertig ist und die Flinte wieder zur Hand nimmt, halten sie ein Gespräch, von dem kein Zeuge ein Wort vernommen hätte, wenn es auch statt eines toten ein lebendiger gewesen wäre.

»Weißt du, für wen das Blei gehört?«

»Ich kann es mir denken.«

»Deserteur, Kalfakter, pflicht- und treuvergessene Kanaille!«

»Ja, Herr, jawohl.«

»Du warst meine Freude. Jetzt ist's vorbei. Ich habe keine Freude mehr an dir.«

»Begreiflich, Herr«, und Krambambuli legte sich hin, drückte den Kopf auf die ausgestreckten Vorderpfoten und sah den Jäger an.

Ja, hätte das verdammte Vieh ihn nur nicht angesehen! Da würde er ein rasches Ende gemacht und sich und dem Hunde viel Pein erspart haben. Aber so geht's nicht! Wer könnte ein Geschöpf niederknallen, das einen so ansieht? Herr Hopp murmelte ein halbes Dutzend Flüche zwischen den Zähnen, einer gotteslästerlicher als der andere, hängt die Flinte wieder um, nimmt dem Raubschützen noch die jungen Hasen ab und geht.

Der Hund folgte ihm mit den Augen, bis er zwischen den Bäumen verschwunden war, stand dann auf, und sein mark- und beinerschütterndes Wehgeheul durchdrang den Wald. Ein paarmal drehte er sich im Kreise und setzte sich wieder aufrecht neben den Toten hin. So fand ihn die gerichtliche Kommission, die, von Hopp geleitet, bei sinkender Nacht erschien, um die Leiche des Raubschützen in Augenschein zu nehmen und fortschaffen zu lassen. Krambambuli wich einige Schritte zurück, als die Herren herantraten. Einer von ihnen sagte zu dem Jäger: »Das ist ja Ihr Hund.« »Ich habe ihn hier als Schildwache zurückgelassen«, antwortete Hopp, der sich schämte, die Wahrheit zu gestehen. – Was half's? Sie kam doch heraus, denn als die Leiche auf den Wagen geladen war und fortgeführt wurde, trottete Krambambuli gesenkten Kopfes und mit eingezogenem Schwanze hinterher. Unweit der Totenkammer, in der ›der Gelbe‹ lag, sah ihn der Gerichtsdiener noch am folgenden Tage herumstreichen. Er gab ihm einen Tritt und rief ihm zu: »Geh nach Hause!« – Krambambuli fletschte die Zähne gegen ihn und lief davon, wie der Mann meinte, in der Richtung des Jägerhauses. Aber dorthin kam er nicht, sondern führte ein elendes Vagabundenleben.

Verwildert, zum Skelett abgemagert, umschlich er einmal die armen Wohnungen der Häusler am Ende des Dorfes. Plötzlich stürzte er auf ein Kind los, das vor der letzten Hütte stand, und entriß ihm gierig das Stück Brot, von dem es aß. Das Kind blieb starr vor Schrekken, aber ein kleiner Spitz sprang aus dem Hause und bellte den Räuber an. Dieser ließ sogleich seine Beute fahren und entfloh.

Am selben Abend stand Hopp vor dem Schlafengehen am Fenster und blickte in die schimmernde Sommernacht hinaus. Da war ihm, als sähe er jenseits der Wiese am Waldessaum den Hund sitzen, die Stätte seines ehemaligen Glückes unverwandt und sehnsüchtig betrachtend – der Treueste der Treuen, herrenlos!

Der Jäger schlug den Laden zu und ging zu Bette. Aber nach einer

Weile stand er auf, trat wieder ans Fenster – der Hund war nicht mehr da. Und wieder wollte er sich zur Ruhe begeben, und wieder fand er sie nicht.

Er hielt es nicht mehr aus. Sei es, wie es sei! ... Er hielt es nicht mehr aus ohne den Hund. – Ich hol ihn heim, dachte er, und fühlte sich wie neugeboren nach diesem Entschluß.

Beim ersten Morgengrauen war er angekleidet, befahl seiner Alten, mit dem Mittagessen nicht auf ihn zu warten, und sputete sich hinweg. Wie er aber aus dem Hause trat, stieß sein Fuß an denjenigen, den er in der Ferne zu suchen ausging. Krambambuli lag verendet vor ihm, den Kopf an die Schwelle gepreßt, die zu überschreiten er nicht mehr gewagt hatte.

Der Jäger verschmerzte ihn nie. Die Augenblicke waren seine besten, in denen er vergaß, daß er ihn verloren hatte. In freundliche Gedanken versunken, intonierte er dann sein berühmtes: »Was macht denn mein Krambam ...« Aber mitten in dem Worte hielt er bestürzt inne, schüttelte das Haupt und sprach mit einem tiefen Seufzer: »Schad um den Hund!«

O. Henry

Erinnerungen eines gelben Hundes

Ich glaube nicht, daß es irgendeinen von euch Menschen von der Stange hauen wird, wenn ihr den Beitrag eines Tieres lest. Mr. Kipling und einige andere Autoren haben bewiesen, daß sich Tiere in einem erträglichen Englisch verständlich machen können, und keine Zeitschrift wird heutzutage ohne eine Tiergeschichte in Druck gegeben, ausgenommen die altmodischen Zeitschriften, in denen noch immer Bilder vom Staatssekretär Bryan oder vom Ausbruch des Mont Pelé erscheinen.

Aber suchen Sie in meiner Erzählung keine hochtrabende Literatur, wie die Gespräche von Bearoo, dem Bären, Snakoo, der Schlange, oder Tammanoo, dem Tiger in den Dschungelbüchern. Von einem gelben Hund, der die meiste Zeit seines Lebens in einer billigen New Yorker Wohnung verbracht und in einer Ecke auf einem alten seidenen Unterrock (über den seine Herrin beim Empfang bei Lady Longshoremen Portwein gegossen hatte) geschlafen hat, kann man nicht erwarten, daß er irgendwelche Kunststücke mit der Sprache aufführt.

Ich wurde als kleiner gelber Hund geboren; Datum, Ort, Stammbaum und Gewicht unbekannt. Das erste, woran ich mich erinnern kann, war eine alte Frau, die mich in einem Korb irgendwo zwischen dem Broadway und der Dreiundzwanzigsten Straße einer fetten Dame zu verkaufen versuchte. Die alte Mutter Hubbard gab schrecklich an und versuchte mich als echten pommersch-bretonisch-irisch-chinesischen Foxterrier anzupreisen. Die fette Dame suchte in ihrem Einkaufsnetz zwischen lauter Stoffproben nach einem Fünfdollarschein, bis sie einen gefunden hatte und mich dafür in Empfang nahm. Von diesem Augenblick an war ich ihr Liebling – Mammis einziger Süßer, Kleiner. Sag mir, freundlicher Leser, hat dich jemals eine zweihundert Pfund schwere Frau, deren Atem nach Camembert und Peau d'Espagne roch, auf den Arm genommen und ihre Nase in dein Fell vergraben, wobei sie die ganze Zeit in dem albernen ›Wo-ist-er-denn-der Kleine‹-Tantenton Laute wie ›eideideidadumdadedei‹ von sich gab?

Von einem stammbaumgebürtigen gelben kleinen Hund entwikkelte ich mich zu einem undefinierbaren gelben Köter, der wie eine Mischung zwischen einer Angorakatze und einer Handvoll Zitronen aussah. Aber meine Herrin übersah das. Sie glaubte, daß die beiden ersten jungen Hunde, die Noah in seiner Arche mitnahm, bloß eine Seitenlinie meiner Vorfahren waren. Nur zwei Schutzleute konnten sie davon abhalten, mich für eine Teilnahme an einer Ausstellung sibirischer Bluthunde im Madison Square Garden anzumelden.

Jetzt will ich Ihnen etwas über die Wohnung erzählen. Das Haus war wie alle anderen Häuser in New York, die Vorhalle mit parischem Marmor ausgelegt, vom ersten Stock ab ordinäre Ziegelsteine. Unsere Wohnung lag drei – nicht gerade Freitreppen – aber Stiegen hoch. Meine Herrin hatte sie unmöbliert gemietet und die üblichen Möbel hineingestellt – ein antikes Wohnzimmer mit Polstermöbeln aus dem Jahre 1903, einen Gummibaum und einen Ehegatten.

Heiliger Strohsack! Das war ein Zweifüßler, mit dem ich tiefstes Mitleid hatte. Er war ein kleiner Mann mit rotem Haar und einem Backenbart, der sehr dem meinen ähnelte. Ein Pantoffelheld? – Er schien der Hauptkunde sämtlicher Pantoffelfabrikanten zu sein. Er wusch das Geschirr ab und hörte ergeben meiner Herrin zu, die sich über die billigen, abgerissenen Stücke ausließ, die die Dame mit dem Fehmantel aus dem zweiten Stock auf die Wäscheleine zum Trocknen hängte. Immer, wenn sie das Abendessen zubereitete, befahl sie ihm, mich an einer Leine spazierenzuführen.

Wenn Männer wüßten, wie die Frauen ihre Zeit verbringen, wenn sie allein sind, sie würden niemals heiraten. Dreißig-Pfennig-Romane, knusprige Erdnüsse, etwas Mandelkleie auf den Hals, stehengelassener Aufwasch, halbstündige Unterhaltungen mit dem Eismann, Lektüre alter Briefe, ein paar Salzgurken, zwei Flaschen Malzextrakt, eine Stunde die Wohnung auf der anderen Seite des Luftschachtes durch ein Loch im Fensterladen betrachten – das ist die ganze Tätigkeit.

Zwanzig Minuten, bevor der Mann von der Arbeit zurückkommt, räumt sie die Wohnung auf, steckt ihre Haarunterlage so auf, daß man sie nicht sieht, und holt eine Menge Stopfzeug hervor, um zehn Minuten lang den Eindruck einer fleißigen Hausfrau zu erwecken.

Ich führte ein Hundeleben in dieser Wohnung. Fast die ganze Zeit lag ich in meiner Ecke und beobachtete, wie die fette Frau die Zeit totschlug. Manchmal schlief ich auch und träumte von einer anderen Welt, in der ich Katzen bis in den Keller verfolgte und alte Damen mit schwarzen Pulswärmern anknurrte, wie das so Hundeart ist. Dann stürzte sie sich unweigerlich mit diesem blödsinnigen Hundegequatsch auf mich und küßte mich auf die Nase – aber was konnte ich schon machen? Ein Hund kann keine Gewürzgurken fressen.

Allmählich tat mir der Mann leid, und die Katze soll mich fressen, wenn ich lüge. Wir sahen uns so ähnlich, daß die Leute auf der Straße stehenblieben. So vermieden wir die Straße der reichen Leute und stiegen in den Schneehaufen auf den Straßen der ärmeren Viertel umher.

Als wir eines Abends so spazierengingen – ich versuchte wie ein preisgekrönter Bernhardiner auszusehen, und der alte Mann machte ausnahmsweise ein Gesicht, als wolle er nicht den ersten Leierkastenmann umbringen, der den Hochzeitsmarsch von Mendelssohn spielte –, schaute ich ihn an und sagte in meiner Sprache:

»Warum schaust du immer so mürrisch drein, du stoppelhaariger Hummer? Dich küßt sie doch nicht. Du brauchst nicht auf ihrem Schoß zu sitzen und dir Reden anzuhören, gegen die die Texte einer musikalischen Komödie wie die Lehren des Epiktet klingen. Du solltest dankbar sein, daß du kein Hund bist. Reiß dich zusammen, du Ehekrüppel, und verscheuche deine trüben Gedanken.«

Der eheliche Versager schaute mit fast hündischer Intelligenz auf mich herunter.

»Na, Hundchen«, sagte er, »gutes Hundchen. Du siehst fast so aus, als ob du sprechen könntest. Such, Hundchen – such die Katze.«

Katze! Als ob ich sprechen könnte!

Aber natürlich konnte er nicht verstehen. Menschen ist die Sprache

Maurice Sendak
Jennie verläßt das Haus

der Tiere versagt. Die einzige gemeinsame Basis, auf der Hunde und Menschen zusammenkommen können, gibt es in der Dichtung.

In der Wohnung auf der anderen Seite des Flurs lebte eine Dame mit einem schwarz-braun gefleckten Terrier. Ihr Mann nahm ihn jeden Abend an die Leine und führte ihn aus, aber er kehrte immer vergnügt pfeifend zurück. Eines Tages begrüßte ich den schwarz-braun Gefleckten und bat ihn um eine Aufklärung.

»Schau her, schwanzwedelndes Trauertier«, sagte ich, »es liegt nicht in der Natur eines Mannes, in der Öffentlichkeit die Rolle einer Hundedame zu spielen. Ich habe noch nie einen Mann gesehen, der einen Wauwau an der Leine führt und dabei nicht ein Gesicht macht, als wollte er jeden anderen Mann schlagen, der ihn anschaut. Aber dein Herrchen kommt jeden Tag so übermütig und ausgelassen nach Hause, als wäre er ein Amateurgaukler, der den Eiertrick vorführt. Wie macht er das? Erzähl mir nicht, daß es ihm Spaß macht.«

»Dem?« sagte der schwarz-braun Gefleckte. »Er benützt das einfachste Heilmittel. Er läßt sich vollaufen. Wenn wir das Haus verlassen, ist er zuerst so schüchtern wie ein Mann im Spielsalon, der lieber Schwarzer Peter spielt, wenn alle anderen pokern wollen. Aber wenn wir dann acht Bars besucht haben, ist es ihm völlig Wurscht, ob er einen Hund oder einen Seewolf an der Leine hinter sich herzieht. Bei den dauernden Versuchen, den Flügeltüren auszuweichen, habe ich fünf Zentimeter meines Schwanzes verloren.«

Der Tip, den ich von diesem Terrier bekommen hatte – übrigens eine gute Idee für ein Lustspiel –, brachte mich zum Nachdenken.

Eines Abends um sechs Uhr befahl meine Herrin ihrem Pantoffelhelden, das Herzblatt an die Luft zu führen. Bis jetzt habe ich es schamhaft verschwiegen, aber so nannte sie mich. Der schwarz-braun Gefleckte wurde ›Süßer‹ genannt. Ich glaube, daß ich ihm gegenüber noch immer im Vorteil war, soweit man das überhaupt einen Vorteil nennen kann. Immerhin bedrückt ›Herzblatt‹ die Selbstverachtung nicht allzuschwer.

An einer abgelegenen Stelle in einer ruhigen Straße zog ich an der Leine, um ihn vor einer einladenden, dezenten Bar zum Stehen zu bringen. Ich zog wie ein Verrückter in Richtung Türe, winselte wie ein Hund in höchster Pein, der der Familie klarmachen will, daß Holland in Not ist.

»Der Schlag soll mich treffen«, sagte der Alte grinsend, »der Schlag soll mich treffen, wenn mich dieser gelbgefärbte Sohn einer Limonadenflasche nicht zu einem Drink verführen will. Laß mal sehen – wie lange ist es her, daß ich meine Schuhsohlen schonte, weil ich auf dem Barhocker gesessen habe? Ich glaube, ich müßte ...«

Ich wußte, daß er angebissen hatte. Er setzte sich an einen Tisch und trank puren Scotch-Whisky. Eine Stunde lang veranstaltete er in seinen Nieren eine Sintflut. Ich saß an seiner Seite, klopfte mit meinem Schweif ungeduldig auf den Boden, um den Kellner heranzurufen, und bekam völlig umsonst ein Fressen, wie es Mammi in ihrer Wohnung nicht annähernd zustande brachte, wenn sie acht Minuten vor Papis Rückkehr versuchte, aus dem Zeugs, das sie im Delikatessenladen gekauft hatte, etwas Genießbares zu fabrizieren.

Als Schottlands Produkte bis auf das Roggenbrot alle erschöpft waren, machte der Alte meine Leine vom Tischbein los und zog mich wie ein Fischer einen Salm ins Freie. Draußen nahm er mir mein Halsband ab und schmiß es auf die Straße.

»Armer Hund«, sagte er, »guter Hund. Sie soll dich nicht mehr abknutschen. Es ist eine Schande. Guter Hund, hau ab, laß dich von einer Trambahn überfahren und sei glücklich.«

Ich weigerte mich, wegzulaufen. Ich hüpfte und tollte um die Beine des Alten, glücklich wie ein junger Hund auf einem Teppich.

»Du alter flohköpfiger Murmeltierjäger«, sagte ich zu ihm, »du mondanheulender, karnickelstehlender, eierstibitzender alter Spürhund, merkst du nicht, daß ich dich nicht verlassen will? Siehst du nicht, daß wir beide die armen, ausgesetzten kleinen Hunde im Walde sind, hinter denen die Alte wie der böse Onkel her ist, hinter dir mit dem Abtrockentuch und hinter mir mit dem Flohpuder und der rosa Schleife für meinen Schwanz? Warum schütteln wir dieses Joch nicht ab und bleiben für immer Kameraden?«

Vielleicht werdet ihr jetzt sagen, daß er mich nicht verstanden hat –

vielleicht hat er es wirklich nicht. Aber der pure Scotch hatte seinen Verstand erleuchtet, und er blieb nachdenklich stehen.

»Hundchen«, sagte er schließlich, »wir leben nicht mehr als ein Dutzend Leben auf dieser Erde, und nur wenige von uns werden älter als dreihundert Jahre. Wenn ich diese Möbelbude jemals wiedersehe, dann bin ich selbst total unmöbliert im Hirn, und wenn du sie jemals wiedersiehst, bist du noch unmöblierter im Schädel; und das ist bestimmt keine Schmeichelei. Ich wette sechzig zu eins, daß ›Westwind‹ mit einer Dackellänge gewinnt.«

Ich hing nicht mehr an der Leine, aber ich trottete neben meinem Meister bis zur Fähre bei der Dreiundzwanzigsten Straße. Und die Katzen unterwegs konnten sich mit gutem Grund gratulieren, daß sie mit Krallen ausgestattet worden waren.

In Jersey sagte mein Meister zu einem Fremden, der ein Korinthenbrot aß: »Ich und mein Hund, wir befinden uns auf dem Weg in die Rocky Mountains.«

Aber was mich am meisten freute, war der Augenblick, in dem mich der alte Herr an meinen beiden Ohren zog, bis ich aufheulte, und sagte:

»Du ordinärer, affenköpfiger, rattenschwänziger, schwefelgelber Sohn einer Fußmatte, weißt du, wie ich dich nennen werde?«

Ich dachte an ›Herzblatt‹ und winselte traurig.

»Ich werde dich Pitt nennen«, sagte mein Meister; und selbst mit fünf Schwänzen hätte ich nicht genügend wedeln können, um diesem Augenblick gerecht zu werden.

Deutsch von Karin Rupé

B. Traven
Seele eines Hundes

An einem Nachmittag, als die Uhr auf dem nahen Geschäftsgebäude drei und ein halb Uhr schlug, bemerkte Monsieur LeBlanc, ein Franzose und Besitzer eines Cafés in der Calle de Bolivar in Mexico City, einen mittelgroßen, schwarzen Hund nahe der Tür sitzen, die allezeit offen stand. Er saß aber so, daß Gäste, die herauskamen oder eintraten, in keiner Weise belästigt wurden. Der Hund hatte seine sanften, braunen Augen auf LeBlanc gerichtet, und in diesen ruhigen Augen funkelte etwas wie eine Einladung, Freundschaft zu schließen. Mehr als das, der Hund setzte eine ungemein drollige Miene auf, wie man sie zuweilen bei alten, gutgelaunten Vagabunden findet, die, wie immer sie auch gut oder übel behandelt werden mögen, selbst wenn man sie die Hintertreppe hinunterstößt oder ihnen einen Kübel mit Wasser über den Kopf stülpt, ihren guten Humor nicht verlieren, sondern mit einem Grinsen auf dem Gesicht noch Danke sagen.

Für einige kurze Augenblicke, und wohl mehr gelegentlich als absichtlich, hielt der Franzose in seinem Revidieren der Kassenabschnitte inne und warf dem Hund einen zweiten Blick zu. Der Hund, diese erneute Beachtung rasch auffangend, erwiderte sie mit einem lustigen Wedeln des Schwanzes, neigte seinen Kopf in komischer Weise ein wenig auf die Seite und öffnete sein Maul schief auf der einen Ecke, so daß Monsieur LeBlanc den Eindruck gewann, daß der Hund ihn vertraulich angrinse.

LeBlanc konnte es sich nicht versagen, das Grinsen des Hundes zu erwidern, und für einige Sekunden hatte er die Empfindung, daß in dieser geräuschvollsten und gefühlslosesten Stunde der täglichen Geschäftsroutine ein kleines Stückchen goldene Sonne leise und verstohlen sich in seinem Herzen verkroch, um es kosend zu berühren und ihm eine neue, ungewohnte Wärme zu geben.

Seinen Schwanz nun eifriger bewegend, richtete sich der Hund leicht auf, setzte sich aber sofort wieder, und in dieser sitzenden Stellung verbleibend, schob er sich einige Zoll näher zur Tür, ohne jedoch in das eigentliche Café selbst hineinzugehen.

Der Franzose, diese Handlungsweise eines hungrigen Straßenhundes als anständig und lobenswert ansehend, vermochte seinen Gefühlen nicht länger zu widerstehen.

Von einem beinahe halbleeren Teller, den in diesem Augenblick eine Kellnerin von dem Tisch eines Gastes fortnahm, um ihn zur Küche zu tragen, ergriff er ein Rumpsteak, an dem der Gast, offenbar nicht sehr hungrig, nur gerade so herumgeknabbert hatte.

Dieses saftige Steak mit zwei Fingern hochhebend, es so einige Sekunden haltend, heftete er seinen Blick auf den Hund, schwang das Steak einladend einige Male hin und her und mit einer Geste des Kopfes gab er dem Hunde zu verstehen, er möge hereinkommen und den reichen Happen in Empfang nehmen. Der Hund sah und verstand diese Einladung, wackelte nun nicht mehr nur mit seinem Schwanz, sondern mit seinem ganzen Hinterteil, öffnete und schloß sein Maul in rascher Reihenfolge und leckte seine Lefzen, als ob er das Steak bereits zwischen seinen Zähnen habe.

Dennoch, obgleich der Hund nun gut wußte, daß dieses Steak für ihn bestimmt war, trottete er nicht in das Café, sondern blieb außerhalb bei der Tür sitzen.

Der Franzose, plötzlich mehr interessiert an diesem Hund denn an seinen Gästen, verließ seinen Platz hinter der Bar und trug das Steak bis dicht zur Tür, spielte es eine gute Weile vor der Nase des Hundes und ließ es endlich in das hungrige Maul hineingleiten.

Der Hund ergriff es ohne Hast, gab dem Besitzer einen Blick des Dankes, trat von der Tür weg und legte sich auf dem asphaltierten Seitenweg nieder, jedoch dicht am Fenster des Cafés. Dort fraß er das dicke Steak in solcher unbekümmerter Ruhe, wie sie nur der voll genießen kann, der sich eines reinen Gewissens bewußt ist.

Als der Hund das Mahl beendet hatte, erhob er sich, ging zurück zur Tür und wartete dort geduldig, bis der Franzose ihn aufs neue bemerken würde. Sobald LeBlanc ihm den so sehnlichst erwarteten Blick zuwarf, stand der Hund auf, wackelte lustig mit seinem Schwanz, setzte jenes clownische Grinsen auf, das dem Franzosen vorher so gefallen hatte, schüttelte seinen Kopf so, daß die Ohren um ihn schlugen, drehte sich um und ging seiner Wege.

Monsieur LeBlanc, als er den Hund zur Tür zurückkommen sah, glaubte natürlich, der Hund wäre gekommen, um vielleicht einen zweiten guten Bissen zu erhalten. Aber als er die Tür erreichte, diesmal mit dem Bein eines Huhnes, an dem der größte Teil des Fleisches noch daran hing, war der Hund bereits verschwunden. Nun endlich verstand er, daß der Hund zum zweiten Male zur Tür gekommen war aus keinem anderen Grunde, als um in seiner eigenen Weise seinen Dank zu zeigen.

Im Verlaufe des Tages vergaß der Franzose den Vorfall, denn er betrachtete den Hund nur gerade wie irgendeinen anderen der zwanzig oder mehr Straßenhunde, die Restaurants besuchen und häufig genug, meistens sogar, hineingehen, um unter den Tischen der Gäste nach Überbleibseln und heruntergefallenen Brötchen und angenagten Knochen zu suchen, zuweilen sich auch noch vor den Gästen breit hinsetzen und einen Bissen erbetteln, bis sie von den Kellnerinnen hinausgejagt werden.

Am nächsten Tage jedoch und genau zur gleichen Zeit, um drei und ein halb Uhr, saß der Hund wieder bei der offenen Tür desselben Cafés.

Der Franzose sah ihn dort sitzen und lächelte ihn an, als wären sie alte Bekannte. Der Hund erwiderte das Lächeln mit seinem so urkomischen, man möchte sagen, stillen Grinsen auf seinem Gesicht. Er stand halb auf, wie er es gestern auch getan hatte, wackelte seinen Schwanz als Zeichen seines Grußes und erweiterte sein Vagabunden-Grinsen so weit es sein Maul erlaubte, während seine rosafarbige Zunge ihm über eine Seite des Kiefers hing.

Der Besitzer winkte mit seinem Kopfe, um anzudeuten, daß der Hund hereinkommen möge, um sein freies Mittagsmahl nahe der Bar zu empfangen. Der Hund jedoch kam nur einen halben Schritt näher zur Tür, und wie gestern so auch heute weigerte er sich hineinzugehen. Monsieur LeBlanc schien nun endlich zu begreifen, was der Hund anzudeuten gedachte, und das war, daß er sich nicht fürchte hineinzugehen, sondern daß seine angeborene Anständigkeit und Intelligenz es ihm zu verstehen gebe, daß ein Raum, in dem reinliche Menschen verkehren, kein geeigneter Aufenthaltsort für gewöhnliche Straßenhunde ist, die sich ihr Futter in Mülleimern suchen müssen und nie gebadet werden.

Der Franzose erhob nun seine Hand und trommelte seinen Zeigefinger gegen den Daumen, blickte dabei den Hund scharf an und gab ihm auf diese Weise in der im Lande gebräuchlichen Form zu verstehen, daß er ein wenig warten möge. Zum Erstaunen des Franzosen verstand der Hund wirklich diese Zeichensprache, denn er bewegte sich einen Schritt weg von der Tür und legte sich draußen auf dem Seitenweg hin, seinen Kopf zwischen den Vorderpfoten und mit seinen halbgeschlossenen Augen den Franzosen beobachtend, der in diesem Moment sehr beschäftigt war.

Etwa fünf Minuten später trug eine Kellnerin ein Tablett, gefüllt mit Tellern, die sie soeben von den Tischen genommen hatte, zur Küche. Der Besitzer winkte ihr, zur Bar zu kommen, ergriff ein gutes Überbleibsel eines einst mächtigen Steaks, ging damit hinaus zum Hunde, wo er es vor der Nase des Hundes herumspielte und es dann gehen ließ. Der Hund schnappte es so sanft von des Mannes Hand, als ob er es von einem Kinde nehme. Und genau so wie er es gestern getan hatte, so handelte er auch heute. Er legte sich ruhig und unbekümmert draußen auf dem Seitenwege unter dem Fenster des Cafés hin und erfreute sich des guten Mahles.

In diesem Augenblick erinnerte sich LeBlanc der eigentümlichen Art und Weise, wie der Hund gestern seinen Dank ausgesprochen hatte, und er war nun neugierig, zu erfahren, ob diese sonderbare Form der Danksagung nur einer gelegentlichen Eingebung folgte oder einem wohlüberlegten individuellen Betragen.

LeBlanc, der gerade mit einem Gaste zehn Pesos zu wetten gedachte, daß der Hund, nachdem er sein Mahl gegessen hatte, zur Tür kommen und seinen Dank bezeugen würde, fand, daß es für jene Wette zu spät war, denn er sah bereits den Schatten des Hundes dicht bei der Tür. Ohne sein Gesicht dem Hunde zuzuwenden, beobachtete er den Hund und dessen Gebaren von einem Winkel seiner Augen aus. Der Hund saß dicht bei der Türe und wartete darauf, daß der Besitzer ihn bemerken sollte. Jedoch absichtlich beschäftigte sich LeBlanc an den Regalen, wo Gläser, Flaschen, Konserven, Zigaretten und Zigarren aufgeschichtet waren, und hin und wieder revidierte er die Kasse, jedoch stets den Hund so von der Seite beobachtend, daß der Hund dessen nicht gewahr werden konnte. Es interessierte ihn, zu wissen, wie lange der Hund dort sitzenbleiben würde, zu keinem anderen Zweck, als seinen Dank zu sagen.

Vier, vielleicht fünf Minuten waren in dieser Weise vorübergegangen, als der Franzose endlich beschloß, die Anwesenheit des Hundes zu bemerken. Kaum hatte er aufgesehen und seine Augen auf den Hund gerichtet, als der Hund aufstand, fröhlich mit seinem Schwanz hin und her fegte, seinen Kopf auf eine Seite legte, für eine kurze Weile sein komisches Grinsen zeigte, sich umdrehte und verschwand.

Von nun an hielt der Franzose stets ein besonders schweres und saftiges Stück Fleisch, das von den Tischen zurückkam, für den Hund bereit. Der Hund kam nun jeden Tag und erschien an der Tür so pünktlich wie der Beginn eines Stierkampfes in Mexiko. Es war stets und immer halb vier, wenn Monsieur LeBlanc, einen gelegentlichen Blick zur Tür hinwerfend, den Hund dort sitzen sah, mit dem Schwanze wedelnd und ihn mit freundlichen, halb zugekniffenen Augen verschmitzt ansehend.

In dieser Weise ging es mehrere Wochen ohne irgendwelche Veränderung in des Hundes regelmäßigen Besuchen, seiner Empfangnahme eines reich mit Fleisch besetzten Knochens und seiner Danksagung, ehe er das gastliche Café verließ. Der Franzose betrachtete den Hund als seinen zuverlässigsten Gast, in mancher Hinsicht als seinen Glücksbesucher. So pünktlich kam der Hund jeden Tag, daß der Franzose seine Uhr nach dem Erscheinen des Hundes hätte stellen können.

Trotzdem dieser schwarze, ungekämmte, ungepflegte Straßenhund zu dieser Zeit von der Gastfreundlichkeit des Besitzers nun völlig überzeugt sein mußte, änderte er in keiner Weise sein anständiges Betragen. Niemals kam er in das Café, wenngleich der Franzose ihm zu wiederholten Malen ganz deutlich zu verstehen gegeben hatte, daß er hereinkommen und sein Mahl ganz dicht bei den Füßen des Besitzers in Ruhe essen könne. In Wirklichkeit würde der Franzose es gern gesehen haben, daß der Hund ständig bei ihm geblieben wäre. Er hätte sich nützlich machen können dadurch, daß er andere, weniger anständige Straßenhunde, die in das Café kamen, hinausjagte und das Restaurant in der Nacht gegen mögliche Einbrecher bewachte. Monsieur LeBlanc hatte den Hund, um die Wahrheit zu gestehen, lieben gelernt.

In letzter Zeit, wenn immer er dem Hunde seinen Bissen gereicht, liebte er es, den Hund für eine Weile zu streicheln, auf den Rücken zu klopfen und ihn leicht an den Ohren zu zupfen. Der Hund blieb, während er so gestreichelt wurde, mit seinem Stück Fleisch im Maul, geduldig sitzen, bis Monsieur LeBlanc die Liebkosung beendet hatte und zu seinem Platz hinter der Bar zurückkehrte. Und erst dann, und nicht früher, entfernte sich der Hund von der Tür, um, seiner Gewohnheit gemäß, sich draußen auf dem Seitenweg niederzulegen und sein Mahl zu verzehren. Und wie stets, sobald er damit zu Ende war, stand er auf, ging zur Tür, wartete dort, bis der Besitzer ihn bemerkte und ansah, wackelte daraufhin lustig mit seinem Schwanz, grinste verschmitzt und öffnete das Maul, als ob er zu sagen wünschte: »Vielen Dank, amigo mio, bis morgen um die gleiche Zeit.« Und dann drehte er sich, wie immer, um und trottete hinweg. Wohin er ging, wußte der Franzose nicht.

Nun kam ein Tag, an dem Monsieur LeBlanc eine ganz fürchterliche Auseinandersetzung mit einem Gaste hatte, dem ein knochenhartes Brötchen serviert worden war. Der Gast, im Glauben, das Brötchen sei weich, wie er ein Recht hatte, es zu erwarten, biß fest darauf los und brach sich einen Zahn. Es war nur natürlich, daß der Gast einen entsetzlichen Skandal anfachte, dem Café-

Besitzer androhte, ihn auf einen Schadenersatz von zehntausend Pesos zu verklagen und ihn wegen fahrlässiger Körperverletzung anzuzeigen.

Monsieur LeBlanc wurde wild wie ein Gorilla, feuerte die Kellnerin, die den Gast bedient hatte, mit groben Worten aus ihrer Stellung, und das bedauernswerte Mädchen verkroch sich in einer dunklen Ecke im Hintergrund des Cafés, wo es bitterlich zu heulen anfing. Was unter den Umständen gesehen ja nur natürlich schien. Es war gewißlich nicht ihr Fehler allein. Sie hätte freilich bemerken sollen, daß jenes Brötchen hart wie Holz war. Aber ebensogut hätte es der Gast bemerken sollen, als er das Brötchen in die Hand nahm. Und es ist zu beachten, daß es sicher keinen guten Eindruck auf die Gäste macht, wenn eine Kellnerin, ehe sie dem Gast die Brötchen anbietet, jedes einzelne Brötchen erst zwischen ihren Fingern knetet, um festzustellen, ob es frisch ist. Die Gäste würden sich das als eine unreinliche Handlung verbitten. Und mit Recht. Wie dem auch sein möge, sie hatte jenes Brötchen serviert und war darum für die Folgen verantwortlich.

Der wirklich Schuldige jedoch war der Bäcker, der, absichtlich oder infolge eines Versehens, das knochenharte Brötchen zwischen die frischen Brötchen geworfen hatte.

Und als Monsieur LeBlanc sich dessen bewußt wurde, hob er den Hörer vom Telefon und brüllte den Bäcker an, daß er mit dem Revolver in der Hand auf dem Wege sei, ihm einen Besuch abzustatten, und daß er diesen gottverdammten, gottverlassenen und fahrlässigen Teigkneter ermorden würde, wie es eine pesttragende Ratte, wie er eine sei, nicht besser verdiene, und daß bis an das Ende seiner Tage er stets und immer eine gottverfluchte, stinkende Kanalratte bleiben werde. Worauf der Bäcker mit einem Dutzend jener lieblichen Wahrheiten antwortete, die sich zum Teil mit der unbestimmten sozialen Stellung der Mutter des Monsieurs, die der Bäcker gar nicht kannte, beschäftigten und zum größten Teil von jener saftstrotzenden Art waren, daß, spräche man sie innerhalb einer Episcopalian-Kirche aus, sich die weiß gekalkten Wände der Kirche tiefrot färben und tiefrot bleiben würden, bis der Bischof der Kirche sie aufs neue segnen und von jener gräßlichen Entheiligung erlösen würde.

Die lebhafte Unterhaltung endete damit, daß Monsieur den Hörer des Telefons mit solcher Heftigkeit auf den Haken schlug, daß von diesem Telefon nichts übriggeblieben wäre, wenn die Ingenieure, die jene Apparate bauten, solche gelegentliche Ausbrüche menschlicher Leidenschaften nicht vorgesehen und dementsprechend die Apparate konstruiert hätten.

Das Gesicht rot wie eine reife Tomate, zwei bläuliche, dick anschwellende Adern auf seiner kochenden Stirn, kehrte der Franzose zurück zu seinem Platz hinter der Bar, und als er nun wie zufällig zur Tür blickte, sah er dort seinen guten alten Freund, den schwarzen Hund sitzen, der auf sein Mittagsmahl wartete.

Und als LeBlanc den Hund dort so sitzen sah, so ruhig, so unschuldig, so in keiner Weise geplagt von den ewigen Sorgen, Kümmernissen und Ärgernissen eines Café-Besitzers in Mexiko, Sorgen, die einen Mann zwanzig Jahre vor seiner Zeit alt werden lassen, und so lustig und vergnügt seinen Schwanz wedelnd und ihn grüßend mit dem clownischen Vagabundenlächeln, das ihm so gut stand und von dem er gut wußte, daß es seinem Freunde, dem Café-Besitzer, so sehr gut gefiel, da packte den Franzosen, beinahe blind in seinem Ärger, plötzlich und völlig ungewollt und unbeabsichtigt eine solche ungeheure Wut, daß er das harte Brötchen, das vor ihm auf der Bar lag, ergriff und – später konnte er sich nicht erklären, warum er es getan hatte – es mit voller Wucht und Kraft dem Hunde an den Kopf warf.

Es besteht kein Zweifel darüber, daß der Hund die Bewegung des Franzosen beobachtet hatte, denn seit er bei der Tür erschienen war, hatte er nicht eine Sekunde lang den Franzosen aus seinen Augen gelassen. Der Hund sah den Franzosen das Brötchen ergreifen, sah ihn dabei scharf an und sah, daß jenes Brötchen auf ihn gezielt wurde. Er, ein Hund, der von dem lebte, was er auf der Straße fand, und aus diesem Grunde an ein hartes Leben, gewürzt mit Knüppelhieben und Steinwürfen, gewöhnt war, hatte durch bittere und schmerzliche Erfahrung gelernt, Hieben und Würfen aus dem Wege zu gehen.

Eine leichte Bewegung seines Kopfes hätte vollauf genügt, dem heransausenden Brötchen auszuweichen. Aber er bewegte sich nicht. Er hielt seine warmen braunen Augen auf den Franzosen geheftet. Und ohne irgendein Zeichen von Furcht zu offenbaren, empfing er den Wurf.

Für einige Sekunden blieb er sitzen, wo er war, als ob er gelähmt sei; weniger gelähmt durch jenen Schuß als viel, viel mehr infolge der Verwunderung über das, was soeben geschehen war, etwas, wovon er bis zu diesem Augenblick nie geglaubt haben würde, daß es je geschehen könnte.

Das Brötchen lag nun nahe seinen Vorderpfoten. Er gab ihm einen kurzen studierenden Blick, als ob er erwarte, daß es sich erweisen möge, dieses Brötchen sei ein lebendiges Objekt, das in diesem Augenblick selbst aufspringen würde, um ihm dadurch zu beweisen, daß er sich geirrt habe in dem, was seine Augen soeben gesehen hatten.

Er erhob seine Augen nun von dem Brötchen nahe seinen Vorderpfoten und ließ sie am Boden entlang gleiten, bis sie die Bar erreichten und endlich auf dem Gesicht des Franzosen haften blieben. Dort standen sie wie durch magnetische Kraft gehalten. Es war keine Anschuldigung in diesen Augen, nur eine tiefe, tiefe Traurigkeit. Die Traurigkeit dessen, der ein unbegrenztes Vertrauen in die Freundschaft eines anderen gesetzt hat und dann ganz unerwartet sich betrogen sieht durch eine Handlung, für die er keine Erklärung finden kann.

Der Franzose, der sich in diesem Augenblick bewußt zu werden schien, was er getan hatte, stand wie versteinert, tief ergriffen von einem Empfinden, als ob er durch einen ungewollten Zufall ein menschliches Wesen getötet hätte. Mit einem plötzlichen Ruck, als habe er soeben einen Schuß bekommen, streckte er seinen Körper der ganzen Länge nach aus und kam zu sich.

Für einige Sekunden stierte er mit verlorenen Augen auf den Hund, als sähe er einen Geist.

Und im selben Moment richtete sich der Hund langsam auf, schüttelte seinen Kopf, so daß seine hängenden Ohren ihm ums Gesicht schlappten, wie er es gewöhnlich tat, kurz bevor er sich anschickte, fortzugehen, wendete sich um und ging seiner Wege.

Als der Franzose den Hund so von der Tür verschwinden sah, benahm er sich wie verwirrt, griff mit seinen Händen ziellos um sich, als suche er etwas wie im Traum, und so geschah es, daß seine Augen herumsuchend sich senkten und auf den Mann fielen, der unmittelbar vor ihm an der Bar saß und in diesem Moment seine Gabel in ein saftiges Steak stach, das soeben vor ihn hingestellt worden war.

Mit einem entschlossenen und entschiedenen Griff schnappte der Franzose das Fleisch vom Teller des aufs höchste erstaunten Gastes, der mit dem heulenden Gebrüll eines Wilden aufsprang und schreiend und energisch gegen die Verletzung der konstitutionellen Rechte eines Bürgers, sein Mittagsmahl in Frieden verzehren zu dürfen, protestierte und damit alle anwesenden Gäste als Zeugen einer solchen Untat anrief.

Das Steak in seiner Hand hin und her schwingend, sauste der Franzose raus aus der Tür, warf einen raschen Blick die Straße entlang, wo er den Hund bereits beim nächsten Block dahintrotten sah.

Er rannte hinter ihm her wie wild, pfeifend, rufend und sich in keiner Weise um die Leute scherend, die stehenblieben, um sich an einem aus dem Irrenhaus entwichenen Verrückten zu ergötzen, der mit einem gestohlenen Steak zwischen seinen Fingern, pfeifend hinter einem Straßenköter herrannte. Es war wert, es anzusehen, denn es kam nicht alle Tage vor.

Als er endlich den dritten Block keuchend erreichte, hatte er den Hund aus seinen Augen verloren und vermochte nicht einmal zu sagen, wo und in welche Richtung der Hund abgebogen war, denn die Straße war um diese Zeit sehr belebt. Er ließ das Steak fallen und kehrte zurück zu seinem Restaurant.

»Entschuldigen Sie vielmals, Amigo«, sagte er zu dem Gast an der Bar, der in der Zwischenzeit sich beruhigt hatte und dem von der Kellnerin in aller Eile ein frisches Steak serviert worden war. »Entschuldigen Sie, Señor, das Steak war nicht besonders gut, um die Wahrheit zu sagen, und ich wollte es eben gerade jemand geben, von dem ich glaubte, er benötige es schneller als Sie. Vergessen Sie den Vorfall. Bestellen Sie von der Liste, was Sie wollen. Es geht auf meine Rechnung. Gracias.«

Der Gast lachte gutgelaunt und war vollauf zufriedengestellt. Nicht aber so Monsieur LeBlanc.

Er begann ruhelos im Lokal herumzuwandern, hier einen Stuhl näher zum Tisch schiebend, da einen anderen Stuhl fortziehend und ihn betrachtend, als ob er einer Reparatur bedürfte, dann wieder zu einem Tisch gehend und das Tischtuch mehr nach einer Seite zupfend und wieder ein anderes mit der flachen Hand ausglättend. So kam er auf diesem Rundgang zu der Ecke, in die sich die Kellnerin verkrochen hatte und dort in sich hineinschrumpfte und still vor sich hinweinte.

»Ya está bueno, Bertha, Sie bleiben natürlich hier. Es war ja nicht ganz allein Ihr Fehler. Aber der Bäcker kann sicher sein, daß ich ihn eines schönen Tages in bestialischer Weise ermorde. Bueno, auf alle Fälle werde ich mir einen anderen Bäcker suchen für die Ware, die wir hier verbrauchen. Marschieren Sie zurück zu Ihren Tischen. Verflucht noch mal, ich wurde wild wie ein gemarterter Teufel, als jener Hurensohn seines zerbrochenen Porzellanzahns wegen hier herumtanzte wie ein besoffener Schimpanse.«

»Gracias, Señor«, sagte Bertha, mit der Nase ihre letzten versiegenden Tränen hinunterschnupfend. »Wirklich, ich bin Ihnen dankbar, daß Sie mich nicht rauspfeffern. Ich verspreche Ihnen, besser und schneller zu bedienen als je zuvor. Wissen Sie, Señor LeBlanc, ich habe eine Mutter am Halse und zwei Bastarde, für die ich zu sorgen habe. Und es ist nicht gerade leicht, die Hölle weiß es, eine Stellung zu finden, wo ich dasselbe an Trinkgeldern bekomme wie hier.«

»Beim allmächtigen Gott im Himmel, reden Sie nicht so viel Unsinn. Ich habe Ihnen doch gesagt, es ist alles gut, vergessen und vergeben. Was wollen Sie denn noch mehr von mir?«

»Ich will ja weiter nichts. Ich bin ja so zufrieden und glücklich, daß ich bleiben darf. Ich wollte Ihnen doch nur danken, Señor ...«, und, sich umdrehend zu einem ungeduldigen Gast, der schon eine Weile mit einem Messer ein Wasserglas bearbeitete, um sich Aufmerksam-

Roy McKie
Ein guter alter Freund

keit zu verschaffen: »Oh, gottverdammt noch mal, ja, ja, um Himmels willen, ich hörte ja, was Sie wollen. Ich bin doch nicht taub. Regen Sie sich nur nicht auf und behalten Sie Ihr Hemd ruhig an. Gewöhnliches Mignon mit Champignons? Bueno, bueno. In einer Sekunde haben Sie es. Halten Sie nur still, bis Mama mit der Milchflasche kommt. Ich renne vom Feuer gejagt.«

Der Franzose tröstete sich mit dem Gedanken, daß der Hund gewiß am nächsten Tage wieder erscheinen werde. Er würde sicherlich nicht sein Mittagsmahl aufgeben eines so kleinen Mißverständnisses wegen. So ein winziges Zerwürfnis kommt jeden Tag vor. Jeder Hund bekommt hin und wieder eine kleine Abreibung von seinem Herrn, wenn er sie verdient hat, und dennoch bleibt er seinem Herrn treu. Hunde halten zu dem, der sie gut füttert.

Merkwürdig war es, daß, obgleich er sich in seinem Innern unaufhörlich versicherte, daß der Hund wiederkehren werde, er sich nicht beruhigt fühlte. Für den Rest des Tages war es ihm nicht möglich, den Hund zu vergessen. Er versuchte es unzählige Male, indem er sich sagte, daß er nicht einmal wisse, wie der Hund heiße oder wo er die Nächte verbringe, wer sein Herr sei und wo er hingehöre. Und als er nun auf keinen Fall den ständigen Gedanken an den Hund loswerden konnte, wurde er ärgerlich und murmelte zu sich: »Ist nur ein ganz gewöhnlicher dreckiger Straßenhund, der von dem lebt, was er in den Ascheneimern findet, ohne Charakter im besonderen; reiche ihm einen Knochen, und du bist sein angebeteter Freund für alle Zeiten.«

Trotz alledem, je mehr er sich bemühte, den Hund zu vergessen, je mehr er sich einredete, daß dieser ungewaschene Köter nicht wert sei, sich um ihn zu kümmern, je weniger vermochte er die Erinnerung an den Hund aus seinen Gedanken auszulöschen.

Am nächsten Tag, bereits um drei Uhr, hatte Monsieur LeBlanc ein dickes, saftiges, absichtlich nur halb gebratenes Steak zur Hand, um mit ihm den Hund zu bewillkommnen im Augenblick, da er bei der Tür sichtbar wurde, und ihn mit dieser Gabe gleichzeitig um Entschuldigung für den unliebsamen Vorfall zu bitten und auf diese Weise die alte Freundschaft zu erneuern.

Nun war es halb vier, und als ob der Glockenschlag der Uhr auf dem nahen Gebäude die Ursache sei, saß der Hund auf seinem gewohnten Platz bei der Tür.

»Ich wußte es, er würde kommen, ich wußte es ja«, sagte der Franzose zu sich selbst mit lauter Stimme, ein zufriedenes Lächeln auf seinem Gesicht. »Er würde ja kein richtiger Hund sein, käme er nicht für sein kostenloses Mittagsmahl.«

Obgleich er dies laut sagte, fühlte er sich dennoch ein wenig enttäuscht, daß dieser Hund sich genau so betragen würde wie irgendein anderer, gewöhnlicher Straßenhund. Da er den Hund lieben gelernt hatte, glaubte er, daß dieser Hund sich von anderen Hunden unterscheiden müßte, daß er mehr Stolz, mehr Würde hätte zeigen sollen. Wie dem auch sei, er war erfreut, daß der Hund zurückgekommen war. Er vergab ihm das augenscheinliche Fehlen von Würde und redete sich ein, daß der Mensch die Hunde annehmen und aufnehmen müsse, wie sie nun gerade seien, da der Mensch ja nun einmal doch nicht die Macht besitzt, die körperliche Gestalt oder die Seele und das Gemüt eines Hundes grundlegend zu verändern.

Da saß nun der Hund und sah den Café-Besitzer mit seinen warmen braunen Augen an.

Der Franzose bot ihm ein breites offenes Lächeln als Gruß an und erwartete, daß der Hund mit seinem komischen Vagabunden-Grinsen darauf antworten würde.

Aber der Hund hielt sein Maul geschlossen, und er machte auch nicht die kleinste Bewegung, weder mit seinem Kopfe noch mit seinem Schwanz, als er den Franzosen das bereitgehaltene Steak aufnehmen sah. LeBlanc winkte damit dem Hunde zu, hereinzukommen, sich hier zu Hause zu fühlen und das Steak in Ruhe innerhalb des Lokals zu verspeisen.

Der Hund blieb jedoch ruhig auf seinem Platz bei der Tür sitzen, dem Franzosen geradezu direkt ins Gesicht starrend, als ob er ihn zu hypnotisieren gedachte.

Noch einmal schwang LeBlanc das Steak hin und her, schmatzte laut mit den Lippen und machte Hm, Hm, Hm, um des Hundes Appetit anzuregen.

Die Gesten des Franzosen bemerkend, begann der Hund leicht mit dem Schwanz zu wackeln, aber auch gleich darauf hielt er damit inne, als er gewahr zu werden schien, was er tat.

Der Franzose begriff nun endlich, daß der Hund nicht hereinkommen würde und offensichtlich wenig Wunsch offenbarte, die Freundschaft fortzusetzen, trug nun das Steak zur Tür, wo der Hund saß, und wie er verschiedene Male vorher bei anderen Gelegenheiten es getan hatte, spielte er das Steak dem Hunde vor der Nase herum, den Appetit des Hundes anreizend und erwartend, daß der Hund das Steak nun endlich aufschnappen würde.

Der Hund richtete seine Augen hoch, bis sie die des Franzosen trafen, als er ihn so dicht vor sich stehend fand. Er tat jedoch keine andere Bewegung irgendwelcher Art. Als er sich entschieden weigerte, das Steak anzunehmen, legte der Franzose, nicht einen Augenblick seine Geduld verlierend, das Stück Fleisch dem Hunde, der wie eine Statue still saß, dicht vor die Vorderpfoten. Er streichelte den Hund kosend für eine Weile. Der Hund erwiderte diese Freundschaftsbezeugung mit einem Wackeln des Schwanzes, aber er tat es so leicht, daß diese Bewegung kaum bemerkbar war. Aber nicht für eine Sekunde ließ er seine Augen von denen des Franzosen abweichen.

Plötzlich beugte er seinen Kopf, schnüffelte an dem Fleisch herum, ohne sich besonders dafür zu interessieren, richtete abermals seine Augen auf zu denen des Franzosen, stand auf und verließ seinen Platz an der Tür.

LeBlanc fegte hinaus auf den Seitenweg und sah den Hund längs der Gebäude dahintrollen, ohne je einen Blick zum Café zurückzuwerfen. Wenige Sekunden darauf war er im Gedränge der Leute, die dort geschäftig hin und her liefen, verschwunden. Am nächsten Tage, pünktlich wie immer, befand sich der Hund bei der Tür des Cafés sitzend, auf das Gesicht seines verlorenen Freundes starrend.

Und wieder, als Monsieur LeBlanc, einen dick mit Fleisch bedeckten Knochen zwischen seinen Fingern, sich dem Hunde näherte, blickte ihn der Hund, wie es am Tage vorher geschehen war, nur starr an, ohne auch nur die geringste Notiz von dem herrlichen Knochen, der bei seinen Vorderpfoten lag, zu nehmen.

Nicht für einen Moment ließ der Hund den Franzosen aus seinen Augen, und nur ganz leicht und behutsam wackelte er mit dem Schwanz, als der Mann ihn streichelte und schmeichelnd an den Ohren zupfte.

Wohl eine Minute ging so vorüber. Der Café-Besitzer war unschlüssig, was zu tun sei, um den Hund zu versöhnen.

Nun stand der Hund auf, leckte die streichelnde Hand des Mannes wieder und wieder, mehr als ein Dutzend Mal, blickte nochmals dem Franzosen lange in die Augen und ließ ein kurzes unterdrücktes, kaum deutliches Bellen hören, das überging in ein leises, trauriges Heulen, sich dann lang hinzog in ein mitleiderregendes Wimmern, und ohne auch nur an dem Knochen zu schnüffeln, drehte er sich um, verließ die Tür und trottete hinweg.

Dies war das letzte Mal, daß Monsieur LeBlanc den Hund je wiedersah. Er kam niemals mehr zurück zum Café, und niemals wurde er in der Nachbarschaft gesehen.

Hans Fallada

Gigi und Lumpi

Solange Gigi zurückdenken kann, wohnen sie in der Siedlung ›Eigene Scholle‹. Mutti und Pappi – und Gigi dazu – haben dort eine Parzelle, tausend Quadratmeter groß, eine Laube und seit letztem Herbst Anschluß an die Wasserleitung. Daß sie das mit der Wasserleitung im eigenen Garten geschafft haben, daran ist Mutti schuld, sie hilft Pappi beim Verdienen: Aufwartung, Flicken und Stopfen, Neubauten saubermachen, Briketts in die Keller packen, alles, was ihr zukommt. Mutti sagt nie nein.

Seit Gigi fünf Jahre alt ist, geht das so mit der Arbeit, und seitdem auch besorgt sie das Haus. Mutti kocht morgens das Essen an, Gigi macht es fertig. Gigi wäscht ab, Gigi jätet Unkraut, Gigi putzt Pappis Schuhe. Ihr sehnlichster Wunsch ist, daß sie erst so groß ist, an die Nähmaschine zu reichen, dann könnte sie Mutti ›richtig‹ helfen. Jeden Sonntag muß Pappi Gigi messen, es geht sehr langsam mit dem Wachsen.

Aber es geht doch vorwärts, jetzt ist Gigi sechs Jahre alt und seit Ostern in der Schule. »Gisela Kößling«, sagt sie. »Parzelle 375«, sagt sie. »Packer«, sagt sie. »Einundzwanzigsten Januar neunzehnhundertsechsundzwanzig in Neukölln«, sagt sie.

Es ist herrlich in der Schule. Den ganzen Winter hat sie einsam auf der Parzelle gehaust, das nächste bewohnte Grundstück ist 381. Dort wohnt Herr Krupschert. Aber Herr Krupschert ist alt und dumm, findet Gisela, er war den ganzen Winter keine Unterhaltung für sie.

Jetzt hat sie Unterhaltung durch die Schule, aber sie hat auch Sorgen: allein auf Parzelle 375 bleibt Lumpi zurück, ihr Hundchen, ihr Freund. Sie kann ja den Lumpi so lange nicht freilassen, Lumpi ist unverständig, immer macht er im Garten Schaden. Sie muß ihn in der

Laube einsperren. Schwer ist für Lumpi, was für Gigi schön ist: der Vormittag.

Eines Tages kommt Gigi von der Schule nach Hause, schon von weitem hört sie Lumpi in der Laube weinen. So weinte er schon, als Gigi heute früh fortging. Gigi begegnet Herrn Krupschert.

»Hörst du das?« sagt Herr Krupschert böse zu Gigi. »Das ist eine Gemeinheit!«

Herr Krupschert ist ein alter Mann mit einem gelblichweißen Bart, von seinem ganzen Rentnervermögen ist ihm nur die Parzelle 381 und eine Sozialrente geblieben. Gigi verachtet Herrn Krupschert, sie findet ihn dumm, weil er nicht einmal seinen Garten bestellt, sondern ihn wüst liegenläßt. Aber Herr Krupschert hat dafür keine Zeit, er muß ausrechnen, von wann an die Inflation böswillig verschuldet ist und bis wann sie gewissermaßen ein Naturereignis war. Wenn Herr Krupschert das ausgerechnet hat, wird er Herrn Reichsbankdirektor Schacht verklagen. Herr Krupschert rechnet schon manches Jahr, es ist sehr schwierig, er wird noch lange rechnen müssen. Aber dann gewinnt er den Prozeß, und alle verarmten Leute werden wieder reich.

Muß man so angestrengt rechnen, kann ein durch drei Stunden kläffender, weinender Hund sehr stören. Darum fragt er Gigi so böse, ob sie den Hund nicht auch bellen hört?

»Lumpi ist nicht gerne allein, Herr Krupschert«, sagt Gigi.

»Und ich soll das anhören?« sagt Herr Krupschert böse. »Wenn ich deine Töle erwische, schlage ich ihr einen über den Deets. Daß du es nur weißt!«

Gigi steht da und sieht Herrn Krupschert nach. Daß manche Menschen böse sind, weiß sie schon sehr lange, weiß sie schon, seitdem ein Stromer ihr die Hand aufgebrochen und ihr die Mark Einholgeld fortgenommen hat. Also Herr Krupschert ist nicht nur dumm, er ist auch böse.

Gigi denkt den ganzen Tag und Abend nach. Mutti fragt, was los ist, aber sie sagt Mutti nichts, beileibe nichts, Mutti hat schon so genug Sorgen. Solange Lumpi in der Laube ist, entscheidet schließlich Gigi, ist er sicher. Das weiß sie bestimmt, daß keiner eine fremde

Laube aufbrechen darf. Jeden Morgen schließt sie Lumpi sehr gut ein, und wenn sie Herrn Krupschert sieht, läuft sie weg.

Aber eines Morgens ist ihr Lumpi ausgebimst, tobt im Garten, läßt sich mit nichts in die Laube locken. Gigi *muß* in die Schule, sie hat einen Begriff von Pünktlichkeit; wenn Pappi mit dem Halbachtuhrzug kommt, muß das Essen fertig sein – daher weiß sie von Pünktlichkeit.

Gigi geht zur Schule, sie denkt ununterbrochen nach, um sie herum tanzt Lumpi Freudentänze. Was ihr Sorge macht, bereitet ihm große Freude. Nirgendwo kann sie Lumpi abgeben oder einsperren, er könnte ausreißen, und dann haut ihm Herr Krupschert einen über den Deets.

Gigi nimmt Lumpi mit in die Schule, es bleibt nichts, sie nimmt ihn mit ins Klassenzimmer. Oh, welch ein Hallo unter den Kindern! Herr Wendel ist noch nicht da, alle Kinder tanzen um Gigi und Lumpi. Lumpi ist ganz verschüchtert und will auf Gigis Arm. So kann ihn Gigi schnell, als Herr Wendel kommt, unter die Bank stecken, neben ihren kleinen Schulranzen. Immer wenn Herr Wendel mal wegsieht, legt sie eine Hand auf seinen Kopf.

Und Lumpi scheint sich ausgetanzt zu haben, oder er hat Furcht, er liegt mäuschenstill, nur einmal macht er einen Schnapper nach einer Fliege, und Herr Wendel fragt sehr laut: »Wie?«

Die Klasse lacht, und Herr Wendel versteht heute seine Klasse nicht, sie ist des Teufels, keines hört ein Wort von dem, was er sagt. Aber Herr Wendel ist sechsundfünfzig und hat einen Bauch; sicher hat er schon zweitausend Kinder gehabt. Er weiß, man muß Kindern Zeit lassen. Er weiß auch, ein Baum wächst noch viel langsamer. Man darf nichts übereilen, nie heftig werden, weiß Herr Wendel.

Die Stunde ist vorbei, und in der Pause wird es schlimm für Lumpi. Die Jungens sind schrecklich frech, und die Mädchen wollen alle von ihm ein Küßchen haben, er hat eine kleine schwarze Affenschnauze und eine süße, flinke, rosa Zunge. Plötzlich steht Herr Wendel mitten in der Klasse und fragt furchtbar ernst: »Wessen ist der Hund?«

Es ist eine ungeheure Stille, Gigi will grade den Mund auftun, da ärgert den Lumpi wohl der schwarze, dicke Mann, er fährt an gegen ihn mit einem Gejachter.

»Dir, Gisela?« fragt Herr Wendel und ist sehr böse. »Sofort bringst du den Hund auf die Straße!«

Gigi nimmt ihren Lumpi, sie hat ein sehr rotes Gesicht, aber sie sagt keinen Ton. Auf dem Flur schluchzt sie ein bißchen, und als sie die Schulhaustür zwischen sich und Lumpi zumacht, schluchzt sie noch mehr. Nun läuft Lumpi zur Laube, und da kommt Herr Krupschert und gibt dem Lumpi einen über den Deets.

Also, die Schulstunde geht weiter, es wird eine richtige, gewöhnliche Schulstunde. Die Kinder fangen an, auf Herrn Wendel zu hören, und nur Gigi denkt noch an Lumpi.

Da scharrt es plötzlich an der Tür, da kratzt es, da winselt es, da weint es, da bellt es – alle Kinder fahren zusammen, und Herr Wendel sagt: »Das ist doch unerhört, Gisela! Sofort jagst du den Hund weg!«

Und Gisela steht langsam auf, und Schrittchen für Schrittchen geht sie dunkelrot auf die Tür zu, am Pult vorbei, und grade, wie sie unterm Pult ist, sagt Herr Wendel plötzlich ganz milde: »Das hätte ich nie von dir gedacht, Gigi!«

Da aber ist es mit Gigis Fassung vorbei, die Tränen kommen und mit den Tränen die Worte, und wenn auch alles sehr wirr und durcheinander ist: Herr Krupschert und die Laube, und Mutti, die auf Arbeit geht, und der Deets – so viel versteht Herr Wendel doch, daß er früher ganz richtig von Gigi gedacht hatte.

»Also, hol ihn 'rein, deinen Lumpi. Und nach der Schule sprechen wir weiter.«

Welch ein Freudentanz von Lumpi, welch seliges Kindergesicht! Lehrend lernen wir, nun ja, und die Kinder sind jetzt auch musterhaft. Ein Hund in der Klasse muß verdient werden, das hätte Herr Wendel gar nicht erst zu sagen brauchen, das versteht jedes. Aber dann in der Pause –:

»Sicher, Herr Wendel, Lumpi hat Hunger!«

»Bei mir muß er auch einmal abbeißen dürfen!«

Paul Klee
Kind und Hund

»Ich habe Knoblauchwurst auf der Stulle – frißt er auch Knoblauchwurst, Herr Lehrer?«

Gewimmel, Getriebe. Geschrei, Gebrüll. Kann ein ausgewachsener Mann zwischen solchen Steppkes verschwinden? Herr Wendel verschwindet. Er schreit: »Kinder, Kinder, das geht doch nicht. Gleich stellt ihr euch da drüben hin! Gisela, hier zu mir stell du dich hin!« – Unmöglich –!

»Lumpi hat von Ernas Stulle abgebissen, dann darf er doch auch von meiner abbeißen, Herr Wendel –?!!«

Also, da steht Gisela mit Lumpi, da stehen dreiundvierzig Kinder, da steht triefend Herr Wendel. »Kinder«, schreit er wieder und ist um Auswege nicht verlegen. »Kinder, auf der Stelle legt jedes sein Butterbrot hier auf mein Pult. Nun aber schnell!«

Wirklich, er erreicht es, auf dem Lehrerpult liegen dreiundvierzig Stullenpakete, angebissen, halb verzehrt, unberührt.

»Jetzt gehst du mit Lumpi auf den Flur, Gisela«, ordnet Herr Wendel an. »Und jetzt, wenn Gigi 'raus ist, nehmt ihr eure Butterbrote wieder und eßt die ganz schnell auf – die Pause ist gleich vorbei.«

Ist er ein Feldherr, der Herr Wendel, ein großer Organisator, der Mann der raschen, richtigen Entschlüsse? Armer Herr Wendel –!

»Ich habe Stulle mit Klops gehabt, Herr Lehrer, die ist weg!«

»Wo ist meine Käsestulle?«

»Wollen wir tauschen? Ich gebe dir zwei mit Honig, gib mir eine mit Jagdwurst, ja?«

»Herr Lehrer, der Heinz hat sein Brot überhaupt schon aufgehabt, und nun ißt er immerzu!«

Armer Herr Wendel –!

»Du könntest deinen Hund«, fragt Herr Wendel zögernd nach der Schule, »nicht weggeben, Gigi –?«

Gigi sieht Herrn Wendel nur an. Daß Götter so schwach sein können!

»Gut«, sagt Herr Wendel entschlossen, »dann gehe ich jetzt sofort zu Herrn Krupschert, und er muß mir in deiner Gegenwart versprechen, daß er dem Lumpi nichts tut. Bist du dann ruhig, Gigi?«

»Aber richtig in die Hand versprechen, Herr Lehrer«, sagt Gigi.

Und dann gehen sie los.

Gigi, Lumpi auf dem Arm, Herrn Wendel an der Hand, zu Herrn Krupschert.

Lange, lange steht Gigi vor Herrn Krupscherts Laube, sie preßt den Lumpi so an sich, daß er schnauft. Die beiden reden drinnen und reden, das heißt, meistens redet Herr Krupschert, er erzählt von der Inflation.

Aber endlich kommen sie beide hinaus in die Sonne, und Gigi sieht Herrn Krupschert voller Angst an. Aber Herr Krupschert lächelt, er lächelt mit seinem ganzen weißgelben Bart aus den Nasenlöchern heraus: Herr Lehrer Wendel hat ihm nationalökonomische Bücher aus der Schulbibliothek versprochen.

»Ich habe gedacht«, sagt Herr Krupschert und lächelt immer weiter, »daß du schon ein großes Mädchen bist. Das darf man doch gar nicht, einem andern seinen Hund über den Deets hauen.«

Gigi sieht Herrn Krupschert an, sie tut auch manchmal, was man nicht tun darf. »Geben Sie Herrn Wendel die Hand darauf, daß Sie Lumpi nichts tun?«

Herr Krupschert tut es.

»Und nun geben Sie Lumpi die Hand«, befiehlt Gigi.

»Na, weeßte ...«, sagt Herr Krupschert empört. Aber dann denkt er an die Bücher.

»Danke schön, Herr Lehrer«, ruft Gisela, und dann läuft sie, läuft sie, läuft sie mit fliegenden Röcken zu ihrer Parzelle.

»Lumpi, Lumpi, uns tut keiner mehr was!«

Wie hell plötzlich die Sonne scheint –!

Mary Roberts Rinehart
Der Splitter

Die Türklingel schreckte den jungen Doktor Mitchell hoch, der erschöpft auf dem alten Sofa in seiner Praxis eingeschlafen war. Mit einem vielstimmigen Japsen und Winseln antworteten die Hunde aus der dahinterliegenden Tierklinik, und er wartete das dritte Läuten der Glocke ab, bevor er brummelnd aufstand. Etwas Dringendes schwang in dem letzten Ton mit, so als hätte sich jemand mit aller Macht gegen den Klingelknopf gelehnt. Der Lärm quälte ihn; denn während der letzten drei Tage und Nächte hatte er, auf der Suche nach einem verlorengegangenen Kind, zusammen mit anderen Männern die bewaldeten Hügel hinter der Ortschaft durchstreift. Jetzt war er steif und müde und immer noch halb im Schlaf.

»Was zum Teufel!« murmelte er, als die Glocke wieder anschlug.

Er hinkte zur Korridortür und riß sie wütend auf.

»Hören Sie mal«, platzte er los, »nehmen Sie gefälligst Ihren Finger vom Knopf und ...«

Überrascht hielt er inne. Ein kleiner, ziemlich verängstigter Junge stand vor ihm. Im Licht des frühen Morgens sah er blaß aus, und die Sommersprossen in seinem Gesicht standen auffällig hervor.

»Darf ich reinkommen, Mister?« fragte er. »Ich möchte von niemandem gesehen werden.«

Mitchell trat beiseite, und das Kerlchen schoß in seine Praxis. Da erst bemerkte Mitchell, daß der Junge einen kleinen Hund im Arm trug und recht verängstigt aussah.

»Setz dich, mein Sohn«, sagte er. »Wie ich sehe, hast du deinen Hund mitgebracht. Nun ja, das fällt in mein Fach. Was fehlt ihm denn? Hat er etwas Verkehrtes gefressen?«

Der Junge setzte sich hin. Er sah jetzt ein wenig besser aus. Sein Gesicht hatte etwas Farbe bekommen.

»Er gehört nicht mir«, sagte er. »Man kann wohl sagen, daß ich ihn gestohlen habe.«

Aber Mitchell hatte den Hund inzwischen erkannt. Er starrte den Jungen an.

»Das ist Wags, der Hund von Johnny Watson«, sagte er. »Nun schieß mal los. Warum hast du ihn gestohlen?«

»Ich mußte es tun«, erwiderte der Junge, als ob damit alles erklärt wäre, und blieb dann ganz still sitzen.

Mitchell betrachtete den kleinen Burschen ernst. Nach Johnny Watson hatten er und ein Aufgebot von Einwohnern gesucht. Zuerst war die Suche mehr oder weniger oberflächlich betrieben worden, denn Johnny war dafür bekannt, daß er weit herumstreifte. Mit sieben Jahren hatte er bereits einen örtlichen Rekord im Vermißtsein aufgestellt, aber in letzter Zeit war er stets freiwillig wiedergekommen oder rechtzeitig entdeckt und nach Hause gebracht worden.

Gewöhnlich waren Johnnys Ausflüge kurz. Innerhalb weniger Stunden las man ihn auf und brachte ihn zurück. Aber diesmal war es anders. Der ganze Ort wußte, daß Johnny immer seinen Hund mitnahm, und am Abend seines Verschwindens fand ein Hirschjäger den Hund auf dem Kahlenberg, ungefähr eine Meile hinter dem Ort, und brachte ihn herunter. Er trug ihn, da der Hund lahm und zu erschöpft zum Laufen war.

Der Jäger brachte ihn zur Polizeistation im Bezirksamt, und der Polizeichef schickte nach der Tante des Jungen, einer Mrs. Hunt, bei der er lebte.

»Ist das Johnnys Hund?« fragte er.

»Ich nehme an, daß er es ist«, antwortete sie. »Du kannst ihn behalten. Ich will ihn nicht. Wenn du mich fragst, Johnny ist entführt worden.«

»Entführt? Weswegen?« fragte der Polizeichef scharf. »Weder hat er Geld noch hast du welches, Hattie. Rede doch keinen Unsinn. Und den Hund nimmst du mit nach Hause, ob du ihn magst oder nicht.«

Das war am Abend des ersten Tages, aber am Ende des zweiten begann das Städtchen unruhig zu werden. Die Leute fingen an zu reden, denn jeder kannte Johnny mit seinen großen blauen Augen und seinem liebenswerten Grinsen. Jedermann kannte auch Wags, und als ein weiterer Tag vergangen war, wurde eine Suchmannschaft aufgestellt, um die Hügel zu durchstreifen. Doch kein Johnny wurde gefunden. Jetzt war er seit fünf Tagen vermißt, und man hatte die Hoffnung so gut wie aufgegeben.

Mit diesen Gedanken betrachtete Doc Mitchell den Jungen, der Johnnys Hund in den Armen hielt. Der Kleine war neun Jahre alt, vielleicht auch zehn, ein gutgebautes, kräftiges Kerlchen mit einem Wuschelkopf und einer Stupsnase.

»Nun gut«, sagte Mitchell; »du hast ihn also gestohlen. Ich nehme an, du hattest einen Grund dazu. Hoffentlich einen guten, mein Sohn.«

Der Junge wand sich.

»Ich glaube, Mrs. Hunt will ihn sterben lassen«, sagte er einfach. »Sie läßt ihn Tag und Nacht im Garten angebunden, in der Kälte. Und außerdem ist er lahm. Sein Fuß ist furchtbar wund.«

Behutsam setzte er den Hund auf den Boden, und Mitchell sah, daß er auf drei Beinen stand.

»Und warum, um alles in der Welt, glaubst du, daß sie ihn sterben lassen will?« fragte er streng.

»All die Kinder hier glauben das, Mister«, antwortete der Junge ruhig. »Wir glauben, daß sie weiß, wo Johnny ist, und daß es ihr ganz egal ist, ob er gefunden wird oder nicht.«

»Da hast du etwas sehr Schlimmes gesagt!« fuhr Mitchell ihn an. Er stand auf und hob den Hund hoch. Er war abgemagert und hatte eine bös geschwollene Pfote; aber er schien zu merken, daß er sich in guten Händen befand, und wedelte mit seinem Stummelschwanz.

»Hallo Wags«, redete der junge Tierarzt ihm zu. »Hast wohl Kummer, wie? Soll ich mal nachsehen?« Er blickte den Jungen an, der jetzt etwas fröhlicher dreinsah.

»Ich dachte, wenn Sie seinen Fuß zurechtflicken und ihn vielleicht eine Zeitlang verstecken, würde ich für ihn bezahlen. Ich habe zwei Dollar.«

Mitchell lächelte.

»Darüber wollen wir uns im Augenblick keine Sorgen machen«, entgegnete er. »Ich habe Hunde gern, und ein oder zwei Freiplätze sind bei mir immer verfügbar. Wags und ich sind außerdem alte Freunde. Johnny hat ihn ab und zu mal hergebracht. Willst du zusehen, während ich seinen Fuß untersuche?«

»Sehr gern, wenn es Ihnen nichts ausmacht.«

Mitchell ging mit dem Jungen in das kleine Behandlungszimmer, und während er den Operationstisch herrichtete, erfuhr er seine Herkunft. Er hieß Harold Johnson, wurde aber gewöhnlich Pete genannt, und wohnte im Haus neben den Hunts. Er kannte Johnny gut und hatte ihn gern. Mitchell musterte Pete.

»Haben die Kinder eine Ahnung, wo Johnny hingegangen ist?« fragte er so nebenbei. Aber zu seiner Überraschung nahm das Gesicht des Jungen plötzlich einen verwunderten Ausdruck an.

»Nein«, sagte er mit Nachdruck. »Wags hat nur immer versucht, in die Hügel hinaufzulaufen, bevor sie ihn festband.«

Mitchell ließ das Thema fallen. Er nahm den Hund und legte ihn flach auf den Tisch. Wags rührte sich nicht. Es war, als ob er wüßte, daß ihm geholfen werden sollte, und außer einem leisen Winseln blieb er ganz ruhig, während Mitchell die Pfote untersuchte.

»Sieht aus, als ob etwas darin steckt«, sagte er. »Ich werde schneiden müssen. Möchtest du ihn dabei festhalten?«

»Aber gern, Sir.«

Während er auf ihn hinunterblickte, verspürte Mitchell ein sonderbares Verlangen, dem Jungen übers Haar zu streichen; es war zu lang gewachsen, und eine Locke fiel ihm in die Stirn. Er bezwang sich jedoch und griff nach einem Skalpell.

»Sieh lieber nicht hin«, sagte er. »Es dauert nur ein paar Sekunden.« Und einen Augenblick später: »Schon vorbei, mein Sohn. Nun laß uns mal sehen, was wir gefunden haben.«

Was er mit der Pinzette herauszog, war ein langer hölzerner Splitter, und Pete lächelte ihn mit blassem Gesicht, aber tapfer an.

»Das war es also«, sagte der Junge, ließ den Hund los und taumelte auf einen Stuhl.

Mitchell hielt den Splitter hoch und sah ihn sich genau an, und auch der Hund schien danach zu blicken. Wenigstens hob er den Kopf. Dann ließ er ihn wieder fallen und schloß die Augen.

»Sieht aus, als ob er von einer Diele stammt«, sagte er. »Oben in den Hügeln gibt es doch keine Häuser, nicht wahr? Ich wüßte niemanden, der dort lebt.«

Pete wußte es auch nicht. Außer zu einer nahegelegenen Ausflugswiese durften die Kinder nicht in die Hügel gehen. Geschichten von Bären gingen um, und vor nicht allzu langer Zeit hatte man dort einen geschossen. Pete sah jetzt wieder besser aus, aber er wartete, bis Wags in einen Verschlag gesetzt worden war, bevor er mit seinem Anliegen herausrückte.

»Sehen Sie, Mister«, sagte er. »Vielleicht kommt Johnny zurück oder vielleicht auch nicht. Aber würden Sie das hier bitte als ein Geheimnis zwischen uns behalten? Mrs. Hunt könnte mich dafür einsperren lassen.«

»Warum sollte Johnny nicht zurückkommen? Gibt es denn einen Ort, den wir übersehen haben könnten, als wir nach ihm suchten?«

Pete sah unglücklich aus.

»Ich glaube nicht, wenn er irgendwo war, wo man ihn sehen konnte«, sagte er.

»Was willst du damit sagen?« fragte Mitchell scharf. Aber Pete rutschte von seinem Stuhl und griff nach seiner Mütze.

»Das habe ich nur so gesagt«, antwortete er. »Und vielen Dank auch. Ich muß jetzt gehen, damit ich zum Frühstück zu Hause bin.«

Mitchell beobachtete den Jungen beim Fortgehen. Er ist ein liebenswertes Kind, dachte er. Aber bevor er nach oben in seine Wohnung ging, um eine Dusche zu nehmen, rief er seinen Assistenten Joe in die Praxis.

»Wir haben einen neuen Kostgänger«, sagte er. »Zuerst braucht er einmal Schlaf, aber wenn er aufwacht, geben Sie ihm ein gutes Futter. Und wenn jemand nach ihm fragen sollte, wir haben ihn nicht.«

»Was hat das zu bedeuten?« fragte Joe. »Wir haben ihn, und wir haben ihn wieder nicht. Wir haben schon genug, Doc, ohne sie zu stehlen.«

»Es ist Wags, Johnny Watsons Hund«, sagte Mitchell. »Und ich bete zu Gott, daß er reden könnte. Er weiß etwas, Joe.«

Joe blickte verwundert.

»Sie meinen, er weiß, wo der Junge hingegangen ist, Doc?«

»Ich glaube, er weiß, wo der Junge ist. Das kann etwas anderes bedeuten. Und hören Sie auf, mich ›Doc‹ zu nennen.«

Am nächsten Morgen, nachdem er oben in seiner Wohnung Kaffee getrunken hatte, machte Mitchell die Runde durch seine kleine Klinik; er legte Verbände an, machte einen frischen Gipsverband um das gebrochene Bein einer Dänischen Dogge, untersuchte eine blaue Perserkatze, die mit ihrem ersten Wurf Schwierigkeiten hatte, und fütterte eine Banane an einen kleinen Schimpansen, der von einer wandernden Tierschau zurückgelassen worden war. Johnny Watson hatte den Schimpansen ins Herz geschlossen gehabt. Als er das letztemal hier gewesen war, hatten sie zusammengesessen, und der Junge hatte dem kleinen Affen seine Arme um den Hals gelegt.

Mitchell spürte einen leichten Stich im Herzen, wenn er daran dachte.

Gegen Mittag zog er seinen Arztkittel aus und kleidete sich für die Straße um, und bald darauf saß er im Büro des Polizeichefs.

Der Chef sah müde aus.

»Hören Sie, Doc«, sagte er, »ich hoffe, Sie haben mir etwas Wichtiges zu sagen. Ich bin nicht mehr so jung wie früher, und die letzten Tage haben mich so gut wie fertiggemacht. Ich möchte nur schleunigst nach Hause und in einem heißen Bad versinken.«

Mitchell nickte.

»Vielleicht ist es wichtig, vielleicht auch nicht, Chef«, sagte er. »Sie kennen doch diese Hügel recht gut. Gibt es dort Hütten?«

»Hütten? Nein, nicht daß ich wüßte. Die Jäger, die dort hinaufgehen, benutzen Zelte. Auf dem Kahlenberg war einmal eine Schlafhütte für die Arbeiter im alten Steinbruch, vor ungefähr zwanzig Jahren; aber als die Straße fertiggebaut war, zogen sie fort. Nur noch eine Ruine heute, mit eingefallenem Dach.« Er sah Mitchell neugierig an. »Warum? Wir haben den Steinbruch und auch die Reste der Hütte abgesucht und den ganzen Platz durchgekämmt. Der Junge ist nicht dort«.

»Nicht weit davon wurde der Hund gefunden, nicht wahr?«

»Immer noch einen Narren an der Sache gefressen, Doc?« fragte der Polizeichef spöttisch. »Ja. Früher führte eine Straße zum Steinbruch hinauf, ist aber jetzt nur noch ein Trampelpfad. Der Hund lag dicht daneben, gänzlich ausgepumpt.«

Mitchell zündete sich eine Zigarette an und rauchte abwesend.

»Das ist ungefähr eine Meile entfernt«, sagte er. »Was hatte der Hund dort zu suchen?«

Der Chef grunzte.

»Eichhörnchen oder Kaninchen gejagt und sich verlaufen. Ganz einfach.«

Mitchell stand auf.

»Zu einfach, Chef«, sagte er. »Warum lief der Junge immer wieder fort? Haben Sie eine Ahnung? Ein Psychiater würde wahrscheinlich sagen, daß er einen Grund dazu hatte.«

»Ich bin kein Psychiater«, sagte der Chef gähnend. »Ich bin nur ein Polizist. Wie, zum Teufel, soll ich das wissen?«

Mitchell drang weiter in ihn. »Und was ist mit dieser Hunt? Glauben Sie, daß sie etwas damit zu tun haben könnte? War sie gut zu dem Jungen?«

Der Chef blickte ungehalten.

»Nun hören Sie mal gut zu«, sagte er. »Ich kenne Hattie mein ganzes Leben lang. Sie ist eigentlich zu alt, um ein Kind zu erziehen. Aber sie hat ihm zu essen gegeben und für ihn gesorgt. Sie hat ihre Pflicht ihm gegenüber erfüllt, und das läßt sich nun einmal nicht abstreiten.«

Mitchell wurde nachdenklich.

»Er war doch ein Waisenkind, nicht wahr?«

»Ja. Bei einem Flugzeugabsturz wurden beide Eltern getötet. Verdammtes Glück für den Jungen, daß er nicht mit dabei war. Der Vater hatte einen Arbeitsvertrag für einen Job an der Küste, und während einer Zwischenlandung in Nebraska fiel das Kind hin und brach sich ein Bein. Sie mußten ihn in einem Krankenhaus in Omaha zurücklassen, und als die Behörden in der Handtasche der Mutter im Wrack einen Brief von Hattie fanden, benachrichtigten sie mich und schickten mir den Brief. Ich erzählte es Hattie, und sie fuhr hin und holte ihn. Auch den Hund brachte sie mit. Anscheinend hat ihn eine Schwester im Krankenhaus dem Jungen geschenkt. Ziemlich hart für das alte Mädchen, wenn Sie mich fragen.«

»Und wo ist das alles passiert?«

»Irgendwo in der Nähe von Omaha. Den Ort habe ich vergessen.«

»Haben Sie den Brief noch?«

Der Chef starrte ihn an.

»Hören Sie, Doc«, sagte er. »Das ist jetzt drei Jahre her. Was, zum Teufel, hat das mit dem Verschwinden des Jungen zu tun?«

»Nur, was ich sagte – daß es sonderbar ist, wenn ein Kind immer wieder fortzulaufen versucht.«

»Ab und zu gibt es das«, versetzte der Chef gleichgültig. »Manche Kinder haben eine rastlose Veranlagung.« Er grinste. »Eine Menge Hunde machen das genauso, nicht wahr? Nur haben sie gewöhnlich einen verdammt guten Grund dazu!«

Dieser dürftige Scherz schien dem Chef Vergnügen zu bereiten: er stand auf und reckte sich grunzend.

»Ich gehe jetzt nach Hause und werde ein heißes Bad nehmen und zur Abwechslung einmal anständig essen«, sagte er. »Aber vielleicht habe ich den Brief noch. Ich will einmal nachsehen.«

Er ging steif zu einem antiken hölzernen Ablageschrank in einer Ecke und machte sich an einer Schublade mit dem Kennzeichen H zu schaffen, aus der er ein Paar Pantoffeln und ein schmutziges Hemd ans Tageslicht förderte, das er freudig begrüßte.

»Da also hat das verdammte Ding gesteckt«, sagte er dankbar. »Wenn Sie gehört hätten, was meine Frau deswegen für ein Theater gemacht hat, würden Sie geglaubt haben, ich wäre in ein Techtelmechtel mit einer anderen Frau verwickelt.«

Doch schon bald hatte er einen Aktenhefter gefunden und brachte ihn zum Schreibtisch. Der Buchstabe H schien eine Menge Dinge zu umfassen, von einem gestohlenen Hund bis zu einem Rezept gegen Haarausfall. Aber schließlich zog er einen Brief heraus und überreichte ihn Mitchell triumphierend. Er kam von der Polizei in Omaha, Nebraska, und enthielt ein kurze Schilderung des Todes der Eltern und der Lage des Jungen. Beigefügt war der Brief von Mrs. Hunt an die tote Frau. Er klang nicht besonders liebenswürdig:

Liebe Emily,

als Antwort auf Deine Bitte kann ich nur sagen, daß ich Dir auf keinen Fall helfen kann. Wie Du weißt, war ich immer gegen Deine Heirat und bin es noch. Abgesehen davon bin ich kaum in der Lage, mich selbst zu unterhalten, und Deine Andeutung, ich müßte Dir helfen, weil Du ein Kind hättest, ist geradezu unerhört. Das ist Dein Fehler und fällt unter die Verantwortlichkeit Deines Mannes. Ich bin gewiß nicht dafür zuständig.

Keine Schlußworte – der Brief war lediglich mit Hattie Hunt unterzeichnet, und die Schrift war eng und holperig. Mitchell gab den Brief zurück, machte sich aber eine Notiz von dem Datum des Polizeischreibens aus Omaha. Der Chef sah ihm amüsiert zu.

»Und was nun?« fragte er. »In der Tasche war übrigens auch ein Einlieferungsschein des Krankenhauses, wodurch sie den Jungen fanden; Hattie fuhr dann nach Westen und holte ihn. Nur gegen den Hund erhob sie Einspruch, aber Johnny wollte sich nicht von ihm trennen lassen. Stellte die ganze Bude auf den Kopf, als sie ihn nicht mitnehmen wollte. Vielleicht können Sie das verstehen, Mitch? In Ihrem Beruf müssen Sie doch Hunde gern haben.«

»Ich mag sie lieber als manche Leute«, antwortete Mitchell trocken.

Als er bald darauf ging, kam er sich ein wenig töricht vor. Er hatte weiter nichts als einen Hund mit einer verletzten Pfote, einen großen Splitter von irgendeinem Brett und einen Jungen namens Pete, der beinahe fest an Johnnys Tod glaubte. Doch das letzte allein war schon sonderbar. Kinder pflegen gewöhnlich nicht so zu denken. Allerdings, bei den heutigen Radio- und Fernsehsendungen ...

Am selben Nachmittag legte Mitchell den Splitter aus Wags' Pfote unter sein Mikroskop und untersuchte ihn sorgfältig. Er hielt ihn für Kiefer, von einer alten Fußbodendiele aus Kiefernholz stammend, und dafür gab es natürlich ein Dutzend Erklärungen. Nur eins war sicher. Er mußte seit einigen Tagen in der Pfote des Hundes gesteckt haben, um eine solche Entzündung hervorzurufen.

Was hatte Pete über diese Frau Hunt mit seinen Worten andeuten wollen? Mitchell kannte sie nur vom Sehen her, eine düsterblickende Frau in den Sechzigern, die stets ärmlich in verschossenes Schwarz gekleidet war und deren hartes Gesicht nie lächelte. Keinesfalls besaß sie eine mitfühlende Seele, wenn man nach ihrem Brief urteilen wollte – und auch das schien noch viel zu milde ausgedrückt. Aber bis zu einem Mord war es ein weiter Weg. Und warum überhaupt Mord? Was für ein Motiv konnte sie haben, den Jungen loswerden zu wollen?

Überlegend lehnte er sich zurück. Bis Wags auf dem Kahlenberg gefunden wurde, hatte man Johnnys Verschwinden als eine seiner normalen Herumstreifereien betrachtet. Erst danach nahm die Sache ein bedrohliches Aussehen an, da Junge und Hund unzertrennlich waren. Suchtrupps wurden ausgeschickt. Vielleicht wußten die Kinder etwas? Nach einigem Zögern entwarf er ein Brieftelegramm an die Polizei in Omaha und gab es durchs Telephon auf, vorsichtig Wort für Wort formulierend, da die Telephonistin aus dem Ort stammte:

»Sieben Jahre alter Junge namens John Watson wird hier vermißt. Verunglückte in Ihrer Nachbarschaft vor drei Jahren und wurde ins dortige Krankenhaus gebracht. Versucht vielleicht zurückzukommen. Wäre für Einzelheiten über besagten Unglücksfall und Namen des Krankenhauses dankbar. Drahten Sie Rückantwort. Empfänger zahlt.«

Er gab seinen Namen und seine Adresse an und wurde von der Wärme in der Stimme der Telephonistin belohnt, nachdem sie den Text wiederholt hatte.

»Also wissen Sie«, sagte sie, »daran habe ich nicht gedacht. Ich möchte wetten, daß Johnny genau das getan hat.«

»Jedenfalls ist es eine Möglichkeit«, antwortete er. »Aber behalten

Sie es bitte für sich, ja? Ich möchte die Gefühle des Polizeichefs nicht verletzen.«

»Das alte Klatschmaul!«

Als Mitchell an jenem Abend um zehn Uhr seine letzte Runde machte, schien es Wags gut zu gehen. Er beschloß, seine Unruhe durch einen Spaziergang abzureagieren, und eine halbe Stunde später fand er sich in der Nähe des Grundstückes von Mrs. Hunt wieder. Das Haus war ein Stück von der Straße zurückgebaut wie auch die anderen Häuser in der Nachbarschaft, und in der mondlosen Nacht sah es dunkel und unheimlich aus – ein zweistöckiges Holzhaus, das einmal weiß gewesen war und sich nun schmutziggrau von dem Hintergrund der Hügelkette abhob. Es war nicht erleuchtet, und nur ein schwacher Lichtschimmer fiel aus einem rückwärtigen Fenster – aus der Küche, nahm er an –, und etwas belustigt über sich selbst betrat er das Grundstück und ging leise um das Haus herum.

Er sah durch das Fenster und fand die Küche leer. Gerade wollte er wieder gehen, als er eine kleine Gestalt neben sich bemerkte.

»Sie ist Wags suchen gegangen«, wisperte Pete. »Sie ist mit einer Taschenlampe den Hügel hinauf. Warum glaubt sie wohl, daß er dort hinaufgelaufen ist? Das ist doch sonderbar, nicht?«

»Wie soll ich das denn wissen, mein Sohn?« antwortete Mitchell freimütig. »Der Weg ist jedenfalls ziemlich rauh und anstrengend. Ich werde hier warten, und du gehst lieber nach Hause. Du möchtest doch sicher nicht, daß deine Mutter dich hier suchen kommt, oder?«

Allein gelassen, beobachtete der junge Tierarzt den Hügel hinter dem Haus, aber kein Lichtschein war zu sehen; und nach ein paar Minuten stieg er die Treppe des kleinen Vorbaues hinauf und versuchte, die Küchentür zu öffnen. Sie war unverschlossen, und mit einem Stoßgebet, daß Pete ihm nicht zusähe, trat er ein. Es war ein trübseliger, mit altem Linoleum ausgelegter Raum. Eine zinnerne Kaffeekanne stand auf einem rostigen Herd. Es sah nicht so aus, als ob hier viel gekocht würde. Mit einem letzten Blick auf die Hügel ging er in das Innere des Hauses.

Er hatte keine Taschenlampe, aber indem er hier und da ein Streichholz anzündete, bekam er einen recht guten Überblick über die Räumlichkeiten. Die Zimmer waren sauber, zeugten aber von einer Art vornehmer Ärmlichkeit. Doch auch im Keller fand er kein Brett, an dem Wags sich den Splitter eingerissen haben konnte. Erst im zweiten Stockwerk fiel ihm etwas Merkwürdiges auf: wenn Johnny Watson jemals hier gelebt haben sollte, so fand sich doch nicht das geringste Zeichen dafür. Nur ein Zimmer, offensichtlich das von Mrs. Hunt, sah bewohnt aus. Die anderen waren öd und leer, und selbst die Schränke enthielten nichts.

Es schien unglaublich, daß das Zimmer des Jungen leer sein sollte. Hatte sie ihn *mit all seinen Kleidern und Habseligkeiten* fortgeschickt? Es war die einzige Erklärung, die er sich denken konnte, und er begann seine früheren Annahmen und Befürchtungen fast absurd zu finden. Jedenfalls war er wütend, wenn er an die lange, mühselige Suche und an die Besorgnis des ganzen Ortes dachte – während sie aller Wahrscheinlichkeit nach die ganze Zeit gewußt hatte, wo der Junge steckte.

Gerade zur rechten Zeit trat er aus dem Haus. Ein Licht kam den Hügel herab. Langsam und stetig erreichte es den Waldrand. Dann blieb es stehen und erlosch. Mitchell schlüpfte um die Ecke des Hauses und wartete, bis er im Schein aus dem Küchenfenster Mrs. Hunt erkannte. Sie hatte einen schweren Mantel an und ein Tuch um den Kopf gebunden. Am Fuße der Treppe trat er ihr entgegen. Als er sie grüßte, hörte er sie erschrocken keuchen.

»Guten Abend«, sagte er. »Es tut mir leid, wenn ich Sie erschreckt haben sollte. Ich machte einen Spaziergang und sah dabei Ihr Licht im Wald. Stimmt etwas nicht?«

Einen Augenblick lang konnte sie nicht sprechen. Sie hatte sich offensichtlich sehr erschreckt und ließ ihre Taschenlampe fallen, als könnte sie sie nicht länger halten. Als er sie aufhob, machte sie keine Anstalten, sie zurückzunehmen.

»Wer sind Sie?« fragte sie. »Wer Sie auch sein mögen, Sie haben hier nichts zu suchen. Was machen Sie hier? Spionieren Sie mir nach?«

»Aber ganz und gar nicht.« Er gab seiner Stimme einen möglichst unbeteiligten Klang. »Ich dachte nur, daß vielleicht jemand Hilfe brauchte. Mein Name ist Mitchell – Doktor Mitchell. Wenn Ihnen nichts fehlt, will ich wieder gehen.«

Aber inzwischen hatte sie sich erholt und betrachtete ihn argwöhnisch.

»Der sind Sie also!« sagte sie ärgerlich. »Vielleicht wissen Sie, wo mein Hund ist. Vielleicht hat dieser Junge von nebenan ihn gestohlen und zu Ihnen gebracht. Wenn Sie ihn haben, will ich ihn jedenfalls zurück – oder ich werde Ihnen eine Menge Unannehmlichkeiten bereiten!«

Er lachte.

»Das ist doch eine ziemlich phantastische Annahme, meinen Sie nicht?« fragte er. »Warum sollte der Junge so etwas tun? War der Hund krank?«

Sie ignorierte seine Frage und setzte sich unvermittelt auf die Stufen zur Küchentür. Mitchell hielt ihr die Taschenlampe hin; dabei knipste er sie an und konnte einen schnellen Blick auf die Frau werfen. Wo sie auch gewesen sein mochte, sie hatte keinen einfachen Spaziergang hinter sich. In dem schweren Mantel hatten sich eine Menge Gestrüppteilchen und Tannennadeln verfangen, und ihre Strümpfe darunter waren in Fetzen gerissen. Außerdem sah sie erschöpft aus, und ihr Gesicht hatte eine unangenehme graue Farbe angenommen. Indem er ihr die Lampe in die Hand drückte, schnitt er ihre Proteste ab.

»Wenn Sie Johnnys Hund meinen«, sagte er, »würde ich an Ihrer Stelle ein wenig vorsichtig damit sein, diesen Jungen von nebenan zu beschuldigen. Jedes Kind, das Wags kannte – und das sind recht viele –, könnte ihn genommen haben.«

Sie schien darüber nachzudenken. Dann erhob sie sich und kletterte die Stufen hinauf.

»Also schön, soll ihn meinetwegen behalten, wer ihn genommen hat«, sagte sie. »Ich mag keine Hunde. Ich habe sie noch nie gemocht.«

Er sah ein, daß es keinen Zweck hatte, weiter in sie zu dringen; und sie beendete auch die Unterhaltung, indem sie in das Haus ging und die Küchentür hinter sich zuwarf. In gewissem Sinne fühlte er sich erleichtert. Wenn sie den Jungen fortgeschickt hatte, fehlte ihm wahrscheinlich nichts; und mit dieser Hoffnung, noch müde von den Tagen der Suche, schlief Mitchell ziemlich lange in den nächsten Morgen hinein.

Die Antwort aus Omaha kam am Mittag dieses Tages. Sie enthielt alle Einzelheiten und bestätigte den Flugzeugabsturz und den Tod der Watsons sowie das gebrochene Bein des Jungen und die Tatsache, daß eine Verwandte namens Mrs. Hunt ihn abgeholt hatte. Allerdings stand da noch ein Zusatz, der ihm rätselhaft vorkam. Es hieß: *Fuhr mit einem Auto nach Osten zurück.*

Am Nachmittag desselben Tages ging er wieder in den Ort hinein und suchte den Polizeichef auf. Offensichtlich hatte seine Frau sich um ihn gekümmert, denn er trug ein sauberes Hemd und sogar eine Krawatte. Trotzdem hatte er schlechte Laune.

»Hören Sie mal, Doc«, sagte er, »der Fall Johnny Watson ist abgeschlossen, und ich bin verdammt froh darüber. Es sei denn«, fügte er argwöhnisch hinzu, »Sie hätten den Hund. In diesem Fall sind Sie verhaftet – und jetzt spaße ich nicht etwa.«

Mitchell brachte es fertig, überrascht auszusehen.

»Hund?« fragte er. »Welchen Hund?«

»Na schön, Sie haben ihn also nicht«, knurrte der Chef besänftigt. »Hat wahrscheinlich die Leine durchgebissen und ist fortgelaufen. Und was wollen Sie schon wieder von mir?«

»Mir ist gerade etwas eingefallen«, sagte Mitchell. »Was würden Sie mit einem Kind tun, das Sie nicht haben wollen? Wie würden Sie es loszuwerden versuchen? Mit einem Auto?«

Der Chef sah ihn interessiert an.

»Weiß Gott, manchmal gab es Zeiten, wo ich gut ein paar von meinen Gören entbehren konnte«, sagte er. »Aber wovon reden Sie? Die alte Hunt hat sich Johnny nicht vom Hals geschafft. Darauf möchte ich wetten. Es gibt nichts dabei für sie zu gewinnen. Außerdem hat sie keinen Wagen, wenn Sie das meinen; und wenn sie einen hätte, könnte sie ihn nicht fahren.«

Als Mitchell wieder ging, war er verwirrt. Wie konnte Mrs. Hunt

Johnny fortgehext haben – falls sie es getan hatte? Nicht mit dem Bus oder mit der Bahn, das war sicher. Zugpersonal und Busfahrer kannten den kleinen blonden Jungen und seinen Hund. Doch das leere Zimmer im Hause von Mrs. Hunt bedeutete mit Sicherheit, daß sie ihn nicht zurückerwartete. Es gab nur eine andere Erklärung – und das war eine, die er nicht annehmen durfte.

Als Ergebnis seiner Überlegungen fuhr er am Nachmittag in die Stadt und nahm den Splitter aus Wags' Pfote in einem Zellophanumschlag mit. Er ging damit zum Laboratorium im Polizeipräsidium. Nach einem längeren Hin und Her gelangte er zu einem der Fachleute, einem jungen Mann in einem weißen Kittel, der den Splitter unter ein Mikroskop legte.

»Nichts besonders Interessantes zu erkennen«, sagte er nach einer Weile. »Sieht wie Blut und Eiter daran aus, wenn es das ist, was Sie wissen wollen.«

»Nein. Ich möchte über den Splitter selbst etwas hören. Was ist damit?«

»Kiefernholz«, sagte der Laborant. »Stammt wahrscheinlich von einem alten Dielenbrett. Ist anscheinend gefirnißt worden. Bedeutet das etwas für Sie?«

»Nur, wenn ich das Brett finden kann, von dem er stammt«, antwortete Mitchell grimmig und verabschiedete sich.

Unten auf der Straße stand er neben seinem Wagen und überlegte, was er sonst noch tun könnte. Schließlich war der Junge auch früher schon verschwunden, wenn auch nie so lange wie diesmal. Und es gab keinen triftigen Grund zu der Annahme, daß er jetzt nicht einfach wieder ausgekniffen war. Mitchell hatte für seine Vermutungen nur den Glauben eines kleinen Jungen, daß Johnny etwas zugestoßen wäre, einen Hund mit einem Splitter, den er sich von überallher geholt haben konnte, und eine alte Frau, die das Kind anscheinend nicht zurückerwartete.

So stark ging ihm das alles im Kopf herum, daß er nicht sonderlich überrascht war, Hattie Hunt in Person zu sehen. Sie bemerkte ihn nicht, als sie aus einer Garage auf der anderen Straßenseite kam. Das aber paßte so wenig zu ihr, daß er wartete, bis sie in einen Bus nach Hause gestiegen war, und dann selbst hinüberging.

Ein paar Chauffeure standen untätig herum, und irgendwo im Hintergrund arbeitete ein Betriebsangehöriger an einem Reifenschlauch. In einer Ecke befand sich ein kleines verglastes Büro, in dem ein Angestellter an einem Schreibtisch saß. Nachdem er sich etwas umgesehen hatte, ging Mitchell dort hinein. Der Mann machte eine Eintragung in ein dickes Buch und blickte ärgerlich wegen der Störung auf. Mitchell gab seiner Stimme einen um Entschuldigung bittenden Klang.

»Es tut mir leid, daß ich Sie belästigen muß«, sagte er, »aber ich sollte meine Tante von hier mit meinem Wagen nach Hause abholen. Ich fürchte, ich habe sie verpaßt. Eine ältere Dame in Schwarz.«

Der Angestellte nickte.

»Jawohl, Bruderherz, die haben Sie verpaßt«, antwortete er. »Jedenfalls hört es sich ganz danach an.«

Mitchell nickte.

»Ich versuche, ein wenig auf sie zu achten«, sagte er. »Sie ist manchmal recht sonderlich. Hat sie etwa versucht, einen Wagen zu kaufen?«

»Einen Wagen kaufen!« Der Angestellte grinste. »Seit drei Jahren schon hat sie einen für alt gekauften Wagen hier nutzlos untergestellt. Sie hat ihn nie herausgenommen, kommt aber dann und wann her, um ihre Garagenrechnung zu bezahlen. Sie heißt Barnes. Ist sie das?«

»Dann ist es nicht meine Tante«, erwiderte Mitchell und schickte sich zum Gehen an, als der Mann weitersprach.

»Sonderbare Sache mit dieser alten Dame«, sagte er. »Läßt ihn hier die ganze Zeit stehen, und auf einmal braucht sie ihn ganz dringend. Kam vor ungefähr zehn Tagen herein und erteilte den Auftrag, ihn so schnell wie möglich fahrbereit zu machen. Und dann ließ sie sich bis heute nicht mehr sehen.«

»Hat sie gesagt, wann sie ihn braucht?« Mitchell hoffte, daß seine Stimme gleichgültig klang. »Vielleicht ist es doch meine Tante. Solche Einfälle sehen ihr ähnlich.«

»Nein. Wollte ihn nur fertig haben. Sagte, sie würde ihn bald brauchen. Das ist alles.«

Mitchell trat ziemlich benommen wieder auf die Straße. Einiges war jetzt natürlich klar. Zum Beispiel, was mit jenem Wagen geschehen war, mit dem sie den Jungen aus dem Westen geholt hatte. Und sie hatte beabsichtigt, ihn vor ein paar Tagen wieder zu benutzen; aber inzwischen hatte man Wags gefunden und daraufhin eine Suche gestartet. Da hatte sie nichts zu unternehmen gewagt, aber Mitchell zweifelte nun nicht länger daran, daß entweder der Junge oder sein Leichnam irgendwo versteckt war, und sein Blut gefror ihm bei dem Gedanken an diese Möglichkeit.

Warum hatte sie das Kind loswerden wollen? Und warum hatte man die Leiche nicht gefunden? Durch seinen Tod hatte sie nichts gewonnen, wenn es sich tatsächlich so verhielt. Oder hatte sie doch? Eine leise Ahnung der Wahrheit dämmerte ihm, und die Folgerungen daraus erschreckten ihn. Sobald er nach Hause gekommen war, rief er das Krankenhaus in Omaha an und lauschte interessiert auf die Antwort.

»Das hat wohl einige Aufregung gegeben, wie?« fragte er.

»Was meinen Sie?« fragte die entfernt klingende Stimme.

An jenem Nachmittag glaubte er zum ersten Mal wirklich daran, daß Johnny Watson tot wäre. Ohne besondere Anteilnahme hörte er Joes Bericht über Wags an.

»Der Fuß ist in Ordnung«, sagte Joe. »Aber er scheint trotzdem nicht glücklich zu sein, Doc. Er frißt nicht richtig. Heute habe ich ihm einen Haufen gute Würstchen vorgesetzt, und er hat sie kaum angesehen.«

»Ich werde ihn heute nacht brauchen, Joe«, sagte Mitchell. »Wenn es nicht anders geht, werde ich ihn eben tragen; aber Sie wissen nicht, wo er ist. Verstanden?«

Joe blickte verständnislos.

»Diese Frau wird seinetwegen einen höllischen Lärm schlagen«, sagte er. »Wollen Sie unbedingt in Schwierigkeiten kommen?«

»Sehr wahrscheinlich«, erwiderte Mitchell trocken. »Ich weiß noch nicht genau, wann ich ihn brauchen werde, aber ich habe so eine Ahnung, wo er hin will.«

Um sechs Uhr – Abendbrotzeit im Orte – rief er Pete an und fragte ihn, ob er heute abend beschäftigt wäre. Als der Junge das verneinte und sagte, er hätte nur noch ein paar Schularbeiten zu machen, bot Mitchell ihm eine Aufgabe an.

»Ich möchte wissen, ob Mrs. Hunt heute abend ihr Haus verläßt. Kannst du das übernehmen? Und wenn sie geht, willst du mich dann sofort anrufen?«

»Aber gewiß. Das ist ganz einfach«, antwortete Pete aufgeregt.

»In Ordnung. Versuche aber auf keinen Fall, ihr zu folgen. Rufe mich nur an, ich werde warten.«

Nichts ereignete sich jedoch an diesem Abend, und der nächste Tag schien endlos. Mitchell verrichtete ohne Begeisterung seine üblichen Arbeiten, und am späten Nachmittag schaute er bei dem geplagten Polizeichef ein, der ihn mit einer Grimasse empfing.

»Wenn es sich um den Watsonschen Jungen handelt«, sagte er säuerlich, »warum kümmern Sie sich eigentlich nicht um Ihre Angelegenheiten, um Ihre Hunde nämlich?«

Mitchell grinste und zündete sich eine Zigarette an.

»Schon gut«, sagte er. »Jetzt will ich Sie mal etwas fragen. Wo könnte Wags sich dort oben in den Hügeln einen Splitter von gefirnißtem Holz in die Pfote gerissen haben?«

»Also um Himmels willen!« explodierte der Chef. »Wo soll sich denn ein Hund schon einen Splitter einreißen?«

»Er war davon so lahm, daß er kaum laufen konnte. Denken Sie daran, wo er gefunden wurde. Der Jäger, der ihn fand, mußte ihn in den Ort zurücktragen. Erinnern Sie sich daran?«

»Mir fällt dabei nur ein«, sagte der Chef argwöhnisch, »daß Sie etwas verdammt viel über diesen Hund wissen. Woher haben Sie das von dem Splitter?«

»Ich habe ihn aus seiner Pfote geholt«, sagte Mitchell und schlug die Tür hinter sich zu.

Danach erwartete er Ärger, aber offensichtlich hatte der Chef das

Interesse verloren. Um sechs Uhr rief Pete an und sagte, er würde heute abend wieder seinen Wachtposten beziehen, wenn es so recht wäre. Mitchell antwortete, das wäre ihm sogar sehr recht, und legte lächelnd den Hörer wieder auf. Aber danach schien der Abend kein Ende zu nehmen. Er blieb neben dem Telephon sitzen und versuchte, in der *Tierärztlichen Rundschau* zu lesen, aber als um neun Uhr noch keine Nachricht von Pete kam, rief er schließlich das Elternhaus des Jungen an. Pete war jedoch nicht zu Hause, und seine Mutter machte sich Sorgen.

»Er ist vor einer ganzen Weile fortgegangen«, sagte sie. »Ich weiß nicht, was in ihn gefahren ist. Ich telephonierte gerade wegen der Zusammenkunft der jungen Leute in der Kirche, und er benahm sich sehr aufgeregt. Als ich zu Ende gesprochen hatte, war er verschwunden.«

»Hat er nicht gesagt, wohin er gegangen ist?«

»Nein. Aber er sagte, wenn Sie anriefen, sollte ich Ihnen erzählen, daß jemand den Hügel hinaufgegangen ist. Ich habe nicht genau zugehört. Aber er weiß doch, daß er dort nicht hingehen darf, und ins Kino ist es doch auch zu spät für ihn.«

Mitchell wußte genau, wo Pete hingegangen war, und er fühlte einen kalten Schauer seinen Rücken hinunterlaufen. Wie lange war er nun schon weg? Und was konnte passieren, wenn er Mrs. Hunt einholte? Wenn Mitchells Annahme zutraf, mußte sie inzwischen zum Äußersten entschlossen sein. Wo Johnny auch versteckt war, ob tot oder lebendig, sie war jetzt auf dem Wege dorthin, und Pete war in höchster Gefahr in den Händen einer halbverrückten Frau.

Er konnte sich später nicht mehr genau daran erinnern, was nun folgte. Er mußte Wags ergriffen haben und in den Wagen gestiegen sein, und einige Zeit später kletterte er durch Wald und dichtes Buschwerk hügelan, während er vorsichtig seine Taschenlampe benutzte. Aber die Zeit schien sich wie ein Gummiband zu dehnen, und sein Kampf mit dem Unterholz schien endlos, bis er schließlich, mit dem Hund im Arm, über sich ein langsam voranskriechendes Licht sah.

Der Hund sah es ebenfalls und winselte, und Mitchell legte ihm die

Hand über die Schnauze. Danach verhielt er sich noch vorsichtiger und kletterte behutsamer und ohne seine Taschenlampe zu benutzen. Einmal fiel er der Länge nach hin und verlor fast den Hund.

Es schien eine Stunde oder länger zu dauern, bevor er die Lichtung auf dem Kahlenberg erreichte und stehenblieb. Mrs. Hunt war dort. Sie saß wie erschöpft in der Nähe der verfallenen Schlafhütte auf einem umgestürzten Baumstamm, und sein Herz zog sich krampfhaft zusammen, als er einen langstieligen Spaten in ihren Händen sah.

Von Pete war nichts zu sehen, aber Wags hatte den Ort wiedererkannt. Er bellte einmal kurz und scharf und sprang Mitchell aus dem Arm. In einer Sekunde war er an der Frau vorbei über den Platz geschossen und kratzte wild an der Tür eines kleinen Schuppens, der an die Schlafhütte gebaut war. Die Frau sprang auf die Füße und griff nach ihrem Spaten.

»Du kleiner Teufel!« sagte sie mit rauher Stimme. »Bleib nur da, bis ich dich zu fassen habe!«

Und dann hörte Mitchell Petes schrille Knabenstimme von irgendwo zwischen den Bäumen.

»Rühren Sie ihn nicht an!« schrie er. »Lassen Sie ihn in Frieden! Ich hole jetzt die Polizei. Sie sind eine böse, schlimme Frau!«

Aus den Geräuschen im Unterholz erkannte Mitchell, daß Pete den Hügel hinunterlief. Er tat einen tiefen, erleichterten Atemzug. Die Frau war wie versteinert. Sie sah ihn kaum, als er auf sie zuging.

»Also?« sagte er. »Wo ist er, Mrs. Hunt?«

Sie antwortete nicht, aber nach einem Augenblick hob sie eine schwere Hand und deutete auf den Schuppen neben der Schlafhütte, wo der Hund wie wild an einer improvisierten Tür aus alten Kieferdielen kratzte – und wo ein kleiner Junge schwach herausrief:

»Hallo, Wags – ich wußte, daß du zurückkommen würdest.«

Früh am nächsten Morgen saß Mitchell im Büro des Polizeichefs, recht selbstzufrieden dreinblickend.

»So haben Sie also die ganze Gegend durchgekämmt!« sagte er.

»Warum, um Himmels willen, haben Sie nicht in jenen Schuppen gesehen?«

»Warum, zum Teufel, sollte ich?« entgegnete der Chef gereizt. »Er war verrammelt und von außen verschlossen. Der Junge konnte sich nicht gut von außen einschließen, nicht wahr? Warum hat er denn nicht geschrien?«

»Wahrscheinlich hatte er Angst davor, daß sie es sein könnte«, sagte Mitchell. »Er hat immer vor ihr Angst gehabt. Deshalb ist er auch immer wieder fortgelaufen. Oder vielleicht hatte sie ihm Schlaftabletten eingegeben. Wir werden es wohl nie erfahren. Aber ich vermute, sie wollte ihm zu Anfang gar nichts Böses antun. Vielleicht wollte sie ihn mit dem Wagen zur Küste bringen und in irgendein Heim stecken oder so etwas Ähnliches. Aber als sie dann kürzlich von der Versicherungsgesellschaft erfuhr, daß sie seinen Tod nachweisen oder sieben Jahre lang auf das Geld warten müßte ...«

»Geld? Was für ein Geld, um Himmels willen?«

»Oh, habe ich Ihnen das noch nicht erzählt?« fragte Mitchell und tat überrascht. »Bevor die Eltern Omaha verließen, schlossen sie eine Flugzeug-Unfallversicherung zugunsten des Jungen ab. Fünfundzwanzigtausend für jeden. Es kostete nicht viel. Und die Gesellschaft schrieb es Johnny gut, als er im Krankenhaus lag, mit Ihrer Freundin Hattie als Treuhänderin oder so etwas Ähnliches. Ich kann mir vorstellen«, fügte er glatt hinzu, »daß diese fünfzigtausend Dollar ihr seit drei Jahren die Seele zerfressen haben. Sie ist seine einzige Verwandte.«

»Behaupten Sie etwa, daß sie ihn *ermorden* wollte?« fragte der Chef ungläubig.

»Jawohl. Aber Sie werden sie deswegen nie einsperren können. Sie kommt in irgendeine Heilanstalt. Aber beinahe wäre es gestern abend zu spät gewesen.«

Er übersah geflissentlich das erschütterte Gesicht des Chefs, und indem er aufstand, ließ er etwas auf seine Schreibunterlage fallen.

»Vielleicht wollen Sie das behalten«, sagte er. »Es ist der Splitter, der Johnny das Leben gerettet hat.«

Er verließ einen in völliger Verwirrung auf den Splitter starrenden

Polizeichef und fuhr zu seiner Tierklinik zurück, wo Joe ihn skeptisch betrachtete – seine zerrissenen Kleider, sein schmutziges und unrasiertes Gesicht.

»Haben wohl eine tolle Nacht hinter sich, Doc«, sagte Joe. »Wie geht's dem kleinen Kerl?«

»Erholt sich gut im Krankenhaus«, erwiderte Mitchell frohgelaunt. »Und nennen Sie mich nicht ›Doc‹. Was macht Wags?«

»Sieht aus, als ob er auch eine tolle Nacht hinter sich hat«, antwortete Joe. »Aber er schläft fest.«

»Wird ihm guttun«, versetzte Mitchell und ging nach oben. Während er eine Dusche nahm, ließ er die Kaffeemaschine summen, und da er zu den Leuten gehörte, die morgens stets gutgelaunt sind, sang er dabei lustig vor sich hin. Unten war gerade Fütterungszeit, mit dem üblichen Höllenlärm von Winseln und Kläffen, und er fühlte sich an die Unterhaltung erinnert, die er vor ein oder zwei Tagen mit dem Chef geführt hatte. Damals hatte er gesagt, daß er Hunde lieber mochte als manche Menschen, und jetzt wußte er auch, warum.

Deutsch von Peter Naujack

John Galsworthy
Der tolle Hund

Wir saßen auf dem Rasen beim Tee mit unserm Freund und seinem Apportierhund, sprachen über jenes Blutbad, das kürzlich unter wehrlosen Menschen angerichtet worden war, und wunderten uns, wie Soldaten eines so zivilisierten Staates das hatten tun können. Unser Freund hatte ruhig zugehört und dabei mit dem herabhängenden weichen Ohr seines Hundes gespielt; in einem Augenblick des Schweigens sah er auf und sagte: »Der Grund aller Grausamkeit ist meist eine alles überwältigende Furcht. Die Angst steht hinter den meisten Verbrechen und Torheiten.«

Da wir wußten, daß seine philosophischen Bemerkungen immer das Resultat eines konkreten Falles waren und daß er uns – seiner Natur gemäß – diesen Fall nicht erzählen würde, wenn wir ihn darum ersuchten, hüteten wir uns wohl, ihm zuzustimmen.

Seine Augen, die so sehr den Augen eines zahmen Adlers glichen, warfen uns einen Blick zu, und er bemerkte kurz: »Was sagt ihr dann zu folgendem? ... Vergangenes Jahr in den Hundstagen hielt ich mich mit diesem Burschen da für kurze Zeit in einem Dorf auf – auf den Namen kommt's nicht an –, um Königsfarn zu suchen. Als ich eines Abends von meinem Ausflug heimkam, sah ich, wie ein paar Knaben Steine nach einem gelblichweißen Hunde warfen. Ich ging hin und gebot den jungen Teufeln aufzuhören. Sie schauten mich nur beleidigt an, wie es Bubenart ist, und einer von ihnen schrie: ›Er ist toll, Herr!‹ Ich sagte, daß sie sich aus dem Staube machen sollten, und sie rannten davon. Der Hund lief mir nach, ein junger, langbeiniger, gutmütig aussehender Bastard, wahrscheinlich eine Kreuzung zwischen einem braunen Apportierhund und einem irischen Terrier, Schaum hing an seinem Maul, und seine Augen trieften; er sah in der Tat so aus, wie wenn er die Staupe hätte. Ich fürchtete die Ansteckung für diesen

Burschen da und scheuchte das Tier fort, sobald es zu nahe kam, bis es endlich davonschlich und sich nicht mehr sehen ließ. Dann ungefähr um neun Uhr, als ich mich zum Schreiben an das offene Fenster meines Wohnzimmers setzte – es war noch immer hell und ganz ruhig und warm –, erklangen jene Laute, die einen wahnsinnig machen können: das Bellen eines unglücklichen Hundes. Ich konnte nichts anfangen bei dem unaufhörlichen ›Jap-jap!‹, und es war zu heiß, um das Fenster zu schließen: deshalb ging ich hinaus, um nachzusehen, ob ich keine Ruhe schaffen könnte. Die Männer saßen alle im Wirtshaus, und die Weiber hatten gerade ihren Klatsch beendet; kein Laut war zu hören, nur das fortwährende Bellen jenes Hundes draußen im Felde. Ich ging dem Schall nach über drei Wiesen, bis ich zu einem Heuschober in der Nähe eines Wassertümpels kam. Wahrhaftig, da war der Hund – derselbe gelblichweiße Bastard, an einen Pfahl gebunden, japsend und wild hin und her rennend an einem Stückchen rostiger Kette; immer und immer wieder wirbelte er um den Pfahl herum und stand dann zitternd still. Ich ging hin und sprach zu ihm, er wich jedoch zurück in den Heuschober und blieb dort, voll Angst vor mir, während ihm die Zunge aus dem Maul hing. Irgend etwas mußte ihn schwer am Kopf getroffen haben; die Wange zeigte einen Riß, das eine Auge war halb geschlossen und ein Ohr stark geschwollen. Ich versuchte, ihn zu fassen, aber das arme Ding war außer sich vor Angst. Es schnappte und raste im Kreise umher, so daß ich's aufgeben mußte. Ich setzte mich mit diesem Burschen da nieder und versuchte, das Tier zu beruhigen – ein fremder Hund schätzt einen, wie ihr wißt, gewöhnlich danach ein, wie man mit einem andern Hund umgeht. Eine volle halbe Stunde mußte ich so dasitzen, ehe er mich an sich herankommen, den Pfahl herausziehn und sich fortführen ließ. Obgleich die Schläge das arme Tier so sehr geschwächt hatten, war es noch halb verrückt vor Angst, und ich wagte nicht, es zu berühren; die ganze Zeit gab ich gut acht, daß dieser Bursche hier nicht zu nahe kam. Dann fragte ich mich, was ich weiter tun sollte. Einen Tierarzt gab es dort natürlich nicht, und ich konnte ihn nirgends anders hinschaffen als in mein Wohnzimmer, das nicht mir gehörte. Doch als ich seinen zerschlagenen Kopf und die halbtollen Augen sah, dachte ich: ›Man kann dich bei diesen Bauerntölpeln nicht dir selbst überlassen; du wirst heute nacht bei mir bleiben müssen!‹ Ich nahm ihn also mit hinein, häufte zwei oder drei jener kleinen haarigen roten Matten, die Vermieterinnen so gern haben, in einer Ecke auf, brachte ihn hin und setzte ihm meine Milch und mein Brot vor. Aber er wollte nicht fressen – sein Beurteilungsvermögen war verlorengegangen, durch die Angst gänzlich gelähmt. Stöhnend lag er da, hob nur ab und zu den Kopf mit dem angstvollen ›Jap‹, das entsetzlich anzuhören war, und biß in die Luft, als wären seine Feinde ihm wieder auf den Fersen, und dieser Bursch da lag in der entgegengesetzten Ecke, den Kopf auf den Pfoten, und beobachtete ihn. Lange blieb ich noch bei dem armen Tier; mir war elend zumute, und ich fragte mich, wie es durch Steinwürfe, Fußtritte und Schläge in diesen Zustand geraten war. Am nächsten Tag nahm ich mir vor, es herauszufinden.« Unser Freund hielt inne, musterte uns ein wenig erzürnt und fuhr dann fort: »Wie es schien, hatte man ihn zuerst in Begleitung eines Radfahrers bemerkt. Es gibt Männer – wenn man sie überhaupt so nennen kann! –, die, sobald ihre Tiere krank oder zu kostspielig werden, auf ihr Rad springen und, von ihnen verfolgt, in rasendem Tempo davonsausen, wobei sie sich wohl hüten, je zurückzublicken. Kommen sie dann wieder nach Hause, so sagen sie: ›Hallo! Wo ist denn Fido?‹ Fido ist nirgends zu finden, und damit hat die Sache ein Ende! Also dieser arme junge Hund konnte nicht mehr weiter, gerade als er durch unser Dorf kam, und wie er so durstig umherstreifte, schloß er sich einem Feldarbeiter an. Der Mann versuchte – in der besten Absicht, wie er mir selbst erzählte –, ihn zu ergreifen, war jedoch zu hastig, so daß der Hund erschrak und nach ihm schnappte. Worauf der Mann dem scheinbar bissigen Köter einen Tritt versetzte, daß er zum Dorf zurücklief; dort geriet er zwischen die Jungen, die aus der Schule kamen. Zweifellos glaubte der Hund, daß auch die ihn treten wollten, und biß nach einem von ihnen, der ihn beim Halsband packte. Daraufhin verfolgten sie ihn mit Geschrei und Steinwürfen die Straße hinunter, wo ich sie traf. Dann fügte ich mein bißchen Quälerei hinzu und scheuchte ihn hinweg, weil ich die Ansteckung für meinen eigenen Hund befürchtete. Danach schien er an einen Mann geraten zu sein, der mir erzählte: ›Wissen Sie, er hat sich um mein Haus herumgetrieben, wo die Kinder gespielt haben, und hat nach ihnen geschnappt, wie sie ihn haben streicheln wollen, und da sind sie zu ihrer Mutter gelaufen, und die hat mir ganz aufgeregt zugerufen, daß ein toller Hund da wär'. Ich bin hinausgerannt mit der Schaufel und hab ihm eins versetzt und ihn davongetrieben. Wenn er nicht toll war, dann tut's mir leid, aber er hat ganz danach ausgesehn; man kann nicht genug vorsichtig sein mit fremden Hunden!‹ Seine nächste Bekanntschaft war ein alter Steinklopfer, ein recht anständiger Kerl. ›Ja, sehen Sie‹, erklärte mir der Alte, ›der Hund hat immer um meine Steine 'rumgeschnüffelt, und er wollt' nicht herankommen, und er wollt' auch nicht weggehn; sein Maul war ganz voll Geifer und Blut, und seine Augen haben mich grün angestarrt. Da wir grad die Hundstage haben, hab ich mir gedacht: 'Du siehst mir verdächtig aus, du gefällst mir gar nicht!' Da hab ich einen Stein genommen und ihn am Ohr getroffen, daß er umgefallen is. Und ich hab mir gedacht: 'Na, du mußt ihm den Rest geben, sonst wird er bestimmt noch jemand beißen!' Aber wie ich mit meinem Hammer hingekommen bin, is er aufgesprungen – Sie wissen ja, wie das is, wenn man ein Tier halb umgebracht hat und es einem dann leid tut und man doch fühlt, daß man ein Ende machen muß, und man blind drauf loshaut und immer loshaut. Das arme Ding hat sich gewunden und um sich gebissen, und ich hab Angst gekriegt, es könnt' mich beißen, und so is es mir halt entwischt.« Wieder hielt unser Freund inne und diesmal wagten wir nicht, ihn anzusehn.

»Der nächste, der ihm Gastfreundschaft erwies«, fuhr er fort, »war ein Bauer, der ihn bald darauf fortjagte, als er ihn so blutig sah, in dem Glauben, er habe ein Lamm herausgescharrt, das er gerade begraben hatte. Das arme, verlassene Geschöpf kam zurückgeschlichen, daher befahl er seinen Arbeitern, es fortzuschaffen. Die haben sich dann irgendwie seiner bemächtigt – in seinem Halse war ein Loch, das aussah, wie wenn sie eine Heugabel verwendet hätten –, und voll tödlicher

Frans Masereel
Straßenhunde

Angst, daß der Hund sie beißen könnte, wollten sie ihn doch nicht ertränken, aus Furcht – wie sie mir sagten –, der Eigentümer könnte sie haftbar machen. So nahmen sie einen Pfahl und eine Kette, die sie daran befestigten, und ließen den Hund im Wasser bei dem Heuschober, wo ich ihn fand. Ich hatte eine kurze Unterredung mit dem Bauern. ›Ganz recht‹, sagte er, ›aber wer hat das wissen können? Ich konnt doch meine Schafe nicht aufscheuchen lassen. Das Biest hat Blut ums Maul gehabt. Solche Köter richten viel Unheil an, wenn sie einmal Blut geleckt haben. Das kann man nicht riskieren!‹« Unser Freund hieb mit seinem Stock verbittert einen Löwenzahn ab. »Etwas riskieren!« stieß er plötzlich hervor. »Das war es, von Anfang bis zu Ende, warum das arme Tier so leiden mußte – die Angst! Von dem Kerl auf dem Fahrrad, der Unannehmlichkeiten und Ausgaben fürchtete, sobald er Anzeichen der Staupe merkte, bis zu mir und dem Mann mit der Heugabel hätte ihm wohl keiner von uns vorsätzlich ein Leid zugefügt. Aber wir hatten Angst, und darum – durch das Gesetz der Selbsterhaltung oder wie man's sonst nennen mag – fing alles an, bis das arme Tier so zugerichtet war mit zerschlagenem Kopf und einem Loch im Hals, rasend vor Hunger und doch zu verstört, um Brot und Milch zu fressen. Jawohl, um so ein krankes Tier ist es etwas Unheimliches – wir beobachteten es in einem fort und wieder fürchteten wir uns, wenn wir seine Augen sahen und wie es in die Luft biß. Angst! Sie steht Gevatter bei allen verdammenswerten Taten!«

Unser Freund beugte sich nieder und spielte unausgesetzt mit den Ohren seines Hundes. Auch wir starrten zu Boden und dachten an das arme, verlorene Tier und an die entsetzliche Unvermeidlichkeit alles Geschehens, da die Menschen nun einmal so sind, wie sie sind, dachten an alle die Schandtaten in der Welt, bei denen die Angst Gevatter steht.

»Und was ist aus dem Hund geworden?« fragte schließlich einer von uns.

»Als ich ihn lang genug beobachtet hatte«, erzählte unser Freund langsam, »legte ich eine Decke über ihn, nahm diesen Burschen da mit mir und ging zu Bett. Ich konnte nichts weiter tun. Bei Tagesanbruch weckten mich drei entsetzliche Schreie – gar nicht wie die eines Hundes. Ich eilte hinunter. Da lag das arme Tier, aus der Decke herausgewühlt, auf der Seite ausgestreckt – tot. Mein Hund da war mit mir hereingekommen, lief hin und setzte sich vor den Leichnam. Als ich zu ihm sprach, sah er sich gerade nur um, wedelte mit dem Schwanz auf dem Boden hin und her, wollte aber nicht kommen; und dort blieb er sitzen, bis das Tier begraben wurde, voll Interesse, aber ohne Mitleid.«

Unser Freund schwieg und blickte zornig nach etwas, weit in der Ferne.

Und auch wir schwiegen und sahn im Geist jene Totenwacht am frühen Morgen: den magern, leblosen gelblichweißen Körper auf den roten Matten ausgestreckt und dieses schwarze Geschöpf, das jetzt zu unsern Füßen lag, auf den Hinterbeinen sitzend wie der Hund auf dem Gemälde ›Tod der Prokris‹, geduldig, neugierig, ungerührt, mit seinen glänzenden Augen voll Interesse auf ihn hinabschauend.

Deutsch von Leon Schalit

Théophile Gautier
Das Hündchen der Marquise

Es ist noch nicht Tagwache bei Eliante, obwohl es schon zwölf Uhr mittags geschlagen hat. Der Mittag ist die Aurora der schönen Frauen. Eliante war am Abend zuvor beim Souper der Baronin gewesen, und dort war es hoch hergegangen. Sie hat zwar nichts als ein bißchen Wildbret, Fasaneneier und andere Nichtigkeiten gegessen, mit ihren rosigen Lippen an dem Schaum des Champagners genippt und nur zwei Gläschen Likör getrunken. Denn Eliante hat wie jede hübsche Frau den Ehrgeiz, von Milch und Liebe zu leben. Aber heute ist sie müder als sonst und wird erst um drei Uhr empfangen.

Der Abbé V., der ebenfalls beim Souper anwesend war, hatte seinem Witz die Zügel schießen lassen; der Chevalier hatte den Kommandanten in drolligster Weise zum besten gehabt, und was das Schönste war, der Kommandant hatte nicht einmal etwas davon bemerkt. Bei Tagesgrauen war man in offener Kalesche zum Pächterhaus gefahren und hatte dort eine Zwiebelsuppe gegessen, um den Appetit anzuregen, und nach dem ersten Frühstück war Eliante, deren Wagen noch nicht gekommen war, von der Präsidentin mit dem kleinen Kupee nach Hause gebracht worden.

Eben schlägt Eliante, noch ziemlich matt, ihre schönen, leichtverschleierten Augen auf. Ein kleines Lächeln, das in Gähnen ausartet, schwebt über dem herzförmigen Mündchen, das man einem Monatsröschen vergleichen könnte. Sie denkt an die Scherze des Abbés, an die Keckheiten des Chevaliers und an die Nase der Präsidentin, die sich röter und röter färbt. Bald aber verwischen sich diese heiteren Erinnerungen, und nur ein einziger Gedanke bleibt übrig. Denn um der Wahrheit die Ehre zu geben: weder die Einfälle des Abbé noch die Ausgelassenheit des Marquis haben den Sieg des Abends davongetragen. Eine andere Persönlichkeit, die kein einziges Wort gesprochen, ohne Toilettenaufwand erschienen war und dennoch den Preis für Eleganz und Grazie davongetragen hatte, war die Hauptperson gewesen, und selbst der Abbé, wie eifersüchtig er auch war, mußte die Einzigartigkeit dieses Geschöpfes zugeben und seine Verdienste anerkennen.

Dieses Wesen, in das alle Damen vernarrt waren und das in diesem Augenblick die Gedanken Eliantes beschäftigte, war – um es gleich zu sagen – dieses Wesen war das Schoßhündchen der Marquise, ein entzückender Bologneser, den sie in ihrem wattierten Muff mitgebracht hatte.

Um dieses ungewöhnliche Hündchen würdig zu schildern, müßte man eine Feder aus Amors Gefieder rupfen. Nur die Hand der Grazien wäre leicht genug, sein Bild zu entwerfen, Latours Pinsel wäre nicht zu gut dafür. Es heißt Firlefanz. Ein hübscher Hundename, den es in Ehren trägt.

Firlefanz ist nicht größer als die geschlossene Faust seiner Herrin, und jedermann weiß, daß die Frau Marquise das kleinste Händchen von der Welt besitzt. Trotzdem zeigt es dem Betrachter einen ziemlichen Umfang, fast wie ein junges Schäfchen; denn fußlange, seidenweiche Locken hüllen es ganz ein. Gibt es das Pfötchen, so ist man ganz erstaunt, so gut wie nichts in der Hand zu halten. Firlefanz ist eher wie eine Flocke aus seidiger Wolle, in der zwei braune Augen und ein rosiges Schnäuzchen hervorleuchten, als ein wirklicher Hund. Ein solches Hündchen kann nur der Herrin über die Amoretten gehört haben, die es auf dem Weg nach Kythera verloren haben mußte. Da hatte es die Frau Marquise, die sich zuweilen dorthin begab, auch wahrscheinlich gefunden.

Betrachtet nur einmal das interessante und witzige Gesichtchen näher! Roxelane selber wäre auf das leicht aufgestülpte Näschen eifersüchtig gewesen, das in der Mitte durch ein rosa Streifchen geteilt wurde, wie das der Anna von Österreich. Und die beiden dunkeln Stellen über den Augen, machen sie nicht tausendmal bessere Wirkung als Schönheitspflästerchen?

Und welche Lebhaftigkeit in den braunen Augen! Und die beiden

Reihen schneeweißer Zähnchen, die nicht größer sind als Reiskörner! Die geringste Verstimmung zeigt sie in aller ihrer Pracht; manche Herzogin würde sie um ihre Reinheit beneiden. Neben diesen körperlichen Reizen besitzt aber unser entzückender Firlefanz noch ungezählte gesellschaftliche Talente. Er kann Menuett tanzen, ebensogut wie Marcel selber; er kann das Pfötchen geben, die drolligsten Sprünge ausführen; er weiß, welches seine rechte und seine linke Pfote ist. Ja, Firlefanz ist sehr gelehrt, mehr noch als die Herren von der Akademie, und wenn er nicht Mitglied geworden ist, so hat das an seinem freien Willen gelegen. Wahrscheinlich hat er gedacht, daß er größeren Eindruck durch seine Abwesenheit machen werde. Der Abbé behauptet, daß er von den toten Sprachen ungeheure Kenntnisse besitzt, und daß er nichts davon merken läßt, geschieht aus reiner Bosheit, um seine Herrin zu ärgern.

Ferner ist Firlefanz frei von der Gefräßigkeit, die andere Hunde kennzeichnet. Er ist wählerisch; ein großer Gourmand und schwierig zu ernähren. Er ißt nur eine kleine Hirnpastete und schlürft dazu eine Schale mit Rahm, die ihm in echt japanischem Porzellan serviert wird. Wenn aber seine Herrin außerhalb diniert, bequemt er sich auch dazu, ein zartes Hühnerbeinchen und etliche Süßigkeiten zu verzehren. Dieses Entgegenkommen hat er aber nicht für jeden, sondern der Koch muß ihm besonders gut gefallen. Nur eine Untugend besitzt Firlefanz: aber wer ist vollkommen in dieser Welt? Er liebt Kognakkirschen und spanischen Tabak. Davon nascht er von Zeit zu Zeit; in diesem Punkt trifft er sich mit dem Prinzen Condé.

Kaum hört er, wie die goldene Tabaksdose des Kommandanten in den Scharnieren knackt, da solltet ihr sehen, wie er sich auf die Hinterpfoten stellt! Und wenn die Marquise gerade in den Genüssen eines Whistspieles schwelgt und kein Auge auf ihn hat, springt er sogar dem Abbé auf den Schoß und bekommt von ihm drei, vier dieser geliebten Kirschen. Darnach ist Firlefanz, der keine sehr große Widerstandskraft besitzt, betrunken wie ein Schweizer oder zwei Chorsänger. Er taumelt im Zickzack durchs Zimmer und führt Angriffe auf die nicht eben stark vertretenen Waden des Chevaliers aus, der, um seine spärlichen Reste zu retten, seine Beine auf den Sessel hochziehen muß. Firlefanz ist dann kein Hund mehr, er ist ein Löwe, und nur die Marquise vermag dann noch einiges über ihn.

Und die Zierereien und Drolligkeiten, die er anstellt, bis es gelingt, ihn wieder in dem Muff oder in seinem Bettchen aus Rosenholz, das mit weißer Seide ausgeschlagen ist, unterzubringen. Wie manchen kleinen Klaps mit dem Fächer haben diese Extravaganzen dem Herrn Abbé, seinem Komplizen, schon eingetragen!

Eliante stützt sich auf einen Ellenbogen, der zur Hälfte in einem Kissen aus feinster holländischer Leinwand, mit englischen Spitzen garniert, versunken ist. Sie sinnt über die Tugenden des ungewöhnlichen Hündchens Firlefanz nach: sie seufzt, wenn sie an das Glück der Marquise denkt. Sie gäbe ohne weiteres drei Musketiere und zwei Geistliche für das wunderbare Tierchen.

Unterhaltung

Fanchonette (das Kammerzöfchen der Gräfin Eliante tritt auf den Fußspitzen ein, nähert sich schüchtern dem Bett und da sie ihre Herrin wach findet): »Madame ...«

Eliante: »Nun, Fanchonette, was gibt's? Brennt es im Haus? Du siehst ja ganz verstört aus!«

Fanchonette: »Nein, Madame, es brennt nicht, aber schlimmer! Der Herzog Alcindor, der schon zwei Stunden lang vor Ihrer Türe wartet, will Sie durchaus sehen.«

Eliante: »Sag ihm, daß ich nicht zu sprechen bin. Daß ich eine fürchterliche Migräne habe – und überhaupt nicht zu Hause bin!«

Fanchonette: »Alles dieses habe ich ihm schon gesagt. Aber er will nicht gehen. Er behauptet, wenn Sie ausgegangen sind, werden Sie auch wieder zurückkommen, und wenn Sie sich in Ihrem Zimmer befinden, werden Sie auch einmal wieder herauskommen. Er ist entschlossen, Ihre Türe zu blockieren!«

Eliante: »Schrecklicher Mann!«
Fanchonette: »Er will sich ein Zelt und Nahrungsmittel bringen lassen und vor Ihrem Zimmer kampieren. Die Sehnsucht, Sie zu sehen, ist so groß, daß er imstande wäre, durchs Fenster einzusteigen!«
Eliante: »Ist er verrückt geworden? Was soll das bedeuten, und was kann er mir zu sagen haben? Wie findest du mich heute, Fanchonette? Ich finde mich abschreckend häßlich, ja, ich sehe beinahe Madame von B. ähnlich!«
Fanchonette: »Im Gegenteil! Nie hat Madame entzückender ausgesehen! Der Teint ist von herrlicher Frische.«
Eliante: »Bringe mein Morgenhäubchen etwas in Ordnung und sage dem Herzog, daß ich bereit bin, ihn zu empfangen.«

Eliantes Alkoven

Alcindor: »Unvergleichliche Eliante, Sie sehen Ihren ergebensten Diener vor sich, den die Sehnsucht, Sie zu sehen, sogar zu Ungehörigkeiten getrieben hat!«
Eliante: »Herzog, bedenken Sie, daß ich mich im Bett und nicht auf einem Thron befinde. Gleichzeitig bitte ich um Vergebung, daß ich Sie nicht besser empfange!«
Alcindor: »Ist nicht das Bett der Thron schöner Frauen? Und daß Sie mich so und nicht anders empfangen, bitte ich mir als besondere Gunst auslegen zu dürfen!«
Eliante: »Sie erinnern mich zur rechten Zeit daran! Und ich verbiete Ihnen, Alcindor, irgendwelche Schlüsse daraus zu ziehen, daß ich Sie zu Bett empfange! Sie sind ein so spitzfindiger Herr, daß man sich vor Ihnen in acht nehmen muß!«
Alcindor: »Grausame! Sie haben mir gegenüber immer eine geradezu beschämende Tugend bewiesen! Und Gott weiß, daß in meinem Herzen die heißeste Flamme für Sie brennt. Sie erregen in mir Gefühle ...«
Eliante: »Alcindor, wenn Sie von Flammen sprechen, so müssen Sie Ihre Blicke etwas wärmer werden und die mokante Miene fallen las-

sen! Es sieht ganz so aus, als fürchteten Sie, beim Wort genommen zu werden!«

Alcindor: »Sie sagen schreckliche Dinge, Eliante! Im Gegenteil, es brauchte ein Zehntel meines Gefühls, um einen Mann von gutem Ruf ins Verderben zu stürzen. Glücklicherweise bin ich nach dieser Seite hin gedeckt! Ich werde Ihnen zeigen ...«

Eliante: »Man hat keine Lust zu sehen!«

Alcindor (ein Buch vom Tisch nehmend): »Was ist das? Schon wieder ein neues Opus! Eine Rhapsodie? Die Herren Dichter sind wirklich Schädlinge! Empfangen Sie Herren von dieser Sorte?«

Eliante: »Mein Gott, nein! Zwei Dichter wohnen in meinen Stallungen und essen in der Gesindestube. Sie lassen mir diesen Plunder durch Fanchonette zustellen, die sie Iris oder Venus nennen.«

Alcindor (sich dem Bette nähernd): »Ach, dieses Häubchen steht Ihnen zum Entzücken! Sie sind unvergleichlich in diesem Negligé.«

Eliante: »Behüte, ich bin heute so häßlich, daß man Angst vor mir bekommen könnte!«

Alcindor: »Ich bitte Sie tausendmal um Entschuldigung, wenn ich Ihnen widersprechen muß! Aber was Sie da behaupten, schlägt der Wahrheit geradezu ins Gesicht. Und wenn ich mir gemeinsam mit Ihnen den Hals abschneiden müßte, ich könnte mein Wort nicht zurücknehmen!«

Eliante: »Mein Gesicht muß ganz verzogen sein! Denn ich habe die ganze Nacht kein Auge zugemacht!«

Alcindor: »Sie sehen rosig und frisch aus wie ein Pensionsmädchen. Ihre Augen haben einen unvergleichlichen Glanz. Waren Sie gestern beim Souper der Baronin? Man sagt, es wäre exquisit gewesen. Besonders der Abbé muß unvergleichlich gewesen sein. Ich bin untröstlich, der Einladung der guten Baronin nicht Folge geleistet zu haben; aber man kann ja nicht überall sein! Was ich an Pferden verbrauche, ist unglaublich! Mein Kutscher ist scharf, und ich weiß wahrhaftig nicht, wie ich es überstehe! Aber, daß Sie bei diesem Souper waren! Bei meiner Ehre, ich möchte mich aufhängen oder ertränken, daß ich es nicht erraten habe.«

Chaval
Barockdackel

Eliante: »Die Marquise war auch da mit einem kleinen Hund, den ich noch nie gesehen habe! Es ist ein Bologneser reinster Zucht. Nie habe ich etwas Ähnliches gesehen! Er heißt Firlefanz! Ach, das entzükkende Tier! Herzog, warum wollten Sie mich übrigens heute durchaus sehen?«
Alcindor: »Ich wollte Sie sehen! Ist das nicht ein ausreichender Grund?«
Eliante: »Doch, doch. Aber hatten Sie mir nicht irgendetwas Wichtiges mitzuteilen?«
Alcindor: »Beim Himmel, ich wollte mich Ihnen erklären und mich schmachtend zu Ihren Füßen werfen!«
Eliante: »Sie übertreiben, Herzog! Sie wissen so gut wie ich, daß Sie nicht im geringsten in mich verliebt sind!«
Alcindor: »Ach, schöne Eliante, glauben Sie mir doch, daß mein Herz ganz und gar durchbohrt ist! Sehen Sie nur meinen Rücken an! Dringt nicht die Spitze des Pfeiles hindurch?«
Eliante: »Ein so interessantes Gesichtchen. Und Locken, so lang! Zwei schwarze Flecken über den Augen, entzückende Pfötchen! O mein Gott, ich glaube, ich werde verrückt, wenn ich nicht ein ebensolches Hündchen bekomme! Aber es gibt kein zweites!«
Alcindor: »Ich liebe Sie in vollem Ernst!«
Eliante: »Ein Schwanz wie ein Flederwisch!«
Alcindor: »Ich bete Sie an!«
Eliante: »Entzückende Öhrchen!«
Alcindor: »O göttliche Frau!«
Eliante: »O unvergleichliches Tier! Der Abbé behauptet sogar, daß er Hebräisch versteht. Mein Gott, ich bin so unglücklich. Er tanzt so gut! Ich hasse diese Marquise, sie ist eine Intrigantin und hat falsche Haare.«
Alcindor: »Was soll ich tun, um Sie zu trösten? Das Meer durchwaten, von einem Turm der Notre-Dame herunterspringen? Alles das läßt sich machen. Sprechen Sie nur!«
Eliante: »Ich will nichts als den Firlefanz. Ich habe in meinem ganzen Leben nur einen leidenschaftlichen Wunsch gehabt, und den will ich

befriedigen. Ich glaube, ich bekomme Krämpfe! Ach, meine Nerven tun mir schon entsetzlich weh! Herzog, reichen Sie mir die Tropfen des Generals Lamothe. Dort, das Fläschchen auf dem Tisch ... Mir ist so schwach!«

Alcindor (hält ihr das Fläschchen unter die Nase): »Sie haben ein wundervolles Halstuch! Brüsseler oder Mecheler Spitze, wenn ich mich nicht irre!«

Eliante: »Schweigen Sie doch, Sie langweilen mich entsetzlich. Ach, ich würde den Teufel, ja selbst meinen Gatten mit Freuden umarmen, wenn er mit Firlefanz auf dem Arm bei mir erschiene.«

Alcindor: »Das geht ein bißchen weit! Und wenn ich in diesem Fall käme, würde ich weniger gut von Ihnen empfangen?«

Eliante: »Nein, vielleicht sogar etwas besser. Aber dies ist mein letztes Wort! Klingeln Sie, bitte, nach Fanchonette. Sie soll mir beim Aufstehen behilflich sein.«

Alcindor: »Ich gehorche. Meiner Treu, die Würfel sind gefallen, ich werde ein Hundedieb. O meine Ahnen, wollet mir verzeihen! Jupiter selber hat sich ja in eine Gans und in einen Stier verwandelt, das war noch eine schlimmere Entwürdigung. Die Liebe pflegt den stärksten Mut auf die härteste Probe zu stellen! Leben Sie wohl, Madame, ich ziehe aus, das goldene Vließ zu erobern!«

Eliante: »Leben Sie wohl, und Kupido und Merkur mögen mit Ihnen sein! Vor allen Dingen aber kehren Sie nicht ohne Firlefanz zurück, sonst empfange ich Sie als hyrkanische Tigerin mit fürchterlichen Zähnen und Krallen! Da kommt Fanchonette, leben Sie wohl, Graf!«

Als Alcindor nach Hause zurückgekehrt war, warf er sich auf den Divan, stieß einen flötenden, melodischen Seufzer aus, der in Worte gefaßt etwa folgendes besagen wollte: »Der Teufel soll diese Zierpuppen mit ihren Zuständen und Extravaganzen holen!« Er warf seinen Kopf zurück, betrachtete eingehend die Verzierungen an der Decke und streckte dann müde seine Hand nach dem Klingelzug aus. Er zog ihn verschiedene Male; aber niemand erschien. Da Alcindor ein temperamentvoller Mensch war, der nicht die geringste Verzögerung seiner

Wünsche ertrug, hing er sich mit beiden Händen an die Schnur, die selbstverständlich riß. Da er nun auf solche Weise von der Verbindung mit der übrigen Welt abgeschnitten war, und sich nicht dazu bequemen konnte, aus seiner bequemen Stellung aufzustehen, machte er ein fürchterliches Geschrei: »Heda, Giroflé, Similor, Marmelade, Golopin, Champagner! Hört mich denn keiner! In ganz Frankreich gibt es niemanden, der so schlecht bedient wird wie ich! Holla! Esel, Halunken, Dummköpfe, faule Schlingel! Hundert Stockschläge sind euch gewiß! Der, der zuerst hier hereinkommt, soll seinen Rücken in acht nehmen! Ha, weiße und schwarze Kanaillen, ich werde euch samt und sonders auf die Galeere schicken und lebendig oder tot aufhängen, wie ihr es verdient. Ich werde euch der Polizei übergeben! Diese Schelme bringen mich noch um meinen Verstand. Ich kann nicht mehr, ich sterbe!«

Der Graf Alcindor fiel von seiner Wut ganz erschöpft und von einem neuen Redeschwall, der ihm aus der Kehle stieg, erstickt, auf sein Lager zurück.

Gleichzeitig öffnete sich die Türe, und ein runder, dicker Negerkopf erschien. Seine Backen waren umsomehr aufgeblasen, als eine Keule, die er eben in der Speisekammer gestohlen hatte, ihm zwischen den Kiefern steckte. Er war durch das Geschrei seines Herrn aufgeschreckt worden. Es war Similor, der Lieblingsneger des Grafen. Hinter ihm guckte schüchtern die spitze Nase Giroflés hervor.

»Ich glaube, das gute weiße Herr mich Schwarzes hat gerufen«, sagte der Neger in gebrochenem Französisch und versuchte bei seinem vollgestopften Mund etwas Deutlichkeit in seine Sprache zu bringen.

»Ah, Schelm, du glaubst wirklich, daß ich dich gerufen habe! Ich werde dich lebendig rösten und wie einen alten Anzug umdrehen lassen, um zu sehen, ob deine Haut auch von innen so schwarz ist wie dein Rock. Da, Elender! ...« Und der Graf ergriff in einem neuen Wutanfall einen Leuchter und warf ihn mit aller Gewalt dem Neger an den Kopf. Der Leuchter ging fehl und fuhr mit Getöse in einen Spiegel, der in tausend Scherben zersplitterte.

Similor, der solches Benehmen an seinem Herrn gewohnt zu sein schien, warf sich platt auf die Erde und schrie kläglich: »Ach gutes Herr, ich sein tot!« Dabei schnitt er so drollige Grimassen, die ihre Wirkung noch nie verfehlt hatten. »Das Kerze ist mich durch den Bauch gegangen. Ich sein diesmal wirklich ganz tot.«

»Genug, Schlingel!« sagte der Graf, dessen Zorn sich bereits beschwichtigte, und gab dem Neger einen gehörigen Fußtritt in das Hinterteil. »Und du Giroflé, da du nun einmal da bist, hilf mir aus diesem Rock. Ich werde heute nicht mehr ausgehen und bin für keine Menschenseele zu sprechen. Höchstens für eine Dame in schwarzer Kapuze mit kleinen Füßchen und weißen Händchen, die läß heraufkommen! Aber um Gottes Willen keine Verwechslung! Nicht, daß ihr mir Elmire oder Zulme heraufschickt! Die beiden ertrage ich nicht; ich habe sie satt seit einer Woche!«

Nach all diesem setzte sich Alcindor bequem in einen Sessel, und Giroflé machte sich mit ihm zu schaffen. Similor stand hinter ihm und reichte, was nötig war, streckte die Zunge heraus, schnitt Grimassen und zog das Äffchen am Schwanz, das jedesmal in ein spitzes Geheul ausbrach und mit den Zähnen knirschte.

Wiewohl der Graf Alcindor zweimalhunderttausend Franken Renten, gutgewachsene Beine und schöne Zähne hatte, ermangelte er auch der geringsten Phantasie. Auf den ersten Blick war dies nicht zu merken. Denn er hatte eine gewandte Ausdrucksweise und viel Schliff. Und rechnet man dazu die Freiheit des Auftretens, die ein solches Einkommen, der gute Name, Aussehen, Titel und die Aussicht, in absehbarer Zeit zum spanischen Granden ernannt zu werden, einem Menschen geben, so war es nicht zu verwundern, daß der Graf für eine ungewöhnliche Persönlichkeit galt. Im Grunde aber war er mit all seinem Anspruch eine wirkliche Null.

Alcindor, der sich in den Kopf gesetzt hatte, die Gräfin Eliante zu besitzen, weil sie gerade Mode war und es sich gehört, daß die Frauen, die eben Mode sind, den Salonlöwen zufallen, war anfänglich entzückt darüber, daß die einzige Bedingung zu seinem Glück das Hündchen Firlefanz sein sollte.

Er hatte schon gefürchtet, durch alle die langweiligen Stationen laufen zu müssen, die mit solchen Eroberungen verbunden sind; und daß Eliante ihn mindestens acht Tage hinziehen würde. Denn es liegt ja schließlich jeder Frau daran, für ein Wesen von Prinzipien und tiefem Gefühl gehalten zu werden.

Im übrigen war der Chevalier de Versac, sein verhaßter Rivale in allem was Blasiertheit, guten Geschmack, Equipagen, Reichtum, Unzahl an Uhren und Tabatieren angeht, ihm schon zuvorgekommen; wie man sagte, überhaupt ihr erster Liebhaber gewesen. Schon aus diesem Grunde eiferte Alcindor ihm nach und hatte beschlossen, Eliante ganz besonders zu verwöhnen. Obschon ihn nun diese stets freundlich empfing, hatte er keinerlei Anlaß, seine Wünsche in Bälde mit Erfolg gekrönt zu sehen, bis ihm die junge Gräfin die sozusagen positive Hoffnung gab, die an die Beschaffung des Hündchens Firlefanz geknüpft war.

Eine schöne Frau für einen hübschen Hund! Zuerst war dem Grafen dieser Handel als durchaus einleuchtend erschienen. Nichts glaubte er leichter, als sich Firlefanz zu verschaffen – und doch war im Grunde nichts schwieriger als das! Ja selbst die goldenen Äpfel im Hesperidengarten, die von Drachen bewacht werden, waren erreichbarer! Eher hätte man deren ein Viertelpfund gewonnen als auch nur ein Härchen aus dem Seidenfell Firlefanzens! Wie sollte er es anstellen? Es geradezu von der Marquise erbitten? Eher würde sie auf ihr ›Rouge‹ und alle ihre Diamanten verzichten. Und es stehlen! Sie trug es ja immer in ihrem Muff herum. Der arme Graf wußte sich nicht zu helfen, seine Verlegenheit erreichte den Höhepunkt.

»Ach, beim Himmel, gepriesen seien unsere lieben Demimonden! Solche Verlegenheiten gibt es nicht beim Ballett! Diese Damen haben gesunden Menschenverstand und wissen nichts von solchen Extravaganzen. Sie zielen aufs Solide, Positive! Mit ein paar Diamanten, einer Equipage und ähnlichen Kleinigkeiten läßt sich alles machen. Man denke sich, ich soll das Hündchen der Marquise herbeischaffen! Gerne würde ich ihr zum Dank für ihre gnädig zu gewährende Gunst eine ganze Meute kleiner Hunde geben; ganz ebenso schön wie Firlefanz – aber nein, dieser muß es sein! Nicht, daß ich mir besonders viel aus Eliante machte! Schön sind nur ihre Augen und ihre Zähne, aber sie ist mager, und ihre Reize liegen eher in ihrem Wesen als in ihrer Gestalt. Um ehrlich zu sein, so gefallen mir Rosine und die Desobry viel besser. Aber ich bin es meinem Rufe schuldig, mich als Besitzer Eliantes zu zeigen. Man macht mir ohnedies den Vorwurf, mich in Liebesdingen gehen zu lassen. Und ein paar Neidhammel, voran dieser Versac, verbreiten unter der Hand, daß ich das Zeug nicht besitze, mir schwierigere Siege zu erringen! Es ist also unbedingt nötig, Eliante zu gewinnen – dazu aber brauche ich Firlefanz. Teufel, Teufel, was für eine Idee, einen Herzog und Pair von Frankreich zum Hundedieb machen zu wollen!«

»Wenn der Herr sich so stark bewegen«, wagte Giroflé schüchtern einzuwenden, »wird es mir nicht gelingen, eine gute Frisur zustande zu bringen.«

»Weißer Herr wirklich sehr sich bewegen«, fügte Similor bei und kniff den Affen ins Ohr.

»Giroflé, mein Kammerdiener, und du Similor, mein Lieblingsneger, ihr müßt wissen, daß ihr einen Herrn frisiert, der sich in der fürchterlichsten Verlegenheit befindet!«

»Aber was gibt es denn?« fragte Giroflé, indem er eine letzte Locke aufrollte. »Was kann einen Herrn wie Sie in solche Verlegenheiten bringen?«

»Ihr glaubt, dumme Esel, daß ein Herzog und Pair über aller Bedrängnis der Sterblichen steht! Das mag stimmen, hindert aber nicht, daß ich mich in einer Lage befinde, aus der ich keinen Ausweg weiß ... O Giroflé, o Similor, ihr seht euren Herrn in einer verzwickten Situation!«

»Wenn der Herr sich herabließe, mich zu seinem Vertrauten zu machen!« sagte Giroflé und legte die Hand auf sein Herz.

»Uns zu seine Vertrauten zu machen«, unterbrach ihn Similor, der durchaus inbegriffen sein wollte, um des Lohnes willen, der sicher nicht ausbleiben würde.

»Und mir erzählen ...« fuhr Giroflé fort.

»Und uns erzählen ...« unterbrach aufs neue Similor.

»Was ihn quält! ...«

Similor, der seine Teilnahme jetzt genügend bekundet zu haben glaubte und sich in seinen rhetorischen Künsten Giroflé nicht gewachsen fühlte, ließ diesen jetzt ungestört vollenden.

»Ich könnte dem Herrn doch vielleicht von einigem Nutzen sein und ihm mit einem guten Einfall dienen. Auch scheint mir die Gelegenheit günstig, dem Herrn Grafen eine Probe meiner Ergebenheit zu liefern. Ach, ich schwöre, daß der treue Giroflé sein Leben rein zum Vergnügen seines Herrn einsetzen würde!«

»Wir, wir ...« fügte Similor bei, dem daran lag, die Dualität dieses Vorgehens gebührend zu betonen; und den die allzu häufigen ›ich‹ seines Kameraden zu beunruhigen begannen.

»Schon gut, meine Kinder! Ihr rührt mich, sprecht nicht weiter! Ich will euch mit zwei Worten sagen, worum es sich handelt: ich muß Firlefanz, das Hündchen der Marquise, haben. Fünfzig Louis für euch, wenn ihr es mir schon diese Woche beschafft, und fünfundzwanzig, wenn es vierzehn Tage dauert.«

Giroflé erbleichte vor Vergnügen, Similor schlug ein Rad, denn einen Hund zu stehlen, das schien den beiden Schlingeln das reinste Kinderspiel. Und Similor fügte noch hinzu: »Herr, wenn Ihr wollt, stehlen wir Euch noch etwas dazu.«

»Nehmt euch in acht, Schlingel! Daß ihr mir nichts anderes als den Hund stehlt«, sagte der Graf in väterlichem Ton, »Similor, dein Eifer treibt dich zu weit!«

Giroflé, als bedächtiger Mann, der er war, bat den Grafen um Vorschuß der halben Summe, mit der Begründung, daß das Geld der Lebensnerv des Krieges sei und daß man es selbst zum Stehlen brauche. Der Graf, dessen Vertrauen in Giroflé nicht eben unbegrenzt war, wollte erst nichts davon hören. Endlich entschloß er sich zu fünfundzwanzig Louis. Um ihn zu beruhigen, entwarf ihm Giroflé einen Kostenanschlag, nach welchem er sogar noch aus seiner eigenen Tasche draufzulegen hatte.

Kostenanschlag Giroflés

Zehn Louis für eine taubengraue Toilette an Mademoiselle Beauveau, Kammerzofe der Marquise und Hüterin des Hündchens Firlefanz. Das war unumgänglich nötig, um sie für Giroflé günstig zu stimmen und ihm den Zutritt ins Haus zu verschaffen.

Zehn Louis an Getränken für den Hauswart, damit er der Entführung Firlefanzens kein Hindernis in den Weg lege. Ein Louis für Waffeln, Zuckerwerk, Karamellen, Mandeln und Pralinés, um Firlefanz selber zu betören und an sich zu locken.

Weitere vier Louis für ein weibliches Hündchen, das die Verführung Firlefanzens beträchtlich erleichtern würde.

Bei diesem Kostenanschlag waren nicht verrechnet alle körperlichen und geistigen Anstrengungen Giroflés, die verstanden sich von selbst und geschahen aus purer Anhänglichkeit für den Grafen, für den er sich mit Freuden auf die Galeere hätte schicken lassen! Alcindor war gerührt von so viel Ergebenheit und fand dementsprechend den Kostenanschlag durchaus in Ordnung.

Daraufhin machten Giroflé und Similor, nachdem sie sich die fünfundzwanzig Louis geteilt hatten, mit einem solchen Feuereifer auf den Weg, daß sie schon bei der ersten Straßenkehre ganz erschöpft ein Wirtshaus zur Stärkung aufsuchen mußten, wo sie ein oder zwei Flaschen Wein leerten. Aber ihr Durst wollte sich durchaus nicht besänftigen, und sie sahen sich gezwungen, zwei weitere Flaschen kommen zu lassen. So ging es fort bis zum nächsten Morgen. Es kann darum weiter nicht verwundern, daß ihre Beine etwas unsicher waren, als sie diesen Ort der Freuden verließen, was sie veranlaßte, das nächste Wirtshaus aufzusuchen, wo sie verblieben, bis ihr Kapital aufgezehrt war. Sodann begaben sie sich zum Pont Neuf, wo sie für vierundzwanzig Sous ein Hündchen kauften, das Firlefanz nicht ganz unähnlich war. Das brachten sie triumphierend dem Grafen Alcindor.

Des Grafen Entzücken über die rasche Erledigung seines Auftrages läßt sich nicht beschreiben. Er besaß nun also das kostbare Hündchen, das so vielen hübschen Frauen den Kopf verdrehte; den wunderbaren Firlefanz, der selbst die Leuchte des Abbés verdunkelt hatte, das zarte und einzigartige Geschöpf, auf das die Marquise stolzer war als auf ihr Apfelschimmel-Gespann und ihren Jäger, der sechseinhalb Fuß lang war, und ihren Jockei, den man in die Tasche stecken konnte; den sie heißer liebte als ihren Liebhaber, ihren Gatten und ihre Kinder, ja mehr noch als ihr Whistspiel. Welche Freude für Eliante, wenn sie das reizende kleine Tier in einem mit Seide ausgeschlagenen und ganz mit rosenroten Schleifen garnierten Körbchen empfangen würde! Er stellte sich ihre schmachtenden Augen, ihre verführerischen Blicke, das charmante Lächeln vor, mit dem sie ihn beschenken würde. Und nun würde die selige Schäferstunde, die er so ungeduldig erwartete, auch nicht mehr ferne sein! »Versac wird platzen vor Wut, denn ungeachtet der gleichgültigen Miene, die er zur Schau trägt, glaube ich, daß er immer noch sehr verliebt ist in die Gräfin Eliante, und daß im geheimen noch nicht alles zwischen den beiden zu Ende ist!« So sprach Alcindor zu sich selber und ließ zum Zeichen tiefster Befriedigung seine Finger knacken.

Um keine Zeit zu verlieren, entschloß er sich, noch am selbigen Abend seiner Schönen den vermeintlichen Firlefanz zu bringen. Die unschuldigen Mienen von Similor und Giroflé ließen auch nicht den geringsten Verdacht in ihm aufkommen. Nein, Alcindor war weit davon entfernt, auch nur zu ahnen, daß der Hund, für den er fünfundzwanzig Louis gegeben hatte, in Wahrheit nur vierundzwanzig Sous gekostet hatte. Die Ähnlichkeit war auch groß genug, die gewundenen Beinchen, das Stupsnäschen, die beiden Flecken über den Augen, der Büschelschweif! Zwei Wassertropfen, zwei Hühnereier könnten sich nicht mehr gleichen! Glücklicherweise kam Alcindor nicht auf den Gedanken, den Hund Menuett tanzen zu lassen; denn der Bologneser vom Pont Neuf, dem jede feinere Sitte abging, hätte sich durch seine Ungebildetheit ohne weiteres verraten.

Um die Konkurrenz mit dem außerordentlichen Firlefanz auszuhalten, machte Alcindor aufs sorgfältigste Toilette. Sein Rock war aus goldgelbem Tuch, silbergrau ausgefüttert und mit Diamantknöpfen garniert, die so angeordnet waren, daß jeder Knopf einen Buchstaben seines Namens bildete. Ein Jabot im Wert von hundert Franken aus venezianischer Spitze, auf dem ein paar Tabakskörner mit nachlässiger Grazie verstreut lagen, bedeckte den Ausschnitt der altgoldenen Samtweste. Seine Beine staken in weißseidenen, mit Goldzwickeln bestickten Seidenstrümpfen und zeichneten sich aus durch eine angenehme Rundung und gleichzeitige Schlankheit der Waden. Ein schmaler Degen in einer weißsammetenen Scheide, mit Brillanten besetztem Griff, hob stolz die Schöße seines Rockes empor. Aus welchem Zeug die Hose verfertigt war, weiß ich nicht genau zu sagen, aber es besteht jede Wahrscheinlichkeit, daß sie aus perlgrauem Sammet bestand, doch will ich letzteres nicht beschwören.

Als Giroflé die letzten Puderreste mit einem Elfenbeinmesser von der Stirn des Grafen entfernt hatte, fühlte er sich stolz beim Anblick seines so wohlgekleideten, wohlfrisierten Herrn, und er eilte nach einem Spiegel, den er dem Grafen vorhielt: »Herr, ich bin zufrieden mit mir! Sie sind unvergleichlich, ich glaube nicht, daß Sie heute abend vielen grausamen Herzen begegnen werden!«

»Wenn das Herr schwarze Gesicht haben, er noch sein viel schöner! Aber auch jetzt sehr schön!« fügte Similor hinzu, immer bemüht, sich in Gunst zu erhalten und von dem übereifrigen Giroflé nicht an die Wand drücken zu lassen.

»Similor, rufe mir Marmelade!« befahl der Herzog. Marmelade erschien. Er war ein ungewöhnlich großer Neger. »Spann die Karosse an!«

Als der Wagen vorgefahren war, stieg der Graf, ein Liedchen summend, die Treppe hinunter. An seinem Halse hing in einem Körbchen der falsche Firlefanz in sorglicher Sicherheit. Die Equipage des Grafen war tadellos und nach der letzten Mode: ein riesiger Kutscher, kupferrot und vollständig betrunken, geschmückt mit dem königlichen Wappentier, einen ungeheueren Dreispitz auf dem Kopf, weiße Handschuhe, weiße Zügel, einen riesigen Pelzkragen, Lakaien mit frechen Gesichtern und Fackeln in der Hand. Zwei davon saßen vorne, drei hinten auf dem Wagen. Die Karosse selber war reich geschnitzt und zum Teil vergoldet. Das Wappen des Herzogs prangte auf beiden Seiten. Vier Mecklenburger Hengste, dunkelbraun mit gezöpften Mähnen und den Schweif mit einer Rosette in den Hausfarben des Herzogs geschmückt, zogen das umfangreiche Gebäude.

Alcindor war so zufrieden mit sich selber und von den seligsten Hoffnungen geschwellt, daß er dem Kutscher befahl gehörig auszuholen. Der Kutscher verlangte nichts Besseres, als seinen Rossen die Zügel schießen zu lassen. Nicht für ein Königreich hätte er einem andern Gefährt den Vorrang gelassen, ja er wäre selbst dem königlichen Gespann vorgefahren; so tief war er von der Würde seines Amtes durchdrungen. Und so schossen denn die vier Gäule dahin, ungeachtet der Schreie des erschrockenen Bürgervolkes und minderer Kreaturen, die samt und sonders mit einer Sintflut von Straßenkot bedeckt wurden. Nur wenige Minuten später hielt man an der Türe Eliantes.

Der Herzog begab sich hinauf und ließ melden: »Signor Firlefanzio und der Herzog Alcindor!« Und obschon Eliante eben damit beschäftigt war, sich für die Oper anzuziehen, öffnete der magische Name: ›Firlefanz‹ ähnlich dem ›Sesam, tu dich auf‹ aus dem arabischen Märchen alle Türen.

Als Eliante in dem Körbchen am Halse des Grafen den falschen Firlefanz erblickte, der artig aufrecht saß und sein Näschen etwas eingeschüchtert in die Luft streckte, stieß sie einen kleinen Schrei aus, klatschte vor Freude in die Hände, lief auf den Grafen zu und sagte: »Alcindor, Sie sind reizend!« Dann nahm sie das Hündchen, das von so viel Ehre ganz perplex war, und küßte es zärtlich zwischen beide Augen.

Alcindor wunderte sich nicht im geringsten über den Vorzug, den das Hündchen vor ihm selber genoß, und wartete in Geduld seine Stunde ab. Wir vergaßen zu erzählen, daß bei der heftigen Bewegung, mit der Eliante sich von ihrem Sitz erhob, ihr Frisiermantel sich geöffnet hatte und Alcindor Gelegenheit gab, sich zu überzeugen, daß Eliante außer schönen Augen und Zähnen noch andere nicht zu mißachtende Reize besaß.

»Madame!« sprach er liebenswürdig, »ich bin nicht der Teufel; ich bin nicht Ihr Gatte, ich bin ganz einfach ein Mann, der Sie anbetet! Hier ist Firlefanz! Erinnern Sie sich gütigst an das Versprechen, das Sie mir zu geben geruhten!«

Daraufhin gab Eliante dem Grafen einen ehrlichen und herzlichen Kuß. Aber wir wissen ja alle, wie es sich mit dem Kuß einer schönen Frau verhält. Man kann sich in Freigebigkeit nicht genug tun und will das Geschenk, das man erhalten hat, durchaus zurückgeben. Alcindor, der von Natur nicht geizig war, gab also Eliante den Kuß um ein beträchtliches vermehrt und gesteigert wieder zurück. Glücklicherweise trat Fanchonette ein.

»Graf, halten Sie sich eine Weile hinter diesem Schirm! Sobald man mir das Mieder angezogen haben wird, dürfen Sie wieder erscheinen.«

»Herr Graf, wir sind soweit!« rief alsbald Fanchonette.

Alcindor kam hinter seiner Wand hervor. Eliante sah entzückend aus. Das Haar war leicht gepudert; zwei Schmachtlocken fielen zu beiden Seiten des Kragens auf die Schultern; eine duftige Stoffwolke hob die Frische ihres Teints. Zwei weiße Federn, die seitlich abstanden, gaben ihr ein schelmisches, kokettes Aussehen. Kurz, sie war unvergleichlich.

Fanchonette zog ihr das Kleid über, es hatte Paniers von acht Ellen Weite. Der Rock war mit Schleifen und Schmetterlingen aus Diamanten gerafft und wogte in reichen Falten um ihre Wespentaille. Das Mieder, das zur Hälfte mit einer Reihe übereinanderliegender Schleifen geschlossen war, ließ Reize ahnen, die eines Prinzen, um nicht zu sagen eines Gottes würdig gewesen wären! Sie trug weder Halsband noch Kette, denn sie wußte, daß ein Schmuck von der Betrachtung des Halses abgelenkt hätte. Einzig eine kleine zarte Rose blühte an der Schwelle dieses weißen Paradieses. Die Pantöffelchen waren von der gleichen Farbe wie das Kleid und hätten einer Chinesin gepaßt.

»Herzog, ich habe einen Platz in meiner Loge frei«, sagte Eliante. »Sie werden mich alsdann nach Hause begleiten!« fügte sie lächelnd hinzu.

Alcindor verneigte sich ehrerbietig. Eliante ergriff den Pseudo-Firlefanz, steckte ihn in ihren Muff, und man begab sich in die Oper.

Es wurde ein modernes Ballett gegeben. Das Haus war bis zum letzten Platz besetzt, von den Proszeniumslogen bis zur obersten Galerie war kein freier Raum. Dieses Ballett wollte alle Gefühle der Liebe darstellen in einer Folge wollüstiger, aber dennoch den Anstand nicht verletzender Bilder. Die Macht dieses Gefühles, dem Götter und Menschen untertan sind, wurde durch feurige Tänze und leidenschaftliche Bilder, die der Natur abgelauscht schienen, wiedergegeben. Man applaudierte dem graziösen Batylle und der sprühenden Euphrosyne, wie sie es verdienten, das heißt: zum Ohrenzersprengen. Die alten Connaisseure versuchten umsonst dem jüngeren Geschlechte die Vorzüge einer nobeln Grazie und die majestätischen Posen der früheren Tänzer zu rühmen; man hielt sie für dumme Schwätzer, und keiner schenkte ihnen Gehör.

Alcindor gehörte ganz seinen Siegergefühlen und beachtete die Szene kaum. Eliante schwamm in Seligkeit über den Besitz von Firlefanz und in dem Gedanken an die Verzweiflung der Marquise, die sich so unvermutet ihres geliebten Hündchens beraubt sah. Aber die Dekorationen waren ungewöhnlich reich und verdienten wohl einige Aufmerksamkeit. Man sah die Grotte des Meerkönigs mit allem Meergetier: Korallen, Muscheln und Perlmutter leuchtend ausgeschmückt. Dann gab es einen Feenpalast, der alles übertraf, was in den phantasiereichsten Märchen je geschildert wurde. Aber Alcindor beschäftigte sich nur mit Eliante, und Eliante nur mit Firlefanz und auch ein bißchen mit Alcindor, dessen gutes Aussehen und reiche Kleidung ihr an diesem Abend besonders auffielen. Was den falschen Firlefanz betrifft, so bot er ein ziemlich klägliches Bild. Er war es nicht gewohnt, sich in so feiner Gesellschaft aufzuhalten, und seine beiden Vorderpfötchen auf die Logenbrüstung gestützt, betrachtete er verwirrt die glänzende Versammlung.

Da plötzlich, o unerwartetes Ereignis! Eine Logentüre öffnet sich mit Getöse, und eine von Edelsteinen blitzende, tiefdekolletierte Dame, stark mit Rouge bedeckt und in einer sehr eleganten Robe tritt in Begleitung von zwei Kavalieren ein und nimmt Platz: es ist die Marquise. Aus ihrem Muff guckt ein zierliches Hündchen hervor, das seine Vorderpfötchen auf die Logenbrüstung stützt mit der Unverfrorenheit eines Herzogs und Pairs von Frankreich. Es ist Firlefanz – der echte – der unnachahmliche Firlefanz!

Eliante erblickt ihn, und – o wankelmütiges Schicksal! – sie wirft dem Herzog einen vernichtenden Blick zu. Dann, von dem Schrecken ganz übermannt, erblaßt sie und fällt in Ohnmacht. Sie wird in ihr Haus gebracht, und länger als eine Stunde dauert es, bis ihr die Sinne wiederkehren. Weder die englischen Tropfen noch das Wasser von Came, noch die Tropfen der Königin von Ungarn oder die des Generals Lamothe, weder die verbrannte Feder, die man ihr unter die Nase hält, vermögen ihre Lebensgeister neu zu erwecken. Und hätte die Drohung, ihr kaltes Wasser ins Gesicht zu gießen, sie nicht plötzlich zu sich selber gebracht, so hätte man sie für tot halten können.

Alcindor ist verzweifelt: denn Eliante will ihn nicht mehr sehen, und er tröstet sich in seinem Kummer damit, daß er zweimal am Tag Giroflé und Similor verprügelt, und das ist auch der einzige Grund, warum er die beiden nicht fortjagt.

Aber es wird behauptet, daß er ein paar Tage später folgendes Billett von Eliante erhielt:

»Mein lieber Herzog! Zuerst glaubte ich, Sie hätten mich mit voller Absicht hintergangen. Nun aber habe ich erfahren, daß Sie selber von Similor und Giroflé betrogen worden sind. Das Hündchen, das Sie mir schenkten, zeigt sich nicht ungeschickt und braucht nur Dressur, um Firlefanz auszustechen. Sie tanzen wie ein Gott, wollen Sie es tanzen lehren? Auf Wiedersehen, Alcindor!«

Zwei Monate später hatte das Hündchen Pistache mit seiner größeren Jugend und Grazie den Ruhm Firlefanzens vollkommen verdunkelt; und Alcindor hatte ein paar scharfe Degengänge mit Versac gefochten, bei denen letzterer den kürzeren zog. Von dieser Niederlage erholte er sich nicht mehr, und Alcindor wurde unbestritten Mode.

Deutsch von Gabriele Betz

Loriot

Sollen Hunde fernsehen?

Es häufen sich die Fälle, in denen Hunde nach mehrstündigem abendlichem Fernsehen schlecht einschlafen, schwer träumen oder tagelang stottern. Hier liegen zweifellos ernst zu nehmende seelische Störungen vor, an denen man nicht länger achtlos vorübergehen darf.

Die Programme der Fernsehanstalten sind in der Regel besser geeignet für mittelgroße, langhaarige Hunde als für kleine, kurzhaarige. Dicke Hunde wiederum neigen erfahrungsgemäß zu politischen und allgemeinbildenden Beiträgen, während dünne sich mehr von Unterhaltungssendungen angesprochen fühlen. Das heißt jedoch nicht, daß nicht auch gelegentlich große dicke, kurzhaarige oder kleine dicke, langhaarige Hunde Freude an Sendungen für kleine lange, kurzhaarige und kurze dicke, langhaarige haben können.

Leider sind in den Programmzeitschriften die Sendungen hinsichtlich ihrer Eignung für unsere vierbeinigen Freunde noch nicht deutlich genug gekennzeichnet. Es muß also vorerst noch dem Gutdünken des Hundehalters überlassen bleiben, ob er dem Drängen des Tieres zu täglichem Fernsehgenuß nachgibt oder nicht.

Grundsätzlich ist jedoch zu warnen vor Filmen brutaler oder anstößiger Art. Robuste Hunde reagieren mit Kopfschmerzen, zartere mit Schwerhörigkeit und hartem Stuhl.

Abzuraten ist ferner von der Anschaffung eines Zweitgerätes für den Hundeplatz. Das Tier vereinsamt und spricht im Schlaf. Auch politische Sendungen sind oft ungeeignet. Ein Düsseldorfer Bernhardiner litt nach der Übertragung einer Bundestagssitzung zwei Wochen unter Schwindel und Schluckauf.

Zusammenfassend kann gesagt werden: Kleine dicke oder große lange Hunde und kleine dünne, langhaarige oder dicke, kurzhaarige sollten nicht nach 21 Uhr, langohrige dicke, kurzohrige dünne und Hunde zwischen zwei und acht Jahren nur unter ärztlicher Aufsicht fernsehen.

Rudyard Kipling
Garm als Geisel

Eines Abends, es ist nun schon lange her, fuhr ich in das indische Truppenquartier Miam Mir, um mir eine Liebhabervorstellung anzuschauen. Hinter der Infanteriekaserne stürzte plötzlich ein Soldat, die Mütze schief über einem Auge, vor unsere Pferde und schrie, er sei ein gefährlicher Straßenräuber. Zufällig war er ein guter Bekannter von mir, daher gab ich ihm den Rat, nach Hause zu gehen, bevor er abgefaßt würde; aber er fiel unter die Deichsel, und ich hörte die Stimme eines Wachtpostens, der nach jemandem suchte.

Der Kutscher und ich verstauten ihn in den Wagen, fuhren stracks nach Hause, entkleideten ihn und brachten ihn zu Bett. Am nächsten Morgen erwachte er mit heftigen Kopfschmerzen, sehr beschämt. Nachdem seine Uniform gereinigt und er rasiert, gewaschen und in Ordnung gebracht war, fuhr ich ihn zur Kaserne zurück, seinen Arm in einer sauberen, weißen Schlinge, und berichtete, daß ich ihn durch ein Mißgeschick überfahren hätte. Dieses Märchen erzählte ich nicht dem Wachtmeister meines Freundes, der ein feindseliger, mißtrauischer Mensch war, sondern seinem Leutnant, der uns weniger gut kannte.

Drei Tage darauf besuchte mich mein Freund; und ihm auf den Fersen schnaufte und schwänzelte einer der feinsten Bullterrier, den ich je mit Augen gesehen hatte, einer von der alten Zucht, zwei Teile Bulldog und ein Teil Terrier. Er war schneeweiß, mit einem rehfarbenen Sattel dicht hinterm Nacken und einer rehfarbenen Raute an der Wurzel seines dünnen beweglichen Schwanzes. Ich hatte ihn schon seit mehr als einem Jahr aus der Entfernung bewundert, und Vixen, mein eigener Foxterrier, kannte ihn auch, aber schätzte ihn weniger.

»Is' für Sie«, sagte mein Freund, sah aber nicht so aus, als ob er sich gern von ihm trennte.

»Unsinn! Der Hund ist mehr wert als die meisten Menschen, Stanley«, sagte ich.

»Das und noch was drüber. Achtung!«

Der Hund stellte sich auf die Hinterfüße und blieb eine volle Minute aufrecht.

»Augen rechts!«

Er ließ sich auf die Schenkel nieder und drehte den Kopf scharf nach rechts. Auf ein Zeichen sprang er hoch und bellte dreimal. Dann gab er mir die rechte Pfote und sprang behende auf meine Schulter. Alsda verwandelte er sich in ein Halstuch und hing schlaff und leblos zu beiden Seiten meines Halses herunter. Nun sollte ich ihn hochnehmen und in die Luft schleudern. Er fiel mit Geheul zu Boden und hielt ein Bein hoch.

»Gehört zu dem Kunststück«, sagte sein Herr. »Jetzt wirst du sterben. Grab dir dein kleines Grab und mach deine kleinen Augen zu.«

Noch lahm, hinkte er zum Gartenrand, grub ein Loch und legte sich hinein. Auf den Zuruf, er sei geheilt, sprang er heraus, wedelte mit dem Schwanz und winselte um Beifall. Er mußte noch ein halb Dutzend anderer Kunststücke vormachen, so z. B. wie er einen Mann in Schach hielt (ich war der Mann, er setzte sich vor mich hin, mit gefletschten Zähnen, zum Sprunge bereit) oder wie er auf Befehl im Fressen innehielt. Kaum hatte ich mich in Lobsprüchen über ihn erschöpft, als mein Freund eine Bewegung machte, die den Hund lähmte wie ein Schuß, ein Stück blauliniiertes Kantinenpapier aus seinem Helm nahm, es mir überreichte und davonlief, während der Hund ihm nachsah und heulte. Ich las:

»Sir – ich gebe Ihnen den Hund zum Dank, daß Sie mir 'rausgeholfen haben. Er ist der beste, den ich kenne, denn ich hab ihn selber gezogen, und er ist so gut wie ein Mensch. Bitte geben Sie ihm nicht zuviel zu fressen, und bitte geben Sie ihn mir nicht zurück, denn ich werde ihn nicht nehmen, wenn Sie ihn behalten wollen. Also bitte versuchen Sie nie, ihn zurückzugeben. Ich habe seinen Namen zurückbehalten, Sie können ihn also nennen, wie Sie wollen, und er wird darauf hören, aber bitte geben Sie ihn nicht zurück. Er kann einen

Mann ohne weiteres umbringen, aber bitte geben Sie ihm nicht zuviel Fleisch. Er weiß mehr als ein Mensch.«

Vixen vereinte mitfühlend ihr schrilles kleines Gekläff mit dem Verzweiflungsgeheul des Bullterriers, und mich verdroß die Sache, denn ich wußte wohl, ein Mensch, der Hunde gern hat, und ein Mensch, der einen bestimmten Hund liebt, sind zweierlei. Hunde sind im besten Fall nichts als Herumtreiber und Träger von Ungeziefer, Flohbeißer und Unratfresser, unrein vor den Gesetzen Moses' und Mohammeds. Ein Hund aber, mit dem du mindestens sechs Monate im Jahre allein lebst, ein freies Geschöpf, so in Liebe an dich gebunden, daß es sich ohne dich nicht vom Fleck rührt, eine geduldige, gelassene, willige, weise Seele, die deine Stimmungen versteht, eh du sie selber kennst, fällt überhaupt nicht mehr unter den Begriff Hund.

Ich hatte Vixen, die ganz ›mein Hund‹ war, und ich fühlte, was mein Freund empfunden haben mußte, indem er sich derart sein Herz aus dem Leibe riß und es in meinem Garten zurückließ. Der Hund indessen begriff ganz klar, daß ich nun sein Herr sei, und folgte dem Soldaten nicht. Sobald er sich rührte, streichelte ich ihn, und Vixen stürzte sich eifersüchtig kläffend auf ihn. Hätte sie seinem Geschlecht angehört, so hätte er sich durch einen Kampf aufheitern können, doch so blickte er sich nur sorgenvoll um, als sie seine stählernen Flanken zwickte, legte seinen schweren Kopf auf meine Knie und heulte von neuem. Eigentlich hatte ich die Absicht, an dem Abend im Klub zu speisen, aber als es dunkel wurde und der Hund durch das leere Haus schnüffelte wie ein Kind, das sich von seinem Schluchzen zu ermannen sucht, konnte ich es nicht über mich bringen, ihn seinen ersten Abend allein erdulden zu lassen. So speisten wir daheim, Vixen an meiner Seite, der Fremdling an der anderen, wobei sie jeden seiner Bissen beobachtete und ihm deutlich zu verstehen gab, was sie von seinen Manieren hielt, die viel besser waren als die ihren.

Vixen hatte es sich zur Gewohnheit gemacht, bis die Jahreszeit heiß wurde, in meinem Bett zu schlafen, ihren Kopf auf meinem Kissen, wie ein Christenmensch, und wenn der Morgen kam, konnte ich jedesmal feststellen, daß das kleine Ding, die Füße gegen die Wand gestemmt, mich an den äußersten Rand des Bettes gedrängt hatte. An diesem Abend hatte sie es voll List und Vorbedacht besonders eilig, ins Bett zu kommen, jedes Haar gesträubt, ein Auge auf den Fremdling gerichtet, der sich ganz hilf- und hoffnungslos auf eine Matte gelegt hatte, alle viere von sich gestreckt und schwer atmend. Sie legte ihren Kopf auf dem Kissen mehrere Male aufs neue zurecht, um all ihre kleinen anmutigen Eigenheiten zur Schau zu stellen, und ließ ihren üblichen weinerlichen Singsang vor dem Einschlafen ertönen. Der Fremdling rückte behutsam zu mir heran. Ich streckte meine Hand aus, die er leckte. Im selben Augenblick war mein Handgelenk zwischen Vixens Zähnen, und ihr warnendes »aarrh« sagte so deutlich wie Worte, daß sie beißen würde, wenn ich den Fremdling noch weiter beachtete.

Ich faßte sie mit der linken Hand dicht hinter ihrem fetten Nacken, schüttelte sie energisch und sagte:

»Vixen, wenn du das noch einmal tust, so sperre ich dich auf die Veranda. Richte dich danach!«

Sie verstand mich ganz genau, aber kaum hatte ich sie freigegeben, so packte sie mein Handgelenk von neuem und wartete mit angelegten Ohren und geducktem Körper, zum Biß bereit. Der Schwanz des großen Hundes schlug demütig und wie zum Frieden mahnend den Boden.

Ich griff Vixen zum zweitenmal, hob sie wie ein Kaninchen aus dem Bett (sie haßte das und kläffte) und trug sie, wie versprochen, auf die Veranda zu Fledermäusen und Mondlicht. Darob heulte sie laut, um dann zu wüstem Schimpfen überzugehen – nicht gegen mich, sondern gegen den Bullterrier –, bis sie vor Erschöpfung hustete. Dann lief sie rings um das Haus und versuchte jede Tür. Dann begab sie sich zu den Ställen und bellte, als ob jemand die Pferde stehlen wollte – das war ein altbekannter Kniff von ihr. Endlich kam sie zurück, und ihr schnaufendes Gequäk besagte: »Ich werde brav sein! Laß mich herein, ich werde brav sein!«

Sie wurde erhört und flog auf ihr Kissen. Nachdem sie sich beruhigt hatte, flüsterte ich dem andern Hund zu: »Du kannst am Fußende liegen.« Sofort sprang der Bullterrier auf, und obwohl ich fühlte, wie Vixen vor Wut zitterte, war sie zu klug, um von neuem Einspruch zu erheben. So schliefen wir bis zum Morgen, und sie teilten Bissen für Bissen das erste Frühstück mit mir, bis das Pferd vorgeführt wurde und wir ausritten. Ich glaube, der Bullterrier war nie zuvor mit einem Pferd mitgelaufen. Er war wild vor Aufregung, und Vixen quäkte und schwänzelte und hüpfte wie üblich und übernahm die Führung.

Wir hatten uns einem Dorf genähert, das wir just an dieser Stelle stets mit Vorsicht passierten, da sich dort alle die gelben herrenlosen Hunde des Ortes zusammenzurotten pflegten. Es waren halb wilde ausgehungerte Tiere, die, obwohl feige bis in die Knochen, doch zu neun oder zehn vereint imstande sind, einen englischen Hund zu überwältigen, totzubeißen und aufzufressen. Ich hielt stets eine Peitsche mit langer Schmitze für sie bereit. An diesem Morgen griffen sie Vixen an, die sich, vielleicht nicht ohne Absicht, aus dem Schatten meines Pferdes herausgewagt hatte.

Der Bullterrier trottete durch den Staub dahin, etwa vierzig Meter weit zurück, ab und zu sich im Lauf wälzend und lächelnd, wie Bullterriers tun. Ich hörte Vixen winseln; ein halbes Dutzend Köter war ihr auf den Fersen; ein weißer Strich schoß hinter mir her; eine Staubwolke erhob sich dicht neben Vixen, und als sie sich teilte, sah ich einen riesigen Köter mit gebrochenem Rückgrat und den Bullterrier, wie er einen zweiten zu Boden zwang. Vixen retirierte in den Schutz meiner Peitsche, und der Bullterrier kam zurückgepaddelt, inniger lächelnd denn je, bedeckt mit dem Blut seiner Feinde. Das bestimmte mich, ihn › Garm mit der blutigen Brust ‹, der in seinen Tagen ein großer Mann war, zu taufen oder kurz Garm; so erklärte ich ihm denn mit einer Verbeugung, daß dies sein vorläufiger Name sei. Er blickte zu mir auf, und ich wiederholte ihn, dann raste er fort. Ich schrie: »Garm!« Er hielt an, raste zurück und kam zu mir heran, um nach meinen Befehlen zu fragen.

Da erkannte ich, daß mein Freund, der Soldat, recht hatte, und daß dieser Hund mehr verstand und mehr wert war als ein Mensch. Am Schluß unseres Rittes gab ich einen Befehl, den Vixen kannte und haßte, nämlich: »Marsch, laß dich waschen!« Garm verstand teilweise und Vixen verdolmetschte ihm das übrige, und bedächtig zogen die beiden zusammen ab. Als ich die hintere Veranda betrat, war Vixen bereits schneeweiß gewaschen und sehr stolz auf sich, aber der Hundebursche wollte Garm um keinen Preis anrühren, wenn ich nicht daneben stände. So wartete ich, während er abgeschrubbt wurde, und Garm, dem die Seife auf dem breiten Kopf schäumte, sah mich an, um sich zu vergewissern, ob es wirklich dies sei, was ich von ihm zu ertragen verlangte. Er wußte genau, daß der Bursche nur meinem Befehl gehorchte.

»Nächstes Mal«, sagte ich zu dem Burschen, »wirst du den großen Hund mit Vixen zusammen waschen, wenn ich sie nach Hause schicke.«

»Weiß *er* es?« fragte der Hundebursche, der sich auf Hunde verstand.

»Garm«, sagte ich, »nächstes Mal wirst du mit Vixen zusammen gewaschen.«

Ich wußte, Garm hatte verstanden. Und wirklich, am nächsten Badetag, als Vixen wie gewöhnlich unter mein Bett flüchtete, starrte Garm den unschlüssigen Hundejungen in der Veranda an, stolzierte an den Platz, wo er das vorige Mal gewaschen worden war, und stand steif und stramm im Faß.

Aber die langen Tage in meinem Büro waren ihm fürchterlich. Wir drei fuhren morgens um halb neun fort und kamen um sechs oder noch später zurück. Vixen, die den Verlauf der Dinge kannte, legte sich unter meinem Tisch schlafen; aber Garm schnitt die Gefangenschaft tief in die Seele. Gewöhnlich saß er auf der Veranda und blickte die Straße hinunter; und ich wußte wohl, was er erwartete.

Manchmal kam eine Kompagnie Soldaten auf dem Weg zum Fort vorüber, und Garm trudelte hinaus, um sie in Augenschein zu nehmen; oder ein Offizier in Uniform erschien im Büro, und es war jammervoll, Garms Willkommengruß mit anzusehen, der dem Tuch, nicht dem Mann galt. Er sprang an ihm empor, beschnüffelte ihn und bellte freudig erregt, dann lief er zur Tür und wieder zurück. Eines Nachmittags hörte ich ihn aus vollem Halse bellen – was ich noch nie gehört hatte –, worauf er verschwand. Als ich am Abend in meinen Garten einfuhr, kletterte ein Soldat in weißer Uniform im Hintergrund über die Mauer, und der Garm, der mir entgegenlief, war ein fröhlicher Hund. Dies geschah einen Monat lang zwei- oder dreimal wöchentlich.

Ich tat, als ob ich nichts merkte, aber Garm wußte und Vixen wußte. Jeweils gegen vier Uhr schlich er sich aus dem Büro, als ob er sich lediglich draußen ein wenig umsehen wollte, und so leise tat er es, daß ich es gar nicht gemerkt hätte, wenn nicht Vixen gewesen wäre. Der eifersüchtige kleine Hund unter dem Tisch ließ dann jedesmal einen Schnaufer und Schnarcher hören, gerade laut genug, um meine Aufmerksamkeit auf die Flucht zu lenken. Garm konnte vierzigmal am Tag fortlaufen, und Vixen rührte sich nicht, aber wenn er loszog, um seinen wahren Herrn in meinem Garten zu begrüßen, dann teilte sie es mir auf ihre Weise mit. Mit diesem Zeichen wollte sie beweisen, daß Garm denn doch nicht ganz zur Familie gehörte. Sie waren jederzeit die besten Freunde, aber, gab mir Vixen zu verstehen, ich dürfe niemals vergessen, daß Garm mich nicht so liebte, wie sie mich liebte.

Ich erwartete das auch gar nicht. Der Hund war nicht mein Hund – konnte nie mein Hund werden –, und ich wußte, er fühlte sich ebenso unglücklich wie sein Herr, der acht Meilen am Tag pilgerte, um ihn zu sehen. So dacht ich mir denn, je eher die beiden wieder vereint würden, je besser.

Eines Nachmittags schickte ich Vixen allein in meinem Dogcart nach Hause (Garm war vorausgelaufen) und ritt hinüber in die Kaserne, um einen andern Bekannten aufzusuchen, einen irischen Soldaten und Busenfreund von Garms Herrn.

Ich legte ihm den Fall vor und schloß: »Und jetzt sitzt Stanley in meinem Garten und vergießt Tränen über seinen Hund. Warum nimmt er ihn nicht zurück? Sie sind beide unglücklich.«

»Unglücklich! Der arme Kerl is überhaupt nich mehr bei Verstande! Aber es is sein Spleen.«

»*Was* ist sein Spleen? Er macht fünfzig englische Meilen die Woche, um das Vieh zu sehen, und er schneidet mich, wenn er mir begegnet, und ich bin ebenso unglücklich wie er. Bring ihn dazu, daß er den Hund zurücknimmt.«

»Es is seine Buße, die er sich aufgelegt hat. Ich hab ihm so spaßeshalber gesagt, an dem Abend, wo Sie ihm gerade so gelegen in die Quere kamen, hab ich ihm gesagt, wenn er 'n richtiger Katholik wär, würd' er Buße tun. Los zog er mit dem Spleen in seinem Schädel und 'nem Schuß Fieber dazu und hatte bloß noch im Kopf, Ihnen den Hund als Geisel zu geben.«

»Geisel wofür? Ich brauche keine Geiseln von Stanley.«

»Für seine gute Führung. Er hält sich jetzt ordentlich; is gar kein Spaß mehr, mit ihm zu verkehren.«

»Hat er sich offiziell verpflichtet?«

»Wenn's nur das wäre, wär mir's wurscht. Man kann sich auf drei Monate verpflichten und damit erledigt. Er sagt, er will den Hund nie wiedersehen, und auf *die* Art, sehn Sie, will er sich in alle Ewigkeit verpflichten. Sie kennen seine fixen Ideen? Nu, das ist so eine. Wie nimmt's denn der Hund?«

»Wie ein Mann. Er ist der beste Hund in Indien. Können Sie nicht Stanley dazu bewegen, ihn zurückzunehmen?«

»Ich kann nicht mehr tun, als ich schon getan hab. Aber Sie kennen doch seine Ideen. Er tut Buße, basta. Was wird er tun, wenn er ins Gebirg muß? Der Arzt hat ihn auf die Liste gesetzt.«

Es ist der Brauch in Indien, daß eine gewisse Anzahl Kranker von jedem Regiment während der großen Hitze auf die Stationen im Himalaja geschickt wird, und obgleich die Leute froh sein sollten, daß sie die Kühle und die Annehmlichkeiten dort oben genießen dürfen, so vermissen sie doch das Kasernenleben drunten und tun alles mögliche, um zurückzukommen oder überhaupt nicht fortgeschickt zu werden. Ich sagte mir, daß diese Veränderung die Angelegenheit zur Entscheidung bringen würde; so verließ ich Terence hoffnungsvoll, obgleich er mir nachrief: »Er nimmt den Hund nicht zurück, Herr! Darauf können Sie Ihr Monatsgehalt wetten. Sie kennen seine fixen Ideen.«

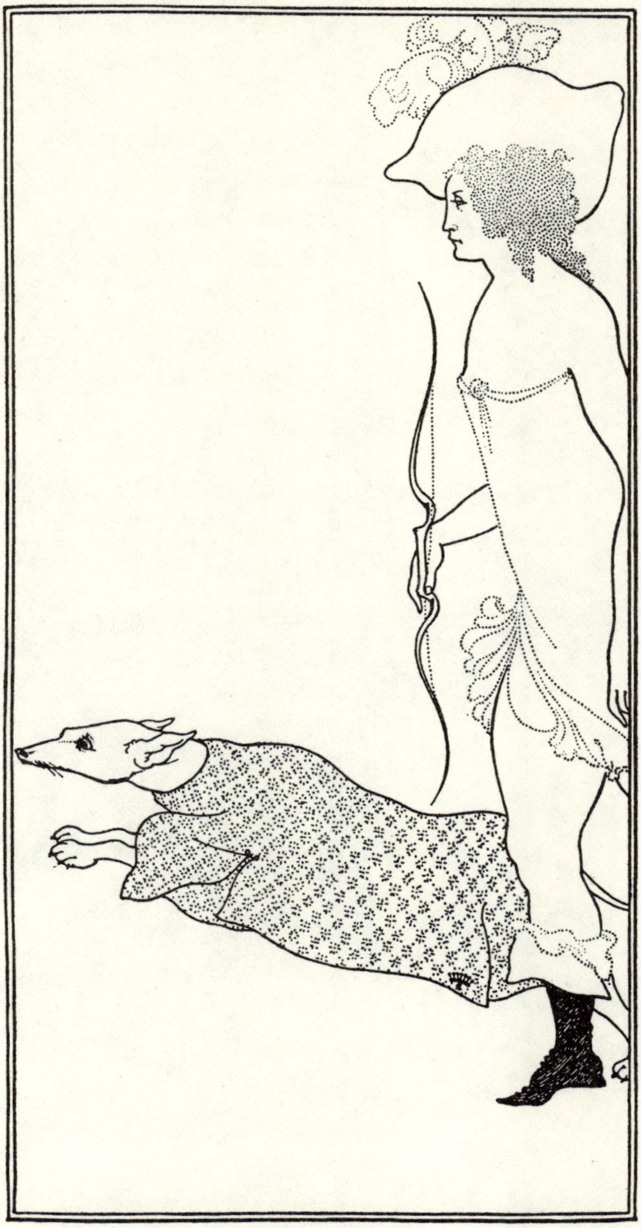

Aubrey Beardsley
Atalanta

Die Kranken des Regiments, dem mein Freund angehörte, wurden in diesem Jahre früh in die Berge abkommandiert, denn die Ärzte meinten, das Marschieren in der Kühle würde ihnen guttun. Ihr Weg lief etwa hundertundzwanzig englische Meilen südlich von dem Orte Umballa; alsdann sollten sie sich nach Osten wenden und ins Gebirge marschieren, nach Kasauli oder Dugshai oder Subathoo. Am Abend vor ihrem Abmarsch speiste ich mit den Offizieren – um fünf Uhr morgens sollten sie aufbrechen. Es war Mitternacht, als ich in meinen Garten einfuhr und eine weiße Gestalt überraschte, die über die Mauer floh.

»Dieser Mann«, sagte mein indischer Diener, »war seit neun Uhr hier und hat die ganze Zeit mit diesem Hunde geredet. Er ist vollkommen verrückt. Ich habe ihm nicht gesagt, daß er fortgehen soll, weil er schon viele Male hier gewesen ist, und weil der Hundebursche meinte, daß der große Hund mich sofort niederreißen würde, wenn ich dem Mann sagen würde, daß er fortgehen solle. Er wünschte nicht den Beschützer der Armen zu sprechen und hat auch nichts zu essen oder zu trinken verlangt.«

»Kadir Buksh«, sagte ich, »du hast recht getan, denn der Hund hätte dich sicherlich getötet. Aber ich glaube nicht, daß der weiße Soldat wiederkommen wird.«

Garm schlief die Nacht schlecht und wimmerte in seinen Träumen. Einmal sprang er mit hellem, fröhlichem Bellen auf, und ich hörte ihn mit dem Schwanze wedeln, bis er selbst davon aufwachte und das Bellen in einem Geheul erstarb. Er hatte geträumt, er wäre wieder bei seinem Herrn, und ich mußte fast weinen. An allem war der blöde Stanley schuld.

Etliche Meilen von den Kasernen entfernt, auf der Straße nach Amritsar, und zehn Meilen von meinem Haus, machte der Krankentrupp zum erstenmal halt. Ganz zufällig fuhr einer der Offiziere zurück, um im Klub noch einmal gut zu essen (auf dem Marsch wird immer schlecht gekocht), und hier traf ich ihn. Er war ein besonderer Freund von mir, der wußte, was wahre Hundeliebe ist. Sein Günstling war ein großer, fetter Jagdhund, der gesundheitshalber in die Berge sollte, und obgleich es erst April war, schnaufte und keuchte das runde Vieh in der Klubveranda, als ob es platzen wollte.

»Es ist erstaunlich«, sagte der Offizier, »was meine kranken Schäfchen alles für Vorwände aushecken, um in die Kaserne zurückzukommen. Da ist ein Mann in meiner Kompagnie, der mich gerade um Urlaub gebeten hat, um ins Quartier zurück zu dürfen, er will eine Schuld bezahlen, die er vergessen hat. Der Gedanke gefiel mir so gut, daß ich ihn laufen ließ, und er klapperte mit der nächsten *Ekka* los, froh wie ein Schneekönig. Zehn Meilen, um eine Schuld zu bezahlen! Möchte wissen, was dahintersteckt?«

»Wenn Sie mich nach Hause fahren wollen, kann ich's Ihnen, glaub ich, zeigen«, sagte ich.

So fuhren wir mit dem dicken Hund in seinem Dogcart zu meinem Hause hinüber, und unterwegs erzählte ich ihm Garms Geschichte.

»Ich habe mich schon gewundert, wo das Vieh hingekommen ist. Er ist der beste Hund im Regiment«, sagte mein Freund. »Vor einem Monat hab ich dem kleinen Kerl zwanzig Rupien für ihn geboten. Aber freilich, wenn Sie sagen, er ist ein Pfand für Stanleys gute Führung ... Stanley ist einer meiner besten Leute – wenn er will.«

»Darum eben«, sagte ich, »ein Mann zweiten Ranges hätte sich die Dinge nicht so zu Herzen genommen.«

Wir fuhren leise am äußersten Rande des Gartens ein und schlichen um das Haus. Dicht an der Mauer war eine Stelle, ganz mit Tamariskenbäumen bestanden, wo Garm, wie ich wußte, seine Knochen verwahrte. Nicht einmal Vixen durfte da nahekommen. In dem vollen Mondlicht Indiens konnte ich eine weiße Uniform sehen, die sich über den Hund beugte.

»Adjüs, alter Jung«, hörten wir, ohne lauschen zu wollen, Stanleys Stimme. »Um Himmels willen laß dich nicht beißen und verrückt machen von irgend so einem räudigen Hundevieh. Aber du weißt ja, was du zu tun hast, alter Jung. Du besäufst dich nich und läufst nich 'rum und verhaust deine Freunde. Du nimmst deine Knochen und frißt deinen Hundekuchen, und du machst deine Feinde kalt wie ein

Gentleman. Ich geh jetzt fort – heul nicht – ich geh nach Kasauli, da werd ich dich nie mehr sehn.«

Ich konnte erkennen, wie er Garm die Schnauze hielt, die der Hund zu den Sternen hochstreckte.

»Du wirst hier bleiben und brav sein, und – und ich werd fortgehen und mir Mühe geben und auch brav sein, und ich weiß nich, wie ich dich hier lassen soll. Ich weiß nich –«

»Blöde Geschichte das«, sagte der Offizier, indem er seinen plumpen Köter streichelte. Er rief den Musketier an, der auf die Füße sprang, vortrat und salutierte.

»Sie hier?« sagte der Offizier, den Kopf abwendend.

»Zu Befehl, Herr Leutnant, aber ich will gerade fortgehen.«

»Um elf Uhr fahre ich in meinem Wagen von hier weg. Sie kommen mit mir. Ich kann nicht dulden, daß kranke Soldaten sich überall in der Gegend 'rumtreiben. Melden Sie sich um elf Uhr *hier*.«

Wir sprachen nicht viel, als wir ins Haus gingen, aber der Offizier murmelte vor sich hin und zog seinen Köter an den Ohren.

Er war ein scheußliches, überfüttertes Sofakissen von Hund; und als er zur Küche watschelte, um sein Fressen zu kriegen, kam mir ein glänzender Gedanke.

Um elf Uhr war der Hund des Herrn Leutnant nirgends zu finden, und es war unbeschreiblich, was sein Herr angab. Er rief und schrie und wurde wütend und jagte eine halbe Stunde durch meinen Garten. Schließlich sagte ich:

»Morgen früh wird er sicher auftauchen. Schicken Sie einen Mann mit der Bahn, ich werde das Vieh schon finden und es zurückliefern.«

»Vieh?« entgegnete der Offizier. »Ich schätze diesen Hund beträchtlich höher ein als irgendeinen Menschen meiner Bekanntschaft. Sie haben gut reden – Ihr Hund ist da.«

Das stimmte – zu meinen Füßen lag sie –, und wäre sie abhanden gekommen, weder Lohn noch Nahrung wäre bis zu ihrer Rückkehr in meinem Hause ausgeteilt worden. Aber es gibt Menschen, die hängen an Hunden, die keinen Peitschenhieb wert sind. Endlich mußte mein Freund abfahren, Stanley auf dem Rücksitz; und nun sagte der Hundebursche zu mir:

»Was für eine Art von Tier ist Bullen Sahibs Hund? Schauen der Herr ihn an!«

Ich ging zur Hütte, und der fette alte Schurke lag sorgfältig angekettet auf einer Matte. Er mußte seinen Herrn zwanzig Minuten lang haben rufen hören, aber er hatte nicht einmal den Versuch gemacht, zu ihm zu laufen.

»Er hat kein Gesicht«, sagte der Bursche verächtlich. »Er ist ein *Punniar-kooter*[1]. Er hat gar keinmal versucht, dies Tuch von seinem Maul zu reißen, als sein Herr ihn rief. Vixen-*baba*[2] wäre durchs Fenster gesprungen, und der große Hund hätte mich totgemacht mit dem Korb um sein Maul. Es ist wahr, es gibt viele Arten von Hunden.«

Am folgenden Abend – wer anders tauchte auf als Stanley? Der Offizier hatte ihn vierzehn Meilen mit der Bahn zurückgeschickt, mit einem Brief, in dem er mich bat, ihm seinen Hund zuzusenden, falls ich ihn gefunden hätte, falls nicht, eine ungeheure Belohnung für ihn auszusetzen. Der letzte Zug ins Lager ging um halb elf, und Stanley blieb bis zehn und unterhielt sich mit Garm. Ich redete und flehte und drohte schließlich, den Bullterrier zu erschießen, aber der kleine Mann blieb felsenfest, obgleich ich ihm ein gutes Abendessen vorsetzte und höchst energisch mit ihm sprach. Garm wußte so gut wie ich, daß dies das letzte Mal sei, daß er seinen Herrn sah, und folgte Stanley wie ein Schatten. Der Offiziershund sagte nichts, leckte sich die Schnauze nach seiner Mahlzeit und watschelte ab, ohne dem empörten Hundeburschen auch nur Dank zu sagen.

So war diese letzte Zusammenkunft vorüber, und ich fühlte mich so elend wie Garm, der die ganze Nacht im Schlaf stöhnte. Im Büro suchte er sich dicht neben Vixen unter dem Tisch seinen Platz und warf sich platt hin, bis es Zeit war, nach Hause zu gehen. Nun war es vorbei mit dem Hinauslaufen auf die Veranda, mit dem Fortschleichen zu verstohlener Zwiesprache mit Stanley. Als es wärmer wurde,

1 Wachtelhund.
2 *baba,* an den Namen angehängt, ist eine liebkosende Bezeichnung für die Kinder des Hauses. (A. d. Ü.)

durften die Hunde nicht mehr neben dem Wagen herlaufen, sondern saßen neben mir auf dem Sitz, Vixen mit dem Kopf unter meinem linken Ellenbogen und Garm an das linke Geländer geschmiegt.

Hier war Vixen immer obenauf. Sie fühlte sich verpflichtet, auf den ganzen Verkehr achtzugeben, als da waren Ochsenwagen, die den Weg versperrten, und Kamele und Ponykoppeln, und mußte zugleich darauf bedacht sein, ihre Würde hervorzukehren, wenn sie an geringeren Freunden vorbeikam, die im Staube liefen. Sie kläffte nie aus bloßer Lust am Kläffen, aber ihr schrilles, hohes Bellen war die ganze Landstraße hin bekannt, und anderer Leute Terrier quäkten zur Antwort, und Ochsenführer blickten über die Schulter und gaben uns mit breitem Grinsen den Weg frei.

Garm aber kümmerte sich um all das nicht. Seine großen Augen hingen am Horizont, und sein furchtbares Gebiß war geschlossen. Es gab im Büro noch einen Hund, der meinem Vorgesetzten gehörte. Wir hatten ihn ›Bob den Bibliothekar‹ getauft, weil er immer vermeintliche Ratten hinter den Bücherregalen witterte und bei der Jagd auf sie ganze Stöße alter Zeitungen hervorschleppte. Bob war ein gutmütiger Trottel, aber Garm ging nicht auf ihn ein. Wenn Bob seinen Kopf durch die Tür schob und keuchte: »Ratten! Komm, Garm!«, so legte Garm eine Vorderpfote auf die andere, rollte sich zusammen und überließ es Bob, ein völlig teilnahmsloses Hinterteil anzuwinseln. Es herrschte einigermaßen Grabesstimmung im Büro in diesen Tagen.

Einmal, und nur dieses eine Mal, sah ich Garm leidlich zufrieden mit seiner Umgebung. Er hatte eines Sonntagmorgens mit Vixen auf eigene Faust einen Spaziergang unternommen, und ein sehr junger und törichter Artillerist (seine Batterie war eben erst in diesen Teil der Welt verschlagen worden) versuchte, sie beide zu stehlen. Vixen wußte natürlich, daß man von Soldaten nichts zu fressen annimmt, überdies hatte sie gerade ihr Frühstück beendet. So kam sie mit einem großen Stück Hammelfleisch, wie es an unsere Truppen ausgegeben wird, heimgetrottet, legte es auf meiner Veranda nieder und schaute mich an, um zu sehen, was ich davon hielte. Ich fragte sie, wo Garm sei, und sie lief vor dem Pferd her, um mir den Weg zu zeigen.

Nach zehn Minuten etwa stießen wir auf unsern Artilleristen, der stocksteif auf dem Rand eines Grabens saß, ein fettiges Taschentuch auf den Knien. Garm stand vor ihm und sah recht vergnügt aus. Sowie der Mann Hand oder Fuß rührte, zeigte Garm lautlos seine Zähne. Ein zerrissener Strick hing ihm vom Hals, die andere Hälfte lag wohlgeborgen in der bewegungslosen Hand des Artilleristen. Er erklärte mir, die Augen immer starr vor sich hingerichtet, daß er diesen Hund (er bedachte ihn mit fürchterlichen Schimpfnamen) ganz allein angetroffen habe, und daß er ihn zum Fort bringen wolle, um ihn als herrenlosen Hund erschießen zu lassen.

Ich entgegnete, daß Garm nicht sehr nach einem herrenlosen Hund aussehe, daß er ihn aber nur zum Fort bringen solle, wenn er es für das Richtige halte. Er erwiderte, ihm liege nichts daran.

Dann solle er doch allein zum Fort gehen, meinte ich. Er wolle eigentlich jetzt nicht gehen, sagte er, aber er würde meinem Rat doch folgen, sobald ich den Hund zu mir riefe. Ich wies Garm an, ihn zum Fort zu begleiten, und Garm führte ihn feierlich, ein und eine halbe Meile in der glühenden Sonne, bis zum Torweg. Ich berichtete der Quartierwache, was vorgefallen sei, und der junge Artillerist erboste sich dermaßen, als sie alle zu lachen anfingen: schon mehr als *ein* Regiment, erklärten sie ihm, habe den Versuch gemacht, Garm zu stehlen.

In diesem Monat brach die Hitze mit Macht herein, und die Hunde schliefen im Badezimmer auf den kühlen, nassen Backsteinen, auf denen die Wanne stand. Jeden Morgen, sobald der Diener mein Bad eingelassen hatte, sprangen die beiden hinein, und jeden Morgen füllte der Mann die Wanne ein zweites Mal. Ich sagte, er könne doch geradesogut ein kleines Faß nur für die Hunde füllen. »Nein«, meinte er lächelnd, »sie sind nicht daran gewöhnt. Sie würden's nicht verstehen. Außerdem haben sie in dem großen Bad mehr Platz.«

Die *Punkah*-Kulis, die Tag und Nacht die Federfächer in Bewegung setzten, freundeten sich sehr mit Garm an. Er bemerkte, daß ich, wenn der schwingende Fächer innehielt, den Kuli anrief. Schlief der Mann dann immer noch, so weckte ich ihn. Er fand auch bald heraus, daß es sich gut in der Luftwelle unter der *Punkah* ruhte. Mag sein, Stanley hatte ihn in der Kaserne in all diese Dinge eingeweiht. Jedenfalls, sowie die *Punkah* stillstand, knurrte Garm und starrte auf das Seil, und wenn das den Mann nicht aufweckte – was meistens der Fall war –, so schlich er behutsam vor und sagte dem Schläfer was ins Ohr. Vixen war ein gescheiter, kleiner Hund, aber sie konnte niemals die *Punkah* und den Kuli in Zusammenhang bringen. So verschaffte mir Garm angenehme Stunden kühlen Schlafes. Aber er war kreuzunglücklich – so unglücklich, wie ein menschliches Wesen nur sein kann, und in seinem Elend schloß er sich so innig an mich an, daß es anderen Leuten auffiel und sie eifersüchtig wurden. Ging ich von einem Zimmer in das andere, so ging Garm nach; hörte meine Feder zu kratzen auf, so lag Garms Kopf in meiner Hand; drehte ich mich halberwacht auf meinem Kissen um, so war Garm auf und an meiner Seite, denn er wußte, daß ich das einzige Bindeglied zwischen ihm und seinem Herrn war, und Tag und Nacht und Nacht und Tag stellten seine Augen die eine Frage – »wann wird dies alles enden?«

Da ich ständig mit dem Hund zusammen war, fiel es mir gar nicht auf, daß die Hitze ihn übermäßig mitgenommen hatte, bis mir eines Tages jemand im Klub sagte: »Ihr Hund wird in ein bis zwei Wochen sterben. Er ist bloß noch ein Schatten.« Darauf gab ich Garm Eisen und Chinin ein, was ihm höchst zuwider war; ich war sehr besorgt. Er verlor den Appetit, und Vixen durfte ruhig seine Mahlzeit unter seinen Augen mit verspeisen; nicht einmal das brachte ihn zum Fressen. Wir hielten eine Konsultation ab, bestehend aus dem besten Arzt am Ort, einer Ärztin, die die kranken Weiber gekrönter Häupter kurierte, und dem Oberinspektor des Veterinärdienstes für ganz Indien. Sie sprachen sich über seine Krankheitserscheinungen aus, und ich erzählte ihnen seine Geschichte. Garm lag auf dem Sofa und leckte meine Hand.

»Er stirbt an gebrochenem Herzen«, sagte die Ärztin plötzlich.

»Auf mein Wort«, entgegnete der Oberinspektor, »ich glaube, Mrs. Nacrae hat recht – wie gewöhnlich.«

Der beste Arzt am Ort schrieb ein Rezept, und der Veterinär-Oberinspektor sah es hernach noch einmal durch, um sich zu vergewissern, daß das Medikament die richtige Dosis für Hunde hatte, und das war das erste Mal in seinem Leben, daß unser Doktor zuließ, daß ein Rezept von ihm geprüft wurde. Es war ein starkes Tonicum und brachte den lieben Kerl für ein oder zwei Wochen auf die Beine, dann verlor er wieder an Gewicht. Ich bat einen Bekannten, ihn mit in die Berge zu nehmen, und der Mann kam mit seinem Gepäck auf dem Wagen vorgefahren. Garm begriff die Situation auf den ersten Blick. Die Haare sträubten sich ihm den ganzen Rücken lang, er setzte sich vor mich hin und gab das fürchterlichste Gejaul zum besten, das ich je aus dem Rachen eines Hundes vernommen habe. Ich rief meinem Freund zu, sofort abzufahren, und sowie der Wagen aus dem Garten war, legte Garm seinen Kopf auf meine Knie und winselte. Nun kannte ich seine Meinung und machte mich daran, Stanleys Adresse im Gebirge ausfindig zu machen.

Ich kam spät im August an die Reihe, in die Kühle zu fahren. Wir hatten dreißig Tage Urlaub im Jahr, wenn keiner von uns krank wurde, und wir nahmen ihn, je nachdem wir entbehrlich waren. Mein Chef und ›Bob der Bibliothekar‹ hatten vor mir Urlaub, und als sie fort waren, machte ich mir wie immer einen Kalender zurecht, hängte ihn über mein Bett und riß täglich ein Blatt ab, bis sie wiederkamen. Vixen war schon fünfmal mit mir in die Berge gegangen, und sie schätzte die Kühle und die Feuchtigkeit und die herrlichen Holzfeuer da oben genauso wie ich.

»Garm«, sagte ich, »wir gehen zurück zu Stanley nach Kasauli. Kasauli-Stanley; Stanley-Kasauli«, wiederholte ich zwanzigmal. Es war eigentlich gar nicht Kasauli, sondern ein anderer Ort. Doch erinnerte ich mich an Stanleys Worte an seinem letzten Abend in meinem Garten, und ich wagte nicht, den Namen zu ändern. Darauf fing Garm an zu zittern; dann bellte er; dann sprang er an mir hoch, tänzelnd und wedelnd.

»Nicht gleich«, sagte ich und hielt die Hand hoch. »Wenn ich sage ›geh!‹, werden wir gehen, Garm.« Ich holte die kleine Decke und das Stachelhalsband hervor, die Vixen immer droben im Gebirge trug, zum Schutz gegen plötzlichen Frost und räuberische Leoparden, und ließ die beiden daran schnüffeln und sich darüber besprechen. Was sie sagten, weiß ich natürlich nicht, aber es machte einen neuen Hund aus Garm. Seine Augen glänzten, und er bellte freudig, wenn ich zu ihm sprach. Er nahm sein Fressen und tötete Ratten die ganzen nächsten drei Wochen lang, und wenn er zu winseln begann, brauchte ich nur zu sagen »Stanley-Kasauli, Kasauli-Stanley«, um ihn aufzurütteln. Ich wünschte, ich wäre früher auf den Gedanken gekommen.

Mein Chef kam zurück, ganz braun vom Leben im Freien und sehr ärgerlich, es in der Ebene so heiß anzutreffen. Am selben Nachmittag begannen wir drei und Kadir Buksh, für unseren Monatsurlaub zu packen. Vixen rollte sich zwanzigmal in einer Minute in den großen Lederkoffer hinein und wieder heraus, und Garm grinste von einem Ohr zum anderen und schlug mit seinem Schwanz den Boden. Vixen kannte den Reisebetrieb so genau, wie sie meine Büroarbeit kannte. Sie fuhr mit Gesang zum Bahnhof auf dem Vordersitz des Wagens, während Garm bei mir saß. Sie stürzte in den Eisenbahnwagen, sah zu, wie Kadir Buksh mein Nachtlager richtete, holte sich ihren Trunk Wasser und rollte sich zusammen, ihr eines schwarzgeflecktes Auge auf das Gewimmel des Bahnsteigs gerichtet. Garm folgte ihr (die Menge gab ihm einen Privatweg frei) und lagerte sich auf die Kissen, die Augen flammend, der Schwanz hinter ihm ein Nebelwisch vor lauter Wedeln.

Wir kamen bei heißem, dunstigem Morgengrauen nach Umballa, vier oder fünf Mann hoch, die alle elf Monate lang schwer gearbeitet hatten, und riefen nach unseren *dâks* – den zweispännigen Reisewagen, die uns hinauf nach Kalka am Fuß des Gebirgs führen sollten. Für Garm war das alles neu. Er kannte sich nicht aus mit Wagen, in denen man auf seiner Lagerstatt lang liegen konnte, aber Vixen wußte Bescheid und hopste sofort auf ihren Platz; Garm folgte nach. Die Kalka-Straße war, bevor die Eisenbahn gebaut wurde, etwa siebenundvierzig Meilen lang, und alle acht Meilen wurden die Pferde gewechselt. Meist scheuten die Tiere und schlugen aus und stießen, aber sie mußten vorwärts, und sie liefen besser als gewöhnlich, dank Garms sonorem Gebell hinter ihnen.

Ein Fluß mußte durchwatet werden, vier Ochsen zogen den Wagen, und Vixen steckte den Kopf zur Schiebetür hinaus, um ihren Senf dazuzugeben, und fiel beinahe ins Wasser dabei. Garm war still und neugierig und zeigte ein Bedürfnis nach erneutem Zuspruch *in puncto* Stanley und Kasauli. So rollten wir bellend und kläffend zum Mittagessen in Kalka ein, wo Garm für zwei fraß.

Hinter Kalka wand sich die Straße zwischen den Bergen hin, wir nahmen ein Cabriolet mit halblahmen Ponys davor, die alle sechs Meilen ausgewechselt wurden. In jenen Tagen ließ sich noch kein Mensch etwas von einer Eisenbahnlinie nach Simla träumen, denn es ging in 2000 m Höhe hin. Die Straße war über fünfzig Meilen lang, und die Regulierungsarbeiten schritten just so schnell vorwärts wie die Ponys. Auch hier führte Vixen Garm von einem Wagen zum anderen, sprang auf den Rücksitz und lärmte. Etwa fünf Meilen hinter Kalka wehte uns ein kühler Luftzug von den Schneeregionen entgegen, und Vixen wimmerte nach ihrem Röckchen, weislich besorgt, die Leber zu wärmen. Ich hatte Garm auch eins machen lassen, und als wir der frischen Luft entgegenkletterten, zog ich es ihm an; er kaute verständnislos daran herum, aber ich glaube, er war doch dankbar.

»Hi–ji–ji–ji!« sang Vixen, wenn wir um die Kurven flogen; »tut-tut–tut!« ertönte das Horn des Fahrers an gefährlichen Stellen und »wau!wau!wau!« bellte Garm. Kadir Buksh saß auf dem Bock und lächelte. Selbst er war froh, aus der Hitze der Ebene fortzukommen, die im Dunst hinter uns kochte. Ab und zu trafen wir einen Bekannten, der wieder hinunter an seine Arbeit ging, und er fragte dann wohl: »Wie ist's unten?« Ich rief: »Heißer als glühende Kohle. Wie ist's oben?«, und er gab zurück: »Einfach ideal!« und fort ging's.

Plötzlich rief Kadir Buksh über die Schulter: »Das ist Solon.« Garm schnarchte, den Kopf auf meinem Knie. Solon ist ein unbehagliches kleines Kantonnement, aber es hat den Vorteil, kühl und gesund zu sein. Es ist vollkommen kahl und windig und man macht dort meistens in einer nahe gelegenen Herberge halt, um etwas zu sich zu nehmen. Ich stieg aus, hinter mir die beiden Hunde, während Kadir

Buksh den Tee aufbrühte. Ein Soldat sagte uns, wir würden Stanley »da drüben« finden, und winkte dabei nach einer kahlen, rauhen Höhe hin.

Als wir hinaufkletterten, erspähten wir eben den Stanley, der mir all die Sorgen bereitet hatte, er saß auf einem Felsen, das Gesicht in den Händen, sein Mantel hing lose an ihm. In meinem ganzen Leben habe ich nicht etwas dermaßen Verlassenes und Niedergeschlagenes gesehen wie diesen einen kleinen Mann, zusammengekauert und in sich versunken auf der großen, grauen Bergfläche.

Hier verließ mich Garm.

Er entschwand ohne ein Wort, und soviel ich sehen konnte, ohne seine Beine zu bewegen. Er flog leibhaftig durch die Luft, und ich hörte den Anprall, als er sich auf Stanley stürzte, den kleinen Mann platt umwerfend. Sie rollten beide am Boden, schreiend, japsend und sich liebkosend. Ich konnte nicht sehen, was Mann und was Hund war, bis Stanley mit Gewinsel sich erhob.

Er erzählte mir, daß er an wiederholten Fieberanfällen gelitten habe und sehr schwach sei. Er sah ganz danach aus, aber während ich noch schaute, schwollen beide, Mann und Hund, vor meinen Augen zu ihrer natürlichen Größe an, genau wie getrocknete Äpfel im Wasser. Garm war ihm auf Schultern, Brust, Beinen, alles zugleich, so daß Stanley redete wie durch eine ganze Wolke von lauter Garms – würgenden, schluchzenden, geifernden Garms. Von dem, was er redete, konnte ich nichts verstehen; nur, daß er gemeint habe, er würde sterben, aber daß er sich jetzt ganz gesund fühle und daß er Garm keinem Menschen mehr abgeben würde, auch nicht Beelzebub selber.

Dann sagte er, er wäre hungrig und durstig und glücklich.

Wir gingen zum Tee in die Herberge hinunter, wo Stanley sich mit Sardinen und Himbeermarmelade und Bier und kaltem Hammelbraten und Pickles vollpfropfte, sofern Garm nicht gerade auf ihm herumkletterte; und dann gingen Vixen und ich.

Garm begriff die Lage sofort. Er sagte mir dreimal Lebewohl, gab mir beide Pfoten, eine nach der anderen, und sprang mir auf die Schulter. Er begleitete uns obendrein, in den höchsten Tönen Hosianna singend, noch eine Meile weit. Dann raste er zu seinem eigenen Herrn zurück.

Vixen tat nicht *ein*mal das Maul auf. Aber als die kalte Dämmerung kam und die Lichter von Simla hinter den Bergen auftauchten, schnüffelte sie mir an der Brust an meinem Ulster herum. Ich knöpfte ihn auf und steckte sie hinein. Darauf gab sie einen zufriedenen kleinen Schnaufer von sich und schlief fest ein, den Kopf an meiner Brust, bis wir uns in Simla herausrappelten, zwei der vier glücklichsten Geschöpfe auf Erden an diesem Abend.

Deutsch von Hans Reisiger

Thomas Mann
Tobias Mindernickel

I

Eine der Straßen, die von der Quaigasse aus ziemlich steil zur mittleren Stadt emporführen, heißt der Graue Weg. Etwa in der Mitte dieser Straße und rechter Hand, wenn man vom Flusse kommt, steht das Haus Nr. 47, ein schmales, trübfarbiges Gebäude, das sich durch nichts von seinen Nachbarn unterscheidet. In seinem Erdgeschoß befindet sich ein Krämerladen, in welchem man auch Gummischuhe und Rizinusöl erhalten kann. Geht man, mit dem Durchblick auf einen Hofraum, in dem sich Katzen umhertreiben, über den Flur, so führt eine enge und ausgetretene Holztreppe, auf der es unaussprechlich dumpfig und ärmlich riecht, in die Etagen hinauf. Im ersten Stockwerk links wohnt ein Schreiner, rechts eine Hebamme. Im zweiten Stockwerk links wohnt ein Flickschuster, rechts eine Dame, welche laut zu singen beginnt, sobald sich Schritte auf der Treppe vernehmen lassen. Im dritten Stockwerk steht linker Hand die Wohnung leer, rechts wohnt ein Mann namens Mindernickel, der obendrein Tobias heißt. Von diesem Manne gibt es eine Geschichte, die erzählt werden soll, weil sie rätselhaft und über alle Begriffe schändlich ist.

Das Äußere Mindernickels ist auffallend, sonderbar und lächerlich. Sieht man beispielsweise, wenn er einen Spaziergang unternimmt, seine magere, auf einen Stock gestützte Gestalt sich die Straße hinaufbewegen, so ist er schwarz gekleidet, und zwar vom Kopfe bis zu den Füßen. Er trägt einen altmodischen, geschweiften und rauhen Zylinder, einen engen und altersblanken Gehrock und in gleichem Maße schäbige Beinkleider, die unten ausgefranst und so kurz sind, daß man den Gummieinsatz der Stiefeletten sieht. Übrigens muß gesagt werden, daß diese Kleidung aufs reinlichste gebürstet ist. Sein hagerer Hals erscheint um so länger, als er sich aus einem niedrigen Klappkragen erhebt. Das ergraute Haar ist glatt und tief in die Schläfen gestrichen, und der breite Rand des Zylinders beschattet ein rasiertes und fahles Gesicht mit eingefallenen Wangen, mit entzündeten Augen, die sich selten vom Boden erheben, und zwei tiefen Furchen, die grämlich von der Nase bis zu den abwärtsgezogenen Mundwinkeln laufen.

Mindernickel verläßt selten das Haus, und das hat seinen Grund. Sobald er nämlich auf der Straße erscheint, laufen viele Kinder zusammen, ziehen ein gutes Stück Wegs hinter ihm drein, lachen, höhnen, singen: »Ho, ho, Tobias!« und zupfen ihn wohl auch am Rocke, während die Leute vor die Türen treten und sich amüsieren. Er selbst aber geht, ohne sich zu wehren und scheu um sich blickend, mit hochgezogenen Schultern und vorgestrecktem Kopfe davon, wie ein Mensch, der ohne Schirm durch einen Platzregen eilt; und obgleich man ihm ins Gesicht lacht, grüßt er hie und da mit einer demütigen Höflichkeit jemanden von den Leuten, die vor den Türen stehn. Später, wenn die Kinder zurückbleiben, wenn man ihn nicht mehr kennt und nur wenige sich nach ihm umsehen, ändert sich sein Benehmen nicht wesentlich. Er fährt fort, ängstlich um sich zu blicken und geduckt davonzustreben, als fühlte er tausend höhnische Blicke auf sich, und wenn er unschlüssig und scheu den Blick vom Boden erhebt, so bemerkt man das Sonderbare, daß er nicht imstande ist, irgendeinen Menschen oder auch nur ein Ding mit Festigkeit und Ruhe ins Auge zu fassen. Es scheint, möge es fremdartig klingen, ihm die natürliche, sinnlich wahrnehmende Überlegenheit zu fehlen, mit der das Einzelwesen auf die Welt der Erscheinungen blickt, er scheint sich einer jeden Erscheinung unterlegen zu fühlen, und seine haltlosen Augen müssen vor Mensch und Ding zu Boden kriechen ...

Was für eine Bewandtnis hat es mit diesem Manne, der stets allein ist und der in ungewöhnlichem Grade unglücklich zu sein scheint? Seine gewaltsam bürgerliche Kleidung sowie eine gewisse sorgfältige Bewegung der Hand über das Kinn scheint anzudeuten, daß er keineswegs zu der Bevölkerungsklasse gerechnet werden will, in deren Mitte er wohnt. Gott weiß, in welcher Weise ihm mitgespielt worden ist. Sein Gesicht sieht aus, als hätte ihm das Leben verächtlich lachend mit voller Faust hineingeschlagen ... Übrigens ist es sehr möglich, daß er, ohne schwere Schicksalsschläge erlebt zu haben, einfach dem Dasein selbst nicht gewachsen ist, und die leidende Unterlegenheit und Blödigkeit seiner Erscheinung macht den peinvollen Eindruck, als hätte die Natur ihm das Maß von Gleichgewicht, Kraft und Rückgrat versagt, das hinlänglich wäre, mit erhobenem Kopfe zu existieren.

Hat er, gestützt auf seinen schwarzen Stock, einen Gang in die Stadt hinauf gemacht, so kehrt er, im Grauen Weg von den Kindern johlend empfangen, in seine Wohnung zurück; er begibt sich die dumpfige Treppe hinauf in sein Zimmer, das ärmlich und schmucklos ist. Nur die Kommode, ein solides Empiremöbel mit schweren Metallgriffen, ist von Wert und Schönheit. Vor dem Fenster, dessen Aussicht von der grauen Seitenmauer des Nachbarhauses hoffnungslos abgeschnitten ist, steht ein Blumentopf, voll von Erde, in der jedoch durchaus nichts wächst; gleichwohl tritt Tobias Mindernickel zuweilen dorthin, betrachtet den Blumentopf und riecht an der bloßen Erde. – Neben dieser Stube liegt eine kleine, dunkle Schlafkammer. – Nachdem er eingetreten, legt Tobias Zylinder und Stock auf den Tisch, setzt sich auf das grünüberzogene Sofa, das nach Staub riecht, stützt das Kinn in die Hand und blickt mit erhobenen Augenbrauen vor sich nieder zu Boden. Es scheint, daß es für ihn auf Erden nichts weiter zu tun gibt.

Was Mindernickels Charakter betrifft, so ist es sehr schwer, darüber zu urteilen; der folgende Vorfall scheint zugunsten desselben zu sprechen. Als der sonderbare Mann eines Tages das Haus verließ und wie gewöhnlich eine Schar von Kindern sich einfand, die ihn mit Spottrufen und Gelächter verfolgten, strauchelte ein Junge von etwa zehn Jahren über den Fuß eines anderen und schlug so heftig auf das Pflaster, daß ihm das Blut aus der Nase und von der Stirne lief und er weinend liegen blieb. Alsbald wandte Tobias sich um, eilte auf den Gestürzten zu, beugte sich über ihn und begann mit milder und bebender Stimme ihn zu bemitleiden. »Du armes Kind«, sagte er, »hast du dir weh getan? Du blutest! Seht, das Blut läuft ihm von der Stirn herunter! Ja, ja, wie elend du nun daliegst! Freilich, es tut so weh, daß es weint, das arme Kind! Welch Erbarmen ich mit dir habe! Es war deine Schuld, aber ich will dir mein Taschentuch um den Kopf binden ... So, so! Nun fasse dich nur, nun erhebe dich nur wieder ...« Und nachdem er mit diesen Worten dem Jungen in der Tat sein eigenes Schnupftuch umgebunden hatte, stellte er ihn mit Sorgfalt auf die Füße und ging davon. Seine Haltung und sein Gesicht aber zeigten in diesem Augenblicke einen entschieden anderen Ausdruck als gewöhnlich. Er schritt fest und aufrecht, und seine Brust atmete tief unter dem engen Gehrock; seine Augen hatten sich vergrößert, sie hatten Glanz erhalten und faßten mit Sicherheit Menschen und Dinge, während um seinen Mund ein Zug von schmerzlichem Glücke lag ...

Dieser Vorfall hatte zur Folge, daß sich die Spottlust der Leute vom Grauen Wege zunächst ein wenig verminderte. Nach Verlauf einiger Zeit jedoch war sein überraschendes Betragen vergessen, und eine Menge von gesunden, wohlgemuten und grausamen Kehlen sang wieder hinter dem geduckten und haltlosen Manne drein: »Ho, ho, Tobias!«

2

Eines sonnigen Vormittags um elf Uhr verließ Mindernickel das Haus und begab sich durch die ganze Stadt hinauf zum Lerchenberge, jenem langgestreckten Hügel, der um die Nachmittagsstunden die vornehmste Promenade der Stadt bildet, der aber bei dem ausgezeichneten Frühlingswetter, welches herrschte, auch um diese Zeit bereits von einigen Wagen und Fußgängern besucht war. Unter einem Baum der großen Hauptallee stand ein Mann mit einem jungen Jagdhund an der Leine, den er den Vorübergehenden mit der ersichtlichen Absicht zeigte, ihn zu verkaufen; es war ein kleines gelbes und muskulöses Tier von etwa vier Monaten, mit einem schwarzen Augenring und einem schwarzen Ohr.

Als Tobias dies aus einer Entfernung von zehn Schritten bemerkte, blieb er stehen, strich mehrere Male mit der Hand über das Kinn und blickte nachdenklich auf den Verkäufer und auf das alert mit dem

Sempé
Herr und Hund

Schwanze wedelnde Hündchen. Hierauf begann er aufs neue zu gehen, umkreiste, die Krücke seines Stockes gegen den Mund gedrückt, dreimal den Baum, an welchem der Mann lehnte, trat dann auf den letzteren zu und sagte, während er unverwandt das Tier im Auge behielt, mit leiser und hastiger Stimme:

»Was kostet dieser Hund?«

»Zehn Mark«, antwortete der Mann.

Tobias schwieg einen Augenblick und wiederholte dann unschlüssig:

»Zehn Mark?«

»Ja«, sagte der Mann.

Da zog Tobias eine schwarze Lederbörse aus der Tasche, entnahm derselben einen Fünfmarkschein, ein Drei- und ein Zweimarkstück, händigte rasch dieses Geld dem Verkäufer ein, ergriff die Leine und zerrte eilig, gebückt und scheu um sich blickend, da einige Leute den Kauf beobachtet hatten und lachten, das quiekende und sich sträubende Tier hinter sich her. Es wehrte sich während der Dauer des ganzen Weges, stemmte die Vorderbeine gegen den Boden und blickte ängstlich fragend zu seinem neuen Herrn empor; er jedoch zerrte schweigend und mit Energie und gelangte glücklich durch die Stadt hinunter.

Unter der Straßenjugend des Grauen Weges entstand ein ungeheurer Lärm, als Tobias mit dem Hunde erschien, aber er nahm ihn auf den Arm, beugte sich über ihn und eilte verhöhnt und am Rocke gezupft durch die Spottrufe und das Gelächter hindurch, die Treppen hinauf und in sein Zimmer. Hier setzte er den Hund, der beständig winselte, auf den Boden, streichelte ihn mit Wohlwollen und sagte herablassend:

»Nun, nun, du brauchst dich nicht vor mir zu fürchten, du Tier; das ist nicht nötig.«

Hierauf entnahm er einer Kommodenschieblade einen Teller mit gekochtem Fleisch und Kartoffeln und warf dem Tiere einen Anteil davon zu, worauf es seine Klagelaute einstellte und schmatzend und wedelnd das Mahl verzehrte.

»Übrigens sollst du Esau heißen«, sagte Tobias, »verstehst du mich? Esau. Du kannst den einfachen Klang sehr wohl behalten ...« Und indem er vor sich auf den Boden zeigte, rief er befehlend:

»Esau!«

Der Hund, in der Erwartung vielleicht, noch mehr zu essen zu erhalten, kam in der Tat herbei, und Tobias klopfte ihm beifällig auf die Seite, indem er sagte:

»So ist es recht, mein Freund; ich darf dich loben.«

Dann trat er ein paar Schritte zurück, wies auf den Boden und befahl aufs neue:

»Esau!«

Und das Tier, das ganz munter geworden war, sprang wiederum herzu und leckte den Stiefel seines Herrn.

Diese Übung wiederholte Tobias mit unermüdlicher Freude am Befehl und dessen Ausführung wohl zwölf- bis vierzehnmal; endlich jedoch schien der Hund ermüdet, er schien Lust zu haben, zu ruhen und zu verdauen, und legte sich in der anmutigen und klugen Pose der Jagdhunde auf den Boden, beide langen und fein gebauten Vorderbeine dicht nebeneinander ausgestreckt.

»Noch einmal!« sagte Tobias. »Esau!«

Aber Esau wandte den Kopf zur Seite und verharrte am Platze.

»Esau!« rief Tobias mit herrisch erhobener Stimme; »du hast zu kommen, auch wenn du müde bist!«

Aber Esau legte den Kopf auf die Pfoten und kam durchaus nicht.

»Höre«, sagte Tobias, und sein Ton war voll von leiser und furchtbarer Drohung; »gehorche, oder du wirst erfahren, daß es nicht klug ist, mich zu reizen!«

Allein das Tier bewegte kaum ein wenig seinen Schwanz.

Da packte den Mindernickel ein maßloser, ein unverhältnismäßiger und toller Zorn. Er ergriff seinen schwarzen Stock, hob Esau am Nakkenfell empor und hieb auf das schreiende Tierchen ein, indem er außer sich vor entrüsteter Wut und mit schrecklich zischender Stimme einmal über das andere wiederholte:

»Wie, du gehorchst nicht? Du wagst es, mir nicht zu gehorchen?«

Endlich warf er den Stock beiseite, setzte den winselnden Hund auf den Boden und begann tief atmend und die Hände auf dem Rücken mit langen Schritten vor ihm auf und ab zu schreiten, während er dann und wann einen stolzen und zornigen Blick auf Esau warf. Nachdem er diese Promenade eine Zeitlang fortgesetzt hatte, blieb er bei dem Tiere stehen, das auf dem Rücken lag und die Vorderbeine flehend bewegte, verschränkte die Arme auf der Brust und sprach mit dem entsetzlich kalten und harten Blick und Ton, mit dem Napoleon vor die Kompanie hintrat, die in der Schlacht ihren Adler verloren:

»Wie hast du dich betragen, wenn ich dich fragen darf!«

Und der Hund, glücklich bereits über diese Annäherung, kroch noch näher herbei, schmiegte sich gegen das Bein des Herrn und blickte mit seinen blanken Augen bittend zu ihm empor.

Während einer guten Weile betrachtete Tobias das demütige Wesen schweigend und von oben herab; dann jedoch, als er die rührende Wärme des Körpers an seinem Bein verspürte, hob er Esau zu sich empor.

»Nun, ich will Erbarmen mit dir haben«, sagte er; als aber das gute Tier begann, ihm das Gesicht zu lecken, schlug plötzlich seine Stimmung völlig in Rührung und Wehmut um. Er preßte den Hund mit schmerzlicher Liebe an sich, seine Augen füllten sich mit Tränen, und ohne den Satz zu vollenden, wiederholte er mehrere Male mit erstickter Stimme:

»Sieh, du bist ja mein einziger ... mein einziger ...« Dann bettete er Esau mit Sorgfalt auf das Sofa, setzte sich neben ihn, stützte das Kinn in die Hand und sah ihn mit milden und stillen Augen an.

3

Tobias Mindernickel verließ nunmehr das Haus noch seltener als früher, denn er verspürte keine Neigung, sich mit Esau in der Öffentlichkeit zu zeigen. Seine ganze Aufmerksamkeit aber widmete er dem Hunde, ja, er beschäftigte sich vom Morgen bis zum Abend mit nichts anderem, als ihn zu füttern, ihm die Augen auszuwischen, ihm Befehle zu erteilen, ihn zu schelten und aufs menschlichste mit ihm zu reden. Allein die Sache war die, daß Esau sich nicht immer zu seinem Wohlgefallen betrug. Wenn er neben ihm auf dem Sofa lag und ihn, schläfrig vor Mangel an Luft und Freiheit, mit melancholischen Augen ansah, so war Tobias voll Zufriedenheit; er saß in stiller und selbstgefälliger Haltung da und streichelte mitleidig Esaus Rücken, indem er sagte:

»Siehst du mich schmerzlich an, mein armer Freund? Ja, ja, die Welt ist traurig, das erfährst auch du, so jung du bist ...«

Wenn aber das Tier, blind und toll vor Spiel- und Jagdtrieb, im Zimmer umherfuhr, sich mit einem Pantoffel balgte, auf die Stühle sprang und sich mit ungeheurer Munterkeit überkugelte, so verfolgte Tobias seine Bewegungen aus der Entfernung mit einem ratlosen, mißgünstigen und unsicheren Blick und einem Lächeln, das häßlich und ärgervoll war, bis er es endlich in unwirschem Tone zu sich rief und es anherrschte:

»Laß nun den Übermut. Es liegt kein Grund vor, umherzutanzen.«

Einmal geschah es sogar, daß Esau aus der Stube entwischte und die Treppen hinunter auf die Straße sprang, woselbst er alsbald begann, eine Katze zu jagen, Pferdekot zu fressen und sich überglücklich mit den Kindern umherzutreiben. Als aber Tobias unter dem Applaus und Gelächter der halben Straße mit schmerzlich verzogenem Gesichte erschien, geschah das Traurige, daß der Hund in langen Sätzen vor seinem Herrn davonlief ... An diesem Tage prügelte Tobias ihn lange und mit Erbitterung.

Eines Tages – der Hund gehörte ihm bereits seit einigen Wochen – nahm Tobias, um Esau zu füttern, einen Brotlaib aus der Kommodenschieblade und begann mit dem großen Messer mit Knochengriff, dessen er sich hierbei zu bedienen pflegte, in gebückter Haltung kleine Stücke abzuschneiden und auf den Boden fallen zu lassen. Das Tier aber, unsinnig vor Appetit und Albernheit, sprang blindlings herzu, rannte sich das ungeschickt gehaltene Messer unter das rechte Schulterblatt und wand sich blutend am Boden.

Erschrocken warf Tobias alles beiseite und beugte sich über den Verwundeten; plötzlich jedoch veränderte sich der Ausdruck seines Gesichtes, und es ist wahr, daß ein Schimmer von Erleichterung und Glück darüber hinging. Behutsam trug er den wimmernden Hund auf das Sofa, und niemand vermag auszudenken, mit welcher Hingebung er den Kranken zu pflegen begann. Er wich während des Tages nicht von ihm, er ließ ihn zur Nacht auf seinem eigenen Lager schlafen, er wusch und verband ihn, streichelte, tröstete und bemitleidete ihn mit unermüdlicher Freude und Sorgfalt.

»Schmerzt es sehr?« sagte er. »Ja, ja, du leidest bitterlich, mein armes Tier! Aber sei still, wir müssen es ertragen.« – Sein Gesicht war ruhig, wehmütig und glücklich bei solchen Worten.

In dem Grade jedoch, in welchem Esau zu Kräften kam, fröhlicher wurde und genas, ward das Benehmen des Tobias unruhiger und unzufriedener. Er befand es nunmehr für gut, sich nicht mehr um die Wunde zu bekümmern, sondern lediglich durch Worte und Streicheln dem Hunde sein Erbarmen zu zeigen. Allein die Heilung war weit vorgeschritten, Esau besaß eine gute Natur, er begann bereits wieder, sich im Zimmer umherzubewegen, und eines Tages, nachdem er einen Teller mit Milch und Weißbrot leergeschlappt hatte, sprang er völlig gesundet vom Sofa herunter, um mit freudigem Geblaff und der alten Unbändigkeit durch die beiden Stuben zu fahren, an der Bettdecke zu zerren, eine Kartoffel vor sich herzujagen und sich vor Lust zu überkugeln.

Tobias stand am Fenster, am Blumentopfe, und während eine seiner Hände, die lang und mager aus dem ausgefransten Ärmel hervorsah, mechanisch an dem tief in die Schläfen gestrichenen Haare drehte, hob seine Gestalt sich schwarz und sonderbar von der grauen Mauer des Nachbarhauses ab. Sein Gesicht war bleich und gramverzerrt, und mit einem scheelen, verlegenen, neidischen und bösen Blick verfolgte er unbeweglich Esaus Sprünge. Plötzlich jedoch raffte er sich auf, schritt auf ihn zu, hielt ihn an und nahm ihn langsam in seine Arme.

»Mein armes Tier«, begann er mit wehleidiger Stimme, – aber Esau, ausgelassen und gar nicht geneigt, sich ferner in dieser Weise behandeln zu lassen, schnappte munter nach der Hand, die ihn streicheln wollte, entwand sich den Armen, sprang zu Boden, machte einen nekkischen Seitensatz, blaffte auf und rannte fröhlich davon.

Was nun geschah, war etwas so Unverständliches und Infames, daß ich mich weigere, es ausführlich zu erzählen. Tobias Mindernickel stand mit am Leibe herunterhängenden Armen ein wenig vorgebeugt, seine Lippen waren zusammengepreßt, und seine Augäpfel zitterten unheimlich in ihren Höhlen. Und dann, plötzlich, mit einer Art von irrsinnigem Sprunge, hatte er das Tier ergriffen, ein großer blanker Gegenstand blitzte in seiner Hand, und mit einem Schnitt, der von der rechten Schulter bis tief in die Brust lief, stürzte der Hund zu Boden, – er gab keinen Laut von sich, er fiel einfach auf die Seite, blutend und bebend ...

Im nächsten Augenblicke lag er auf dem Sofa, und Tobias kniete vor ihm, drückte ein Tuch auf die Wunde und stammelte:

»Mein armes Tier! Mein armes Tier! Wie traurig alles ist! Wie traurig wir beide sind! Leidest du? Ja, ja, ich weiß, du leidest, – wie kläglich du da vor mir liegst! Aber ich, ich bin bei dir! Ich tröste dich! Ich werde mein bestes Taschentuch ...«

Allein Esau lag da und röchelte. Seine getrübten und fragenden Augen waren voll Verständnislosigkeit, Unschuld und Klage auf seinen Herrn gerichtet, – und dann streckte er ein wenig seine Beine und starb.

Tobias aber verharrte unbeweglich in seiner Stellung. Er hatte das Gesicht auf Esaus Körper gelegt und weinte bitterlich.

Stefan Zweig
Jupiter

Niemals werde ich sein Bild vergessen, wie er dort am Rand des Kanals stand und das Werk betrachtete, das er vollbracht hatte – er, der Verbrecher, das Monstrum. Weiß Gott, in diesem Augenblick war damals keiner von uns fähig, zu denken – und doch erinnere ich mich, daß ich ziemlich genau wußte, was in seinem rachsüchtigen kleinen Hirn – diesem außerordentlichen Hirn vor sich ging.

Ich will nun versuchen – vielleicht nur für mich selbst – die ganze Geschichte von Anfang an zu erzählen.

Als ich mich vor ungefähr acht Jahren aus dem Geschäftsleben zurückzog, entschlossen wir uns – meine Frau und ich – ein stilles Plätzchen auf dem Lande zu suchen. Wir fanden, was wir suchten, in der Nähe des Städtchens Dover im Norden des Staates New York. Durch die Gegend zog sich ein alter Kanal, auf dem es noch vor hundert Jahren von Kähnen gewimmelt hatte, dann aber kam die Eisenbahn und der Verkehr auf dem Kanal wurde geringer, die Schleusenwärter wurden entlassen, und heute macht diese besondere Atmosphäre von Verlassenheit die Gegend romantisch und geheimnisvoll.

Hier lag auf einem Hügel über dem Kanal das Haus, das wir gekauft hatten, nur wenige Meilen von der Stadt entfernt. Wenn wir auf unserer Gartenterrasse saßen, sahen wir, wie sich das Haus, die Bäume, der Garten und die Wiesen in der weichen Oberfläche des Stromes spiegelten. Ganz verlassen waren wir allerdings nicht, denn ein zweites ganz ähnliches Haus stand wenige hundert Yards entfernt.

Nicht lange nachdem wir eingezogen waren, kam eines Morgens eine hübsche, schlanke junge Frau zu uns herüber, kaum älter als 28 oder 29 Jahre, und stellte sich als Mrs. Surgis vor. Ihre Augen waren klug und freundlich, ihr Wesen anziehend, und bald unterhielten wir uns, als ob wir uns schon jahrelang kannten. Mr. Surgis arbeitete in

Buffalo, und obwohl er morgens und abends eineinhalb Stunden mit dem Zug fahren mußte, nahm er die beschwerliche Fahrt wegen der Schönheit der Landschaft gerne in Kauf.

Wie sie von ihrem Mann sprach, schien mir ziemlich seltsam, und ich hatte den Eindruck, daß sie ihn überhaupt nicht vermißte, ihn aber doch irgendwie gern hatte.

Als wir einige Tage später einen Spaziergang am Kanal entlang machten, hörten wir Schritte hinter uns, und ein großer, kräftiger Mann kam auf uns zu und begrüßte uns mit Handschlag. Es war Roger Surgis, seine Frau hatte ihm von uns erzählt, und als er uns vorbeigehen sah, wollte er uns Guten Tag sagen. War das nicht wieder ein prächtiger Morgen? Waren wir nicht auch der Meinung, daß dies der schönste Fleck auf Erden war? War es nicht unvorstellbar, in der Stadt zu leben, wenn es einen Ort wie diesen gab?

Er redete und redete mit einer solchen Begeisterung, daß es uns schwer fiel, ihn zu unterbrechen, aber ich hatte dadurch die Möglichkeit, ihn mir genauer anzusehen. Er war ungefähr 35 Jahre alt, etwa 1.80 groß, ein wahrer Hüne, mit mächtigen, breiten Schultern. Und was für ein gutmütiger Mensch! Pausenlos redete und lachte er. Dabei strahlte er solch ein starkes Gefühl von Glück und tiefster Zufriedenheit aus, daß man davon angesteckt wurde, ob man wollte oder nicht. Wir wurden beide von seiner guten Laune mitgerissen und waren entzückt, einen so jovialen Menschen als Nachbarn zu haben.

Aber unsere Begeisterung währte nicht lange. Eigentlich war gegen Roger Surgis nicht das geringste einzuwenden. Er war freundlich, sympathisch und hilfsbereit – ein netter, vertrauenswürdiger Mann. Und dennoch ...

Um die Wahrheit zu sagen, mit der Zeit wurde es uns entsetzlich schwer, seine Nähe zu ertragen, weil er so lärmend und ununterbrochen fröhlich war. Bei ihm war alles zum Besten in der besten aller möglichen Welten. Sein Haus war perfekt, seine Frau war perfekt und seine Pfeife die beste, die je hergestellt worden war. Ehe ich Roger Surgis kannte, hätte ich mir nie träumen lassen, wie ermüdend gute

Eigenschaften sein können, ja daß sie einen fast zur Verzweiflung treiben.

Langsam begann ich die eigenartige Doppeldeutigkeit zu verstehen, mit der seine Frau über ihn sprach. Er liebte sie leidenschaftlich, wie er alles liebte, was ihm gehörte. Er verwöhnte sie mit verschwenderischer Zärtlichkeit, und sein Stolz auf sie wirkte schon fast peinlich. Ihr war diese Peinlichkeit genau bewußt, aber was sollte sie dagegen tun? Es war einfach unmöglich, mit einem Menschen zu streiten, der einem derart ergeben war.

Meine Frau und ich unterhielten uns über die beiden, und wir kamen zu dem Schluß, daß ihnen ein Kind fehlte. Wie meine Frau mir erzählte, hatte Mrs. Surgis Kinder haben wollen, aber dies war die große Enttäuschung ihrer Ehe. Sie hatten im ersten, im zweiten und dritten Jahr ihrer Ehe mit einem Kind gerechnet, aber nun hatten sie nach acht Jahren alle Hoffnung aufgegeben.

Ungefähr zu dieser Zeit besuchte meine Frau Betty alte Freunde in Rochester, und als sie zurückkam, glaubte sie eine glänzende Idee zu haben. Ihre Bekannten hatten eine Box-Terrier-Hündin, die gerade einen Wurf entzückender Junge hatte. Betty hatte ein Hündchen, das sie uns geben wollten, zurückgewiesen, weil sie der Meinung war, daß wir es nicht ordentlich versorgen konnten, aber sie meinte, daß ein Hündchen genau das Richtige für Mrs. Surgis war. Ich stimmte ihr zu, und noch am selben Abend fragte ich sie, ob sie ein Hündchen haben wollten. Mrs. Surgis schwieg, wie sie immer schwieg, wenn er in der Nähe war, er aber nahm unser Angebot begeistert an. Wunderbar! Warum hatten sie nicht schon früher daran gedacht? Was für eine großartige Idee! Er konnte uns nicht genug danken.

Zwei Tage später kam das Hündchen an. Es war ein komisches, liebenswertes kleines Etwas, mit weißem Fell, vielen Hautfalten und riesigen Pfoten – ein vollkommenes Muster seiner Rasse. Und es geschah genau das Gegenteil von dem, was wir bezweckt hatten.

Eigentlich hatten wir ihr den Hund als Begleiter zugedacht, aber es kam anders: Surgis nahm den Hund in seinen Besitz. Bald darauf erzählte er mir bei jeder Gelegenheit, daß es auf der ganzen Welt keinen intelligenteren und schöneren Hund gab, daß er einzigartig war, geradezu ein König seiner Rasse.

Und was diese neue Leidenschaft aus Roger Surgis machte, scheint fast unglaublich. Manchmal hörten wir in ihrem Haus ein lautes Bellen, aber es war nicht Jupiter, der bellte. Es war Surgis, der lang ausgestreckt auf dem Fußboden völlig kindisch mit seinem Liebling spielte. Ich möchte schwören, daß ihn die Ernährung des Hundes mehr beschäftigte als seine eigene, und ich erinnere mich, als eines Tages eine Zeitung berichtete, daß in der Nachbarschaft Typhus ausgebrochen war, bekam Jupiter nur noch in Flaschen abgefülltes Wasser zu trinken.

Einen Vorteil hatte Surgis' intensive Beschäftigung mit dem Hund für uns: Er verschonte uns und seine Frau mit seinem Überschwang. Oft spielte er stundenlang mit dem Tier, ohne sich im geringsten dabei zu langweilen, und machte lange Spaziergänge mit ihm. Und, weiß Gott, Mrs. Surgis war nicht eifersüchtig. Ihr Mann hatte einen neuen Götzen zum Anbeten gefunden, und das war für sie eine ungeheure Erleichterung.

Und Jupiter wuchs und gedieh. Er füllte die Falten in seinem Fell mit hartem, festem Fleisch, seine Brust wurde breit, die Beine stämmig und seine mächtigen Pfoten noch riesiger. Ich gebe zu, mit seinem seidigen, sorgfältig gepflegten Fell war er ein sehr schönes Tier. Und am Anfang war er auch noch sehr gutmütig. Aber das änderte sich bald, zuerst unmerklich, dann immer offensichtlicher. Er war intelligent und schlau und fand sehr schnell heraus, daß sein Herr – oder besser, sein Sklave – ihn anbetete und alle seine Unarten übersah. Das Resultat war unvermeidlich.

Er gehorchte überhaupt nicht mehr, und nicht nur das, er wurde geradezu tyrannisch. Alles im Haus mußte sich um ihn drehen. War Besuch da, und er war draußen, warf er sich mit solcher Wucht gegen die Tür, daß sie klirrte, in der Hoffnung, daß Surgis sofort aufsprang und sie öffnete. Dann erschien er im Zimmer, ohne die Gäste auch nur eines Blickes zu würdigen, sprang aufs Sofa, das kostbarste Möbelstück, und ließ sich zerstreut und gelangweilt darauf nieder. Immer wenn Surgis ihn rief, ließ er ihn warten. Er ließ sich erst dann herab zu erscheinen, wenn Surgis ihn schmeichelnd dazu drängte. Und obwohl er sich tagsüber mehr oder weniger wie ein normaler Hund benahm – er raste durch Wiesen und Felder, jagte Hühner, grub Löcher und erforschte die Gegend –, änderte sich sein Verhalten völlig, wenn Surgis abends aus der Stadt zurückkam.

Dann lag er faul auf dem Sofa, ohne von Surgis, der hereinstürzte und ihn mit einem herzlichen »Hallo, alter Jupiter! Wie geht's alter Freund?« begrüßte, die geringste Notiz zu nehmen oder seinen Gruß mit einem Schwanzwedeln zu erwidern.

Er war ein Tyrann, der sich seiner Macht immer mehr bewußt wurde. Dann entdeckte er ein neues amüsantes Spiel. Einige arme Leute aus einer nahe gelegenen kleinen Siedlung brachten regelmäßig ihre Wäsche in Körben zum Kanal, um sie dort zu waschen. Jupiter kannte die Tage genau, an denen sie kamen. Dann schlich er sich zu ihnen hinunter, bemächtigte sich in einem günstigen Augenblick ihrer Körbe und schleuderte sie mit einem Stoß seines mächtigen Kopfes ins Wasser. Dann verschwand er wieder, die Schnauze offen, als ob er lachte. Seine kleinen, rosafarbenen Augen leuchteten, als ob er die Waschfrauen verspottete, die ihm nachrannten und versuchten, ihn einzufangen. Aber auch wenn es ihnen gelungen wäre, ihn einzufangen, hätten sie ihm nichts tun können, denn er war kräftig wie ein Pferd. Schließlich wuschen sie ihre Wäsche an einer anderen Stelle, und Jupiter hatte einen Beweis seiner Allmacht weniger.

So verging ein Jahr. Jupiter war nun voll ausgewachsen. Er war nun ein riesiges, unverschämtes und anmaßendes Tier, das nur eine einzige Kunst meisterhaft beherrschte – seinen Herrn zu demütigen, der ihm sklavisch ergeben war.

Und dann kam der Tag, an dem alles anders wurde.

Seit einiger Zeit hatten wir den Eindruck, daß Mrs. Surgis allen Gesprächen mit uns aus dem Weg ging. Diese merkwürdige Zurückhaltung fiel uns auf, und eines Nachmittags entschloß sich Betty, den Grund dafür herauszubekommen. »Judith«, sagte sie, »ich bin viel älter als Sie und habe keinen Grund zur Schüchternheit, und deshalb habe ich mich entschlossen, das Eis zu brechen. Wenn wir irgend etwas getan haben sollten, was Sie beleidigt hat, möchte ich Sie bitten, mir zu sagen, was es war.«

Mrs. Surgis stotterte ein wenig herum, zögerte einen Augenblick, und dann eröffnete sie uns die große Neuigkeit. Nach neun Ehejahren hatte sie es nicht mehr für möglich gehalten, noch Mutter zu werden, aber jetzt würde sie ein Kind bekommen. Sie war schon beim Arzt gewesen, und er hatte ihren Verdacht bestätigt. Ihre Freude war riesig, aber irgendwie brachte sie es nicht übers Herz, mit ihrem Mann darüber zu sprechen. Fast fürchtete sie sich vor der Heftigkeit seiner Reaktion. Wir wußten ja, wie er war. Deshalb hatte sie sich etwas überlegt: Wäre es vielleicht möglich – würde es uns etwas ausmachen – mit ihm darüber zu sprechen und ihn schonend vorzubereiten? Natürlich waren wir entzückt. Ich hinterließ eine Nachricht für Surgis, in der ich ihn bat, nach seiner Rückkehr aus der Stadt einen Augenblick zu uns herüberzukommen. Und pünktlich um 6.30 stand er in seiner ganzen Vitalität vor uns.

»Roger«, sagte ich zu ihm, »darf ich Ihnen zum Spaß eine Frage stellen? Was würden Sie sich wünschen, wenn Sie sich etwas wünschen dürften?!«

Surgis schüttelte halb lachend, halb ernst den Kopf.

»Was ich mir wünschen würde? Weshalb ...?«

»Aber sicher gibt es doch irgend etwas!«

»Was soll denn das?«

»Im Ernst. Was wünschen Sie sich am meisten?«

Er grinste. »Ich will verdammt sein, wenn ich wüßte, was ich mir wünsche. Ich habe doch alles, was ich brauche – meine Frau, mein Haus, meinen Beruf und meinen ...« Er wollte sagen »meinen Hund«, überlegte es sich aber dann anders, da er wußte, was wir über dieses Teufelstier dachten.

»Nun«, sagte ich, »und was würde sich Mrs. Surgis wohl am meisten wünschen?«

Verdutzt blickte er mich an. »Was wünscht sie sich wohl?«

»Vielleicht etwas mehr als einen Hund.«

Endlich hatte er verstanden. Seine Augen wurden so groß, daß man das Weiße sehen konnte. Mit einem Satz sprang er vom Stuhl, rannte durch die Tür über den Rasen, kletterte über den Gartenzaun, und dann hörten wir nur noch die Haustür hinter ihm zufallen.

Wir lachten. Seine Reaktion überraschte uns nicht.

Aber ein anderer war sehr überrascht – einer, der mit halb geschlossenen Augen träge auf dem Sofa lag und auf seine allabendliche Huldigung wartete, die ihm seiner Meinung nach zustand. Einer, der darauf wartete, daß der Mann ins Zimmer kam, sich neben ihn hinkniete und ihn streichelte, und der darauf wartete, diese Huldigung völlig zu ignorieren.

Aber was war denn los? Ohne ein Wort rannte der Mann an ihm vorbei ins Schlafzimmer, und Jupiter hörte endloses Sprechen, Lachen und Weinen. Jupiter, der Tyrann, der herrliche, stolze Jupiter war unbeachtet geblieben.

Eine Stunde verging. Das Mädchen brachte ihm sein Fressen. Verächtlich wandte er sich ab. Ja, er knurrte das Mädchen sogar an. Sie sollten sehen, daß er nicht alles mit sich machen ließ. Aber an diesem Abend schien niemand zu bemerken, daß er sein Fressen verweigert hatte. Surgis sprach ununterbrochen auf seine Frau ein und überhäufte sie mit besorgten, liebevollen Ratschlägen. Jupiter war zu stolz, um die Aufmerksamkeit seines Herrn gewaltsam auf sich zu ziehen. Er lag zusammengerollt in einer Ecke und wartete.

Er wartete vergebens.

Am nächsten Morgen eilte Surgis wieder an ihm vorbei, ohne ihn eines Blickes zu würdigen. Und dieselbe bittere Erfahrung mußte er am Abend machen und am folgenden Morgen und dem darauffolgenden Abend – Tag für Tag.

Er war klug, aber dies ging über seinen Verstand. Er wurde nervös und reizbar. Er würde Surgis nicht nachlaufen, er nicht. Surgis sollte wieder normal werden und den ersten Schritt tun und zu ihm kommen.

In der dritten Woche begann Jupiter zu hinken. Normalerweise hätte Surgis sofort den Tierarzt gerufen, aber nun beachtete weder er noch irgendein anderer sein Hinken, und so gab er es voller Erbitterung wieder auf. Einige Tage später versuchte er es mit einem Hungerstreik. Er war intelligent genug, auch solche subtilen Mittel einzusetzen. Aber niemand kümmerte sich darum. Zwei volle Tage verweigerte er heroisch jegliche Nahrung. Wenn sich niemand um ihn kümmerte, würde er sich zu Tode hungern. Aber schließlich war sein Hunger doch größer als seine Willenskraft. Ja, ich sagte Willenskraft, und meine es auch so, denn ich kannte diesen Hund – aber dann fraß er wieder, aber sicher ohne die geringste Freude.

Er wurde dünner. Und er bewegte sich anders. War er früher unbändig und frech herumgetollt, so kroch er nun beinahe. Sein Fell, das früher täglich liebevoll gebürstet worden war, verlor seinen seidigen Glanz. Seine kleinen, rosafarbenen Augen blickten verstört. Begegnete man ihm, senkte er schnell den Kopf, so daß man seine Augen nicht sehen konnte, und rannte schnell vorbei.

Sein Fasten, sein Hinken, alle seine Tricks waren ohne Wirkung geblieben. Etwas in diesem Haus, das er beherrscht hatte, war und blieb verändert. Der tierische Geist unterscheidet sich vom menschlichen dadurch, daß er auf Vergangenheit und Gegenwart begrenzt ist; die Zukunft ist für ihn eine unbekannte Größe. Und so war Jupiter dazu verdammt, angstvoll und verzweifelt zu fühlen, daß etwas Unsichtbares im Hause wuchs und sich vorbereitete, etwas, das gegen ihn gerichtet war – ein böser, teuflischer Dieb.

Monate später war er am Ende – oder vielmehr war es so etwas wie ein Ende. Wäre er ein Mensch gewesen, hätte er sicher Selbstmord begangen. Er verschwand und blieb für drei volle Tage verschwunden. Am Abend des dritten Tages tauchte er wieder auf, schmutzig und halb verhungert, und sah aus, als hätte er an einem Kampf teilgenommen. In seinem wütenden, ohnmächtigen Zorn hatte er wohl jeden fremden Hund angegriffen, der ihm über den Weg lief. Aber er kam zurück wie ein Mann, der durch die tiefsten Tiefen gegangen ist. Vielleicht war nun doch wieder alles anders ...

Aber es erwarteten ihn nur neue Demütigungen. Niemand begrüßte ihn, niemand freute sich, daß er wieder zu Hause war. Ja, das Mädchen wollte ihn nicht einmal ins Haus lassen.

Das war richtig, denn die Entbindung von Mrs. Surgis stand kurz bevor, und das Haus war voller geschäftiger Leute. Surgis wollte, daß das Baby zu Hause geboren würde, und da das nahe gelegene Krankenhaus sowieso überfüllt war, hatte der Arzt zugestimmt. Und so waren wir nun alle versammelt: der Arzt, eine Krankenschwester, die Mutter von Mrs. Surgis, meine Frau und ich.

Und natürlich Roger Surgis. Zitternd vor Aufregung und mit glühenden Wangen stand er allen im Wege und wartete.

Und draußen vor der Tür wartete noch jemand – Jupiter.

Was geschah dort drinnen? Er hörte Stimmen, das Spritzen von Wasser und das Klirren von Metall und Glas. Was geschah, lag jenseits seiner Vorstellungskraft, aber instinktiv fühlte er, daß es mit diesem geheimnisvollen Etwas zu tun hatte, das seinen Sturz und seine Demütigung verursacht hatte, mit diesem unsichtbaren, schändlichen und feigen Feind.

Sobald sich die Tür öffnete, würde dieses Etwas erscheinen – und es sollte ihm nicht entkommen.

Seine mächtigen Muskeln waren gespannt. Er duckte sich und wartete.

Von all dem hatten wir im Haus keine Ahnung. Betty und ich hatten den Auftrag, Surgis im Wohnzimmer zurückzuhalten. Bei der hellen Aufregung, in der er sich befand, war das für uns eine recht quälende Aufgabe. Aber endlich kam die gute Nachricht: es war ein Mädchen – und wenig später öffnete sich die Schlafzimmertür, und die Schwester erschien mit dem kleinen Bündel. Der Arzt folgte lächelnd.

»Nun, Mr. Surgis«, sagte er, »kommen Sie und halten Sie Ihr Kind einen Augenblick und erzählen uns dann, wie man sich als Vater fühlt.« Zitternd streckte der riesige Mann seine Arme aus, und die Schwester legte das Baby darauf, und mit Tränen in den Augen schaute er darauf nieder.

Der Arzt zog seine Handschuhe an. »Alles in Ordnung«, sagte er, »Sie brauchen sich keine Sorgen zu machen. Ich werde mich also verabschieden.«

Nachdem er sich von allen Anwesenden verabschiedet hatte, öffnete er die Haustür.

Im selben Augenblick schoß etwas zwischen seinen Beinen hindurch ins Zimmer. Jupiter stand im Raum.

Er schaute Surgis an. Seine kleinen, rosafarbenen Augen lagen auf dem Bündel, das sein Herr im Arm hielt, und nun wußte er endlich – dessen bin ich ganz sicher –, daß dieses weiße Bündel das geheimnisvolle Etwas war.

Mit wütendem Bellen griff er an.

Der Angriff kam so plötzlich und so heftig, daß der große, stämmige Mann unter seiner Heftigkeit strauchelte und gegen die Wand fiel. Im letzten Augenblick versuchte er instinktiv das Kind zu retten, indem er es über seinen Kopf hielt. Betty stand ihm am nächsten. Sie griff nach dem Bündel und reichte es schnell der Schwester, die in der Schlafzimmertür stand. Dann stieß sie die Schwester ins Schlafzimmer und schlug die Tür mit aller Kraft hinter ihr zu.

Inzwischen hatte Surgis sein Gleichgewicht wiedergefunden, und von derselben Wut gepackt wie der Hund, warf er sich nun auf Jupiter. Stühle und Tische flogen. Endlich kamen der Doktor und ich wieder zur Besinnung, wir nahmen, was uns gerade in die Finger kam und schlugen das Tier bewußtlos. Dann banden wir ihm mit einer Schnur die Pfoten zusammen und zogen ihn hinaus auf den Rasen. Surgis schwankte wie ein Betrunkener. Sein Mantel war zerrissen, und wir sahen jetzt – er selbst hatte es noch gar nicht bemerkt –, daß sein rechter Arm stark blutete. Der Doktor nahm ihn mit in das andere Schlafzimmer, zog ihn aus und versorgte die Wunden, die Jupiters Zähne gerissen hatten. Dann endlich schlief Surgis ein, körperlich und seelisch völlig erschöpft.

Aber was sollte nun mit Jupiter geschehen?

»Erschießen Sie ihn doch!« schlug ich dem Doktor vor, aber dieser war dagegen und meinte, es wäre besser, ihn noch eine Weile zu beobachten, denn es war ja möglich, daß er tollwütig war, und dann müßte Surgis eine Spezialbehandlung bekommen.

Und so wurde Jupiter halb bewußtlos, mit eng zusammengebundenen Beinen im Auto des Doktors weggefahren.

Später hörten wir dann, daß der Pasteur-Test negativ verlaufen war, und Jupiter sich völlig normal verhielt. Surgis, sein Herr, der ihn früher angebetet hatte, wollte ihn selbstverständlich nie mehr sehen. Durch Zufall erfuhr der Doktor, daß ein Eisenwarenhändler in der Stadt einen Wachhund suchte. Er bot ihm Jupiter an, und dieser nahm ihn.

So verschwand Jupiter aus unseren Augen, und bald dachte niemand mehr an ihn, nicht einmal Surgis. Denn jetzt hatte Surgis ja ein neues Idol. Und dieses Idol war noch unendlich kostbarer. An dieses neue Idol verschwendete er nun all seine Leidenschaft und Zärtlichkeit. Jeden Tag, jede Stunde, jede Minute entdeckte er neue wunderbare Dinge an seinem wunderschönen, kleinen Baby. Kaum konnte er es ertragen, sich morgens von ihm loszureißen und ins Büro zu fahren. Von dort rief er im Laufe des Tages an, um zu hören, wie es dem Baby ging. Und jeden Abend, wenn er zurückkam, brachte er ihm eine Rassel, einen Beißring oder irgend ein anderes Spielzeug mit. Seine Anbetung war total.

Keiner von uns dachte mehr an Jupiter – er war für uns nur noch ein vergessener, böser Traum – bis ich eines Nachts durch Zufall wieder an ihn erinnert wurde.

Aus irgendeinem Grund konnte ich nicht schlafen. Schließlich stand ich auf, zog meinen Morgenmantel an und ging in die Küche, um mir etwas Milch zu wärmen. Als ich durchs Wohnzimmer zurückging, sah ich durch das Fenster, wie schön die Nacht war, und schaute eine Weile hinaus. Der Mond war hinter einem dünnen Schleier silbriger Wolken verborgen, und immer wenn die Wolken sein Gesicht freigaben, schimmerte der Garten, als ob er unter einer Schneedecke lag. Es war kein Laut zu hören. Ich hatte das Gefühl, wenn ein Blatt von einem Baum gefallen wäre, ich würde es fallen hören ...

Ich erschrak ziemlich, als ich in dieser erhabenen Stille inmitten des milchigen Weiß plötzlich einen Schatten sah, der sich an der Hecke entlang bewegte, die unser Grundstück von dem der Surgis trennt.

Es war Jupiter.

Den Bauch fast auf dem Erdboden, kroch er langsam vorwärts. Es schien, daß er gekommen war, um sehr vorsichtig und verstohlen auszukundschaften und auszuspionieren, diesmal aber ohne die rasche, überhebliche Selbstsicherheit, die ihm einmal eigen gewesen war. Instinktiv lehnte ich mich aus dem Fenster, um ihn besser zu sehen. Mein Ellbogen stieß gegen einen Blumentopf auf dem Fensterbrett, der krachend zu Boden fiel. Mit einem geräuschlosen Sprung verschwand der riesige Hund in der Dunkelheit. Und der Garten lag wieder schimmernd und verlassen da.

Ich schloß das Fenster und verriegelte es.

Am nächsten Morgen schien mir alles unglaubhaft. Schließlich war es ja nur ein Hund, kein denkendes Wesen, und auch kein Wolf, Tiger oder ein ähnliches Raubtier. So erwähnte ich Surgis gegenüber nichts von dem, was ich gesehen hatte. Aber einige Tage später, als ich im Garten arbeitete, sah ich ihr Dienstmädchen, das gerade Babysachen aufhängte und fragte, ob sie Jupiter in der letzten Zeit gesehen hätte.

Sie antwortete, sie habe Mrs. Surgis nichts davon erzählen wollen, um sie nicht aufzuregen, aber vor ungefähr einer Woche hatte sie etwas Seltsames erlebt. Als sie das Baby in seinem Kinderwagen ausfuhr, war auf der Straße ein Auto an ihnen vorbeigefahren. In dem Augenblick, als das Auto auf gleicher Höhe mit ihnen war, hatte sie ein ärgerliches Bellen gehört. Als sie aufschaute, sah sie einen großen weißen Hund neben dem Fahrer sitzen. Es war ein Lieferwagen mit der Aufschrift ›Eisenwaren‹.

Das mußte Jupiter gewesen sein. Und für das Ganze gab es nur eine einzige Erklärung: Er hatte das Kindermädchen, den Kinderwagen und das Baby gesehen und erkannt und hatte seinen Haß herausgebellt. Nun war ich wirklich besorgt. Der Hund hatte nichts vergessen. Ich hatte ihn zufällig eines Nachts gesehen, aber wie viel Nächte vorher und nachher war er noch ums Haus geschlichen?

»Wenn Sie ihn noch einmal sehen«, sagte ich zu dem Mädchen, »müssen Sie es Mr. Surgis sofort sagen oder mir, wenn er nicht zu Hause ist. Nächstes Mal, wenn ich in die Stadt komme, werde ich

Roland Topor
Der Hund der Familie

dem Eisenhändler sagen, daß er den Hund nicht frei herumlaufen lassen darf.«

Ich aber stellte mir folgende Frage: war es möglich, daß sich ein Hund so lebhaft und schmerzlich erinnerte? Rivalität unter Menschen ist ja etwas Natürliches, aber dies war ja nur ein gewöhnliches Tier ohne geistige Fähigkeiten, das nun schon monatelang einen neuen Herrn hatte und in völlig anderer Umgebung lebte. War ein solches Erinnerungsvermögen bei einem Hund möglich?

Bei unserem normalen Haushund, dem guten alten Rover, Jack oder Sport sicherlich nicht. Aber Jupiter war kein gewöhnlicher Hund. Er war einmal extrem verwöhnt worden. Er hatte geradezu lächerlich viel Aufmerksamkeit und Anbetung erfahren, und all dies war ihm mit einem Schlag entzogen worden. Dieser Hund war intelligent, von einer verschlagenen, bitteren Intelligenz. Ich haßte ihn, aber allein schon die Tatsache, daß ich solche Gefühle für ihn aufbrachte, wie ich es für ein Tier nie für möglich gehalten hätte, zeigte, daß ich an seine Intelligenz glaubte.

Was sollte ich tun? – Der Polizei meine Befürchtungen mitteilen und sie bitten, den Hund aus dem Weg zu räumen? Vielleicht hätte ich es tun sollen. Aber der Gedanke schien mir doch zu absurd, und ich konnte mir gut vorstellen, wie mich die Polizisten auslachten. – »Was? Wer ist der Verbrecher? Ein Hund? Oder sein Herr?« Und ich hörte schon den Eisenwarenhändler: »Wieso, was ist denn los? Er ist ein prima Hund, ein ausgezeichneter Wachhund, und außerdem hat er Stammbaum. Ich habe ihn geschenkt bekommen und will ihn behalten.«

Und so unternahm ich nichts. Aber ich machte mir weiterhin Gedanken, überlegte dies und das, tat aber nichts. Und so vergingen die Tage bis zu jenem Sonntag, jenem verhängnisvollen, unvergeßlichen Sonntag.

Es war ein wunderschöner Sonntagnachmittag, und wir waren zu den Surgis hinübergegangen. Wir saßen auf der unteren Terrasse, von der aus der Hügel sanft zum Kanal hin abfällt, und unterhielten uns. Ganz in unserer Nähe auf gleicher Höhe stand der Kinderwagen, und es braucht nicht erwähnt zu werden, daß Surgis dauernd unser Gespräch unterbrach, um zu dem Baby hinüberzugehen, mit ihm zu sprechen, zu lachen und mit den Fingern zu spielen.

Nach einiger Zeit rief uns Mrs. Surgis vom Haus, das ungefähr 100 Fuß über der unteren Terrasse lag: »Kommt zum Tee und beeilt euch, sonst wird der Toast kalt!« Wir gingen zuerst, Surgis einige Augenblicke später. Wir waren schon im Haus und saßen beim Tee, als er hereinkam. Mrs. Surgis schenkte ein, und wir unterhielten uns über das Wetter, die Rosen und anderes, bis Surgis wie immer das Gespräch auf sein Lieblingsthema brachte.

»Das Baby schläft. Wißt Ihr, ich finde es wundervoll, wie wenig Arbeit es uns macht. Niemals weckt es uns nachts, nie schreit es ...«

»Steht sie in der Sonne?« fragte Mrs. Surgis.

»Ein wenig, das ist ganz gut für sie. Ich hätte sie mit heraufgenommen, dachte dann aber, daß sie durch die Bewegung vielleicht aufwacht.«

»Sie haben sie auf der Terrasse stehen lassen?« fragte ich. Ich hatte angenommen, daß er den Kinderwagen mit heraufgefahren hatte.

»Ja, wieso? Sie schlief, und da dachte ich ...«

Ich hatte ein ungutes Gefühl. Er fühlte es, erhob sich halb und schaute mich an. Es war, als hätte seine überwältigende, hingebungsvolle Liebe für sein Kind ihn befähigt, den Gedanken zu lesen, den ich noch nicht einmal zu Ende gedacht hatte.

»Oh, Roger, setz dich und trinke erst einmal deinen Tee aus«, sagte Mrs. Surgis. »Wirklich, du bist ängstlicher als eine Oma!« Sie lächelte. Er nicht. Ich schaute ihn an und er mich, und obwohl ich versuchte, den Gedanken zu verscheuchen, gelang es mir nicht. Er setzte sich nicht mehr hin. Irgend etwas, vielleicht ein leises Geräusch ganz in der Ferne, veranlaßte ihn zur Tür zu gehen. Und dann hörten wir seinen schrecklichen, qualvollen Schrei.

Er schrie nicht laut, aber ich glaube, es war das schrecklichste Geräusch, das ich je gehört hatte –, ein erstickter, klagender Ton, wie der letzte Ton eines Sterbenden.

»Um Himmels willen, was ist los?« schrie ich.

Es war, als ob Surgis von dem Ungeheuerlichen, das er sah, völlig versteinert war. Wir stießen unsere Stühle zurück und eilten zu ihm hin. Diese Bewegung erlöste ihn aus seiner Erstarrung. Er riß die Tür auf und stürmte über die Veranda.

Der Kinderwagen stand nicht mehr auf der Terrasse.

Dann sah ich ihn. Er schwamm im Kanal. Er war den Hügel hinunter ins Wasser gerollt. Wie durch ein Wunder schwamm er noch aufrecht, aber während wir zusahen und immer noch das Unglaubliche zu verstehen suchten, drehte er sich innerhalb weniger Sekunden zur Seite und sank.

Und Jupiter stand am Ufer.

Jupiter, das mächtige, weiße Tier, das sich, als es das Haus noch beherrschte, die Zeit damit vertrieben hatte, zum Kanal hinunterzujagen und Wäschekörbe hineinzuwerfen, indem er sie mit seinen mächtigen Muskeln den Hügel hinunter stieß.

Dort stand er nun und sah zu, wie der Kinderwagen langsam versank, als Sieger, der doch noch über alle triumphierte.

Der Kinderwagen kippte um. Man sah weiße Tücher, das Zappeln von Ärmchen und Beinchen, und das Kind rollte aus dem Kinderwagen ins Wasser.

Dann sah ich, wie sich die mächtigen Muskeln des Tieres spannten. Ich sah, wie er sich in den Kanal stürzte. Er mußte nur wenig schwimmen. Seine kräftigen Kinnbacken öffneten sich, und er packte das Kind. Aber der Biß war sanft. Jupiter schwamm zurück und legte das Baby ans Ufer. Und nun war auch Surgis dort. Er riß das Kind in seine Arme und drückte es an sich. Er sah, daß es atmete und unversehrt war. Der Hund stand da und schaute die beiden an: den Herrn, der ihn einst verehrt hatte, und den Feind, der ihm diese Verehrung geraubt hatte, und der nun von seinem Herrn liebevoll an die Brust gedrückt wurde –, den er, Jupiter, seinem Herrn wieder in die Arme gelegt hatte.

Surgis kniete nieder. In seinem Gesicht arbeitete es. Er kniete, drückte das Kind an sich, aber er schaute den Hund an. Ich sah, wie er dem Hund eine Hand entgegenstreckte. Und ich hörte, was er sagte: »Jupiter.«

Die Hand war ausgestreckt, um den Hund zu streicheln. Der Hund stand unbeweglich da.

»Komm, mein Alter!«

Jupiter drehte sich um und ging weg, und Surgis blieb mit dem Kind allein zurück.

Ich weiß, wer Sieger war.

Kurt Tucholsky

Der Hund als Untergebener

Und der Dackel Männe hatte alle zu Vorgesetzten, steht in Heinrich Manns ›Untertan‹ von der deutschen Familie. Hast du einmal den deutschen Bürgersmann beobachtet (und ganz besonders die deutsche Bürgersfrau), was sie auf der Straße alles mit ihrem Hund angeben? Es scheint wirklich so, als ob die meisten Menschen hierzulande einen Hund nur deshalb besäßen, um noch einen ›unter sich zu haben‹. Bedrückt von Wohnungsamt, Polizeirevier, Hauswirt, Kolonialwarenhändler, Außenhandelsnebenstelle, Finanzamt und ähnlichen Versorgungsanstalten benötigt die mannhafte deutsche Seele einen Sklaven, um die Superiorität ihrer Herrenrasse darzutun.

»Komm mal her! Kommst du gleich her! Willst du mal gleich herkommen! Lumpi! Lump! Lumpichen! Lump, Lump, Lump!« Lump hat furchtbar zu tun: er riecht grade die untere Rundung einer Litfaßsäule an, auf die eine Einladung zum Husarentag in Rathenow geklebt ist ... Er denkt gar nicht daran, zu gehorchen. Es betrübt nun den Bürgersmann und die Bürgersfrau gar nicht so sehr, daß der gewaltunterworfene Sklave nicht kommt – aber welche Seligkeit, befehlen zu können! Welche Freude, einen um sich zu haben, der mit treu dämlichen, gefeuchteten Augen zu dir emporblickt, manchmal gehorsam jedem Winke, und dem gegenüber du dich als Mann fühlst, als Freier und als Herr.

Ich weiß schon: viele Leute züchten Hunde, weil sie wirklich etwas davon verstehen, und vielen Leuten ist der Hund ein wahrer Freund, in den sie sich eingefühlt und eingelebt haben. Aber ein großer Teil der in den Mietshausschubläden untergebrachten Individualitäten (ein durch seine Aufzeichnungen berühmt gewordener Irrer nannte seine Visionen immer: »rasch hingemachte Männerchen«) – ein großer Teil dieser, entschuldigen Sie das harte Wort, Menschen hat an dem Hund nur einen Untertan. Sie regieren auf ihm herum. Der Schweifwedelnde quittiert mit fröhlichem Gebell, einem leicht pestilenzialischen Geruch bei Regenwetter und einer Treue, die fast so unentwegt ist wie die der Monarchisten. Er ist egal treu, hat um den Kopf eine Hundemarke und in demselben so viel Gemüt, daß die ganze Nation empört und beleidigt ist, wenn man sich über ihre falsche Beziehung zum Hund lustig macht. (Was sie aber nicht hindert, dieses bewegliche und auf die Bewegung angewiesene Tier in Tausenden von lebendigen Exemplaren in kleine muffige Hundehütten zu sperren und die so Angeketteten bis an ihr Lebensende zu quälen.)

Nein, ich hasse den Hund gar nicht. Wohl aber eine bestimmte Gattung Mensch, die ihn behandelt wie ein Brigadekommandeur die unterstellte Formation, und die mit ihm herumwirtschaftet, weil auch er aus Deutschland ist.

Und so ist die Reihenfolge: Der Verflossene in Doorn hatte die Schranzen, die hatten die Militärs, die hatten die Ämter, und die hatten den Untertan. Und er hat den Hund. Und weil der zum Glück seinen Floh hat, und der Floh wiederum den Verflossenen pieken durfte, so ist der Zirkel der göttlichen Gerechtigkeit auf das herrlichste geschlossen, und es ist immer noch besser, daß der Deutsche seinem Hund pfeift als der Kaiser seinem Deutschen.

Nachweis

GESCHICHTEN: Wolfgang Hildesheimer, *Aus der Laufbahn meines Pudels Cassius;* Abdruck mit freundlicher Genehmigung des Autors. Friedrich Dürrenmatt, *Der Hund;* aus »Die Stadt«, Frühe Prosa, 1952; Abdruck mit freundlicher Genehmigung des Verlags der Arche, Peter Schifferli, Zürich. P. G. Wodehouse, *Die Promenadenmischung;* aus »Der Pennymillionär«, Diogenes Verlag, Zürich. Guy de Maupassant, *Pierrot;* Abdruck mit freundlicher Genehmigung von Frau von der Vring, München. Iwan Turgenjew, *Mumu;* aus »Tiergeschichten«; nach der Mitauer Ausgabe von 1884. Robert Walser, *Herrin und Schoßhündchen;* aus »Maskerade« in »Das Gesamtwerk«, Band IX; Abdruck mit freundlicher Genehmigung des Helmut Kossodo Verlags, Genf. James Thurber, *Der Hund, der die Leute biß;* aus: »Der Hund, der die Leute biß, und andere Geschichten für Freunde bellender Vierbeiner«; © Rowohlt Verlag GmbH., Reinbek bei Hamburg, 1972. Jack London, *Braun-Wolf;* aus »Drei Sonnen am Himmel«; Abdruck mit freundlicher Genehmigung des Universitas-Verlags, Berlin. Joseph Roth, *Sentimentale Reportage;* aus »Werke«, Band III; Abdruck mit freundlicher Genehmigung des Verlages Kiepenheuer & Witsch, Köln. Jaroslav Hašek, *Mein Geschäft mit Hunden;* aus »Der Tolpatsch«, Diogenes Verlag, Zürich. Anton Tschechow, *Kaschtanka;* aus »Erzählungen aus den mittleren Jahren 1887–1892«, Winkler Verlag; Abdruck mit freundlicher Genehmigung des Winkler Verlags, München, und des Artemis Verlags, Zürich. Richard Katz, *Der Verbrecher;* aus »Spaß mit Hunden«; Abdruck mit freundlicher Genehmigung des Albert Müller Verlags, Rüschlikon. C. F. Ramuz, *Mousse;* aus »Pastorale«, Diogenes Verlag, Zürich. Mark Twain, *Die Geschichte eines Hundes;* aus »Gesammelte Werke«, Band I; Abdruck mit freundlicher Genehmigung des Carl Hanser Verlags, München, und des Aufbau-Verlags, Berlin. Andreas Kissling, *Bastard;* Abdruck mit freundlicher Genehmigung des Autors. O. Henry, *Erinnerungen eines gelben Hundes;* Abdruck mit freundlicher Genehmigung des Paul List Verlags, München. B. Traven, *Seele eines Hundes;* aus »Der Banditendoktor«; Abdruck mit freundlicher Genehmigung der Europäischen Verlagsanstalt, Frankfurt. Hans Fallada, *Gigi und Lumpi;* aus »Gesammelte Erzählungen«; © Rowohlt Verlag GmbH., Reinbek bei Hamburg, 1967. Mary Roberts Rinehart, *Der Splitter;* aus Mary Hottinger »Mehr Morde«, Diogenes Taschenbuch 25/II; Abdruck mit freundlicher Genehmigung der Literary Agency Mohrbooks, Zürich. John Galsworthy, *Der tolle Hund;* aus »Viktorianische Miniaturen«, Werkausgabe; Abdruck mit freundlicher Genehmigung des Paul Zsolnay Verlags GmbH, Hamburg/Wien. Loriot, *Sollen Hunde fernsehen?;* aus »Loriots Großer Ratgeber«, Diogenes Verlag, Zürich. Rudyard Kipling, *Garm als Geisel;* aus »Gesammelte Werke«; Abdruck mit freundlicher Genehmigung des Paul List Verlags, München. Thomas Mann, *Tobias Mindernickel;* aus »Erzählungen«; Abdruck mit freundlicher Genehmigung des S. Fischer Verlags, Frankfurt a. M. Stefan Zweig,

Jupiter; Abdruck mit freundlicher Genehmigung des S. Fischer Verlags, Frankfurt a. M. Diese Geschichte ist bisher nur in englischer Sprache erschienen, deutsche Übersetzung von Ute Haffmans. Kurt Tucholsky, *Der Hund als Untergebener;* aus »Gesammelte Werke«, Band I, S. 965; © Rowohlt Verlag GmbH., Reinbek bei Hamburg, 1960.

ILLUSTRATIONEN: Edward Gorey, *Großer Hund vor Schweizer Uhren;* aus Muriel Spark, »Die sehr gute Uhr«, Diogenes Verlag, Zürich. Bob van den Born, *Die Promenadenmischung;* aus P. G. Wodehouse, »Der Pennymillionär«, Diogenes Verlag, Zürich. Schaefer-Ast, *Die Dame mit den Hunden;* aus »Lustig und Listig«, Abdruck mit freundlicher Genehmigung des Rowohlt Verlags, Reinbek. Max Ernst, *Der Löwe von Belfort;* aus »Une semaine de bonté«, Abdruck mit freundlicher Genehmigung von SPADEM, Paris, und COSMOPRESS, Genf. Paul Flora, *Die Stimme seines Herrn*; aus »Premiere«, Diogenes Verlag, Zürich. Pablo Picasso, *Zirkushund;* aus »Der Maler und sein Modell«, Diogenes Verlag, Zürich; Abdruck mit freundlicher Genehmigung von SPADEM, Paris, und COSMOPRESS, Genf. Pierre Bonnard, Titelvignette und *Hunde im Hof;* Abdruck mit freundlicher Genehmigung von ADAGP und SPADEM, Paris, und COSMOPRESS, Genf. Bosc, *Geschichte eines folgsamen Hundes;* aus »Ich liebe dich«, Diogenes Verlag, Zürich. Maurice Sendak, Umschlagzeichnung und *Jennie verläßt das Haus;* aus »Higgelti, Piggelti, Popp«, Diogenes Verlag, Zürich. Paul Klee, *Kind und Hund;* Abdruck mit freundlicher Genehmigung von COSMOPRESS, Genf. Frans Masereel, *Straßenhunde;* Abdruck mit freundlicher Genehmigung des Limmat Verlags, Zürich. Chaval, *Barockdackel;* aus »Zum Lachen und zum Heulen«, Diogenes Verlag, Zürich. Loriot, *Fernsehhunde;* aus »Loriots Großer Ratgeber«, Diogenes Verlag, Zürich. Sempé, *Herr und Hund;* aus »St-Tropez«, Diogenes Verlag, Zürich. Roland Topor, *Der Hund der Familie;* aus »Tragödien«, Diogenes Verlag, Zürich.